Jedes der 11 Kapitel dieses Almanachs wird durch eine erlesene Illustration aus einem besonderen Kinderbuch des Jahres 1987 eröffnet. Ausgewählt wurden ***Anne Wilsdorfs*** *Zeichnungen in dem Buch von* ***Angela Sommer-Bodenburg****: „Freu dich nicht zu früh, ich verlaß dich nie!" (62 Seiten, Reinbek: Wunderlich 1987). Dieses Buch gehört zu den vergnüglichsten des Berichtjahres. Papa ist darin nur selten lieb, dafür aber Mama umso mehr. Und das kleine Biest mit der pfiffigen Pippi-Frisur versichert sich immer wieder deren Zuneigung. Dazwischen treibt es, bald mit, bald ohne Püppchen oder Kätzchen, sein Unwesen, solidarisiert sich gern mit Mama gegen Papa, ist auf die zusammen ausgehenden oder gar verreisenden Eltern eifersüchtig und braucht die Großeltern, um den Gruselfilm um 22 Uhr zu sehen... – Lange gab es kein so erfrischendes Gedichtbändchen mehr, das auf turbulent-liebenswürdige Art das Verhältnis eines kleinen, aufgeweckten Mädchens zu seinen besorgten, müden, etwas altmodischen, aber innigst geliebten Eltern - auch Großeltern - zeigt. Wesentlich zum Vergnügen tragen die treffsicheren, Situationskomik und Phantastik verbindenden Federzeichnungen von* ***Anne Wilsdorf*** *bei.*

Hans Gärtner

lieber lesen

5. Almanach der Kinder- und Jugendliteratur auf das Jahr 1987

mit Beiträgen von

Siegfried Aust, Gerd Bauer, Alfred Clemens Baumgärtner, Monika Born, Rainer Brand, Georg Braun, Erich Eberts, Dietrich Grünewald, Herbert Günther, Ursula Heckel, Elisabeth von Landsberg, Friedhelm Munzel, Lutz Rathenow, Hildegard Schaufelberger, Jürgen Spohn, Barbara Teutsch, Wilhelm Topsch, Gottfried Vanoni, Rainer Winkel

und Isolde Heyne, die die KJL-Szene '87 der DDR beleuchtet

VERLAG NEUGEBAUER PRESS München–Salzburg 1988

Inhalt

Chronik

Durchs kinderliterarische Jahr

Bemerkenswerte Ereignisse in der KJL-Szene von Januar bis Dezember 1987

Geburtstagskalender

Zum runden Wiegenfest sind 1987 zu beglückwünschen...

Gedenkblätter

für Kurt Kläber *(Erich Eberts),* Karl May *(Friedhelm Munzel)* und „Alice im Wunderland" *(Barbara Teutsch)*

Durchs kinderliterarische Jahr

Bemerkenswerte Ereignisse in der KJL-Szene von Januar bis Dezember 1987

1987 – das „Jahr der Umwelt". In der KJL-Szene ist davon kaum etwas zu spüren. Keine Tagung, keine Seminarveranstaltung, nicht einmal eine Ausstellung, vielleicht da und dort Vorträge zum Jahres-Motto. Die Autoren und Verlage stellten mit ihren Neuerscheinungen ebenso wenig zielstrebig auf„Umwelt" ab. Ausnahmen wie etwa *Gudrun Pausewang* (Foto) mit „Die Wolke", gleich im Frühjahr '87 für Schlagzeilen sorgend, bestätigen die Regel. Das Jahr nach „Tschernobyl" – Fehlanzeige in der KJL?

Herausragende Ereignisse sonst? Nicht, daß der Chronist wüßte... Rundum das gewohnte Bemühen um „Leseförderung" – wer kann das noch hören? (Kein Mensch hat den Mut, dem Fernsehen den Garaus zu machen. Freilich, wie sollte das auch zu bewerkstelligen sein!) Womöglich rührt sich endlich einmal etwas Griffiges in der 1987 ins Leben gerufenen „Stiftung Lesen". Abwarten, bis nächstes Jahr.

Auffallend zurückhaltend werden die KJL-Verlage. Sind sie vorsichtiger geworden beim Produzieren? Gefeiert wird jedenfalls kaum mehr so ausgelassen wie ehedem zwischen Ravensburg und Reinbek. Aus Ermangelung an Ereignissen, vielleicht. (Preisverleihungen sind da wiederum die Ausnahme. Doch darüber im hierfür reservierten – späten – Kapitel Näheres.)

Allen, die mit Informationen dieser (nicht auf Vollständigkeit bedachten) Chronik '87 dienten, sei herzlich gedankt. Alle, die gerne „ihr" Ereignis in dieser Chronik '87 gelesen hätten, es aber nicht aufgezeichnet finden, werden um Nachsicht und alle geneigten Chronik-Leser darum gebeten, zuvor einen Blick auf das Abkürzungsverzeichnis und evt. die Register zu werfen.

Jetzt beginnt eine neue „Heidi"-Zeit

Vor 180 Jahren wurde *Johanna Spyri* in dem Schweizer Dörfchen Hirzel geboren, 1901 ist sie in Zürich gestorben. 1880/81 ist ihre weltberühmte „Heidi" erschienen. Mehrfach wurden die „Heidi"-Romane verfilmt, in viele Sprachen übersetzt. Ab Januar 1987 beginnt eine neue „Heidi"-Zeit. Das ZDF strahlt zweiundfünfzigmal am Sonntagnachmittag je eine Folge der neuen Zeichentrickserie „Heidi" aus. Und Südwest hat das Buch dazu: mit dem vollständigen

Text der Originalausgabe von „Heidis Lehr- und Wanderjahre" sowie einer Zusammenfassung der wichtigsten Ereignisse des zweiten Teils „Heidi kann brauchen, was es gelernt hat" und über 50 Farbbildern aus der ZDF-Serie.

Preußlers Hörbe in Lettland

Die Kinderbücher von *Otfried Preußler* scheinen besonders dafür geeignet zu sein, in der Schule oder von Jugendgruppen „weiterverarbeitet" zu werden. Allein *Preußlers* Roman „Krabat" ist innerhalb des deutschen Sprachraums bisher von etwa 20 Schul- oder Jugendtheatern selbständig dramatisiert und aufgeführt worden. Daß auch im fremdsprachigen Ausland mit *Otfried Preußlers* Büchern in ähnlicher Weise gearbeitet wird, geht aus einer Nachricht hervor, die uns aus Lettland erreicht. Dort hat eine Kindertheatergruppe in der Stadt Jelgava (Mitau) das Buch „Herbe ar Lielo Cepuri" – so heißen die Hutzelgeschichten von Hörbe mit dem großen Hut und seinem Freund Zwottel auf lettisch – als Grundlage für ein selbstverfaßtes Theaterstück benutzt, das die Mitglieder der Gruppe auch selbst inszeniert haben. Die Aufführungen verliefen „ohne irgendwelche teuere Szenographie", so heißt es in dem Bericht aus Lettland, „scheinbar ganz bescheiden, aber die Kinder spielten so herzlich, mit solchem Ernst!" Der verdiente Erfolg blieb nicht aus, und zwar nicht nur beim Publikum. Die Kindertheatergruppe in Jelgava ist stolz darauf, daß sie mit ihrer Hörbe-Adaption den ersten Preis beim Kindertheaterwettbewerb der Lettischen Sowjetrepublik erringen konnte.

Mehr als ein Autor pro Monat

Die Landesarbeitsgemeinschaft Jugend und Literatur in NRW e.V. nimmt sich viel vor für dieses Jahr. Mehr als einen Autor aus dem Bereich der KJL bietet sie auf, um den Umgang mit Bilderbüchern, Texten, Geschichten, Bildergeschichten, Märchen u.a. zu lehren. Von Januar bis Dezember 1987 zieht sich ein buntes Angebot an Fortbildungsveranstaltungen zum Lesen und zur Kinder- und Jugendliteratur. Bekannte Autoren und Pädagogen sind als Referenten geladen, u.a. *Dieter Schliwka, Tilman Röhrig, Harry Böseke, Marie-Thérèse Schins-Machleidt, Margot Wansleben, Hartmut Witte, Mariele Conrady, Nina Rauprich, Achim Bröger, Rolf Krenzer, Josef Reding* und *Rüdiger Stoye.* – Im Herbst dieses Jahres kann die LAG ihr neuestes Bücherverzeichnis „Was soll ich lesen?", diesmal als Doppelband, vorlegen. Es ist als eine praxisnahe Arbeits- und Informationshilfe für den Umgang mit dem Kinder- und Jugendbuch in der Erziehung gedacht. Die beiden Hauptgruppen „Bücher für junge Erwachsene" und „Bücher für Kinder" sind jeweils nach Themenkreisen geordnet. (Kontaktadresse: Von-Werth-Str. 159, D-5024 Pulheim 2)

Uriel Ofek †

Dr. Uriel Ofek (geb. 1926 in Tel Aviv) stirbt in seiner Geburtsstadt. Er war der Sohn eines Schriftstellers, studierte Kinderliteratur in Toronto. *Ofek* hinterläßt ein reichhaltiges Oeuvre mit Übersetzungen, Bearbeitungen und eigenen Büchern für Kinder, die auch ins Deutsche übersetzt wurden und im Schweizer Verlag Solothurn erschienen sind. 1976 kam sein Buch „Rauch über Golan" auf die Hans-Christian-Andersen-Ehrenliste.

Trotz Bundestagswahl 150 Teilnehmer

Die CSU-nahe „Hanns-Seidl-Stiftung" hatte auf ihrem Einladungsschreiben zur Leseförderungs-Wochenendtagung (23.-25.1.) ins Bildungszentrum Wildbad/Kreuth wohlweislich vermerkt, daß die Teilnehmer die Briefwahl zur Bundestagswahl nützen sollten. 150 kommen, um aus berufenem Munde über Wege der Leseförderung in unserer Gesellschaft informiert zu werden: von *Dr. Erich Jooß* (Sankt Michaelsbund, München) ebenso wie von *Dr. Ulrich Wechsler* (Bertelsmann-Chef in München) – beides Vertreter der Mitveranstalter –, dann aber auch von seiten des Ministeriums *(Hans Maurer, Dr. Helmut Wittmann)*, der Bibliotheken *(Dr. Eberhard Dünninger)*, der Verlage *(Peter Raab*,Herder). Referenten, Autoren *(Willi Fährmann, Prof. Jürgen Spohn)* und Arbeitsgruppenleiter *(Gisela Haas, Dr. Edith Mundt, Gerd F. Rumler)* legen ihre Ergebnisse in einer Dokumentation nieder: einem Sonderheft von „Bücherei aktuell" (zu beziehen beim Sankt Michaelsbund, Herzog-Wilhelm-Str. 5, 8000 München 2).

Top-Auswahl der IJB-Lektoren

Unter *Lioba Bettens* und *Veronika Zacharias'* Leitung zeigt das Malstudio der IJB vom 23.1. bis 8.2. eine „große Auswahl seiner im letzten Jahr angefertigten Arbeiten: Bilder, Blätter, Collagen, Bücher, kleine Plastiken und sogar Kulissen für eine Oper". Die Einladungskarte (s.Abb.) schlägt das Motto „Lesen" an, das eine Spezial–Schau vorstellt. Etwa 100 Buchtitel der letztjährigen Produktion aus 40 Ländern werden — als Top-Auswahl der IJB-Lektoren — zusätzlich gezeigt. Das „Mitmach"–Programm für junge Leser und Bilderfreunde ist an der Ausleihe erhältlich.

Hans Günther Magnus †

53jährig stirbt am 11.2.1987 in München ein Künstler, dessen vielseitiges grafisches Talent sich auch im Kinderbuch und Bilderbuch bewährte: *Hans Günther Magnus.* Der Gebrauchsgrafiker wurde im hessischen Herborn geboren. Er war Ausstellungsdesigner, Lehrer für Graphik-Design an der Ohio State-University Columbus und an der FH Darmstadt. Zwischen Plakat und Briefmarke lag sein Metier der Gestaltung. Bekannt wurde *Magnus* auch als Handbuch-Verfasser.

Dreimal mehr als bemerkenswert

Drei bemerkenswerte Tagungen zu aktuellen Fragen der KJL veranstaltet die Katholische Akademie Schwerte (Tagungsleitung: *Roswitha Cordes*) dieses Jahr: „Wie Kinder durch Bücher erzogen werden. Ein Textseminar zur Geschichte der KJL" vom 23. bis 26.2. *(Dr. Hans-Heino Ewers, Dr. Bettina Hurrelmann, Dr. Ursula Kirchhoff)*, „Die Darstellung des Nationalsozialismus und des Holocaust in der deutschen und der israelischen KJL" vom 11. bis 12.9. *(Dr. Zohar Shavit, Prof. Dr. Malte Dahrendorf)* und — als XIV. Schwerter Kinderbuchtagung vom 30.10. bis 1.11. — „Lyrik für Kinder und junge Leute" *(Dr. Hans-Heino Ewers, Dr. Kurt Franz, Dr. Fredrik Vahle* mit einer Reihe bekannter Lyrik-Autoren).

Grimm-Gastprofessur für Schädlich

Der Schriftsteller und Germanist *Hans-Joachim Schädlich* übernimmt die dritte Brüder-Grimm-Gastprofessur an der Gesamthochschule Kassel. Der Autor, der 1977 aus der DDR in die Bundesrepublik übersiedelte und in West-Berlin lebt, hält sechs Vorlesungen und ein Seminar. Die Themen reichen von einem Vergleich der Bedingungen des Schreibens in der DDR und der Bundesrepublik bis zu der Frage „Was kommt zuerst – der Gedanke oder das Wort?" Ziel der Professur ist es, Grenzgänger zwischen Literatur, Wissenschaft und Politik an die Kasseler Hochschule zu berufen, um das Bildungsangebot anzureichern und zugleich an das Wirken der beiden großen Germanisten *Jacob* und *Wilhelm Grimm* zu erinnern.

„Achtung, Rotlicht, Stefanie!"

Nicht mehr „Sonja wird Stewardeß" müßten heutzutage Jungmädchenbuch-Titel heißen, die die Karriere strebsamer jugendlicher Damen beschreiben, sondern „Achtung, Rotlicht, Stefanie!" oder „Kamera läuft, Konstanze". Damit spielt die ZEIT-magazin (10/87)-Autorin *Renate Just* auf die großen Hoffnungen an, die sich Jahr für Jahr junge Mädchen im Hinblick auf eine Karriere als TV-Moderatorin machen. Wie rasch solche Laufbahnen enden, wovon sie abhängen, wer sie bedroht, wird mit einigen aktuellen Beispielen — u.a. steht *Sabine Sauer* dafür Pate — belegt.

Die Mädchen kommen schlecht weg

Im Bilderbuch kommen die Mädchen auch heute noch schlecht weg. Illustratoren wie *Ali Mitgutsch* und *Janosch* kommen (fast) ohne Mädchen aus. Wie vor 100 Jahren wird den Mädchen auch heute noch wenig Mut, Eigenständigkeit und Durchhaltevermögen im Bilderbuch zugetraut. Tragende Rollen dürfen sie kaum übernehmen. — Das Bundesfamilienministerium startete bereits am 3.10.1986 in Bonn (Starthelferin: *Prof. Dr. Rita Süssmuth)* mit einer Ausstellung, die 1987 noch auf Wanderschaft geschickt wird. Konzept und Texte zum Katalog der Ausstellung „Mädchen im Bilderbuch" stammen von *Annemarie Verweyen*, Mönchengladbach. Vorbildlich und treffend wird anhand ausgewählter Beispiele in Wort und Bild aufgezeigt, welche Rolle das Mädchen im Familienalltag, als Tierfigur, im Hinblick auf Beruf und Partnerschaft spielt – wohlgemerkt im Bilderbuch.

Appell an die Ausstellungsbesucher bzw. Katalogleser: „Beschäftigen Sie sich, auch wenn Sie Jungen haben bzw. Jungen erziehen, mit Bilderbüchern. Schauen Sie sich – bei Ihnen zu Hause, bei Freunden, im Kindergarten – die bereits vorhandenen Bücher an, bewerten Sie diese, auch mit Hilfe dieser Ausstellung und des begleitenden Katalogs, sprechen Sie mit anderen Eltern und Erziehern darüber... – damit auch Mädchen selbstbewußt, aktiv und gleichberechtigt am Leben teilnehmen können."

Positives Beispiel eines Bilderbuches, das ein Mädchen mit Ideen und aktivem Verhalten zeigt: „Rundherum Freunde" von ***Gerda Marie Scheidl/ Ingrid Martha Meffert*** *(Text) und* ***Brigitte Smith*** *(Bilder), Düsseldorf: Schwann 1985.*

250 Titel zum Berlin-Jubiläum

Die Leipziger Buchmesse im März '87 steht unter der 750-Jahr-Feier Berlins: 250 Titel (der Anteil der KJL ist keineswegs gering, schaut man sich allein beim Altberliner oder beim Kinderbuchverlag danach um) sind allein dazu herausgekommen. Und sonst? Umwerfend Neues ist nicht zu vermelden, es sei denn die Ankündigung, zum 70. Jahrestag der großen sozialistischen Oktoberrevolution würde es ein reichhaltiges Buchangebot geben. Produktion 1987: 6.543 Bücher und Broschüren als Neu- oder Nachauflagen, geplante Gesamtauflage: 148,6 Millionen. Die Nachfrage nach Lektüre hält aber keineswegs Schritt mit der überschwappenden Produktivität. Lesefutter fehlt, Ladenhüter gibts genug. Ausnahmen bestätigen die durch die Leipziger Karl-Marx-Universität nachgewiesene Regel: das (auch auf dem KJL-Sektor) erfolgreiche Autorenehepaar *Erwin* und *Eva Strittmatter* (s. auch S.76).

Die Schweden kommen ...

Auf *Selma Lagerlöfs* Wildgans-Rücken reisen übers kleine Wasser von Schweden in die Bundesrepublik Deutschland ein: die Schriftsteller *Lars Andersson, Tomas Tranströmer, Per Olov Enquist, Torgny Lindgren, Johannes Edfelt* und *Lars Gustafsson*. „Warum sie die Nils-Holgersson-Perspektive bevorzugen? 1. weil alle gute Literatur Übersicht und Abstand braucht; 2. weil sie mit Nils Holgersson die blühende Phantasie teilen; 3. weil Schweden weit, in den Büchern der Reisenden aber ganz nah ist; 4. weil ihre Romane und Gedichte zeigen, daß die schwedische Literatur keineswegs vom Waldesrauschen, sondern vielmehr vom Widerspruchsgeist geprägt wird." (Werbetext) – *Enquist* (geb. 1934) ist übrigens auch im Kinderbuch zu Hause. Seine *Andersen*-Ausgabe vom „häßlichen jungen Entlein" (bei Carlsen 1985, vgl. 3. Almanach S. 115) ist noch in bester Erinnerung.

Martin Provensen †

70 Jahre alt wurde der amerikanische Illustrator *Martin Provensen*, der am 27.3.1987 starb. Im IJB-Report 3/87 (S.13) heißt es: „Gemeinsam mit seiner Frau *Alice* illustrierte *Martin Provensen* mehr als vier Jahrzehnte lang zahlreiche Kinderbücher, unter anderem auch ‚The Glorious Flight: Across the Channel with Louis Blériot' (Viking, 1983), das die begehrte Caldecott-Medaille gewann, die bedeutsamste amerikanische Auszeichnung für Bilderbücher. Das erste in Deutschland veröffentlichte Kinderbuch der *Provensens* war 1955 ‚Die neue Arche Noah' (Otto Maier), dem viele weitere Übernahmen folgten, einschließlich einer Kinderbibel, die als ‚Ravensburger Bilderbibel' 1957 im Otto Maier Verlag erschien. Die *Provensens* wirkten besonders in den 50er Jahren stilprägend auf eine ganze Generation amerikanischer und europäischer Illustratoren."

Aus dem Akademie-Protokoll

Vor ihrer Jahrestagung in München hält die „Deutsche Akademie für Kinder- und Jugendliteratur Volkach/Main" ihre Mitgliederversammlung ab. Wichtiger Punkt: Rücktritt des Präsidenten: „Der Präsident, *Dr. Alfred C. Baumgärtner*, der schon brieflich allen Mitgliedern erklärt hat, daß er aus gesundheitlichen Gründen das Amt des Präsidenten, das er nunmehr zehn Jahre geführt hat, nicht mehr weiter übernehmen kann, wird gebeten, nicht zurückzutreten, sondern sich für den Rest seiner Amtszeit bis Frühjahr 1988 beurlauben zu lassen. Herr *Baumgärtner* stimmt zu. Alle Anwesenden bedauern den Rücktritt des verdienten Präsidenten. Sie danken ihm für den großen Dienst, den er der Akademie geleistet hat, und wünschen ihm für seine Gesundheit das Beste. Herr *Prof. Dr. Karl Ernst Maier* wird gebeten, für die Zeit der Beurlaubung von Herrn *Baumgärtner* als geschäftsführender Präsident die Aufgabe des Präsidenten der ‚Deutschen Akademie für Kinder- und Jugendliteratur' wahrzunehmen. Diese Regelung wird einstimmig bei einer Enthaltung bejaht. Herr *Maier* erklärt seine Zustimmung."

*Der Internationale Kinderbuchtag (ICBD) wird alljährlich am 2. April gefeiert, dem Geburtstag des großen dänischen Erzählers **Hans Christian Andersen** (1805 bis 1875). ICBD ist ein Projekt des IBBY. Viele Länder begehen den ICBD durch Aktivitäten rund um die Kinder- und Jugendliteratur, in Büchereien, Schulen etc. Jedes Jahr fördert eine andere Nationale Sektion des IBBY den ICBD. Für 1987 konnte die Sowjetunion gewonnen werden. IBBY–Präsident der UdSSR–Sektion von IBBY ist derzeit der Schriftsteller **Sergei Mikhalkov**. Er verfaßte die diesjährige Botschaft an die Kinder auf der ganzen Welt.*

MESSAGE TO THE CHILDREN OF THE WORLD FOR INTERNATIONAL CHILDREN'S BOOK DAY 1987

A tall man walked along the streets of an old city. He was a little bent forward, as if trying to catch up with his own hat, and everybody was glad and smiled at him. It was the great storyteller *Hans Christian Andersen.*

Many years have passed since, but he still walks on, from town to town, from country to country, hardly fast enough to keep pace with his hat. He pays no attention to frontier posts, for he sees no point in them, but he gives people his love, wisdom and hope for the better.

When you and I read *Andersen's* fairy tales, our eyes seem to meet as if we were all looking at the same star although we live on different continents. At such moments we all laugh at stupid kings, wish luck to Cinderella or rejoice over the tenacity and faith of the Tin Soldier.

Any kind and clever book not only turns into one's personal spiritual wealth, but it also brings us closer together since it arouses warm an lofty feelings in us all. And never before did we need this unity as much as now.

I know and believe that we all want the same – peace and justice for each and for all. That ist why the great story–teller's words get into the very heart of the reader as if they had just been said: „My heart longs for peace... War is a disgusting monster that feeds on blood and cities set on fire."

To counter this monster one must be not only brave but just, kind, sympathetic, skillful in many things and cheerful.

Believe me, good books, your true friends and companions can help you greatly to acquire these qualities. *Sergei Mikhalkov* (Soviet Union)

15000 Quadratmeter Kinderbücher

1160 Verlage (Bundesrepublik Deutschland: 111) aus 56 Ländern auf einer Ausstellungsfläche von 15000 Quadratmetern – wer kann sich da die 24. Bologneser Kinderbuchmesse (2. bis 5.4.) nicht als „Jahrmarkt der Eitelkeiten" vorstellen? „Das Geheimnis des Erfolges", so Messe-Chefin *Francesca Ferrari*, „ist ihr Handelscharakter. Den Verlegern aus allen Teilen der Welt geht es hier in erster Linie um Kauf und Verkauf von Rechten." Der erste Preisträger der Kinderjury „Critici in Erba" ist der Brite *Ralph Steadman* („That's my Dad" aus dem Verlag Andersen Press, London; s.S. 187). *Christa Spangenberg* und *Christian Stottele* können sich über die Ehrenplätze „ihrer" Titel „Der Stachelbär" und „Wo der Gurkenkönig wächst" (vgl. 3. Almanach, S.179) freuen. 88 Illustratoren aus 27 Ländern zeigen in Bologna '87 ihre Originale. Die schönsten und auffallendsten davon sind in dem nun schon zum 17. Male herausgebrachten Katalog „Annual '87" (Neugebauer Press) zusammengefaßt und mit blendenden Beispielen in Farbe vorgestellt. Es ist eine Lust, diese Versammlung von Top-Kindergrafiken zu bestaunen (vgl. auch 4. Almanach S.64 und 191).

Piatti-Preis ausgesetzt

Zum 60. Geburtstag von *Celestino Piatti* (1982) stiftete der dtv zusammen mit einigen Druckereien und Banken den „Celestino-Piatti-Preis" für grafische Buchgestaltung. Der Preis sollte alle zwei Jahre verliehen werden und junge

Künstler ermuntern oder fördern, die sich im Bereich der angewandten Grafik besonders der Buchgestaltung zuwenden.

Der Preis wurde bisher zweimal ausgeschrieben und auch zweimal verliehen. Die Zahl der Einsendungen war jeweils groß, die Auswahl preiswürdiger Arbeiten jedoch schwierig. Das lag vornehmlich nicht an der Qualität der vorgelegten Arbeiten, sondern an der mangelnden Erfahrung junger Grafiker im Umgang mit der Buchillustration und der Buchgestaltung.

Die Jury, in der auch *Celestino Piatti* vertreten war, kam bei ihren Sitzungen zu der Einsicht, daß auf dem Weg über einen Preis die Absicht der Stifter, die buchkünstlerische Arbeit junger Grafiker zu fördern, nicht erreicht werden könne, da in den überwiegenden Fällen trotz Talent die praktischen Voraussetzungen für eine überzeugende buchkünstlerische Arbeit weitgehend mangelhaft seien.

Celestino Piatti und der Verlag beschlossen deshalb übereinstimmend, von weiteren Verleihungen des Piatti-Preises abzusehen und statt dessen einen konstruktiven Schritt nach vorn in die Ausbildungspraxis zu tun. Der Verlag wird zukünftig im Namen *Piattis* Mittel zur Förderung junger Künstler bereitstellen und zwar vornehmlich für den Lehrauftrag „Bild und Buch" an der Bayerischen Akademie der Bildenden Künste in München.

Die Erfahrungen mit diesem Lehrauftrag lassen nämlich erkennen, daß auf dem Weg über die Ausbildung junge Grafiker praxisnäher und sachgerechter an die Buchgestaltung herangeführt werden können als durch die Beteiligung an einem Preis-Wettbewerb.

Celestino Piatti wird auch selbst an Seminaren im Rahmen dieses Lehrauftrages teilnehmen, um seine Erfahrungen in das Lehrgespräch einzubringen.

Der dtv und *Celestino Piatti* sind davon überzeugt, daß die Umwandlung des Piatti-Preises in eine „Piatti-Förderung des grafischen Nachwuchses für die buchkünstlerische Gestaltung" eine sinnvolle und vor allem produktive Alternative darstellt. Sie verspricht unmittelbare Wirkung. *Heinz Friedrich*

Irina Korschunow *im Symposion der Tagung: „Den Zeitgeist-Begriff will ich erweitern. Ich empfinde heute Angst überhaupt: Angst vor dem Atmen, Angst in einen Apfel zu beißen, jeden Abend, wenn ich die Tagesschau ansehe. In meinen Geschichten spielt die Angst eine Rolle, aber auch das Kämpfen gegen die Angst und gegen das, was Angst macht. – Ich möchte Kinder nicht betrügen und nicht verletzen. Das ist sehr schwer heute. In den Bilderbüchern kann man wohl nur noch die Flucht ergreifen. Beim ‚Findefuchs' geht es um ‚Adoption'. Ich wollte anfangs über ein Kind schreiben. Ich konnte das aber nicht, denn ich hätte die jungen Kinder entweder betrügen oder ich hätte es in aller Klarheit darstellen müssen (und da hätte ich die Kinder verletzt). Die Rettung war die ‚Füchsin'..."*

Zeit und Zeitgeist – was ist das?

Ihre diesjährige Fachtagung veranstaltet die „Deutsche Akademie für Kinder- und Jugendliteratur" in Zusammenarbeit mit der Bayerischen Akademie der Schönen Künste am 6. und 7. Mai in der Münchner Residenz. Thema: „Zeit und Zeitgeist in der Jugendliteratur". Das Hauptreferat hält *Prof. Dr. Alfred C. Baumgärtner*, Didaktik–Professor an der Universität Würzburg und Präsident der Volkacher Akademie. (Es ist übrigends nachzulesen in der Zeitschrift „Grundschule", H. 2/88, S.58-63.) Eröffnet wird die Tagung mit einer Lesung bekannter Autoren. *Michael Ende, Willi Fährmann, Klaus Kordon, Irina Korschunow* und *Otfried Preußler* belegen, warum sie für Kinder schreiben. Weitere Beiträge kommen von *Prof. Dr. Theodor Hellbrügge*, dem Direktor des Kinderzentrums München, von *Otfried Preußler* sowie von *Prof. Dr. Hans A. Halbey*, dem Leiter des Gutenberg-Museums Mainz, der auch an der von *Heinz Friedrich*, dem Präsidenten der Bayerischen Akademie der Schönen Künste geleiteten Schlußdiskussion beteiligt ist, ebenso wie *Prof. Dr. Heinrich Pleticha*, Würzburg.

Zwei Experten als Juroren

Auf Vorschlag des AKJ wurde *Dr. Reinbert Tabbert*, Professor an der Pädagogischen Hochschule in Reutlingen, in die internationale Jury des Hans-Christian-Andersen-Preises gewählt. (Alle zwei Jahre wird das Gesamtwerk eines Autors und eines Illustrators mit diesem internationalen Preis, auch der „kleine Nobelpreis" für Kinder- und Jugendliteratur genannt, ausgezeichnet. dessen Stifter das Internationale Kuratorium für das Jugendbuch (IBBY) ist.)

Auf Vorschlag des AKJ wurde *Dr. Jens Thiele*, Professor an der Universität Oldenburg, in die internationale Jury der Biennale der Illustrationen Bratislava 1987 (BIB '87) gewählt. (Die BIB ist eine regelmäßig im Zweijahres-Rhythmus stattfindende Wettbewerbsausstellung der Originale von Kinder- und Jugendbuch-Illustrationen.)

Literaturmarkt
Sonntag, 10. Mai 1987 in Hildesheim

Aktionen für Leseratten und Lesemuffel

Die Stadtbibliothek Bingen veranstaltet ein Straßenfest mit Filmvorführungen, eine Kreuzberger Gesamtschule führt eine literarische Projektwoche durch, das Geschwister-Scholl-Gymnasium in Daun organisiert eine Schülerdruckerei, vorgelesen und erzählt wird im Leseclub Mayen, in der Stadtbücherei Velbert treffen sich Kinder, um selbst ein Buch zu gestalten.

Das sind nur einige Beispiele aus den bunten Programmen von Schulen, Kindergärten, Büchereien, Bibliotheken, Jugend- und Kulturämtern und vielen anderen Institutionen in über 200 Städten und Gemeinden, die sich an der diesjährigen bundesweiten „Woche des Buches/Jugendbuchwoche" vom 9. bis 16. Mai beteiligen. Ob mit Füller, Pinsel oder Zeichenstift, auf der Bühne oder an der Druckerpresse, ob drinnen oder draußen – der Phantasie sind keine Grenzen gesetzt, wenn es darum geht, Aktivitäten rund um Buch und Lesen zu entfalten.

Die „Woche des Buches/Jugendbuchwoche" wird 1987 zum 4. Mal bundesweit organisiert von der Deutschen Lesegesellschaft, den Friedrich-Bödecker-Kreisen und dem Deutschen Jugendschriftenwerk.

Als Auftakt zur diesjährigen „Woche des Buches/Jugendbuchwoche" (9.-16. Mai) veranstalten die Deutsche Lesegesellschaft und der Bundesverband der Friedrich-Bödecker-Kreise am 9. und 10. Mai 1987 eine Tagung in Hildesheim, die als erste internationale Begegnung dieser Art gelten kann.
Thema: „Leseerziehung und Literaturvermittlung – allein Aufgabe des Deutschunterrichts?"

Für Mitglieder nur Vorteile

Ein umfangreiches Werbeprospekt des „Schweizerischen Bundes für Jugendliteratur" (Gewerbestr. 8, CH-6330 Cham) soll für Mitglieder werben. Eine Mitgliedschaft, die über die schweizerischen Landesgrenzen hinaus selbstverständlich möglich ist, bringt nur Vorteile: Gratis erhält jedes Mitglied die Jahrbücher, das Verzeichnis „Das Buch für Dich", die Zeitschrift „Jugendliteratur" sowie weitere Informationen, z.B. den Jahresbericht, Karten- und Posterprospekte, Rundschreiben, Einladungen zu Veranstaltungen usf. Als Einzelmitglied zahlt man 25, als Kollektivmitglied 50 und als Gönnermitglied 40 sfr. Der „Schweizerische Bund für Jugendliteratur" ist politisch neutral, konfessionell ungebunden und nicht kommerziell ausgerichtet. Er setzt sich gesamtschweizerisch für die Förderung und Verbreitung guter Kinder– und Jugendliteratur ein und ist Koordinationsorgan aller schweizerischen Vereinigungen, die sich mit Kinder- und Jugendliteratur befassen. Eine umfangreiche Kartenaktion des Bundes bietet Doppelkarten und Poster an, deren Motive aus Kinderbüchern des In- und Auslandes entnommen sind. Der Reinerlös des Karten- und Posterverkaufes kommt dem Schweizerischen Bund für Jugendliteratur zugute, wie der Zentralpräsident *Kurt Waldner* in dem Prospekt betont.

Robinson an der Alster

Erstmals und einmalig schön und erfolgreich: die Hamburger Kinder- und Jugendbuchtage (14. bis 24.5.) unter dem Motto „Robinson an der Alster". Hamburg gilt für eine der beiden Initiatorinnen, *Prof. Birgit Dankert*, als „heimliche Hauptstadt deutscher, auch bundesrepublikanischer Kinder- und Jugendliteratur". Der ganze Reichtum an Autoren, Grafikern, Verlagen, Kindertheatern (53!), öffentlichen Bücherhallen und und und ist in einer Riesenveranstaltung begleitenden Broschüre (verfaßt mit *Renate Raecke-Hauswedell*) dokumentiert (s.Abb.), die über den FB Bibliothekswesen, FH Hamburg, Grindelhof 30, D-2000 Hamburg 13 zu beziehen ist. Über Erfolge und Scheinerfolge berichtet *Birgit Dankert* offen und ohne Rückhalt in den AKJ-Informationen 3/87 (S.32 ff).

Leistungen – Planungen – Meinungen

Der AKJ hält in der Hamburger Fachhochschule seine Jahres–Mitgliederversammlung ab. Verbucht werden die bisher gelaufenen Seminare/Tagungen zum „Rassismus in der Kinder- und Jugendliteratur" in Remscheid (Bericht: Informationen Heft 5/87, S.64 ff.) und über Kinderlyrik in Günne/Möhnesee, hingewiesen wird auf die noch folgenden im November: „Kind – Bilderbuch – Bildende Kunst: Ein gestörtes Verhältnis?" in Oldenburg (Leitung: *Prof. Dr. Jens Thiele*) und „Vorlesen – Erzählen – Darstellen" in Gummersbach (s.S. 30). An Veröffentlichungen hat der AKJ 1987 herausgebracht: „Bücher zum Vorlesen" (Redaktion: *Karlhans Frank, Peter Scheiner* und *Hans Weber*), ein „Expertenverzeichnis" in Loseblattform (Einzelmitglieder des AKJ und ihre Spezialgebiete), „Lehre – Arbeit – Leben" (Förderung durch die „Stiftung Jugendmarke e.V., wird kostenlos ausgegeben) und ein Register des AKJ-Organs „Informationen" (1981-1985). – Die AKJ–Vorsitzende *Dr. Barbara Scharioth*, seit 1986 im Exekutiv-Komitee von IBBY, wurde 1987 zur Vorsitzenden des „Rising-Sun-Prize" gewählt (s. 6. Almanach!). Von 1990 an soll erstmals die von IBBY gestiftete „Jella-Lepman-Medaille" für besondere Verdienste um IBBY vergeben werden, der jetzt 60 Mitgliedsländer umfaßt.
– Im Hinblick auf die Mitarbeit Jugendlicher in der Jury des „Deutschen Jugendliteraturpreises" beschließt die AKJ-Mitgliederversammlung, an den Vorstand das Recht zu delegieren, die jugendlichen Juroren für die Jury zu benennen. Die Vorgehensweise bei der Benennung soll der Mitgliederversammlung bei den entsprechenden Jurywahlen bekannt gegeben werden.
– Über eine Beteiligung des AKJ am Österreichischen Staatspreis für KJL wurde keine Einheitlichkeit der Meinungen herbeigeführt. – Konkrete Aktivitäten will man im AKJ zur Realisierung des deutsch–deutschen Kulturabkommens (6.5.1986) entwickeln:

Kontaktaufnahme mit dem DDR-Zentrum für Kinderliteratur, neue Rubrik„KJL in der DDR" im AKJ-Organ, wo auch DDR-Neuerscheinungen vorgestellt werden sollen, Vermittlungsdienste für Autoren, Einbeziehung von DDR-Referenten in AKJ-Tagungen und -Seminare.

In der Jury des Deutschen Jugendliteraturpreises arbeiten zwei jugendliche Juroren mit gleichem Stimmrecht mit. Die Jugendlichen werden vom Vorstand des AKJ benannt, die anderen Juroren von der Mitgliederversammlung gewählt. Die Gesamtjury wird vom Bundesminister für Jugend, Familie, Frauen und Gesundheit berufen. – Kontrovers sind die Meinungen im AKJ über die Mitwirkung von jugendlichen Juroren beim Deutschen Jugendliteraturpreis, wie aus dem Ergebnisprotokoll der Mitgliederversammlung 1987 hervorgeht:

Meinungen gegen ein Mitwirken Jugendlicher:

- *In der Jury des Deutschen Jugendliteraturpreises sollten keine jugendlichen Juroren mitarbeiten.*
- *Durch zwei verschiedene Aufnahmeverfahren entsteht eine Zwei-Klassen-Jury.*
- *Die literatur-ästhetische Kompetenz von 16jährigen sei nicht mit der von Erwachsenen vergleichbar.*
- *Jugendliche unterlägen Etnwicklungen in ihrem Rezeptionsverhalten.*
- *Der Bezug zum Bilderbuch fehle Jugendlichen.*
- *Jugendliche seien nicht repräsentativ durch zwei jugendliche Juroren vertreten.*
- *Die Jugendlichen sollten ebenfalls von der Mitgliederversammlung gewählt werden.*

Meinungen für eine Mitarbeit Jugendlicher:

- *Einsatzbereitschaft und -möglichkeit und die damit verbundene Lese- und Diskussionskompetenz der Jugendlichen könne nicht grundsätzlich in Frage gestellt werden.*
- *Mitglieder einer Jury hätten nicht automatisch auch gleiche Kompetenz. Jeder bringe gleichberechtigt seine Möglichkeiten ein.*
- *Ein einheitliches Berufungsverfahren hebe nicht den Status der Jugendlichen auf.*
- *Der Vorstand solle weiterhin die jugendlichen Juroren benennen. Eine Wahl durch die Mitgliederversammlung sage grundsätzlich nichts über das „Durchsetzungsvermögen" eines Jugendlichen aus.*

Amüsantes und Analytisches

Der „Deutsche Ärztinnenbund e.V.", in dessen Obhut (genau: in der von *Dr.Edith Mundt*) die Aktion „Das Fröhliche Krankenzimmer" liegt, hält vom 22. bis 24.5. sein 6. überregionales Seminar („Münchner Maibegegnung") in Herrsching/Ammersee ab. Zum Aufwärmen läßt sich *Dr. Walter Scherf* über „Kindermärchen und Märchenerzählen" aus, gibt es ein Gespräch zwischen *Katrin Arnold, Prof. Dr. Ottilie Dinges, Dr. Jessica Schmitz* und *Walter Scherf* über die Kennzeichen eines guten Jugendbuches und stellt *Dr. Jessica Schmitz* KJL-Neuerscheinungen vor. Der mit einem Autorenabend von *Paul Maar* endende Samstag steht im Zeichen von Onkologie und Pädiatrie, schließt mit einem pädagogischen Thema (Bücher zu „Kind, Krankheit, Tod" und „der Hoffnung" – *Dorothea Krüger, Ottilie Dinges*). Über „Frauen im Krankenhaus" diskutieren am Sonntagvormittag unter der Leitung der Präsidentin *Dr. Hedda Heuser-Schreiber* ausschließlich Expertinnen von staatlichen und privaten Institutionen sowie Universitätskliniken. Seminarleiterin ist *Sabrina Arnold*.

Leider nur ein kurzes Vergnügen

27 der besten Kinderbuchillustratoren von Finnland bis Neuseeland, darunter so international bekannte Künstler wie *Mitsumasa Anno* (Japan), *Björn Berg* (Schweden), *Helme Heine* (BR Deutschland), *Dušan Kállay* (CSSR), *Tomie De Paola* (USA), *Tony Ross* (Großbritannien), *Carmen Solé Vendrell* (Spanien) und *Lisbeth Zwerger* (Österreich) stellen, leider nur kurz (vom 25.5. ab) in der IJB aus. Die Ausstellung wurde vom Otani Memorial Art Museum in Nishinomiya/Japan organisiert. Für die Auswahl der Künstler zeichnen *Otokar Bozejovsky von Rawennoff* (bohem press), *Dr. Andreas Bode* (IJB) und *Tetsuro Degaura* (Otani Memorial Art Museum) verantwortlich. Von dem opulent gedruckten Katalog mit einem Vorwort von *Dr. Andreas Bode* in mehreren Sprachen, sämtlichen Exponaten in Farbe und Kurzbiographien der Künstler in Englisch und Japanisch sind leider nur noch wenig Exemplare in der Ausstellung zu haben. (Besprechung s.S. 177).

Kunst und Kultur aus der Südsee

Das Leben auf den Südseeinseln erzählt nicht nur das faszinierende Kindersachbuch „Auf der anderen Seite der Erde" (s.S.119f.). Im Kölner Rautenstrauch-Joest-Museum kann man es auch hautnah spüren. Die gleichnamige Ausstellung wurde von demselben Autorenteam zusammengestellt, dessen Jugendsachbuch „Bisonjäger und Mäusefreunde" 1986 den Deutschen Jugendliteraturpreis erhielt und in diesem Jahr auf die Ehrenliste des Europäischen Jugendbuchpreises (s.S. 25) gelangt. Zu beiden Sachbüchern sind die Ausstellungen ganzjährig zu sehen: Rautenstrauch-Joest-Museum, Ubierring 45, 5000 Köln 1, Öffnungszeiten: Dienstag bis Sonntag 10 - 17 Uhr. (Solche und viele weitere aktuelle Meldungen verdanken sich dem von *Birgit Stengel* ab Juni '87 neu eingerichteten Verlags-Pressedienst „Ravensburger Lese-Zeichen", der über Termine, Themen und Titel rasch und treffend informiert. Eine solche Einrichtung verdient Nachahmung).

Sie ist ein- und dieselbe

Berichtet das BB (46/87) erheiternd: *Johanna Muschg-Johansen*, Schriftstellerin und Ehefrau des Schriftstellers *Adolf Muschg*, wird künftig alle ihre Bücher unter dem Namen *Hanna Johansen* erscheinen lassen. Das hat sie gemeinsam mit der Verlegerin *Dr. Renate Nagel* (Nagel & Kimche) beschlossen, nachdem sie bei einer Vorlesereise für das Goethe-Institut durch Australien und Neuseeland hatte feststellen müssen, daß das Publikum zwei Autorinnen erwartet hatte: Ihre Kindergeschichten sind unter dem Namen *Hanna Muschg*, die Bücher für Erwachsene unter *Hanna Johansen* erschienen.

Wie beliebt sind Autorenlesungen?

Der Bundesverband der Friedrich-Bödecker-Kreise e.V. legt am 11.6. seinen Geschäftsbericht 1986 vor. Daraus geht hervor, daß die persönliche Begegnung mit Schriftstellern ein wesentliches Element der Leseerziehung und Leseförderung von Kindern und Jugendlichen ist. Diese Art der lebendigen Literaturvermittlung findet immer größeres Interesse. Die Auswertung der Berichte der dem Bundesverband angeschlossenen Landesverbände der Friedrich-Bödecker-Kreise (FBK) über Veranstaltungen mit Kinder-und Jugendbuchautoren im vergangenen Jahr bestätigt dies. 1986 wurden mit insgesamt 3824 Veranstaltungen an 925 Orten rund 20 Prozent mehr Autorengespräche in Schulen, Kindergärten, Jugendheimen, Büchereien etc. vermittelt als im Vorjahr. Im Vergleich zu 1982 hat sich die Zahl der Autorenlesungen sogar verdoppelt. Die Beliebtheit dieser Veranstaltungsform wird auch durch Rückmeldungen von Kindern, Jugendlichen, Lehrern sowie der Autoren selbst bestätigt. Die Auseinandersetzung mit Literatur, die Vor- und Nachbereitung von Texten nimmt demnach im Schulunterricht einen immer größeren Raum ein. So empfehlen z.B. in Niedersachsen die Richtlinien des Faches Deutsch für alle Schulformen Begegnungen mit Autoren und verweisen sogar auf die Zusammenarbeit mit dem Bödecker-Kreis. Viel zu der positiven Entwicklung hat die finanzielle Unterstützung durch den Deutschen Literaturfonds e.V. beigetragen. Das Bundesministerium für Jugend, Familie, Frauen und Gesundheit hat den Druck des Verzeichnisses „Autoren lesen vor Schülern – Autoren sprechen mit Schülern" ermöglicht, das zum zweiten Mal vom Bundesverband der Friedrich-Bödecker-Kreise herausgegeben wurde und inzwischen eine bewährte Orientierungshilfe für alle an der Durchführung von Autorenlesungen interessierten Institutionen darstellt (vgl. 4. Almanach S. 190)

Das populärste Kinderbuch der Welt

Zum 50. Geburtstag des Hannover'schen Wilhelm-Busch-Museums stiftet die Wilhelm-Busch-Gesellschaft Hannover einen Preis „für Karikatur und kritische Grafik". Diesen erhielt (20.000,- DM Dotierung) – nach Gerangel und „Spiegel" - Affäre-Berichten – *Borislav Sajtniac*. Das BB (51/87) glossiert den ausführlichen Bericht über die Preisvergabe (und -nichtvergabe) mit folgenden bemerkenswerten Zeilen:

Wilhelm Busch ist gewiß nicht „Max und Moritz" ... aber dieses Buch ist dann doch „mit Abstand das populärste Kinderbuch der Welt, es gibt Übersetzungen in bulga-

Wilhelm Busch

Max und Moritz
Eine Bubengeschichte in sieben Streichen. Mit einem eigens für diese Ausgabe geschriebenen Nachwort von Dr. Friedrich Bohne über die berühmteste Kinder-Bildergeschichte der Welt. Als Vorlage diente ein ausgesuchter handkolorierter Frühdruck. 1977 kinder-detebe 25002, 72 S., 15,5 x 19 cm, Vierfarbendruck, 9.80
- 1983. kinder-mini-detebe 79043, 128 S., 6 x 8 cm, Vierfarbendruck, 3.–

risch (drei verschiedene), dänisch, englisch (drei verschiedene), Esperanto, finnisch, flämisch, französisch (zwei verschiedene), griechisch, holländisch (zwei verschiedene), italienisch (zwei verschiedene), japanisch, jiddisch, kroatisch, ladinisch, lateinisch (vier verschiedene), norwegisch, pennsylvania-dutch, plattdeutsch, portugiesisch, rätoromanisch (zwei verschiedene), russisch, schwedisch, serbisch, slowenisch, spanisch, ungarisch, ukrainisch, wallonisch und züritüütsch." – So weit orientiert uns Diogenes. – Wir aber, geschulte VLB-Nutzer, wissen noch einiges mehr. Als dann „op Kölsch", in Mittelhochdeutsch, in englischen Dialekten und Kreolisch, in Mooringer Mundart (nordfriesisch), in Amrumer Friesisch und Sylter Friesisch und schließlich in acht deutschen Dialekten als Kassette: 160 Minuten lang. – Und nun warten wir auf die Leserbriefe, die uns eines Besseren belehren.

Sinn – Spiel – Sprache

Die 3. Xantener Tagung für Kinder- und Jugendliteratur (Ausrichter: *Willi Fährmann* und *Theo Holzapfel* vom Xantener St. Norberthaus) zieht Teilnehmer aus allen Richtungen an. Thema: „Die Sprache, ein Spiegel". Hauptreferentin ist *Dr. Monika Born* (ein Teil ihres Referates steht im Kapitel „Lesen" dieses Almanachs). Nach Sinnfragen und Sinnangeboten in der KJL fragt *Dr. Erich Jooß*, der zusammen mit *Willi Fährmann* und *Tilman Röhrig* beim samstagabendlichen literarischen Fest liest. *Prof. Dr. Hermann Kirchhoff* ist das Schluß-(„Das Tier als Sinnträger im Kinder- und Jugendbuch") und *Prof. Dr. Hans Gärtner* das Eingangs-Referat („Rätsel stellen, Rätsel lösen – eine (fast) vergessene Kunst") vorbehalten.

„Ja – mehr!" rufen die Kinder

Am 21.6. findet im Höhenpark Killesberg in Stuttgart das groß angelegte Landesfamilienfest statt, das vom Ministerium für Arbeit, Gesundheit, Familie und Sozialordnung Baden-Württemberg im Rahmen der Familienpolitik veranstaltet wird. Einige Jugendbuch-Verlage sind zur Mitgestaltung dieses Festes aufgerufen. Der Bindlacher Loewes Verlag trägt zum Programm bei, indem er aus dem in diesem Frühjahr erschienenen Buch „Das Monsterchen" von *Ingrid Uebe* (Text) und *Hilda Kellermann-Rietl* (Illustrationen) die Hauptfigur ‚heraussteigen' läßt: Die Buchfigur wird zu einem lebendigen Monsterchen zum Anfassen. *Hilda Kellermann-Rietl* entwarf, schneiderte und bastelte ein bezauberndes Kostüm. Und ein quicklebendiges Monsterchen kann dann sonntags über den Festplatz laufen, mit unzähligen Kindern reden und mittags vor einer großen Schar von Kindern aus „seinem" Buch vorlesen, aus seinem tollen Leben erzählen. Die von dem Monsterchen ein paarmal gestellte Frage, ob es weitererzählen, ob es weiterlesen solle, wird jedes Mal mit einem ‚ja – mehr', mit gespannten Blicken und nickenden Köpfen vehement beantwortet.

*„Monsterchen" **Tamara Hasselblatt** von der Pressestelle des Loewes Verlags bei der Realisierung ihres Vorlese- und Erzähltalents – von Mutter (**Dr. Ursula Abels**) geerbt?*

Zum 40. kein großer Bahnhof

In schlichtem Rahmen wurde der 40. Geburtstag der Reutlinger Einkaufszentrale (ekz) gefeiert. *Prof. Birgit Dankert* spricht zum Thema „Rentable Kultur", *Dr. Gustav Rottacker*, der Vorsitzende des Deutschen Bibliotheksverbandes und Direktor der Stadtbücherei Stuttgart, gibt einen Überblick über die Entwicklung der ekz. Sie wurde 1947 in Reutlingen gegründet. Allerdings, so *Rottacker*, war bereits 1922 in Leipzig ein „Einkaufszentrum für Volksbüchereien" ins Leben gerufen worden. *Rottacker* würdigt die Verdienste der ekz um das öffentliche Bibliothekswesen, die Förderung der bibliothekarischen Dienste durch die ekz, an vorderster Stelle die Lektoratskooperation. Im Herbst legt die ekz beide Reden in einer Broschüre vor.

„Pinocchio" und „Struwwelpeter"

Die beiden Kinderbuchklassiker „Die Abenteuer des Pinocchio" und der „Struwwelpeter" zu vergleichen, hat sich eine Ausstellung des Arbeitskreises „Bürger gestalten ihr Museum" des Heinrich-Hoffmann-Museums in Frankfurt am Main zum Ziel gesetzt. Gemeinsamkeiten und Unterschiede der beiden Bücher werden dargestellt, Entstehung und historische Einbettung verdeutlicht und zwei bedeutende Kinderbuchfiguren dem Publikum bekanntgemacht. Auf 17 Schautafeln wird der Buchvergleich ermöglicht. Der „Fundevogel" (40/Juli 1987, S. 14f.) schreibt: „In kurzer, aber informativer Form, aufgelockert durch Abbildungen verschiedenster Ausgaben der beiden Kinderbücher, verfolgt der Betrachter Schritt für Schritt die Annäherung beider Gestalten... Leider ist es nicht möglich, diese Bücher in die Hand zu nehmen und darin zu blättern, sie sind unter Glas gebannt... Eine Ton-Bild-Schau zu *Heinrich Hoffmanns* Leben und Werk lockert den Rundgang durch die Ausstellung zusätzlich auf." Der große Ideenreichtum, der insbesonders den kindlichen Besuchern zugute kommt, wird ebenso hervorgehoben wie das Einfühlungsvermögen der Aussteller, die der Langeweile vorbeugen durch die Möglichkeiten zu malen, Kassetten zu hören, sich zu verkleiden und auch Theater zu spielen.

Für die BIB '87 nominiert

Für die Biennale der Illustratoren in Bratislava '87 nominiert der AKJ folgende Illustratoren und deren Bücher: *Sophie Brandes*: „Der einsame Riese", *Gisela Degler-Rummel*: „Lena und Paul", *Annegert Fuchshuber*: „Ich habe einen Freund", *Ivan Gantschev*: „Die Kanufahrt", *Nikolaus Heidelbach*: „Der Ball", *Una Jacobs*: „Die Erd-Uhr", *Janosch*: „Der alte Mann und der Bär", *Margret und Rolf Rettich*: „Zehn Finger hab ich...", *Andreas Röckener*: „Im Zirkus Zabione", *Binette Schroeder*: „Die Schöne und das Tier", *Brigitte Smith*: „Ich bin doch nicht dumm", *Jürgen Spohn*: „Ali Gator auf der Suche" und *Bettina Wölfel*: „Winzige Geschichten". Alle diese Illustratoren können auf der BIB '87 ausstellen und sich um den Grand Prix bewerben.

Wilfried Bökenkamp †

90 Jahre ist der Kinderbuchsammler *Wilfried Bökenkamp* aus Bielefeld geworden. Am 2. Juli 1987 stirbt er. Er war Buchhändler und Verlagsvertreter, hielt sich oft in Prag auf, verehrte *Johann Amos Comenius*, auf dessen Spuren er häufig wandelte. Bekannt wurde *Bökenkamp* als Sammler verschiedener Ausgaben des *Comenius*'schen „Orbis sensualium pictus". Die Sammlung *Bökenkamp* geriet zu einer der wichtigsten Sammlungen alter deutscher Kinderbücher. Noch vor der Zeit, die das alte Kinderbuch schätzen sollte, trat *Bökenkamp* mit zwei Ausstellungen seiner Sammlung in Stuttgart und Offenbach an die Öffentlichkeit. Von der Sammlung *Bökenkamp* sind nur noch Reste in Bielefeld, wie *Erich Strobach* weiß, vorhanden.

Treffpunkt Zentralbibliothek Köln

Die Rheinische Kinderbuchgesellschaft (Leitung: *Prof. Dr. Theodor Brüggemann*) lädt zu einer Veranstaltung mit *Dr. Zohar Shavit*, Dozentin aus Tel-Aviv und Stipendiatin an der Arbeitsstelle für KJL-Forschung der Universität zu Köln, ein. Ihr Thema: *„David Friedländers ‚Lesebuch für jüdische Kinder' (1779) – die erfolglose Suche nach dem Idealbild des aufgeklärten deutschen Juden."* Der Vortrag behandelt das erste Lesebuch für jüdische Kinder in deutscher Sprache, das auf den Bemühungen *Mendelssohns* fußt, deutsche Kultur, aufgeklärtes Denken und jüdische Tradition zu vereinigen. Das Buch, von dem vermutlich nur noch ein Exemplar existiert, ist für die Geschichte des Judentums und der jüdischen Kinderliteratur in Deutschland von herausragender Bedeutung. – Am 17.9. wird eine Ausstellung mit Bildergeschichten von *Nikolaus Heidelbach* gezeigt: „Vorsicht Kinder". Verleger *Hans-Joachim Gelberg* und *Dr. Horst F. Neißer* von der Kölner Stadtbücherei sprechen über die dreisten Grafiken des 32jährigen Kölners, der vor fünf Jahren für sein Bilderbuch „Das Elefantentreffen" (Beltz & Gelberg 1982) den Oldenburger Jugendbuchpreis gewann. (Das Foto zeigt ihn beim Oldenburger Bilderbuch-Seminar im Rahmen der diesjährigen KiBuM.)

Schule rund ums Buch

Auf der Mainfranken-Messe in Würzburg wird dem Bayerischen Lehrer- und Lehrerinnenverband (BLLV) ein ganzer Stand zur Verfügung gestellt, der von den Kreisverbänden Würzburg-Land Würzburg-Stadt, Ochsenfurt und vom Team „Schule – rund ums Buch" betreut wird. Viele Aktivitäten zur Leseförderung laufen vom Stapel: täglich angesetzte Malaktionen „Kilian spaziert über die Mainfranken-Messe", eigene Buchbindearbeiten, die der Franz Schneider-Verlag München ermöglicht. Prominente lesen (vom Regierungspräsidenten über den Oberbürgermeister bis hin zum Schulamtsdirektor lesen Erwachsene Kindern vor), Vorträge (*Walter Roßdeutscher*: „Hinführung zum Kinder- und Jugendbuch", *Prof. Dr. Heinrich Pleticha* über das Sachbuch), dazu Mundartdichterlesungen, Zauberkunststücke und Puppenspielereien. Die Presse nimmt diese Aktion des BLLV mit Nachdruck wahr. 80 aufgehängte Bücher sind immerhin über den optischen Blickfang hinaus auch dazu da, den Besucher zum Blättern, Anschauen und Lesen anzuregen.

Literarischer Wanderzirkus auf Rädern

Von Lübeck-Travemünde startet es am 22. Juli, auf dem Martkplatz von Lübeck beendet es einen Monat später seinen Testlauf entlang der Ostseeküste Schleswig-Holsteins, das mit 2,2 Millionen Sommerurlaubern zu den begehrtesten Ferienregionen der Bundesrepublik zählt: das „Lesemobil", ein rollender Büchercontainer, der als Leseanimateur fungieren soll. Ideen- und Kostenträger dieser einmaligen Aktion ist der Börsenverein des Deutschen Buchhandels. 250.000 DM hat er da veranschlagt – genau: für Schauspieler- und Musikantentruppen, Autorenlesungen und pädagogische Begleitveranstaltungen mit allem Drum und Dran. Beisteuerer waren das Bundesinnenministerium (Zuschuß für den innovativen Leseförderungsansatz) und die avj. Schulen waren einbezogen, Bibliotheken, selbstverständlich der örtliche Buchhandel. An 26 Orten von Lübeck bis Flensburg wurde die Werbetrommel für Buch und Lesen in der Frei- und Ferienzeit gerührt, mit Anleihen aus Fernseh-Shows ebenso wie aus Zirkus-Programmen. Promotor und Projektleiter *Klaus Kluge* gibt Rechenschaft über Erfolge und Probleme des sich nicht als Verkaufsförderungs-, sondern als „good-will-Aktion" für das Bücherlesen verstehenden Unternehmens in einer Dokumentation (Anfang 1988).

Nichts gibt's, was es nicht gibt

Ein geradezu umwerfend angefülltes Programm – Motto: „Nichts gibt's, was es nicht gibt" – bietet das Wiener Internationale Institut für Jugendliteratur und Leseforschung (Direktorin: *Dr. Lucia Binder*) auf seiner diesjährigen 23. Internationalen Tagung in Klagenfurt (24.-29.8.). Generalthema: Jugendliteratur in Aktion". Man will „mit der Wahl dieses Tagungsthemas den Wünschen vieler mit dem Kinderbuch Beschäftigten entgegenkommen, die nach den eher gattungsbezogenen und literaturtheoretischen Tagungsthemen der letzten Jahre Impulse aus und für die Praxis der Kinder- und Jugendbucharbeit wünschen. „Jugendliteratur in Aktion" soll daher eine Einführung bieten in moderne Buchpädagogik, Animation, Jugendbucharbeit im Unterricht, Stegreifspiel, Aktivitäten in Kindergarten- und Freizeitgruppen, und die Möglichkeit zum praktischen Training auf all diesen Gebieten geben. In Anbetracht der Welle des funktionalen (sekundären) Analphabetismus und der Leseschwierigkeiten, die auch im deutschen Sprachraum zu bemerken sind, erscheinen alle Aktivitäten, die zum Lesen anregen, besonders wichtig. Ein Schwerpunkt wird deshalb auch auf Lesemotivation und die Auswahl entsprechender Kinder- und Jugendbücher gelegt werden."

***Gudrun Mebs** spielt im Film nun die Figur, die sie erfand und durch die sie (als Kinderbuchautorin) berühmt wurde: die Schriftstellerin aus dem „Sonntagskind". Ihre Filmtochter ist die (echte) Tochter der Regisseurin **Marianne Rosenbaum, Nurith Samaan.** (Das Foto sandte **Gudrun Mebs** eigens für den Almanach. Danke!)*

Jetzt zeigt sie ihr zweites Talent

Aus der Rubrik „Drehspiegel" der SZ (Nr.168/87) ist zu entnehmen: „ Die erfolgreiche Autorin des Kinderbuches ‚Sonntagskind', *Gudrun Mebs* – ausgezeichnet mit mehreren Preisen, darunter dem Deutschen Jugendliteraturpreis 1984 – zeigt jetzt bei den Dreharbeiten zur Fernsehversion des ‚Sonntagskindes' ihr zweites Talent: Sie spielt die Rolle der Wochenend-Patenmutter, die im Buch ‚Ulla', nun aber ‚Anna' heißt... Anders als im Buch wird die TV-Geschichte (*Marianne Rosenbaum* schrieb das Drehbuch) nicht aus der Sicht des Kindes erzählt, das in einem Heim lebt und darauf wartet, einmal in der Woche von „Sonntagseltern" abgeholt zu werden...*Marianne Rosenbaum* hat eine echte Tochter: Ihre kleine *Nurith Samaan* spielt das Heimkind Barbara; *Hans-Peter Korff* den Freund der Wochenendmutter Anna. Anfang Juli fiel in München die erste Klappe, die Dreharbeiten dauern bis Ende August.

Aus dem Projekt Inge Steinekes:

Entwicklung eines Bilderbuches mit Kindern

Parallel zu dem Bilderbuch „Die Schule der glücklichen Kinder", (Pausewang/Steineke, Middelhauve, Herbst 87), sollen die Kinder ihre Träume für eine Schul-Utopie als Buch-Illustrationen zeichnen und malen. Die Arbeit gliedert sich in zwei Phasen: a) In sechs Klassen der Orientierungsstufe in jeweils vierstündigen Veranstaltungen werden Themen zu dem Bilderbuch erarbeitet. Diese Veranstaltungen können wiederum in verschiedenen Stadtteilbibliotheken stattfinden. Falls es gelingt, Mittel einzuwerben, würde ich das Buch gern in den Werkstätten der Berufsschule für das gestalterische Gewerbe drucken und in der Buchbinderei der Stadtbibliothek binden lassen. b) Dafür werden die 12 schönsten Arbeiten ausgesucht, und die 12 Kinder, die diese Bilder gemalt haben, werden in die Berufsschule für das gestalterische Gewerbe eingeladen, um ihre Entwürfe zu Druckvorlagen umzuarbeiten. Einrichtungen, wie Lichttische, Vorrichtungen zur Litho-Herstellung sind in den grafischen Werkstätten vorhanden. Die typografischen Arbeiten könnten die Schüler der Fachoberschule unter der Leitung meines Kollegen ***Claude Wunschik*** *übernehmen. Ich hoffe, daß so ein nachdenklich stimmendes Buch entstehen kann, das Lehrer, Eltern und Schüler interessieren.*

„Ich war ja angenehm berührt..."

Schreibt *Inge Steineke* aus Bremen, lieb und nett und dankbar über die Zusendung des 4. Almanachs, wo sie mit ihrem Bilderbuch „Guten Tag, lieber Feind" (S. 108f.; Text: *Gudrun Pausewang*) und mit einem Blick in ihre Werkstatt (S. 154f.) vorgestellt wurde: „Ich war ja angenehm berührt, daß meine Bücher in der Kinderbuch-Szene '86 so präsent sind. – Welch eine große Arbeit nehmen Sie mit diesem Almanach jährlich auf sich! Unser neues Buch ‚Die Schule der glücklichen Kinder' (Text wieder von *Gudrun Pausewang*), das im Herbst bei Middelhauve erscheint, hätte thematisch auch noch in den Almanach hineingepaßt." (Anm. d. Hrsg.: Wird auf S.60dieses Almanachs vorgestellt!) Wie *Inge Steineke* mitteilt, will sie die Idee zu diesem Buch für ein Projekt nutzen, das sie beim Bremer Senator für Bildung, Wissenschaft und Kunst durchführt.

Helmut Seitz' „Vers darauf"

Der SZ (Nr.180/87) – Dichter vom Dienst, *Helmut Seitz*, ist nicht gerade optimistisch, was die Benutzung der (immerhin 23!) Münchner (Stadtteil-) Bibliotheken durch die Schülerinnen und Schüler in den Sommerferien '87 anbelangt, wenn er sich und den Lesern den folgenden Vers darauf macht:

Der Schüler, wenn er Ferien hat,
hätt' auch viel Zeit zum Lesen,
drum bieten Bücherei'n der Stadt
Lektüre nicht nur mit Rabatt –
nein: Völlig ohne Spesen.

Und Bücher gäb's da gleich en gros.
Nur: Was macht die modernen
High-Tech-Bambini wirklich froh?
Meist Walkman, Fernseh'n, Video,
weil s'lesen kaum noch lernen.

Helmut Seitz

Kurt Seelmann †

Als er mit 65 Jahren aus dem Dienst als Münchner Jugendamtsleiter schied, feierten 2000 Kinder im „Circus Krone" seinen Abschied vom Berufsleben: *Kurt Seelmann*. Er war mit Feuereifer Volksschullehrer, der jüngste Schulrektor der bayerischen Landeshauptstadt draußen in Freimann, Individualpsychologe, zuletzt Stadtjugendamtsdirektor. Eltern und Pädagogen ist der Name *Kurt Seelmann* als Autor der sogenannten „Peter-Pelikan-Erziehungsbriefe" ein Begriff, wohl noch heute. Kinder kennen *Kurt Seelmann* als Autor des Sexualaufklärungsbüchleins „Woher kommen die kleinen Buben und Mädchen?". Fast 1 Mill. Auflage hat diese beliebte Aufklärungsschrift erfahren, die in sechs Sprachen übersetzt wurde. Ein profilierter Pädagoge, ein Verfechter kindgerechter Erziehung, ein Anwalt der humanen Schule des Verstehens und Helfens, ein Kinderbuchautor... Am 11. August 1987 stirbt er im Alter von 87 Jahren.

IJB dankt 1000 Verlagen

Woher erhält die IJB in München ihre vielen Bücher? Fast ausschließlich aus Bücherspenden. Schon die IJB-Gründerin *Jella Lepman* wollte es so. Denn: Die ganze Welt beteiligt sich dadurch an der Arbeit der IJB. Mehr als 1000 Verlage in 70 Ländern stellen der IJB ihre Bücher zur Verfügung. Ihnen dankt die IJB. Jedoch auch den vielen Privatpersonen, „die durch ihre Geschenke Jahr für Jahr bedeutende Lücken in unserer Sammlung schließen". Viele ausländische Autoren und Grafiker schenken der IJB ihre Bücher. 80 Titel ein Herr aus Indien, 36 Kinderbücher eine Türkin, etwa 25 Dubletten schenkte eine Schottin der IJB aus ihrer Sammlung von „Alice im Wunderland"-Ausgaben.

Bücher kommen zum Leser

Der Börsenverein des Deutschen Buchhandels bietet kostenlos Buchausstellungen zu aktuellen Themen an. Kommunen werden darauf hingewiesen, daß sie mit einer Buchausstellung zum kulturellen Leben ihrer Gemeinde beitragen: „Die Ausstellungen sind für ein breites Publikum konzipiert, so daß Sie einen großen Kundenkreis ansprechen. Durch die Ausstellung führt ein Katalog, der dem Ausstellungsbesucher zur Orientierung und als Bestellerunterlage dient. Er wird den Ausstellern kostenlos zur Verfügung gestellt."

Etwa 300 bis 400 Titel umfaßt eine der angebotenen Kollektionen. Die Bücher jeder Kollektion können vom Aussteller-Besucher durchgeblättert und angelesen werden. Ein eigenes Prospekt gibt Tips zur Durchführung einer solchen Ausstellung. Zu den Themen der Wanderausstellungen des Börsenvereins des Deutschen Buchhandels gehören u.a.: „Hoffnung, wie sie im Buche steht" (Bilder- und Kinderbücher, aber auch erzählende Literatur für junge Erwachsene), „Prämierte Jugendbücher" (die seit 1980 mit dem Deutschen Jugendliteraturpreis ausgezeichneten und jährlich ausgewählten empfehlenswerten Bilder-, Kinder-, Jugend- und Sachbücher), „Märchenwelten" (250 Bücher als Querschnitt durch die Märchenliteratur), „Bücher zum Umweltschutz" (ca. 320 Titel, darunter auch solche für Kinder) und schließlich „Reisen im Bücherland" (270 Bilder-, Kinder-, Jugendbücher, die die Reiselust bei den Lesern wecken).

Sammler haben noch Chancen

Bilderbücher aus den Jahren 1945 bis 1950 seien selten, „da sie meist nur in einer Auflage erschienen, als Brennmaterial verheizt oder von lesehungrigen (Nachkriegs-)kindern zerblättert wurden." Trotzdem sei es „(noch) nicht ‚schick', diese nicht so ‚bunten', dünnen kleinen Bilderbücher zu sammeln oder gar zu kaufen". Gelegentlich tauchten sogar aus Bücherkellern vereinzelte Restauflagen von Bilderbüchern jener Nachkriegsjahre auf, die den noch unsicheren Sammler verwirrten. Andererseits gäbe es ja bereits Spekulationskäufe, und ein Preiskatalog sei hierfür bereits erschienen. Spezialsammler gäbe es bereits vor allem für die Themen Weihnachten und Ostern, und diese griffen schon jetzt gerne zu, auch manche Illustratoren und der eine oder andere Verlag hätten bereits ihre Liebhaber gefunden. – Wer so und noch weiter mutmaßt, ist der Dachauer Antiquar *Hans Lindner*, und zwar in einem Gemeinschaftskatalog, der den Titel trägt „die 5". *Lindner* weist auch auf die ersten Nachkriegs-Bilderbücher hin, die in der Kinderbuch-Ausstellung in der Münchner Stuckvilla letztes Jahr (vgl. 4. Almanach S. 201) bereits gezeigt wurden und im Jahre 1988 in Köln gezeigt werden sollen. *Lindner*: „Spätestens dann werden viele Sammler bemerken, daß es neben Scholz (Mainz), Gerlach's Jugendbücherei, dem unverwüstlichen *Ernst Kreidolf*, den Bilderbüchern von *Kutzer, Wenz-Viëtor, Caspari* & Co. ('...viel zu teuer') so manch anderes Bilderbuch gibt...". Die dann in dem schon benannten Katalog aufgeführten Bilderbücher aus den Jahren 1945 bis '50 sind lediglich zehn an der Zahl. Ein paar Seiten später räsoniert derselbe *Lindner* dann noch über seinen „heimlichen Traum", einen bereits mehrfach angekündigten Katalog mit Kinderbilderbüchern herauszubringen. 1800 Stück habe er beisammen und könnten jederzeit besichtigt werden. Über die Fülle des Vorhandenen sei zu staunen. Alle diejenigen, die von der Sache etwas verstehen, würden, so *Lindner*, ein Einsehen haben, daß ein solcher Spezialkatalog trotz vieler Mühen viele Jahre des Entstehens benötigt.

Leseförderung für „Buchferne"

Die Deutsche Lesegesellschaft bringt unter dem Titel „Leseförderung 1977 bis 1987" einen Erfahrungsbericht von erstaunlichem Umfang heraus, der direkt an die „Stiftung Lesen" adressiert ist, in die ab 1988 die Deutsche Lesegesellschaft mit 20 anderen großen Verbänden und Institutionen eingeht. Was *Prof. Dr. Peter Schneider*, der Vorsitzende der Deutschen Lesegesellschaft e.V., Mainz, mit seinen Mitarbeitern in zehn Jahren auf die Beine gestellt hat, ist schon beträchtlich. Das Heft gibt detailliert Auskunft über alles, was im Rahmen der intendierten Leseförderung für die buchfernen Bevölkerungsgruppen getan wurde. Leseförderung wurde immer verstanden als Medienpartnerschaft, mit dem Fernsehen, mit den sogenannten Neuen Medien, im Rahmen einer ganzheitlich gesehenen Medienerziehung. Leseförderung wurde aber auch gesehen als Vermittlungsförderung: Es wurden Arbeitshilfen für Eltern, Lehrer und Erzieher, aber auch Anregungen für Jugendliche publiziert.
In der Broschüre ist nachzulesen, wie stark die Deutsche Lesegesellschaft in die Praxis der Leseerziehung hineinwirkte, mit welchen Mitteln sie ihre Erfolge einheimste, daß sie auch das Lesen in der Schule, das Vorlesen und Erzählen im Kindergarten, die Zusammenarbeit der deutschen und ausländischen Kinder und Jugendlichen auf dem Gebiet des Lesens (Leseclubs) in ihre Arbeit einbezog, ist augenfällig dokumentiert. Ebenso ist nachzulesen, daß sich die Deutsche Lesegesellschaft nicht ungern und nicht selten mit großen Namen zierte,

*DLG-Generalsekretär **Rolf Zitzlsperger** in „seinem" Zehnjahres-Bericht u.a.: „Mit ihrem Eifer, kooperierend praktische Beispiele der Leseförderung zu bieten, und mit ihrem ungeduldigen, ja manchmal naiven Elan in der Umsetzung von Ideen erzeugte die Deutsche Lesegesellschaft häufig genug neue Vorbehalte, ja Ablehnung." – Ein Geständnis?*

nicht nur mit Wissenschaftlern, sondern auch mit Politikern, von denen sie sich nicht zuletzt auch finanzielle Förderung und Unterstützung erhoffte. Der „Weg in die Stiftung Lesen" ist in dem Heft ebenso zu verfolgen wie die Satzung dieser Stiftung, paraphiert in Mainz am 5. Mai 1987, aussieht. Nur ein paar Kernsätze aus der Präambel der Stiftung Lesen, deren Aufgaben die Förderung von Sprache und Lesen in Elternhaus, Kindergarten, Schule, der kulturellen Jugendbildung, der Erwachsenenbildung und den Massenmedien liegen: „Insbesonders das Lesen fördert nicht nur die Entfaltung der Phantasie, es eröffnet auch den Zugang zum ‚Gedächtnis der Menschheit' – der Literatur. Zugleich ist Lesen eine wichtige Voraussetzung für berufliche Qualifikation, sinnvolle Freizeitgestaltung und die Nutzung aller Medien. Da die Stifter die Förderung des Lesens als eine Aufgabe der gesamten Gesellschaft ansehen, bemühen sie sich, weitere Verbände, Organisationen, Institutionen und Körperschaften des öffentlichen Rechts, insbesondere Kommunen, die Bundesländer, den Bund, die Kirchen und andere Religionsgemeinschaften zur Mitarbeit in der Stiftung zu gewinnen." - Das Heft ist beim Herausgeber, der Deutschen Lesegesellschaft e.V., Raimundistr. 2, 6500 Mainz erhältlich.

Otto Maier läßt schmunzeln

„Lassen Sie uns mitschmunzeln. Wir lachen alle gern – auch wer manchmal nichts zu lachen hat. Schreiben Sie über eine Schulsituation in oder außerhalb des Klassenzimmers, bei der es etwas zu lachen gab. Schreiben Sie in Prosa oder Versen, zeichnen Sie etwas dazu, wenn es Ihnen Spaß macht. Sie brauchen uns nur Ihre Arbeit einzusenden, und schon nehmen Sie an der Verlosung wertvoller Preise teil." Dies teilt der Otto Maier Verlag, Ravensburg, im September 1987 auf der Rückseite seines Kataloges über Bücher und Spiele für die Schule mit. Die Einladung zum Schreiben gilt wohl für alle Altersstufen, obwohl dies nicht extra ausgedrückt wird. Was aber genau festgelegt ist: das Datum der Abgabe der einzusendenden Beiträge (31. März 1988) und: „Mit der Teilnahme gehen alle Beiträge in den Besitz des Otto Maier Verlages über; er darf sie ausstellen und/oder in Medien seiner Wahl veröffentlichen." Was es zu gewinnen gibt? Als 1. Preis eine Schiffsreise mit dem weltberühmten Fährschiff „Finnjet" der Finnjet-Silja-Linie für zwei Personen von Travemünde nach Helsinki. Dazu zwei Übernachtungen in einem Hotel und eine Stadtrundfahrt. 2. und 3. Preise sind auch Reisen für jeweils zwei Personen: die eine nach Berlin, die andere nach Ravensburg und zurück. Wer den 3. Preis gewonnen hat, der besucht das Historische Archiv der Ravensburger und lernt den Verlag kennen. Selbstverständlich sind auch Bücher unter den Gewinnen.

2364 Arbeiten von 328 Künstlern

Hannu Taina

Die Biennale der Illustrationen in Bratislava (BIB) stellt in diesem Jahr 328 Künstler aus der ganzen Welt aus. Bilderbuchkunst ist Trumpf. Pädagogisch-didaktisches tritt in den Hintergrund, ebenso die Gebrauchsgrafik. Der 15-köpfigen internationalen Jury gehören vor allem hochkarätige Illustrationskünstler an, u.a. *Dušan Kállay* und *Albin Brunovsky*. Die BIB soll ja nichts anderes als den hohen Stand der Bilderbuchillustration auf der ganzen Welt aufzeigen und damit einen Beitrag zur Verständigung der Völker untereinander leisten. Daß darüber hinaus die BIB, alle zwei Jahre veranstaltet, Gespräch und Begegnung zwischen Künstlern und Kritikern bedeutet, hat sich inzwischen herumgesprochen. Die Ostblockländer, die DDR ebenso wie Polen, die Tschechoslowakei und die Sowjetunion sind mit umfangreichen Beiträgen vertreten.
Hingegen fehlen Bilderbuchkünstler aus dem westlichen Teil der Welt – Beispiele: *Leo Lionni* und *John Burningham* – völlig. Der Finne *Hannu Taina* trägt den diesjährigen Grand Prix für seine exzellenten Bilder zu „Der Herr König" (bei uns erschienen im Verlag bohem press; vgl. S.187) davon. Die fünf Goldenen Äpfel gingen an *Manuel Boix, Jiří Běhounek, Robert Brun, Antoni Boratyński* und *Leonid Domnin*. Plaketten gab es für *Janosch, Jürgen Spohn* und *Fulvio Testa*, um nur einige derjenigen Künstler zu nennen, die auch bei uns einen klangvollen Namen besitzen. – In der „Bibiana", einem neueröffneten Haus der BIB, soll es künftig zu ständigen Aktivitäten kommen, die sich auf die Bilderbuchkunst beziehen. Die Grand Prix-Gewinner der Jahre 1967 bis 1985 dürfen in dem renovierten Altstadtpalais ihre preisgekrönten Arbeiten

zeigen. Daneben gibt es eine Ausstellung slowakischer Märchenillustrationen sowie Arbeiten von *Jürgen Spohn* und seiner Schüler. „Das Kind als Held in der Illustration der Kinder- und Jugendbücher – Träger des sozialistischen Aspekts der Zeit" heißt das Symposium, das die Slowakische Nationalgalerie ausrichtet. (NB: Im Bürgerhaus Bornheim zu Frankfurt am Main sind bis zum 14. November diejenigen Originale der BIB zu sehen, die von 1967 bis 1985 ausgezeichnet wurden – immerhin 250 an der Zahl.)

Forschungsgesellschaft tagt

Vom 28. September bis zum 2. Oktober 1987 tagt der 8. Kongreß der Internationalen Forschungsgesellschaft für Kinderliteratur in Köln. Etwa 150 Wissenschaftler aus 20 Ländern verfolgen das Ziel, die Kinder- und Jugendliteratur in ihrem Verhältnis zur Erwachsenenliteratur zu diskutieren. Neben sechs Plenumsvorträgen werden fast 50 weitere Vorträge in folgenden vier Foren gehalten: „Autoren, die für Kinder und für Erwachsene schreiben", „Bücher und Stoffe aus der Erwachsenenliteratur, die von der Kinder- und Jugendliteratur adaptiert wurden", „Zur Poetik der Kinder- und Jugendliteratur" und „Fließende Grenzen zwischen der Kinder- und Jugendliteratur und der Literatur für Erwachsene". Die Organisation des Kongresses liegt bei *Prof. Dr. Dagmar Grenz*, Köln (Foto). In ihrem Grußwort an den Kongreß weist die Ministerin für Wissenschaft und Forschung des Landes Nordrhein-Westfalen, *Anke Bruhn*, auf die Bevorzugung von Comics und Fernsehen durch die Kinder und Jugendlichen hin, was zu berechtigtem Zweifel an der Kongreß-Materie führen könne. *Anke Bruhn*: „Kinder- und Jugendliteratur ist Literatur für Kinder und Jugendliche; also ist es wichtig, daß sie auch von denen, für die sie geschrieben ist, gelesen wird. Kinder- und Jugendliteratur ist aber auch Literatur. Ein banaler Satz, der freilich impliziert, was bis vor 10 bis 15 Jahren gar nicht so selbstverständlich war: Daß Kinder- und Jugendliteratur nicht nur unter pädagogischem, sondern auch unter literarischem Aspekt betrachtet werden muß. Ansonsten laufen wir Gefahr, daß wir die kindlichen Leser und Leserinnen aus falscher Kindertümelei vom Gesamtbereich der Literatur abschneiden, anstatt sie dort hinzuführen."

Vom Märchen Antworten erwarten

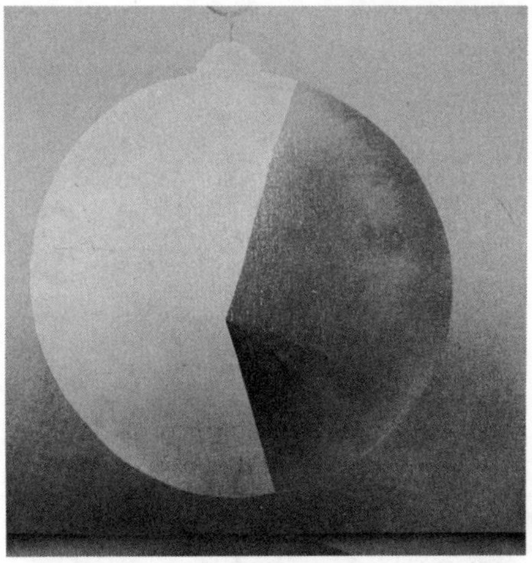

„Im Herzen des Ruhrgebietes, mitten im größten Ballungsraum Europas, in Gelsenkirchen, findet der diesjährige internationale Kongreß der Europäischen Märchengesellschaft (vom 30.9. bis 4.10.) statt. Dem Volksmärchen, das in den letzten Jahren steigende Beachtung gefunden hat, soll durch ein vielseitig gefächertes Programm – Erzählstunden, wissenschaftliche Vorträge, Arbeitsgemeinschaften, Aufführungen und Ausstellungen – eine möglichst breite Öffentlichkeit begegnen. Erstmals werden im sogenannten ‚Märchenkongreß für Kinder' auch die Jüngsten in das Projekt einbezogen ...
Das Thema ‚Die Zeit im Märchen' ist von brennender Aktualität, unser aller Zeit-Not, die rätselhafte allgemeinmenschliche Erfahrung, daß Zeit relativ erlebt wird – als Langeweile oder als Kurzweil –, die Erscheinung des Zeitstillstandes, der Zeitentrückung, aber auch Zeit als Bedingung für Leben, die erfüllte und die vertane Zeit, der ‚alles enthaltende Augenblick' und die Ahnung von Ewigkeit: all das bestimmt wesentlich unser Dasein.
Mit Spannung erwarten wir vom Märchen Antworten auf die bedrängenden Fragen, die ‚die Zeit' uns stellt." 13 Referate, 18 Arbeitsgemeinschaften und annähernd 30 Märchenerzähler – ein Aufgebot und Angebot, das seinesgleichen sucht. Die Einladungskarte, der der vorstehende Text entnommen ist, bringt als Titelbild ein Motiv von *Gisbert Tönnis* (Städt. Museum Gelsenkirchen): „Licht–Zeit–Maß" (s.Abb.).

Nützlich, nützlich!

Das Referat Wanderausstellungen des Börsenvereins des Deutschen Buchhandels, Projektabteilung Öffentlichkeitsarbeit, gibt aus Anlaß einer Sonderausstellung im Zentrum Leseförderung auf der diesjährigen Frankfurter Buchmesse ein 28seitiges Geheft heraus, das sehr nützlich ist. *Miryam Pelz* (Redaktion) stellt Materialien zur deutschsprachigen KJL zusammen: Literaturpreise, Buchempfehlungslisten und Zeitschriften für junge Leser. Die übersichtlich gestaltete Publikation erhebt zwar keinen Anspruch auf Vollständigkeit und nimmt keine inhaltliche Wertung vor, kann aber doch auf so manche Frage eine erste Antwort liefern, so daß diese Liste in die Hände all derer gehört, die mit KJL zu tun haben.

Josef Carl Grund

„Lieber Herr Grund..."

In loser Folge wird die Zeitschrift des Bayerischen Lehrer- und Lehrerinnenverbandes „Bayerische Schule" von ihrem Heft 16/87 ab Persönlichkeiten aus dem Bereich des musischen Schaffens der Lehrer vorstellen, deren Wirken über die Schule und den Verband hinaus öffentliche Beachtung findet. Begonnen wird diese Reihe mit der Vorstellung des ehemaligen Nürnberger Konrektors, fast 40 Jahre Mitglied des Verbandes, der längst zum Schriftstellerberuf übergewechselt hat: *Josef Carl Grund*. In dem Artikel heißt es u.a.: „Er gehört zu den meistgelesenen deutschen Jugendbuchautoren der letzten 40 Jahre. Seine Bücher erschienen bisher in 13 Sprachen (u.a. in Polnisch, Japanisch, Afrikaans, Rätoromanisch...). Er ist mehrfach preisgekrönt: Er erhielt bisher sieben deutsche und fünf ausländische Literaturpreise, darunter dem österreichischen Staatspreis." Der Artikel, der auch Einblick in *Grunds* Korrespondenz mit den Kindern gibt („Lieber Herr Grund, ich habe allen Grund, Ihnen zu schreiben"), schließt mit einer Liste lieferbarer Bücher von *J.C.G.*, der für Kinder von etwa 5 Jahren an ebenso schreibt wie für Jugendliche ab 13/14. Sein schriftstellerisches Werk erscheint in mehreren Verlagen. Breiten Erfolg haben die geschichtlichen Erzählungen im Loewes-Verlag.
(s. auch S. 138)

Gerade Bibliotheken müssen werben

Der Verband der Bibliotheken in Nordrhein-Westfalen veranstaltet einen Wettbewerb: Wirksame Werbemittel für Bibliotheken. *Detlef Bachs* Plakat mit dem Slogan „Bürger brauchen Bibliotheken – Bibliotheken für die Zukunft" und ein Lesezeichen von *Manuela Eckenbach* mit der gleichen Aufschrift gibt es am 1.10. bei der Reutlinger ekz, das Plakat (59x84 cm) für 6 DM das Stück, die mit Computer–Signets gezierten Lesezeichen zu 8 DM pro 100 Stück. Als „Preis bei Veranstaltungen und Wettbewerben, zur Belohnung für Helfer und Helferinnen, als Werbegeschenk, zum Weiterverkauf bei Bibliotheksfesten u.a." wird in „robuster Ausführung, buntfarbig" eine Schneekugel „Lesender Zwerg" mit dem Aufdruck „Buch macht kluch" angeboten, 10 Stück für 75 DM.

Von demonstrativer Lesereise zurück

Sieben jugendliche Autoren einer politisch aktuellen Anthologie kommen nach einer demonstrativen Lesereise durch Nordrhein-Westfalen am 8. Oktober zur Buchmesse und stellen sich der Presse. Worum geht es eigentlich? „Sind es noch die alten Farben?" So heißt die von *Harry Böseke* und *Bernhard Wagner* herausgegebene Anthologie, die sich prosaisch und lyrisch mit den Folgen von Tschernobyl auseinandersetzt (s.S.   ). Einige der insgesamt 53 Autoren des Werkes beginnen am 4. Oktober eine Lesereise mit ihrem Buch. Die Stationen: Hamm, Bergkamen, Dortmund, Wuppertal, Köln, Bonn, Koblenz, Biblis und Frankfurt(er Buchmesse). Unterstützt wird diese Aktion vom Verband Deutscher Schriftsteller, vom Werkkreis Literatur der Arbeitswelt und der Landesarbeitsgemeinschaft Jugend und Literatur in Nordrhein-Westfalen.

Janosch weiß, wie's geht

Janosch (56) weiß, wie's geht, daß der Kinderbuchmacher nicht darben muß. Er produziert munter (bei Diogenes und Oetinger), läßt nachdrucken (bei Beltz & Gelberg) und hat anscheinend nichts dagegen, wenn die Bekleidungs- und Stoffpuppenindustrie sich seiner popigen Motive – was gilt's, Kleiner Tiger, Kleiner Bär! – bedient. Sweats und Shirts „mit den liebenswerten und unverwechselbaren Figuren des populärsten Kinder- und Jugendbuchautors Deutschlands" (O-Ton eines Werbetextes auf Handzettel (s.Abb.) ohne Herkunftsangabe) gibt es zu kaufen (selbstverständlich im Buchhandel), daneben reizvolle Kuschel-Puppen („Gehen besser als die Bücher!" kommentiert die Sortimenterin) und natürlich Kassetten, Kassetten, Kassetten. Dem ist noch längst nicht genug: „Massive TV-Unterstützung" (wieder Werbewurfsendungs-O-Ton) erhält die Aktion „durch 13 Folgen à 30 Minuten in der ARD ab 4. Okt. 1987 – Janoschs Traumstunde". – Wer träumt nicht von solch massiver „promotion"...?

Programm – rund um die Uhr

Münchens Städtische Bibliotheken tun etwas für Buch und Lesen. In 23 Stadtteilbüchereien bieten sie ein Programm rund um die Uhr mit Bastel- und Malaktionen, Spielnachmittagen, Puppentheater, Zauberer (*Martin Auer*), Lesungen (*Dagmar Chidolue*), Filmen, Quiz, Vorlesestunden und Clownerien. Im Faltprogramm (s.Abb.) locken Symbole zu den einzelnen Veranstaltungen. Die Aktionswoche (5.-9.10.) steht unter dem Motto „Mensch, da gehn wir hin!"

avj stellt zur Diskussion

Die avj stellt ihre Diskussionsreihe im Zentrum Leseförderung während der Frankfurter Buchmesse unter das Thema „Wohin treibt die Kinder– und Jugendliteratur?" Verleger und Lektoren führen vor versammeltem Publikum Gespräche. Themen sind u.a.: „Das künstlerische Bilderbuch – Utopie oder Wirklichkeit?" (Moderation: *Dr. Barbara Scharioth*, Podium: *Christa Spangenberg*, Ellermann–Verlag, *Nikolaus Heidelbach, Gerd F. Rumler*, Thienemann-Verlag, *Gisela Stottele*, Otto Maier Verlag Ravensburg); „Das Kindersachbuch: zu wenig Freiraum für Phantasie und Kreativität?" (Moderation: *Detlef Kersten*, Podium: *Dr. Rainer Brand*, Arena Verlag, *Maria Friedrich*, dtv-junior Verlag, *Otto Falch*, Tessloff-Verlag, *Dr. Michael Eppinger*, Franz Schneider Verlag, *Almut Sieben*, VDS-Verlag, *Cornelius Retting*, Otto Maier Verlag Ravensburg); „Kinder- und Jugendliteratur – Gebrauchsliteratur und literarischer Anspruch" (Moderation: *Dr. Hans-Heino Ewers*, Podium: *Gerold Anrich, Gerd F. Rumler, Hans-Joachim Gelberg, Ulrich Störiko-Blume, Herbert Günther, Dr. Friedbert Stohner*). – Es ist wie jedes Jahr auch heuer wieder ein großer Aufmarsch der Autoren, zu dem die einzelnen Verlage schon vorher einladen. Nur ein Beispiel: Bei Otto Maier, Ravensburg, tauchen am Freitag, dem 9.10.87 *Jo Pestum, Josef Ippers* und *Manfred Mai* auf. Zu letzterem heißt es im Einladungsschreiben: „Seine Kinder-und Jugendbücher beschäftigen sich mit dem Zusammen- und Auseinanderleben von Kindern und Erwachsenen. Damit ihr selbst das nicht passiert, schickt Anna ihren Papa in die Schule. Sie geht dafür in sein Büro – leider ‚Nur für einen Tag'".

Rund ums Spiegelzelt

Der Börsenverein des Deutschen Buchhandels läßt sich zur diesjährigen Frankfurter Buchmesse etwas Neues einfallen: Rund um ein aus Amsterdam eingeführtes Spiegelzelt stellt er Mittelpunkte der Leseförderung auf: text-, zielgruppen-, medien- und handlungsorientierte Leseförderung werden getrennt. Jetzt soll endlich Ordnung herrschen auf dem Messegelände in Frankfurt, und man soll wissen, wohin man geht, wenn man die einzelnen Zelte betritt. An ihren Zeichen soll man sie erkennen: grünes Dreieck, gelber Punkt, rotes Quadrat. Und das Känguruh mit der gespitzten Schreibfeder in der Hand oder auch dem bemalten Papier in der Beuteltasche springt frisch und fröhlich von Farbe zu Farbe. Die Frage bleibt offen, ob dadurch eine stärkere Strukturierung der einzelnen Fördermaßnahmen und Vorstellungen verschiedener Institutionen, die sich um Leseförderung im Lande bemühen, stattfindet. Eine Lesehöhle der avj soll „Zeit zum ungestörten Stöbern in Klassikern und Herbstneuerscheinungen der KJL" bieten, „exklusiv für kleine Leseratten". Da scheint doch am Ende das Wunschdenken die Oberhand zu bekommen.
Die Veranstaltungen gehen durchwegs in Betriebsamkeit unter, und man hat Mühe, etwa *Inge Steineke* mit ihrer „Schule der glücklichen Kinder", Lesungen von *Wolf Harranth, Marie-Thérèse Schins-Machleidt, Martin Auer, Franziska Groszer* und der Podiumsdiskussion über die Kinderliteratur und das Theater unter der Leitung von *Dr. Wolfgang Schneider* zu folgen.

Glückliche Preisträgerinnen, präsentiert von (von links) ***Alexander U. Martens,*** *Generalkonsul* ***Alexander L. Rattray*** *und* ***Elmar Gunsch.***

*„Unter der Gesprächsleitung von **Klaus Doderer** tauschten der Weinheimer Verleger **Hans-Joachim Gelberg** und der Frankfurter Literaturwissenschaftler **Winfred Kaminski** ihre zum Teil durchaus kontroversen Ansichten über Entwicklungen und Tendenzen der neueren Kinder- und Jugendliteratur aus. Ausgangspunkt der Diskussion waren drei von **Klaus Doderer** vergebene Fragenkomplexe, nämlich: ob **Christine Nöstlinger** ‚Trendsetterin' oder ‚Mitschwimmerin' bei jugendliterarischen Entwicklungen sei, d.h. ob ihr Werk als symptomatisch für die Kinder- und Jugendliteratur von 1970 bis 1986 angesehen werden kann, ob die Kinder-und Jugendliteratur der 70er Jahre als ‚(neo-)realistische und die der 80er Jahre als ‚phantastische' Literatur charakterisiert werden könne, und ob sich zur Zeit neue Trends und Entwicklungen auf dem Gebiet der Kinder-und Jugendliteratur abzeichneten.*

*Bei den Versuchen, auf diese Fragen zu antworten, wurden schnell die unterschiedlichen Haltungen und Ansichten der Gesprächspartner deutlich, wobei **Winfred Kaminski** sowohl der Entwicklung **Christine Nöstlingers** von einer ehemals sozialkritisch engagierten zu einer sich thematisch immer mehr ins Private zurückziehenden Schriftstellerin als auch der gegenwärtigen Entwicklung bzw. Stagnation der Kinder- und Jugendliteratur negativer und pessimistischer gegenüberstand als **Hans-Joachim Gelberg**. Der Verleger vieler Bücher **Christine Nöstlingers** anerkannte ihre literarische Entwicklung und verteidigte sie deshalb, weil sie Zeitströmungen stets unmittelbar adaptiere bzw. diese auch in Gang setze und weil sie darüber hinaus sprachlich stets präziser würde. Auch er glaubt nicht an einen Stillstand in der Entwicklung der Kinder- und Jugendliteratur, sondern verwies anhand einiger Beispiele auf ‚Nischen' und Ansätze von Experimenten, besonders auf dem Gebiet der Kinderlyrik und der bildkünstlerischen Gestaltung.*

*Am Ende der Diskussion faßte **Klaus Doderer** die Ergebnisse zusammen und betonte vor allem, daß sie zur Korrektur bzw. zur Differenzierung der bislang in der Literaturwissenschaft gängigen These hinsichtlich der Kinder- und Jugendliteraturgeschichte der 70er und 80er Jahre geführt habe: Man dürfe die beiden Jahrzehnte zukünftig nicht mehr auf zwei sich gegenüberstehende Pole reduzieren, d.h. man dürfe in Zukunft nicht mehr so global wie bisher behaupten, die 70er Jahre seien die Zeit der ‚realistischen' und die 80er Jahre die Zeit der ‚phantastischen' Kinder- und Jugendliteratur, da weder der Literatur der 70er Jahre phantastische noch der Literatur der 80er Jahre realistische Elemente fehlten, was u.a. bereits ein Blick auf **Christine Nöstlingers** Werk bestätige. Es haben sich lediglich die Gewichte verlagert."*

Cornelia Riedel

Kreativer Umgang mit Texten

„Impulse '87, Literatur-Wettbewerb" – unter diesem Motto steht ein Wettbewerb des Schulbuchverlages Schroedel, Hannover. Schüler aller Schulformen von 8 Jahren an können sich beteiligen. Die Aufgaben sind den Altersstufen angemessen. Die Leser ab 17 Jahren müssen z.B. den Anfang einer spannenden, aber auch nachdenklich stimmenden Geschichte lesen – er stammt von *Johanna Walser* und heißt „Mein Schrank" – einer Geschichte, in der Traum und Wirklichkeit vielfach ineinander greifen. Die Leser sollen eine solche Geschichte niederschreiben. Ganz und gar nicht leichter haben's da die 8-bis 10jährigen. Sie sollen aufschreiben, wie es mit Rudi und dem Pferd Lotte wohl weitergegangen sein könnte – Grundlage hierzu bildet der Anfang der Geschichte „Lotte soll nicht sterben" von *Siegfried Lenz* aus den „Kindergeschichten aus aller Welt" (Hamburg: Agentur des Rauhen Hauses 1966). Den Superpreis, auf den Spuren Tom Sawyers wandelnd, und zwar zu zweit zwei Wochen lang in den USA mit einer Fahrt auf dem Mississippi, trägt *Nina Deuter* davon. Sie ist eine der 2400 Schülerinnen und Schüler, die Manuskripte an die gestrenge Jury eingesandt hatten. Angefordert wurden übrigens nahezu 45000 Aufgabentexte und Wettbewerbsunterlagen von Lehrern und Schülern. 24 Preisträger pro Altersgruppe – insgesamt waren es vier – erhalten eine Urkunde und einen Sachpreis, darunter viel Lektüre für die jungen „Autoren", z.B. ein *Erich-Kästner*-Lesepaket, *Jules-Verne*-Ausgaben, *Wilhelm-Busch*-Bände, Deutsche Sagen, alle Kriminalromane von *Dürrenmatt,* Münchhausens Abenteuer usw. Unter den 100 Preisträgern sind zwei Drittel Mädchen. Der 9jährige *Tobias Bertram* aus Elsdorf, der den 2. Preis erhielt, schreibt an den Verlag: „... den Ranzen kann ich gut gebrauchen, wenn ich im nächsten Jahr zum Gymnasium gehe. Am 10.9.87 sind in der Schule drei Stunden ausgefallen, weil wir meinen Sieg gefeiert haben...". Von welchem Ranzen war die Rede? Von einer Schultasche voller Lesestoff, die Tobias gewann. Die Vorstellung der Preisträger wird in die bewährten Hände von *Alexander U. Martens* (ZDF-Kulturmagazin „Aspekte") gelegt, die Siegertexte liest *Elmar Gunsch* vor, und ein Referat hält das Jury-Mitglied *Prof. Dr. Herbert Heckmann*, der Präsident der Deutschen Akademie für Sprache und Dichtung. Alles Wichtige über Verlauf und Ausgang des Wettbewerbs steht schließlich in einem Taschenbuch, das alle Teilnehmer des Wettbewerbs vom Preisstifter erhalten. Neben einer umfassenden Auswahl an Wettbewerbsbeiträgen sind darin auch alle Teilnehmer namentlich aufgeführt.

40 Jahre Comics – 17 Jahre Nöstlinger

Das Institut für Jugendbuchforschung der Johann-Wolfgang-Goethe-Universität Frankfurt/Main (Direktor: *Prof. Dr. Klaus Doderer*) veranstaltet 1987 drei Ausstellungen von Qualität und hoher Bedeutung, die jeweils in den „Mitteilungen" (Hefte 1-3/87) ausführlich kommentiert sind: zuletzt (ab 9.10.) „Comics made in Germany. 40 Jahre deutsche Comics 1947-1987" (*Katja Ott, Christiane Körner, Dr. Bernd Dolle-Weinkauff*), zuvor (vom 12.3. bis zum 25.4.) eine Ausstellung der Kinderbuchsammlung *Walter Benjamin* (1892-1940) – sie ist vom Institut erworben worden und kann erstmals vollständig gezeigt werden – und ab 12.2. schon – eine Ausstellung über das schriftstellerische Schaffen von *Christine Nöstlinger* (51). Eine Podiumsdiskussion („Wohin geht die Kinder- und Jugendliteratur?" – s. Bericht aus „Mitteilungen 2/87, S. 5f von *Cornelia Riedel!*) eröffnet diese wohl kaum zu überbietende Huldigung an eine zeitgenössische deutschsprachige KJL-Autorin.

Richard von Weizsäcker als Schirmherr

Der 29. Vorlese-Wettbewerb des Deutschen Buchhandels für alle Mädchen und Jungen der 6. Schulklassen steht wieder – wie seit 1979 üblich – unter der Schirmherrschaft des Bundespräsidenten. Die 12jährigen sollen angeregt werden, sich über ihre Pflichtlektüre hinaus mit Büchern zu beschäftigen, sowohl zu Hause als auch in der Schule. Als eine Art Leseförderung versteht sich dieser Wettbewerb, der bei den Vorlesern ebenso wie bei den Zuhörern die Lust am Lesen wecken und erhalten möchte. Nicht perfekte Lesetechnik soll beherrscht werden, sondern die Freude am Umgang mit Texten, die Auseinandersetzung mit Autoren und Büchern soll im Vordergrund stehen. Ausgeschlossen beim Wettbewerb ist das Lesen aus Schullesebüchern, das Vortragen von Lyrik oder Mundart-Literatur. Die Texte sollen auch nicht aus fotokopierten Blattsammlungen genommen, sollen weder zusammengestrichen, ergänzt, markiert noch sonstwie verändert werden. Aus Büchern soll vorgelesen werden. Drei bis fünf Minuten lang. Vor dem Lesen beschreiben die Kinder kurz den inhaltlichen Zusammenhang ihres gewählten Ausschnittes und begründen ihre Wahl. Die Organisation des Vorlese-Wettbewerbs ist eigens dafür herausgegebenen Ausschreibungsunterlagen zu entnehmen. Im Oktober und November werden die Klassen- und Schulsieger ermittelt, danach folgen Stadt- bzw. Kreisentscheide, Bezirksentscheide und die Landesentscheide. Anfang Juni 1988 werden die Teilnehmerinnen und Teilnehmer zum Bundesentscheid vom Börsenverein nach Frankfurt eingeladen.

Roderich Menzel †

In ihrer Wochenendausgabe vom 11./12.4. brachte die SZ noch ein Porträt über den 80jährigen *Roderich Menzel*, einst Weltbester im Tennis, bekannt geworden dann auch als (Jugendbuch-)Autor und Fachschriftsteller – 6 Monate später muß sein Tod beklagt werden. In einem Lochhamer Seniorenheim wohnte er mit seiner Frau, die einst einen Sport-Champion ehelichte: 1,91 m Meter groß, 1931 internationaler deutscher Meister im Tennis, angefangen als Fußballtorwart in Reichenberg/Böhmen, mit 17 Jahren Juniormeister in der CSSR, für die er später 30 Länderkämpfe absolvierte. Im Krieg Rundfunkredakteur, 1945 Dolmetscher, dann beim Indiana-Depot München. Sein letztes Buch: „Auf As bis Aus" (Düsseldorf: Econ 1987).

Was immer die Welt bewegt –
sie stünde still, hörten wir auf zu lieben.

Roderich Menzel
Schriftsteller
* 13. April 1907 in Reichenberg
† 17. Oktober 1987 in München

8000 München 2
Sophienstraße 5

Michael und **Ingrid Menzel**
Christian und **Dorothee Menzel**
Renata und **Rainer Meyer**
Carola und **Werner Müller**
Peter Menzel
Monika, Martin, Catharina, Alexandra
Simone, Nora, Till und **Ellen**
Dr. Wolfgang Menzel
Gisbert Menzel
Johanna Menzel-Sengler

Die Trauerfeier findet am Donnerstag, dem 22. Oktober 1987, um 10.30 Uhr, im Nordfriedhof statt.

Sein Wunsch war, ihn nicht in Trauerkleidung zu verabschieden.

Anstelle von Kränzen und Blumen bitten wir um eine Spende zugunsten des SOS-Kinderdorfes bei der Stadtsparkasse München, Kto.-Nr. 903 286 003 (BLZ 701 500 00).

XI. Premio Europeo Letteratura Giovanile

Der nach dem italienischen Pädagogen *Pier Paolo Vergerio* benannte „Europäische Jugendbuchpreis" wird von einer international besetzten Jury (Vertreter der Bundesrepublik Deutschlands: *Prof. Dr. Hans Gärtner*) ermittelt. Eine Woche ist sie Gast der Commune Padua und der altehrwürdigen Universität und tagt unter der souveränen Leitung von *Prof. Dr. Guiseppe Flores d'Arcais* (dem Gründer dieses Preises) und seiner konziliaten Generalsekretärin *Prof. Dr. Anna Maria Bernardinis*. Den Grand Prix tragen *Miep Diekmann* und ihre Schwiegertochter *Marlieke van Wersch* mit ihrem exzellenten Sachbuch über die Leidener Maler („Hoe schilder, hoe wilder", Den Haag: Leopold 1986) davon. Von den westdeutschen Titeln gelangen auf die Ehrenliste: „Es klopft bei Wanja in der Nacht" von *Reinhard Michl* und *Tilde Michels* (Ellermann), „Es waren Räuber auf dem Meer" von *Günter Sachse* (Bertelsmann) und „Bisonjäger und Mäusefreunde" von *Karin von Welck* und *Gabriele Hafermaas* (Ravensburger). Lobend erwähnt werden „Christophorus" von *Erich Jooß* und *Herbert Holzing* (Herder) und „Frau Zwerg kam übern Berg" von *Annegert Fuchshuber* (Ellermann). Einen Sonderpreis wert findet die Jury *Hanna Lehnerts* Roman „Wie ein rostiger Nagel im Brett oder: Die zweite Flucht" (Anrich). Die Verleihung des „Premio Europeo" findet am 3.12. in Padua statt. Laudator ist *Prof. Dr. Winfried Böhm*.

In den Räumen der altehrwürdigen Universität Padua tagt die Jury des „XI. Premio Europeo Letteratura Giovanile" (von rechts) unter Leitung von ***Guiseppe Flores d'Arcais*** *(Italien),* ***Rolf Tobiassen*** *(Norwegen),* ***Ria Bauer*** *(Niederlande),* ***Janine Despinette*** *(Frankreich),* ***Lena Fridell*** *(Schweden),* ***Mercedes Gomez del Manzano*** *(Spanien),* ***Hans Gärtner*** *(Bundesrepublik Deutschland) und* ***Maria Mirasgezi*** *(Griechenland).*

Schule soll Lust wecken

Ein Leserbriefschreiber des Oberbayerischen Volksblattes, Rosenheim, bezieht sich auf einen Kommentar zur „Lese-Kultur", in dem es u.a. hieß, daß die Zeitung die alltagskulturelle Grundlage, auf der der Konsum eines Buches aufbauen kann, bilde. Meinung des Leserbriefschreibers: „Schön wär's. Die Lust am Lesen muß in der Schule geweckt werden. Erst wenn die Deutschlehrer ihre ‚Fotokopierneurose' (*Umberto Eco*) ablegen und die ‚Lesebücher' (!) wieder im Unterricht verwenden (anstatt sie am Ende des Schuljahres ungelesen einzusammeln), erst wenn Schüler wieder Aufsätze schreiben dürfen, anstatt sich schriftlich dem Problem zu widmen ‚Wie bediene ich meinen Videorekorder?', erst wenn die Lektüre literarischer Texte die Analyse von Katastrophenmeldungen aus Boulevardblättern ersetzt – erst dann hat das Wort von der ‚Lese-Kultur' wieder seine Daseinsberechtigung und muß nicht verschämt herbeigeredet werden."

Erzählwettbewerb für Kinder auf der IFA

Für Kinder zwischen sieben und zwölf Jahren hat die Vereinigung der Europäischen Rundfunkanstalten (EBU) zum vierten Mal einen Erzählwettbewerb ausgeschrieben. Einsendeschluß ist der 31. Oktober 1987, und Wettbewerbsbeiträge werden aus ganz Europa, aus Afrika und Asien erwartet. Während der Internationalen Funkausstellung in Berlin können sich die Kinder an einem gemeinsamen Messestand von SFB und RIAS die vorgegebene Geschichte der brasilianischen Schriftstellerin *Lygia Bojunga-Nunes* anhören und sich über die genauen Wettbewerbsbedingungen informieren. Die Geschichte wird an einer bestimmten Stelle abgebrochen und soll von den Kindern selbst zu Ende erzählt werden. Die handschriftlich einzureichenden Geschichten werden – wenn sie preisgekrönt werden – im Hörfunk ausgestrahlt.

Zum 4. Male: „Lesendes Klassenzimmer"

Schulklassen der 1. bis 8. Jahrgangsstufen aller Schularten sind vom Börsenverein des Deutschen Buchhandels eingeladen, Literatur zum Thema „Das lesende Klassenzimmer blickt über den Zaun" zu lesen und das Gelesene in freigewählter Form kreativ umzusetzen. Die Gemeinschaftsarbeiten für den Wettbewerb sind spätestens am 2. April 1988, dem Internationalen Kinderbuchtag einzusenden. Wie in den Vorjahren werden die Ergebnisse wieder in einem Almanach dokumentiert, der allen Teilnehmern kostenlos zugeht. Durch den kreativen Umgang mit Literatur soll diese Leseförderungs-Initiative des Börsenvereins dazu beitragen, daß Kindern und Jugendlichen mit Literatur die Welt der Phantasie erschlossen wird, womit zugleich ein aktiver Beitrag zur Medienerziehung der Heranwachsenden geleistet werden will. Darüber hinaus unterstützt die von den Kultusministern anerkannte Aktion das Bemühen der Schule um eine zeitgemäße Leseförderung. Die Aufgabenstellung lautet diesmal: „Über den Zaun können alle blicken. Literatur öffnet die Augen und ermöglicht, über Grenzen hinweg zu sehen. Sucht euch ein Buch aus, das von geheimnisvollen Welten und phantastischen Abenteuern, von alten Freunden und dem täglichen Leben, von fernen Ländern und unbekannten Nachbarn erzählt. Lest es, träumt ein bißchen und stellt euch vor, was ihr hinter dem Zaun alles erleben könnt. Schreibt auf, malt oder bastelt, was ihr gesehen und erfahren habt. Wie ihr euren Wettbewerbsbeitrag anfertigt, bleibt ganz eurer Phantasie überlassen. Unsere Bedingungen: es muß sich um eine gemeinsam von der Klasse angefertigte Arbeit handeln. Nicht zugelassen sind Ton- und Filmaufnahmen."
Zu den Preisen zählen: der Besuch eines Schriftstellers in der Klasse der Gewinner sowie für jedes Kind der Klasse ein signiertes Buch, darüber hinaus Bücher, Bücher, Bücher.

Heinrich Maria Denneborg †

In Neggio/Schweiz stirbt am 1.11.1987 der Autor und Puppenspieler *Heinrich Maria Denneborg*. Er war Ehrenmitglied der IJB, wo er regelmäßig – noch im Haus an der Münchner Kaulbachstraße – auftrat und einer Vielzahl von jungen und erwachsenen Zuschauern Freude am Puppenspiel schenkte. Der 78jährige Verstorbene stammt aus Gelsenkirchen, war Bibliothekar und Funk- und Fernsehmitarbeiter. Als „Dichter mit dem Kasperletheater" bereiste er auch Südamerika und Asien. Er war international anerkannt und erhielt viele Auszeichnungen, u.a. 1958 für „Jan und das Wildpferd" den „Deutschen Jugendbuchpreis".

Preisverleihung – ein Fest

Die Stadt Tübingen bietet viele Kräfte auf, um die diesjährige Verleihung des „Deutschen Jugendliteraturpreises" zu einem Fest – auch für Kinder – werden zu lassen. Den Rahmen bildet die (zum 7. Male in dieser Weise organisierte) Tübinger Jugendbuchwoche, die in der Universitätsstadt bereits auf eine mehr als 20jährige Tradition zurückblicken kann: Mit dem Tübinger Buchhandel fing damals alles an, was seit 1981 gemeinsam von Stadt, Landestheater, VHS und dem Institute Culturelle Franco-Allemande getragen wird.

Ausstellungen (u.a. von etwa 1500 Neuerscheinungen der Jahre 1986 und 1987 aus ca. 60 KJL-Verlagen) und ein Kinderprogramm mit Autorenlesungen, Theatervorführungen und Straßenzügen der als Buchfiguren verkleideten Kinder sorgen für Aufsehen in der Öffentlichkeit. Die Bundesministerin vertritt der Parlamentarische Staatssekretär *Anton Pfeifer*, die Festansprache hält der Tübinger Professor *Dr. Gert Ueding*. Die beiden Jung–Juroren *Nina Haverkamp* und *Christoph Mecke* stellen die preisgekrönten Bücher vor. Den Dank der Preisträger stattet *Achim Bröger* ab. Anstelle des reiseverhinderten Autors *Huynh Quang Nhueng* („Mein verlorenes Land") nimmt Verleger *Hans Christoph Sauerländer* die Urkunde entgegen. Auf die KJL-Preis-Situation in der Bundesrepublik Deutschland geht die Vorsitzende des mit der Organisation betrauten AKJ, *Dr. Barbara Scharioth*, kritisch ein. (Nachlesbar sind alle Reden, Laudationes etc., die mit der Verleihung zusammenhängen, in den „Informationen" des AKJ, Heft 5/1987, S. 2ff).

Tübigens Bürger dulden es nicht mehr, daß ihr Wachtmeister Glotz per Auto durch ihre schöne (Alt-)Stadt fährt; soll er doch zu Fuß gehen...! Das regt den dicken Polizisten, der wohl kurz vor der Pensionierung steht, zu einem wilden Traum an: Was doch alles passieren kann, wenn er zu Fuß...! Nicht auszudenken! In Schweiß gebadet erwacht der Wachtmeister – und wird zum Freund der Tübinger Kinder.
Das aufregende Geschehen hielt der orts-ansässige und -kundige Grafiker ***Axel von Criegern*** *in einem lustig gemalten, die Stadt Tübigen porträtierendem Bilderbuch fest. Darin spielen neben dem kugelrunden gespenstisch-koboldhafte Wesen die Hauptrolle. Ein rechter (Vor-)Lesespaß für die Kleinsten! (Osiander'sche Buchhandlung, Tübingen 1987)*

Einladung zu fünf Herbst-Ausstellungen

Die IJB lädt im Herbst '87 zu fünf beachtenswerten Ausstellungen ein. In Zusammenarbeit mit dem AKJ sind, einer alten Tradition folgend, wieder die im Rahmen des Deutschen Jugendliteraturpreises ausgezeichneten Bücher zu sehen (3.-23.11.87). Der in nahezu 60 Sprachen und zahlreichen Ausgaben erschienene Kinderbuch-Klassiker von *Lewis Carroll*, „Alice in Wonderland", ist weltweit beliebt. 14 verschiedene Übersetzungen lassen sich allein für den deutschsprachigen Raum noch 1949 nachweisen. Eine kleine Ausstellung, organisiert vom British Council und von der Münchner Stadtbibliothek Am Gasteig, zeigt Alice-Ausgaben „aus den entlegensten Teilen der Welt... neben gediegenen Editionen aus heimischen Gefilden. Psychedelisches... steht neben kreativen Nachschöpfungen (‚Aliciaden') aus Italien oder Norwegen und verkitschten Billigausgaben, z.B. aus Mexiko oder den USA. Selbstverständlich fehlen auch die einfallsreichsten und hintergründigsten Bildinterpretationen unserer Zeit nicht..." (Katalog von *Dr. Andreas Bode* und *Barbara Teutsch*, s. auch S. 53f.). – Zu Ehren der 80jährigen *Astrid Lindgren* zeigt die IJB verschiedene Ausgaben von Kinder-, Bilder- und Jugendbüchern, sowohl im Original (schwedisch) als auch in Übersetzungen. Am 14.11. sind Kinder und deren Eltern zu einer kleinen Geburtstagsfeier zu Ehren der Autorin geladen, die auch Ehrenmitglied der IJB ist. – Vom 20.11. bis 16.12.87 können rund 4000 Novitäten an Kinder- und Jugendbücher aus aller Welt (ca. 40 Länder, ca. 60 Sprachen) im Fürstensaal der Bayerischen Staatsbibliothek bewundert werden. Die 38. Internationale Kinder- und Jugendbuchausstellung der IJB zieht wieder Verleger, Lektoren, Übersetzer, Journalisten, Illustratoren und Autoren aus aller Welt an, aber auch junges und interessiertes erwachsenes Publikum, das der Einladung, sich über Trends und Tendenzen der international geprägten Kinderliteratur zu informieren, folgt. Zur Ausstellung (Leitung: *Lioba Betten*) lockt ein Plakat des britischen Bilderbuchkünstlers *Tony Ross*, das den Umschlag dieses Almanachs ziert. – „Aus der Kinderbuchsammlung *Karl* und *Margarete Hobrecker*" heißt die letzte Ausstellung der IJB dieses Jahres, die sich bis zum 9.1.1988 erstreckt. Sie ist in der Universitätsbibliothek Braunschweig zusammengestellt worden und wird von einem Katalog erschlossen (Leitung: *Peter Düsterdieck*).

F.K. Waechter kann auch ernst

Seinen 50. Geburtstag feiert der Allround-Künstler *Friedrich Karl Waechter* in der bayerischen Landeshauptstadt: Das Münchner Stadtmuseum stellt 100 Originale *Waechters* aus, die der Zeichner selbst zusammenstellte. Unveröffentlichtes hängt neben bereits Bekanntem, was der satirischen Feder *Waechters* entflossen ist: Montagen, Skizzen, Bildergeschichten – ein breit gefächerter Querschnitt durch *F.K. Waechters* Zeichnungen aus der Zeit von 1978 bis 1986. *Waechter*-Fans kommen auf ihre Kosten.
Sie amüsieren sich köstlich über „Eulen mit Strickpullis und rodelnde Bergfrösche" und genießen *Waechters* bösen Humor ebenso wie seine Kritik am aktuellen Tagesgeschehen. *Andrea Esser* im Münchner Merkur: *Waechters* „Zeichnungen verlieren sich weder in der Gleichförmigkeit, noch langweilen sie durch eine immergleiche Linie. Vielmehr zeigen sie dem Betrachter auf schonungslose Weise die unendlichen Variationen des Alltäglichen und

Menschlichen." Zur Ausstellungseröffnung zeigt das Filmmuseum am Jakobsplatz *Waechters* Jugendstück „Kibich und Dutz", das 1987 verfilmt wurde. Nun ist *F.K.W.* also auch unter die Filmemacher gegangen.

Auch Lektüre aus der Türkei ist dabei

Thema der heurigen Kinder- und Jugendbuchausstellung im Frankfurter Römer (3. bis 29. November) sind aktuelle Fragen, die die junge Generation angehen. Die Veranstaltung, getragen von der Stadt Frankfurt am Main und dem Hessischen Verleger- und Buchhändlerverband, wendet sich der Zukunft der Umwelt, der Entwicklung der Technik und dem Verhältnis von Arbeit und Freizeit zu. Diese Themenbereiche werden in Jugendbüchern vorgestellt. Daneben aber gibt es auch Neuerscheinungen aus allen Bereichen der Kinder- und Jugendliteratur, sogar Lektüre aus Spanien, der Türkei, aus Italien, Griechenland, Jugoslawien und Portugal. Die Ausländerliteratur gehört schon seit Jahren zum festen Bestandteil dieser Jugendbuchausstellung, die in diesem Jahr zum 27. Mal stattfindet. *Thomas Ziegler* vom Stadtjugendamt teilt in einem Schreiben vom 18.12.87 u.a. folgendes mit: „Ausgestellt wurden ca. 750 Kinder- und Jugendbücher" (vom Bilderbuch bis zu Büchern für Eltern und Erzieher sowie zum Schwerpunktthema „Hoffnung auf Zukunft"). Zum Sonderthema waren die Originalzeichnungen aus dem Buch ‚Die Welt in 100 Jahren – Wie die Kinder die Zukunft sehen' (Hrsg. v. *Johannes Munker*, Düsseldorf: Fuchs 1985) zu sehen. Mit über 30.000 Besuchern war die Kinder- und Jugendbuchausstellung auch in diesem Jahr wieder sehr gut besucht..."

TKKG – unrealistisch inszeniert

Im ZDF können die Kinder, die Tim, Karl, Klößchen und Gabi nicht aus den Büchern kennen, eine neue Sechser-Folge über die bekannte Detektivbande mitverfolgen. Darüber bemerkt die SZ (Nr. 274/87): „Mit was sich doch Kinder heutzutage herumschlagen müssen! ‚TKKG'... laufen dauernd Gangster, Dealer und Rocker über den Weg, ihre Internatslehrer sind zwielichtig, und auch Klößchens Papa wird gekidnappt, kein Wunder, wenn er schon Jaguar fährt. Kein Wunder auch, daß solche Kinder eine erfolgreiche Bildschirm–Detektivbande bilden. Es spräche ja auch nichts dagegen, solche Fügungen des Kinderschicksals als entstaubte Variante der *Enid-Blyton*–Thriller zu mögen. Realismus muß nicht sein... – aber könnten ‚TKKG' nicht mal klären, warum sie ihr Regisseur *Lutz Büscher* auch so unrealistisch inszeniert? Die ersten sechs Folgen nach den schwachen Drehbüchern von *Herbert Lichtenfeld* waren schon steif, die neue Sechserstaffel, die diesmal Buchautor *Stefan Wolf* selbst schrieb, womöglich noch unbeholfener. Vielleicht sollte *Büscher* doch mal den Kindern in einer Drehpause zuschauen; wetten, daß die da weder ihre Texte leiern noch stocksteif mit hilflosen Händen herumstehen? *Stefan Wolf* könnte auch ein wenig dabei stehen; wetten, daß er kein Kind vom ‚hiesigen Dieb' oder ähnlich papier'n reden hören wird? Spannend, immerhin, waren die ‚TKKG's, und kein Kind wird geschockt aus dem Nachtschlaf hochfahren, im Gegenteil – zum Einschlafen wird es doch hoffentlich erst die vom ZDF empfohlene ‚TKKG'-Kassetten und Bücher konsumieren!"
(Sibylle Storkebaum)

Keine Diffamierung des Heimcomputers

Die Bundesgeschäftsführerin der Katholischen Elternschaft Deutschlands, *Annegret Jonas*, stellt fest, daß immer weniger Kinder zum Buch greifen, was statistische Untersuchungen erbracht hätten. Die neuen Medien ließen sich viel bequemer konsumieren und seien zur ernsthaften Konkurrenz des Buches geworden. Aber nicht mit der Diffamierung von Fernseher und Heimcomputer sei diesem Verfall der Lesekultur zu wehren, sondern allein dadurch, daß den Kindern das Bücherlesen schmackhaft zu machen sei, ja, daß sie zum Lesen verführt werden müßten. Aufklärung über den Wert des Lesens, aber auch Anregungen für die Praxis der Leseförderung sind in einem Seminar zu holen, das die „Katholische Elternschaft Deutschlands" im Frankfurter Kolpinghaus am 6. und 7.11 durchführt.
Referenten sind *Willi Fährmann*, Xanten, *Dr. Monika Born*, Essen, und *Christel Kittner*, Karben. Mit einer gemeinsamen Diskussion der Referenten, der Eltern

und der Kinder zum Thema „Lesebücher müssen nicht langweilig sein – wie sollte die ideale Fibel aussehen?" schließt das Seminar.

Auch die Pädagogik kommt zu Wort

Anderthalb Wochen dauert die KiBuM '87 in Oldenburg (7. bis 17.11.). Es gibt Schmökerecken im Ausstellungsraum mit deutschsprachigen Kinder- und Jugendbüchern, die 1987 erschienen sind; Einladungen zum Vorlesen aus Lieblingsbüchern; einen Schreibwettbewerb für Kinder; Theatergastspiele; Informationen über „Bücher und Spiele am Krankenbett"; ein Kinderfilmfestival. Viele Ausstellungen („Behindert-werden, Behindert-sein als Thema in der KJL", „Die Weißen Raben '87", „Gesundheit und Krankheit im Kinderbuch", „Polnische Kinderbücher") gehen z.T. über die KiBuM hinaus – und finden ebensolchen Anklang. An Autoren aus der KJL-Szene sind heuer eingeladen: *Rolf Krenzer, Regula Venske* und *Gert Loschütz* (die den diesjährigen Oldenburger Jugendbuchpreis entgegennehmen, s.S. 232f.) und *Ursula Eggli*. Die Pädagogik kommt zu Wort durch *Prof. Dr. Walter Thimm* („Ich habe ja nichts gegen Behinderte, aber..."), *Prof. Dr. Heinz Mühl* („Behinderte unter uns...") und *Prof. Dr. Axel Hinrich Murken* („Gesundheit und Krankheit im Kinderbuch"). Auf die AKJ-Tagung unter der Leitung von *Prof. Dr. Jens Thiele* („Kind – Bilderbuch – Bildende Kunst: ein gestörtes Verhältnis?") wird auch an anderer Stelle hingewiesen.

Die KEG kann feiern

Der kleine „Arbeitskreis für Jugendliteratur" der Katholischen Erziehergemeinschaft Deutschlands (KEG) ist 25 Jahre alt geworden. Von *Alexander Rutz*, Coburg, gegründet, wird er derzeit von *Dr. Albert Bichler* geleitet. Dieser lädt auch zusammen mit dem Landesvorsitzenden der KEG, *Prof. Dr. Johannes Hampel*, Augsburg, zu einer festlichen Veranstaltung in die Kilian-Stadt Würzburg von 7. bis 9.11. ein. Im Mittelpunkt der Festveranstaltung steht der Festvortrag von *Willi Fährmann* „über die Kunst, Kindern und Jugendlichen das Lesen zur Freude zu machen", und in der Liborius-Bücherei am Dom liest *Dr. Erich Jooß* vor Kindern aus seinen Büchern. – Unter Federführung von *Prof. Dr. Hans Gärtner* entstand ein Auswahl-Katalog mit „12 x 12 Kinder- und Jugendbüchern für Schule, Familie, Freizeit", an dem zehn Mitarbeiterinnen und Mitarbeiter aus Hochschule, Schulpraxis, Familienerziehung und Bibliothek beteiligt sind. Der Katalog nennt und annotiert 144 Neuerscheinungen der Jahre 1982 bis 1987 zu aktuellen Themen wie Umweltschutz und Friedenserziehung, er stellt aber auch neue Bilderbücher, Literatur für Erstleser, religiöse und Sachbücher vor. Rund 50 Verlage unterstützten das Unternehmen, indem sie ihm kostenlos Titel zur Verfügung stellten.

Eines von 144 ausgewählten neueren Kinder- und Jugendbüchern im Auswahlkatalog der KEG Deutschlands (zu erhalten über die Geschäftsstelle der KEG, Herzogspitalstraße 13, D-8000 München 2 gegen eine Schutzgebühr-Voreinsendung von DM 2.50 in Briefmarken) ist das von ***Hans Gärtner*** *in der Reihe „GTB Siebenstern" (Gütersloher Verlagshaus Gerd Mohn 1987) herausgegebene Erstleser-Bändchen „Die verrückte Kinderstadt". Im Katalogtext heißt es zu diesem Taschenbuch, das besonders als Klassenlektüre empfohlen wird: „Unsinnige, lustige und überraschende Rätsel, Abzählsprüche, Reime, Bildergeschichten und Wortsinnspiele erheitern. Lebenskluge und kindnahe Geschichten von einfühlsamen Erwachsenen und pfiffigen Kindern zeigen Zusammenhänge auf und durchleuchten soziale Verhaltensmuster. Nach Bereichen geordnet, lassen sie schmunzeln, vergleichen, nach- und weiterdenken. die psychisch heilsame Auswahl schließt mit einem geglückten Plädoyer für das Buch (Ab 7)."*

Die Lesesituation verbessern

Der Wiener Lesepädagoge *Prof. Dr. Richard Bamberger* reist in der Bundesrepublik als Referent. Eine seiner letzten Stationen des Jahres 1987: Der Lehrertag in Altötting, den man unter das Motto „Schule rund ums Buch" stellt. *Bamberger* spricht als Hauptreferent zum Thema „Lesesituation weltweit – Wege und Mittel zu ihrer Verbesserung (mit besonderer Beachtung der Zeitschriften- und Buchlektüre)". Praktiker aus Schule und Schulaufsicht fordern darüber hinaus in Vorträgen, daß das Lesen Spaß machen soll und bringen Beispiele aus dem Grund- und Hauptschulbereich. Schulbuch-und Kinderbuchverlage stellen Werke zur Thematik Lesen in der Schule, Leseförderung und Schülerbücherei aus. Die jungen Lehrer Altöttings organisieren darüber hinaus eine Stundenbörse zum Thema „Ganzschriften im Unterricht von Grund- und Hauptschule".

Weichmacher Bernhard Oberdieck?

Das Oberbayerische Volksblatt scheint nicht einverstanden mit den „traumhaften Zeichnungen" eines jüngeren Kinderbuchkünstlers, den der Zeilenschreiber anscheinend nicht kennt, da er von „einem gewissen *Bernhard Oberdieck*" spricht, der als gebürtiger Westfale vom Jahrgang '49 seit '79 in München wohne. Sein Atelier hat *Bernhard Oberdieck* gar nicht weit von Rosenheim entfernt, nämlich (s.Abb). Der OBV-Korrespondent vermutet, daß

der „weichmacherische Gedanke an die bevorstehende Weihnachtszeit" der Grund für die Ausstellung der Kinderbuch-Illustrationsoriginale gewesen sei, die er als „regenbogenbunte Bildchen, mit Buntstiften fein gestrichelt" bezeichnet und feststellt:
„Daraus ist vor allem zu entnehmen, was für ein völlig verniedlichtes Kinder-Bild viele Kinderbuchverlage immer noch hätscheln. So wimmelt es auf den Stellwänden der Bank von Mäuslein, Fischlein, Vöglein und anderen Tierlein, von Kobolden und munteren Handwerkern. Und was es da sonst noch an ‚Veilchenträumen' und ‚Ei, Peia, Wiegenstroh' geben mag, zielt eher auf das Kitschbedürfnis kindischer Erwachsener." (Nachbemerkung des Herausgebers: Genaue Kenntnis der grafischen Arbeiten *Oberdiecks* hätte den Berichterstatter von der ganz und gar nicht nur „weichen" Linienführung des begabten und erfolgreich arbeitenden Künstlers überzeugt.)

Anregungen und Erfahrungen weitergeben

Früher lasen die Söhne ihren Vätern (aus Predigten und moralischen Schriften) vor, heute ist das Vorlesen nahe dran, vor dem Vergessen gerettet zu werden. Damit Literatur als Möglichkeit kreativer Betätigung der Kinder und Jugendlichen nicht an den Rand gedrückt wird, will der AKJ sein Seminar „Vorlesen, Erzählen, Darstellen. Kreativer Umgang mit Literatur für junge Zuhörer" mit vielen praktischen Anleitungen füllen. *Hans Weber* und *Konrad Kallbach* begrüßen 80 Teilnehmer an dem von ihnen ausgerichteten Seminar (15. bis 18.11.) in Gummersbach. Anregungen und Erfahrungen geben weiter: *Harry Böseke, Karlhans Frank, Dorothee Kreusch-Jacob, Tilman Röhrig* und *Gabriela Wenke.* Unter das Thema „Das Kind als Lehrer des Mannes" stellt der Zürcher Literaturwissenschaftler *Prof. Dr. Rudolf Schenda* seinen einführenden Vortrag.

Elf Lektoren sichten 15000 Neuerscheinungen

Ca. 15000 Neuerscheinungen werden der IJB jährlich aus KJL-Verlagen der ganzen Welt zugesandt – auch dieses Jahr war's nicht anders. Elf Lektoren, die von den IJB-Stipendiaten unterstützt wurden, wählten mehr als 2500 Bücher aus 47 Ländern aus, um sie in der 38. Internationalen Kinder- und Jugendbuchausstellung (Eröffnung: 19.11.) in den Räumen der Bayerischen Staatsbibliothek zu zeigen. Läßt sich diese enorme Arbeit nicht vereinfachen? *Dr. Andreas Bode*, IJB-Direktor verneint: „Denn nur dadurch, daß wir die wichtigsten Neuerscheinungen der Welt in ausreichender Breite zur Verfügung haben, sind wir in der Lage, die besten und für einen internationalen Interessentenkreis wichtigsten Titel auszuwählen, ohne wesentliche Publikationen zu übersehen." Über die ausgewählten Neuerscheinungen informiert das 290 Seiten starke „IJB-Bulletin 1987 – Internationale Kinder- und Jugendliteratur in Auswahl" (Gesamtredaktion: *Lioba Betten*). – In einer beachtenswerten Begleit-Ausstellung zeigt die IJB einiges Kostbare „Aus der Kinderbuchsammlung von *Karl & Marg. Hobrecker*" (Übernahme von der Universitätsbibliothek Braunschweig).

Britische Jugendbuchautoren zu Gast

Joan Aiken und *Alan Garner* besuchen im November die Internationale Jugendbibliothek in München-Blutenburg. Am 20.11. diskutiert *Joan Aiken* und liest aus ihren Büchern in englischer Sprache (eine Veranstaltung mit Unterstützung der Verlage Jonathan Cape, London und Friedrich Oetinger, Hamburg). Fünf Tage später kommt *Alan Garner*, der mit „Elidor" in Deutschland bekannt wurde. Das British Council München beteiligt sich an den Autorenlesungen der beiden Briten, die im Rahmen der 38. Internationalen Kinder- und Jugendbuchausstellung der IJB und des „Festival of Fantasie and Science Fiction" des British Council in der Staatsbibliothek München stattfinden. Beide britische Autoren sind exzellente Vertreter der phantastischen Literatur, durchaus auch für Jugendliche.

Vorträge zur politischen Rolle der KJL

Am 22.11. gehen die „2. Berliner Kinder- und Jugendbuchwochen" zu Ende. Die geladenen DDR-Autoren halten ihre Lesungen nicht, weil sie nicht ausreisen durften. Die Veranstalter (Kinderbuchwerkstatt der Hochschule der

Künste, Friedrich-Bödecker-Kreis, Berliner Verleger- und Buchhändlervereinigung) rufen Referenten herbei, die sich auf die politische Rolle der KJL verstehen: *Prof. Dr. Malte Dahrendorf*, Hamburg, *Dr. Winfred Kaminski*, Frankfurt/Main und *Prof. Birgit Dankert*, Hamburg. Dem Bericht des „Tagesspiegels" (Nr. 12823/87) ist zu entnehmen, mit welchem Engagement die Vortragenden für die Anerkennung der DDR-Literatur, ihr Verständnis aus der Geschichte, aber auch der Zusammenhänge mit der KJL und Erwachsenenliteratur hierzulande eintreten. *Birgit Dankert* appelliert an die Vermittler, junge Leser mit der Literatur über die Dritte Welt und mit deren Verbreitungsproblemen bekanntzumachen.

Vielbeschäftigte Imma Wick

Ihre einmalige Sammlung von ca. 300 Kinderbuch-Illustrationen – Originale selbstverständlich – hütet Diplom-Bibliothekarin *Imma Wick* in ihrer Privatgalerie (vgl. 4. Almanach S. 20) in Mülheim-Saarn. Im Herbst reist *Imma* mit ihrem Mann nach Leipzig: Mit der offiziellen Genehmigung des Staatlichen DDR-Kunsthandels in Händen sucht sie die Exponate für ihre Verkaufsausstellung des Buchkünstlers *Egbert Herfurth* aus, um sie Anfang November in Anwesenheit des Künstlers zu eröffnen. – Als ob *Imma Wick*, seit nunmehr 25 Jahren leitende Sachreferentin für Kinder- und Jugendbücher an der Jugendbibliothek Duisburg, nichts anderes zu tun hätte...! Immerhin richtet sie seit Jahren die IKiBu, die Internationalen Kinderbuchtage an der Duisburger Stadtbücherei, aus. Autorentreffs und Lesungen, Aktivitäten aller Art werden aufgeboten, um die Kinder zum Lesen zu animieren. 19 Autoren sind dieses Jahr (23.-29.11) eingeladen, aus der DDR, Skandinavien, der Türkei, aus Griechenland und der Bundesrepublik Deutschland, darunter sind sieben Damen und Herren, die erstmals in Duisburg auftreten. „Ich möchte dazu beitragen, daß Kinder richtig sehen und lesen lernen, daß sie einen eigenen Geschmack und eigene Qualitätsbegriffe entwickeln können", sagte sie einmal in einem NRZ-Interview. Viele Bilder, viele Bildbetrachter – das sei *Imma Wick* zum 25. „Dienstjubiläum" gewünscht.

*Aus einem Brief von **Imma Wick** am 2.9.87:*
*„... Hast Du keine Lust ins Ruhrgebiet zu reisen? Unsere Autoren sind interessant und meine Bilder an den 6 1/2 Meter hohen Wänden eine ‚Augenweide'. 3x im Jahr habe ich ‚Verkaufsausstellungen'. Bisher mit **Janosch** (s.Foto) und **Erwin Moser**. **Herfurth, Josef Palecek** und **Lilo Fromm** folgen. In den übrigen Monaten hängen Bilder meiner eigenen großen Original-Sammlung zu meinem reinen Vergnügen an den Wänden. Herr **Tange** vom Bilderbuch-Museum war schon mehrmals begeisterter Gast.*
Alles Gute ..."

Vaer de Gaern

Die Rheinische Kinderbuchgesellschaft, Köln, lädt zu einem Vortragsabend mit *Prof. Dr. Hubert Göbels* ein. Als Spezialist des Plattdeutschen hat sich der Kinderbuchhistoriker und -sammler als Vortragsthema gewählt: „Vaer de Gaern. Kinderreime alt und neu von *Klaus Groth* (1858) und andere plattdeutsche Texte in der Kinder- und Jugendliteratur". *Göbels* trägt anschließend plattdeutsche Gedichte vor und erzählt plattdeutsche Anekdoten und Märchen.

20 Jahre mit Dick Bruna

20 Jahre arbeitet der Otto Maier Verlag Ravensburg mit dem in Utrecht lebenden niederländischen Grafiker und Bilderbuchkünstler *Dick Bruna* zusammen. Das ist Anlaß zu einer kleinen „Geburtstagsfeier" (tatsächlich begeht *Dick Bruna* ja in diesem Jahr auch seinen 60. Geburtstag, vgl. S.43). Das Münchner Staatsinstitut für Frühpädagogik und Familienforschung (Leitung: *Prof. Dr. Dr. Dr. Wassilios E. Fthenakis*) ist Schauplatz von Festansprachen, einer Kinderaktion des institutseigenen Kindergartens und der Eröffnung einer Ausstellung. *Bruna* ist selbst anwesend, dazu die Verlegerin *Dorothea Hess-Maier*, Ravensburg sowie die Professoren *Rudolf Seitz*, Akademie der Bildenden Künste, München und *Pieter Brattinda*, Amsterdam. In zwei Komponenten liege, so das Einladungsschreiben des Verlages, das Geheimnis der großen Beliebtheit *Dick Brunas* begründet: „Einmal ist es die Klarheit in Form und Farbe, die auf wesentliche Aussagen reduziert ist und so dem Betrachter die Möglichkeit gibt, *Dick Brunas* Bilder ohne Probleme ‚zu lesen'. Zum anderen schauen *Dick Brunas* Figuren den Betrachter an, und es scheint, als käme dadurch ein Blickkontakt zustande, der Verständnis schafft." Die Ausstellung heißt übrigens „Der Strich, der Schule macht" und ist vom 1.12.1987 bis zum 15.1.1988 in der Stadtbücherei Bogenhausen zu sehen.

Zur Bilderbuch-Illustration...

... will auch der „Evangelische Buchberater" (Göttingen) seinen Beitrag leisten (lassen) – auf seiner diesjährigen Rezensententagung in Springe (13. bis 15.11.). „Die ganze Breite der Aspekte, vor allem pädagogisch-didaktischer und ästhetischer, soll in Referaten, Arbeitsgruppen und im Plenum angesprochen werden. Wir freuen uns, neben fachlich hervorragend ausgewiesenen Referenten – diesmal aus unserem eigenen Rezensentenkreis (gemeint sind sicherlich *Prof. Dr. Ottilie Dinges* und *Prof. Dr. Jens Thiele*, s. Foto) – eine bekannte Illustratorin (d.i. *Annegert Fuchshuber*) und eine Verlegerin (d.i. *Gisela Stottele*) dieses Genres als Gäste begrüßen zu können."

Christine Busta †

1915 in Wien geboren, das Studium wegen einer schweren Erkrankung abgebrochen, als Bibliothekarin begonnen, als eine der bedeutendsten zeitgenössischen Lyrikerinnen des deutschen Sprachraums gewirkt – *Christine Busta* stirbt am 3.12.1987 in ihrer Geburtsstadt. Noch 1985 war bei *Otto Müller* in Salzburg „Inmitten aller Vergänglichkeit" erschienen. Die poetische Stimme *Christine Bustas* ist der nachwachsenden Generation in vielen Gedichten – aufgenommen in Anthologien und Lesebüchern – bewahrt.

Große Anfrage zum Lesen

Welche Untersuchungen über Leseinteressen und -verhalten angesichts des „Vordringens der Bildmedien" gibt es? Nimmt die Zahl der Analphabeten zu? Stimmt es, daß in den Schulen Nordrhein-Westfalens Lesefertigkeit und -technik sowie das Verstehen anspruchsvoller Texte durch informatorisches und alltagspraktisches Lesen verdrängt wird? Was kann für die öffentlichen Bibliotheken, was für Schulbüchereien getan werden? Welche Maßnahmen zur Leseförderung sollten weiterentwickelt werden? – Diese und andere Fragen bündelt die SPD-Fraktion im NRW-Landtag Anfang Dezember 1987 zu einer Großen Anfrage. Ihr kulturpolititscher Sprecher hofft auf die Unterstützung aller an der Lese- und Literaturförderung interessierten Personen und Institutionen.

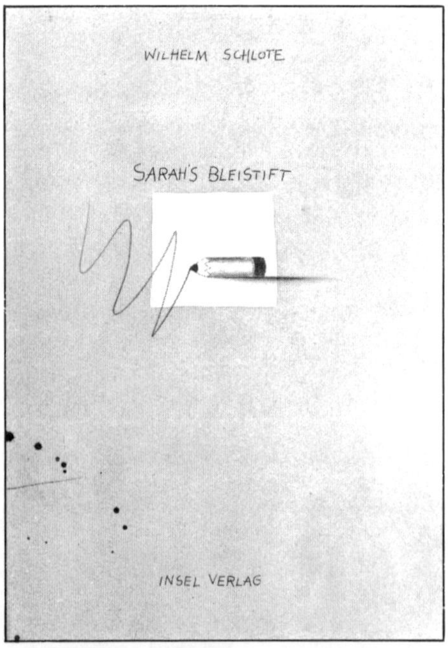

Eher den Kunstpädagogen als den Kindern will ***Dr. Andreas Bode,*** *IJB-Direktor, in einer SZ-Besprechung (54/88) das neue Bilderbuch von* ***Wilhelm Schlote*** *„Sarah's Bleistift" (Insel) empfehlen, traktiere der Grafiker in dieser unprätentiös erzählten „Liebesgeschichte" zwischen einem verbrauchten Bleistiftstummel und seiner Besitzerin „das Schema der Bildergeschichte in einer Weise, daß von ihrer relativ strengen, konservativen Form nur noch Fetzen übrigbleiben..."*

Schlote und Seelig unter den „Schönsten"

641 Titel wurden zum Wettbewerb „Die Schönsten Bücher der Bundesrepublik Deutschland 1987" (Stiftung Buchkunst, Frankfurt/Main) eingereicht. Unter den zwölf Juroren ist *Prof. Dr. Hans A. Halbey* einer der Experten, der auch eine enge Beziehung zum Kinder- und Jugendbuch hat. In dieser Gruppe (6) werden zwei Titel mit dem Prädikat „Schönste Bücher ..." geziert: „Kinderreime" von *Ruth Dirx* (Text) und *Renate Seelig* (Ravensburg: Maier 1987) und von *Wilhelm Schlote* „Sarah's Bleistift" (Frankfurt/Main: Insel 1987). Vom diesjährigen Angebot hält der mitjurierende Offenbacher Hochschullehrer *Prof. Friedrich Friedl* nicht viel. Es fallen Urteile über eingereichte Exemplare wie „Katastrophe", „außergewöhnlich schlecht", „... unter aller Sau", „... innen drin kommt die Hölle",

Mit Märchenbildern zum Erraten

Der Förderverein des Museums der Stadt Troisdorf (Leiter: *Peter J. Tange*) lädt Anfang Dezember zur Eröffnung einer Ausstellung unter dem Thema „Bilder erzählen Märchen" in die Burg Wissem ein. Gezeigt werden Märchenbilder zum Erraten von *Godela Ballensiefen, Eva-Maria Engler* und *Gertrud Ennulat.*

Vom Engagement des Schriftstellers ist die Rede

Das Internationale Institut für Jugendliteratur und Leseforschung und das Bundesministerium für Unterricht, Kunst und Sport, beide Wien, laden für Anfang Dezember drei Tag zu einem Symposium ein. Thema: „Der Schriftsteller und seine/unsere Zeit – vom historischen, gesellschaftlichen und politischen Engagement des Schriftstellers". Ort: Bildungshaus Neuwaldegg bei Wien. Auf dem Programm steht nicht nur der Festakt zur Verleihung der diesjährigen Österreichischen Staatspreise für Kinder- und Jugendliteratur, sondern auch ein Empfang des Unterrichtsministers, dann aber Symposium-

Vorträge und -Beiträge in Fülle. Der Generalsekretär des Österreichischen PEN-Clubs, *Dr. Franz Richter*, spricht zum Thema des Symposiums, als weiterer Hauptreferent ist der Züricher Germanist *Prof. Dr. Peter Grotzer* geladen („Das historische, politische und gesellschaftliche Engagement des Schriftstellers"). Der Hauptteil des Symposiums besteht, wie es sich gehört, aus Gesprächen und Diskussionen. Zu den Teilnehmern gehören *Eveline Hasler, Dr. Helmut Leiter, Dr. Renate Nagel, Christine Nöstlinger, Benno Pludra, Peter Abraham, Rudolf Chowanetz, Käthe Recheis, Dr. Monika Seiderer-Hartig, Dr. Ellen Weigel.* Als Moderatoren wurden gewonnen: *Wolf Harranth, Hans-Joachim Gelberg, Renate Welsh* und *Klaus Kordon*. Die in ihrer Art einmalige Veranstaltung schließt mit einem Heurigen-Abend auf Einladung österreichischer Jugendbuchverleger.

Zwei Damen siegen in Österreich

Im Wiener Bildungshaus Neuwaldegg begrüßt Ministerialrat *Heinz Steuer* am 4.12. eine illustre Gesellschaft, die dem Festakt anläßlich der Verleihung des Österreichischen Staatspreises für Kinder- und Jugendliteratur beiwohnt. Aus der Hand der Bundesministerin *Dr. Hilde Hawlicek* empfangen *Christine Nöstlinger* („Der Hund kommt") und *Hanna Lehnert* („Wie ein rostiger Nagel im Brett oder: Die zweite Flucht") die Preis-Urkunden. Anschließend lesen beide Autorinnen. *Hans Bödecker* wertet vorher und würdigt gleichzeitig den Preis und seine Trägerinnen als Mitglied der Jury (*Dr. Lucia Binder, Christa Ellbogen, Katrin Pieper, Dr. Jörg Schatzmann*, Vorsitz: *Heinz Steuer*). Auf der Ehrenliste zum Österreichischen Staatspreis für Kinder- und Jugendliteratur 1987 stehen: *Peter Hacks*: „Liebkind im Vogelnest" (Neues Leben 1987), *Sigrid Heuck*: „Saids Geschichte oder Der Schatz in der Wüste" (Thienemann 1987), *Benno Pludra*: „Das Herz des Piraten" (Der Kinderbuchverlag 1985), *Käthe Recheis*: „Lena. Unser Dorf und der Krieg" (Herder 1987), *Helmut Sakowski*: „Wie brate ich eine Maus oder Die Lebenskerben des kleinen Raoul Habenicht" (Neues Leben 1987), *Rafik Schami*: „Eine Hand voller Sterne" (Beltz & Gelberg 1987).

20000 mal Liebe zum Lesen

Etwa 100 Titel umfaßt die 50. Buchempfehlungsliste der Deutschen Lesegesellschaft e.V., die 36 Prominente aus Kunst, Kultur, Politik, Wissenschaft und Industrie nach ihren „Leselieben" (so der Titel der broschierten, 20000 mal erstaufgelegten Broschüre) befragte. Neben Kurztexten enthält das Bändchen Fotos, Viten, Bibliographien und die Titelliste der empfohlenen Lektüren von „Grimms Märchen" bis *Alfred Döblins* „Berlin Alexanderplatz", vom „Letzten Mohikaner" bis *Albert Camus'* „Der Fremde". Für 1988 ist bereits eine Fortsetzung ins Auge gefaßt, und es wird daran gedacht, die Bücher als Ausstellungsgut an Schulen herumzureichen.

Bohumil Říha †

Der mit Literaturpreisen (Hans-Christian-Andersen-Medaille 1980) hochdekorierte Altmeister der tschechischen Kinder- und Jugendliteratur, *Bohumil Říha*, stirbt sechs Monate nach seinem vollendeten 80. Lebensjahr am 15.12.1987 in Prag. *Říha* war Lehrer und Schulinspektor, wurde dann Sekretär des Verbandes der Schriftsteller und Leiter des staatlichen Kinderbuchverlags. Seit 1967 war er als freier Autor tätig, trat als Lehrbuchverfasser ebenso hervor wie mit theoretischen Beiträgen zur Situation der KJL, schrieb vielübersetzte Bilder-, Kinder- und Jugendbücher, die zum großen Teil dramatisiert oder verfilmt wurden und war international durch seine mehrjährige Nationalsektions-Präsidentschaft bei IBBY weit bekannt.

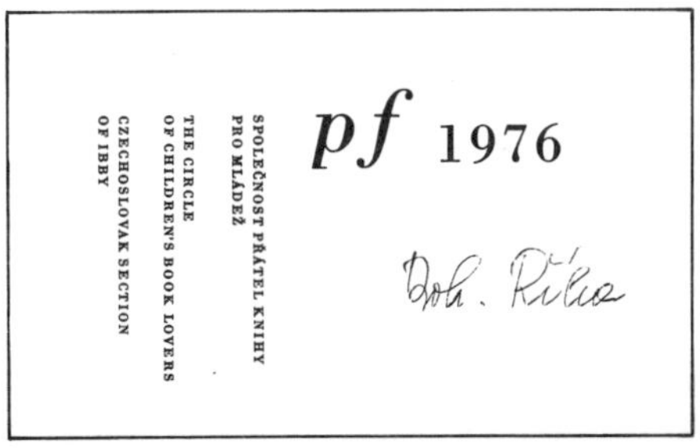

*Die Karte, die u.a. den Namenszug von **Bohumil Říha** trägt, entnahm ich einem Bändchen, das in vier Sprachen „Das tschechische und slowakische Kinderbuch" darstellt, in Prag 1975 erschienen ist, von **Václav Stejskal** verfaßt und mir vor Jahren von **Bohumil Říha** übermittelt wurde.*

Rafik Schami gewinnt in Zürich

Der Kinderbuchladen und der „Tages-Anzeiger" stiften auch 1987 wieder den Zürcher Kinderbuchpreis „La vache qui lit". Der bei Beltz & Gelberg erschienene Roman „Eine Hand voller Sterne" von *Rafik Schami* erhält ihn zugesprochen. Unter den sieben „besten" Titeln befinden sich „Lina Kasunke" (Union) von *Elke Hermannsdörfer*, „Oh, du Hölle" (Beltz & Gelberg) von *Christine Nöstlinger*, „Sollte der Fuchs einmal wiederkommen..." (Spectrum) von *Rolf Krenzer*,

„Flucht über den Khaiber Pass" (Arena) von *Wolfgang Wegner* und *Evamaria Steinke*, „Im Namen des Volkes" (Patmos) von *Anatol Feid* sowie – zu gleichen Anteilen – „Pink Flamingo" (Ravensburger) von *Monika Seck-Aghte* und „Der gewaltlose Rebell" (Signal) von *Volker Lange*.

Letzte Meldung '87: Preisausschreiben

In der Absicht, den Zusammenhang zwischen Kinder- und Jugendliteratur und der jeweiligen Entstehungszeit zu erforschen und damit einen Beitrag zur Wirkungsgeschichte der Kinder- und Jugendliteratur zu leisten, schreibt die „Deutsche Akademie für Kinder- und Jugendliteratur e.V., Volkach" das folgende Thema aus: „Politische und wirtschaftliche Ereignisse und Strukturen der zweiten Hälfte des 19.Jahrhunderts im Spiegel der Kinder- und Jugendliteratur". Preissumme: DM 5000. Die Arbeit soll in der Schriftenreihe der Akademie erscheinen. Die Akademie kann weitere, von der Preis-Jury hervorgehobene Arbeiten publizieren. Eingesandte Texte dürfen noch nicht an anderer Stelle veröffentlicht sein. Einsendungen sind bis 1.Oktober 1989 an die Geschäftsstelle der Deutschen Akademie für Kinder- und Jugendliteratur e.V., Parkstr. 16, 8702 Rottendorf zu richten.

Bubi hat's gut: Ihn wärmen nicht nur Kaminfeuer und Mutter, auch Bilderbücher gibt's für Bubi. „lieber lesen" gefiel weniger das elitäre Ambiente, in welchem hier Lesen, Vorlesen stattfindet, sondern vielmehr, daß überhaupt einmal auf großflächiger Reklame-Zeitungsseite von einem Großunternehmer („Deutsche Lufthansa") etwas fürs Mutter–Kind–Lesen unternommen wird. Zumindest wird die Assoziation „Lesen" statt „Fernsehen" einmal ins Bewußtsein einer Tageszeitungsleserschaft (oder mehrerer -leserschaften) gebracht. „Lufthansa" sei freundlichst bedankt für die Überlassung des Großfotos, das hier – wir bitten um Verständnis – nur in starker Verkleinerung wiedergegeben werden kann.

Geburtstagskalender

Zum runden Wiegenfest sind 1987 zu beglückwünschen...

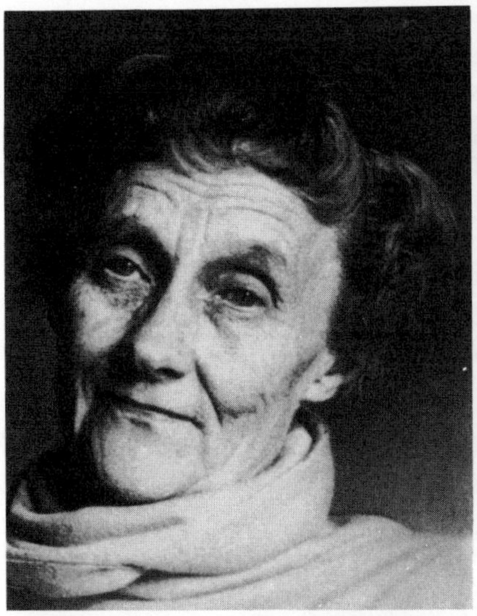

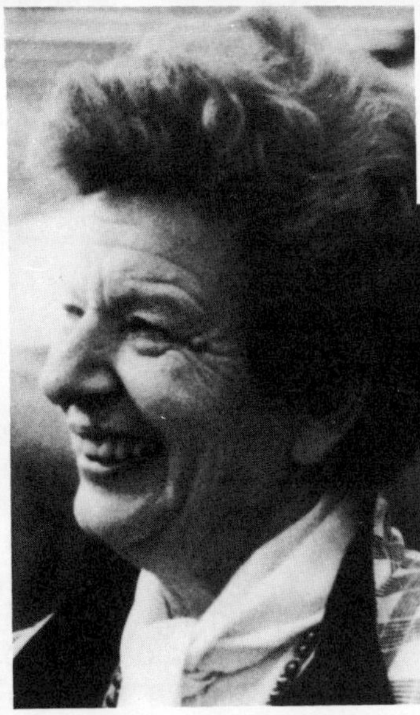
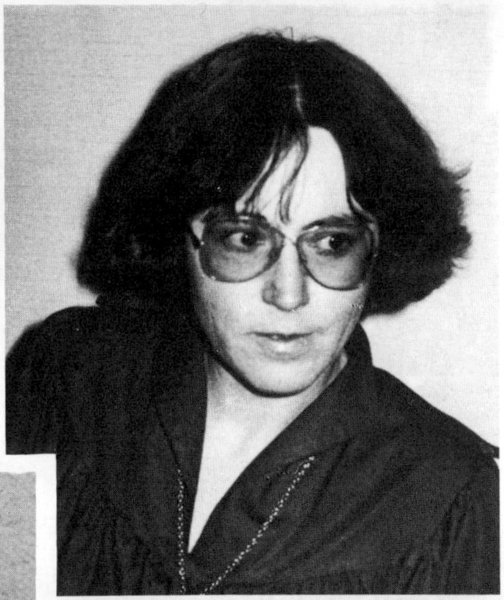
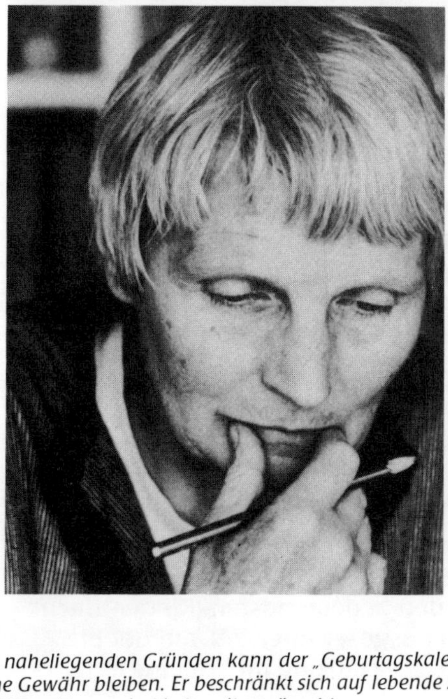

*Aus naheliegenden Gründen kann der „Geburtagskalender", bei dessen Erstellung **Johanna Schiele** half, nicht vollständig sein und müssen seine Angaben ohne Gewähr bleiben. Er beschränkt sich auf lebende Autoren, Illustratoren, Theoretiker der KJL, zumeist solche im deutschsprachigen Raum. Ergänzungen und Korrekturen sind jederzeit erwünscht.*

Januar 1987

1 Do 1961 Thomas Schweizer
2 Fr 1939 Ute Blaich
1908 Lise Gast
1935 David McKee
3 Sa
4 So 1941 Etienne Delessert
1925 Ivan Gantschev
5 Mo 1905 Auguste Lechner
1922 Celestino Piatti
6 Di
7 Mi 1936 Luis Murschetz
1935 Margret Steenfatt
8 Do
9 Fr
10 Sa 1948 Lioba Betten
11 So 1919 Fred Schmitz
12 Mo 1908 Lise Gast
1954 Klaus-Peter Wolf
13 Di 1926 Michael Bond
14 Mi 1950 Elfie Donnelly
1923 Jurij Korinez
1916 Ingeborg Ramseger
15 Do 1906 Marina Thudichum
16 Fr 1937 Dietlind Blech
1937 Klaus Ensikat
17 Sa 1904 Friedrich Böer
1931 Nikolai von Michalewsky
18 So
19 Mo 1924 Friedl Hofbauer
1925 Nina Bawden
1921 Kurt Mühlenhaupt
20 Di 1925 Klaus Doderer
21 Mi 1922 Wilhelm Meissel
22 Do 1943 Wilhelm Genazino
1930 Brian Wildsmith
23 Fr 1945 Franziska Groszer
1954 Erwin Moser
1929 Hannelore Valencak
24 Sa 1930 Gisela Oestreich
25 So 1915 Peter Berger
26 Mo
27 Di 1912 Werner Ross
28 Mi
29 Do
30 Fr 1924 Lloyd Alexander
31 Sa 1906 Juliane Metzger
1947 Carl Gredé

75. Geburtstag feiert

Werner Ross, Prof. Dr. phil., geboren in Krefeld-Uerdingen. Studium der Germanistik und Romanistik, Promotion bei *Ernst Robert Curtius,* war Direktor der Deutschen Schule in Rom von 1956 bis 1964, des Goethe-Institutes von 1964 bis 1972, Honorarprofessor der Universität München, Literaturkritiker, u.a. auch Jugendliteraturkritik. 1987 erschien: „Die Feder führend. Schriften aus fünf Jahrzehnten" (München: Kastell).

„Wenn es läuft, dann ist der Schreiber high. Ich würde gern einen passenden deutschen Ausdruck dafür verwenden, finde aber keinen. ‚Hochgefühl' ist zu feierlich. High meint einen Rausch der Klarheit, der Leichtigkeit und Lebendigkeit. Es hört das Zeitgefühl auf. Höchstdauer des Zustandes, in Seiten bemessen: sieben. Kaffee hilft mit, ihn zu erzeugen..." – Nur eine winzige Kostprobe aus einem kostbaren Band, der die 100 wichtigsten von insgesamt 2000 literarischen Arbeiten von ***Prof. Dr. Werner Ross*** *enthält, einem christlich gesonnenen und denkenden Literaten, Literaturkritiker, Romancier und Sachbuchautor von hohem Rang. „Die Feder führend" (600 S., Kastell 1987).*

65. Geburtstag feiern

Wilhelm Meissel, Prof., geboren in Wien. Schriftsetzerlehre, nach amerikanischer Kriegsgefangenschaft Besuch der Arbeitermittelschule, Reifeprüfung, Tätigkeit im österreichischen Buchklub der Jugend, Bibliothekar in Wien, Redakteur der „Wiener Bücherbriefe". Mehrfach ausgezeichnet: 1960 für „Der Mann im Geröll" mit dem Theodor-Körner-Preis, („Die Spur führt in die Höhle"), mit dem Österreichischen Jugendbuchpreis und dem Jugendbuchpreis der Stadt Wien. Schreibt Lyrik, Romane, Sachbücher, Hörfunksendungen, Jugendbücher, auch Übersetzungen. 1987 erschien u.a.: „Schlubbergeschichten" (Wien: Ueberreuter)

Celestino Piatti, geboren in Wangen bei Zürich, international anerkannter und vielfach prämierter Plakatbildner, Buchillustrator, Schöpfer von Glas- und Wandbildern, nicht zuletzt Bilderbuchkünstler (ab 1959). Seit 1961 Gestalter der Buchtitel bei dtv (mehr als 5000 Buchumschläge in ca. 25 Jahren); Plakate für Sparkassen, Konsumvereine, Buchwerbung, Gestalter von Lesebüchern und Erstlesefibeln. Seit 1982 wird der Celestino-Piatti-Preis für Buchgestaltung verliehen. Mehrfach ausgezeichnet und geehrt. 1987 erscheint „Celestino Piatti, Meister des graphischen Sinnbilds", herausgegeben von *Bruno Weber* (München: dtv).

50. Geburtstag feiern

Dietlind Blech, geboren in Berlin, studierte an der Werkkunstschule in Wuppertal Gebrauchsgraphik und an der Akademie der bildenden Künste in München Malerei, absolvierte ein Lehrerstudium, leitete eine Kinder-„Malstube" und illustrierte zahlreiche Bilderbücher. 1987 erschien: „In der Wiese" (Ravensburg: Maier).

Klaus Ensikat, geboren in Berlin, studierte an der Fachschule für angewandte Kunst in Berlin, wo er bis 1965 auch lehrte, lebt als freischaffender Künstler in Ost-Berlin, zählt zu den bedeutendsten (Kinder-)Buchillustratoren der Gegenwart. Mehrfach ausgezeichnet, z.B. auf der BIB (Goldener Apfel 1973). 1987 erschien u.a.: „Liebkind im Vogelnest" (Text: *Peter Hacks;* Würzburg: Arena).

70. Geburtstag feiert

Alfred Hageni, geboren in Frankenthal/Rheinpfalz, Studium der Germanistik, dessen Abschluß durch Krieg und Gefangenschaft verhindert wurde. Kriegserlebnisse führten zu dem Entschluß, für Kinder und Jugendliche zu schreiben.
Mehrere Jahre Mitarbeiter der Zeitschrift „Jugend in Schule und Beruf", Beiträge für den Hörfunk. Schreibt Abenteuerbücher, geschichtliche Sachbücher, heitere Erzählungen, auch für Leseanfänger.

65. Geburtstag feiert

Heinz Friedrich, Dr. h.c., geboren in Roßdorf bei Darmstadt, Soldat, russischer Kriegsgefangener, Gründungsmitglied der Gruppe 47. Nach dem Krieg Feuilletonredakteur, freier Journalist, Theaterkritiker, Hörfunkredakteur beim HR, Cheflektor bei S. Fischer, Programmdirektor von Radio Bremen. Seit 1961 geschäftsführender Gesellschafter des Deutschen Taschenbuch Verlags, 1983 zum Präsidenten der Bayerischen Akademie der Schönen Künste gewählt. Verheiratet mit *Maria Friedrich* (dtv junior). Publizierte neben kulturkritischen Arbeiten u.a. auch Gedichte und Aufsätze über Kinderliteratur. 1987 erschienen „Mein Dorf" (Berlin: Siedler) und „Aufräumarbeiten" (München: dtv).

60. Geburtstag feiert

Sybil Gräfin Schönfeldt (d.i. *Sybil Schlepegrell*), Dr. phil., geboren in Bochum, studierte Germanistik, Kunstgeschichte und Englisch, war Redakteurin, ist Buchautorin, freie Journalistin und Übersetzerin. Ihr umfangreiches schriftstellerisches Ouevre umfaßt Kochbücher ebenso wie kulturgeschichtliche Werke, Sachbücher, Anthologien, Kinder- und Jugendbücher, Glossen („Zeit-Magazin"), Essays und Berichte über pädagogische Fragen, v.a. auch zur Kinderliteratur. Gibt mehrere Jugendbuch-Reihen heraus („Oetinger/Auslese"), übersetzt und rezensiert Kinder- und Jugendliteratur, war Jurorin und Vorsitzende des „Arbeitskreises für Jugendliteratur" und Initiatorin vieler KJL-Aktivitäten. Mehrfach ausgezeichnet, auch als „Botschafterin" der Literatur für Heranwachsende (vgl. 4. Almanach, bes. S. 165). 1987 erschienen u.a. „Astrid Lindgren" (Reinbek: Rowohlt), „Der Bäckerengel" (Bilder: *Sabine Lohf*; Hamburg: Oetinger) und eine Neubearbeitung von „Robinson Crusoe" (Düsseldorf: Hoch; s. auch S. 156).

50. Geburtstag feiert

David Henry Wilson, geboren in London, war Lehrer in Frankreich, Ghana und der Bundesrepublik Deutschland, jetzt Akademischer Oberrat an der Universität Konstanz, lebt aber mit seiner Familie in England („...weil meine Studenten nach England, an die Universität Bristol kommen, so daß ich ihnen Englisch in England beibringen kann"). Autor mehrerer Bühnenstücke, die in England, Amerika und der Bundesrepublik Deutschland aufgeführt wurden. Erstes Kinderbuch: „Jeremy James oder Elefanten sitzen nicht auf Autos" (1978), weitere „Jeremy-James"–Bücher folgten (Oetinger). 1987 erschien als Neuausgabe „Ich bin ein Superhund" (Übersetzung: *Helmut Winter*, Bilder: *Erhard Dietl*; Hamburg: Oetinger).

1 So	1950	Tatjana Hauptmann
	1935	Dieter Kühn
2 Mo	1936	Peter Aley
3 Di	1920	Tilde Michels
4 Mi		
5 Do	1930	Ilon Wikland
6 Fr	1928	Werner Schrader
7 Sa		
8 So	1917	Alfred Hageni
9 Mo		
10 Di		
11 Mi	1913	Marieluise Bernhard-von Luttitz
	1953	Raija Siekkinen
12 Do	1906	Johannes Grüger
	1926	Hans-Georg Noack
	1930	Józef Wilkoń
13 Fr	1927	Sybil Gräfin Schönfeldt
	1954	Folke Tegetthoff
14 Sa	1923	Vera Ferra-Mikura
	1922	Heinz Friedrich
	1935	Ann Ladiges
15 So		
16 Mo		
17 Di	1929	Ursula Abels
	1934	Frederik Hetmann, d.i. Hans-Christian Kirsch
18 Mi	1920	Josef Carl Grund
19 Do		
20 Fr	1913	Rolf Italiaander
	1934	Kurt Wölfflin
21 Sa		
22 So	1911	Richard Bamberger
	1925	Edward Gorey
23 Mo		
24 Di	1921	Ludvik Askenazy
	1949	Bernhard Oberdieck
25 Mi	1932	Josef Paleček
26 Do	1937	David Henry Wilson
27 Fr	1926	Elisabeth Borchers
28 Sa	1951	Silke Brix-Henker
	1948	Friedrich Hechelmann
	1947	Ruth G. Moßner
	1928	Dušan Roll

März 1987

1 So 1943 Franz Hohler
2 Mo
3 Di 1928 Gudrun Pausewang
4 Mi 1906 Meindert de Jong
1937 Ernst A. Ekker
1946 Wilhelm Schlote
5 Do
6 Fr 1939 Frieder Stöckle
7 Sa 1914 Margarete Dierks
1920 Eilis Dillon
1922 Rolf Ulrici
8 So 1925 Franz Schneider
9 Mo 1939 Rainer Hachfeld
1935 Angelika Kaufmann
1929 Arnulf Zitelmann
10 Di 1931 Iela Mari
11 Mi 1931 Janosch
1928 Käthe Recheis
12 Do 1917 Werner Klemke
1913 Sergei Mikhalkov
13 Fr 1919 Eleonora Berger
1946 Erich Jooß
1936 Brigitte Peter
14 Sa
15 So 1921 Theodor Brüggemann
1910 An Rutgers
1939 Eleonore Schmid
16 Mo 1920 Sid Fleischmann
17 Di 1933 Bruno Horst Bull
1926 Siegfried Lenz
18 Mi 1929 Hilde Heyduck-Huth
19 Do
20 Fr 1926 MItsumasa Anno
1929 Josef Reding
21 Sa 1928 Peter Hacks
1941 Hannu Taina
22 So 1933 Eveline Hasler
1921 Ilse Kleberger
23 Mo 1927 Cecil Bødker
1938 Frederica de Cesco
24 Di 1935 Peter Bichsel
1920 Mary Stolz
1905 Rudolf Otto Wiemer
25 Mi 1922 Jaap ter Haar
1901 Alfred Zacharias
26 Do 1936 Walter Flemmer
27 Fr
28 Sa 1936 Jürgen Lodemann
1945 Tilman Röhrig
29 So
30 Mo 1923 Herbert Asmodi
1937 Lucia Binder
1943 Sophie Brandes
1940 Uwe Timm
31 Di 1937 Hartmut Lange
1941 Dietlof Reiche

70. Geburtstag feiert

*Werner Klemke,*geboren in Berlin-Weißensee, Trickbildzeichner, Gebrauchsgrafiker, Mitarbeiter bei Zeitschriften und Tageszeitungen. Seit 1956 Professor an der Hochschule für bildende und angewandte Kunst, Berlin-Weißensee. Umfangreiches graphisches Schaffen von Einblatt-Gelegenheitsarbeiten über Schallplattenhülle, Theaterprogramm, Bühnenbild, Kostümentwurf, Buchumschlag und -illustration. Viele internationale Anerkennungen und Preise (z.B. 1967 Goldener Apfel der BIB für die Illustrationen zu *Munro Leafs* „Ferdinand der Stier", vgl. 4. Almanach, S. 57 f.). 1987 erschien eine Festschrift zum 70. Geburtstag von *W.K.*, hrsg. v. *Horst Kunze* und *Heinz Linke,* Titel:„Kietz & Welt" (Berlin: Der Kinderbuchverlag).

65. Geburtstag feiern

Jaap ter Haar, geboren in Hilversum/Holland, ging nach der deutschen Besetzung Hollands nach Frankreich und schloß sich der Widerstandsbewegung an. Nach dem Krieg Korrespondent in Schottland, USA, Malakka und Indonesien. Schreibt Kurzgeschichten und Romane, mehrfach ausgezeichnet, in viele Sprachen übersetzt. Für das Buch „Behalt das Leben lieb" erhielt er den „Goldenen Griffel" und den „Buxtehuder Bullen". Sein 1981 erschienenes Buch „Oleg oder Die belagerte Stadt" fand große Anerkennung.

Rolf Ulrici, geboren in Berlin, arbeitete nach dem Krieg als Regisseur und war seit 1949 journalistisch für Berliner Zeitungen tätig. Erste Unterhaltungsromane als Fortsetzungsgeschichten. Im Jugendbuchbereich durch Seriengeschichten bekannt („Käpt'n-Konny"-Reihe). 1987 erschien u.a. „Die Insel" (München: Herbig).

Cecil Bødker, geboren in Fredericia/Jütland, ausgebildete Silberschmiedin und als solche zunächst tätig, dann freie Autorin: Lyrik, Kurzgeschichte, Roman, Arbeiten für Hörfunk und TV, auch bedeutende Werke für Erwachsene. Berühmt geworden durch das Romanwerk „Silas" (verfilmt), vielfach ausgezeichnet, u.a. 1974 mit der Hans-Christian-Andersen-Medaille. Zuletzt in deutscher Übersetzung 1986 erschienen: „Marias Kind, der Junge" (Bilder: *Svend Otto S.;* Berlin: Wichern).

50. Geburtstag feiern

Lucia Binder, Dr. phil., geboren in Wien, Studium der Theaterwissenschaften, Germanistik und Kunstgeschichte, seit 1980 Direktorin des Internationalen Institutes für Jugendliteratur und Leseforschung, Wien (Nachfolge *Prof. Dr. Richard Bamberger*), richtet Tagungen und Ausstellungen aus, lehrt Jugendbuchkunde an Hochschulen, verfaßt theoretische Beiträge und Vorträge zur Kinder-und Jugendliteratur, fungiert als Vorstandsmitglied des Österr. Buchklubs der Jugend, Leitungsmitglied der Österr. Jugendschriftenkommission beim Österr. Bundesministerium für Unterricht, Kunst und Sport, leitet die Redaktion der Zeitschriften „1000 und 1 Buch" (vormals: „Jugend und Buch") und „Bookbird". Herausgeberin von KJL-Anthologien und von Schriftenreihen des Instituts. 1987 erschien: „Jugendliteratur zwischen literarischem Anspruch und Unterhaltungsbedürfnis" (Wien: Manuskriptdruck des Instituts).

Ernst A. Ekker, geboren in Idar-Oberstein, aufgewachsen in Kärnten, nach dem Studium der Germanistik und Anglistik an der Universität Wien längere Zeit in der Sozialarbeit, dann freier Mitarbeiter des Österr. Rundfunks und Fernsehens. Schreibt Drehbücher, Hörspiele, Kabarett, Theaterstücke, Satiren. Mindestens ebenso wichtig wie die Arbeit für Erwachsene erscheint dem mehrfach preisgekrönten Autor die Arbeit für Kinder. Für sie schreibt er Komische Opern (u.a. „Die Stadthüpfer", Musik: *Cesar Bresgen,* 1985 uraufgeführt im Rahmen des internationalen Musikfestivals „Carinthischer Sommer"), zahlreiche Bilder- und Kinderbücher (viele preisgekrönt), zuletzt 1987 u.a.: „Die Kinder von La Pacanda" (Bilder: *Ulf Löfgren:* Wien: Dachs).

70. Geburtstag feiert

Rolf Kauka, geboren in Leipzig, zeichnete schon als 17jähriger für die „Leipziger Neuesten Nachrichten" Cartoons; ab 1952 gelang ihm in Zusammenarbeit mit dem Pabel-Verlag, Rastatt, der Aufbau der einzigen deutschen Comic-Produktion, die auf dem Markt überleben konnte und in europäische Nachbarländer exportiert wurde. Die von ihm erfundenen Comicfiguren Fix und Foxi, Lupo u.a. sind nach wie vor populär. (In den Sechzigerjahren erreichten sie eine Auflage von 300.000 pro Woche).

65. Geburtstag feiern

John Christopher, geboren in Liverpool, aufgewachsen in Hampshire, neben Bürodienst entstanden zehn Romane für Erwachsene und eine Reihe von Science-Fiction-Kurzgeschichten, seit 1957 freier Schriftsteller. „Ein Teil seiner Büroroutine hängt ihm noch heute an. Täglich arbeitet er von 9.30 bis 16.30 Uhr in dem Haus in Guernsey, in dem er mit seiner Familie lebt." Für „Die Wächter" (Bitter) erhielt er 1976 den Deutschen Jugendbuchpreis. 1987 erschien: „Tanz der Drachen" (Würzburg: Arena).

Klára Jarunkowá, geboren in Cervená Skala/CSSR, Sprachen- und Philosophie-Studium in Bratislava, als Journalistin und Kinder- und Jugendbuchautorin tätig. Zahlreiche Auszeichnungen, für „Der Bruder des schweigenden Wolfes" Deutscher Jugendbuchpreis 1970 (Neuausgabe in der Reihe „Oetinger/Auslese" 1985).

60. Geburtstag feiern

Hans Bemmann, Dr. phil., geboren bei Leipzig als Sohn eines ev. Pfarrers, zunächst Medizinstudium in Wien, Kriegseinsatz in Rußland, dann Musikwissenschaft- und Germanistikstudium, Hilfsbibliothekar, Aufbau des Lektorats beim österr. Borromäuswerk in Salzburg, Konversion, 1956 Lektorat beim Bonner Borromäuswerk, das er bis 1987 leitete. Schriftleiter „das neue buch/Buchprofile", Rezensent (immer wieder auch KJL), Fachhochschuldozent, Referent, Lehrbeauftragter an der PH Bonn (KJL), nebenher Leiter einer kath. öffentlichen Bücherei, Juror („Kath. Kinderbuchpreis"), kulturgeschichtliche und musikwissenschaftliche Publikationen, Arbeiten zur KJL-Theorie (Sachbuch), in den letzten Jahren auch als Romanschriftsteller hervorgetreten, zuletzt 1986: „Stern der Brüder" (Stuttgart: Edition Weitbrecht).

Albert Uderzo, geboren in Fismes/Reims (Frankreich) mit 6 Fingern an jeder Hand, Eltern Oberitaliener, zeichnete unter dem Einfluß *Walt Disneys* schon als Zehnjähriger Bildgeschichten, wird zeichnender Reporter, Kinderzeitschriftenillustrator, trifft 1951 *René Goscinny,* gründet eine Jugendzeitschrift in Paris, in der 1959 erstmals „Asterix" auftaucht, die Comic-Figur, die *Albert Uderzo* berühmt machte (Verfilmungen, 1977: Gesamtauflage der „Asterix"-Bände: über 25 Mio. Exemplare). 1986 erschien „Uderzo – Der weite Weg zu Asterix" (Stuttgart: Ehapa; vgl. 4. Almanach, S. 199f.).

1 Mi		
2 Do	1952	Lidia Postma
3 Fr	1928	Hans Bödecker
	1939	Kazu Iwamura
	1925	Sven Wernström
4 Sa	1942	Monika Born
	1942	Katrin Brandt
	1934	Walter Hansen
	1941	Helme Heine
5 So	1913	Bruno Bettelheim
	1940	Gisela Degler-Rummel
6 Mo	1933	Ursula Fuchs
	1932	Günter Herburger
	1924	Helmut Müller
7 Di	1924	Johannes Mario Simmel
8 Mi		
9 Do	1917	Rolf Kauka
10 Fr	1928	Ota Hofman
11 Sa		
12 So	1921	Ilse Ibach
	1929	Gerhard Haas
13 Mo		
14 Di	1925	Hilde Leiter
15 Mi	1918	Herbert Plate
	1934	Martin Ripkens
16 Do	1910	Gunnel Beckman
	1922	John Christopher
	1935	Sarah Kirsch
	1947	Fulvio Testa
17 Fr	1940	Edith Schindler
18 Sa		
19 So		
20 Mo	1935	Irmela Brender
21 Di	1921	Sita Jucker
22 Mi	1914	Hans Baumann
	1923	Paula Fox
	1916	Yehudi Menuhin
	1926	Eva Johanna Rubin
23 Do	1929	Max Bolliger
	1926	Eva Janikovszky
	1924	Christa König
24 Fr	1947	Thomas Jeier
	1936	Melchior Schedler
	1930	Sigrid Lichtenberger
25 Sa	1927	Albert Uderzo
26 So	1919	Luděk Pešek
27 Mo	1922	Hans Bemmann
	1936	John Birningham
	1926	Viktor Böhm
28 Di	1922	Klára Jarunkowá
	1925	Hans Peter Richter
29 Mi	1929	Walter Kempowski
30 Do	1906	Cili Ringgenberg
	1911	Luise Rinser

Mai 1987

1 Fr	1932	Josef Ippers
	1926	Dietlind Neven du Mont
2 Sa	1924	Eberhard Binder-Staßfurt
	1934	Paul Nussbaumer
3 So		
4 Mo	1920	Hermann Schreiber
5 Di	1910	Leo Lionni
6 Mi	1940	Annegert Fuchshuber
	1938	Ursula Kirchberg
7 Do		
8 Fr	1930	Wilfried Blecher
	1912	Gertrud Fussenegger
9 Sa		
10 So	1960	Danièle Friedrich
	1921	Oliver Hassencamp
	1937	Irmgard Lucht
	1926	Günter Spang
	1939	Uwe Wandrey
	1916	Alfred Weidenmann
11 Mo	1927	Hans-Eric Hellberg
	1932	Sigrid Heuck
	1913	Ilse van Heyst
	1947	Alfons Schweiggert
12 Di	1945	Tormod Haugen
13 Mi	1916	Horst Schaller
14 Do	1927	Herbert W. Franke
15 Fr	1934	Detlev Block
	1949	Manfred Mai
	1926	Hans Jürgen Press
	1916	Irmela Wendt
	1936	Paul Zindel
16 Sa	1944	Achim Bröger
17 So		
18 Mo	1936	Uwe Kant
19 Di	1942	Otto Jägersberg
20 Mi	1911	Annie M. G. Schmidt
	1908	Lotte Weitbrecht
21 Do	1905	Berte Bratt
	1920	Lászlo Réber
22 Fr	1923	Max Velthuijs
	1933	Arnold Lobel
23 Sa	1926	Felicitas Betz
	1902	Scott O'Dell
24 So	1915	Charlotte Oberfeld
25 Mo	1926	Max von der Grün
	1946	Monika Laimgruber
26 Di	1952	Bernd Dolle-Weinkauff
	1954	Lisbeth Zwerger
27 Mi		
28 Do	1928	Květa Pacovská
29 Fr	1925	Horst Beseler
	1944	Dagmar Chidolue
	1951	Andreas Fischer-Nagel
	1955	Michèle Lemieux
	1938	Renate Seelig
30 Sa	1956	Georg Bydlinski
31 So	1926	James Krüss

85. Geburtstag feiert

Scott O'Dell, geboren in Los Angeles, studierte Psychologie, Philosophie, Geschichte und Englisch, versuchte sich als Kameramann, Journalist und Herausgeber einer Zeitung. Freier Schriftsteller, erhielt für seine Jugendbücher mehrere Auszeichnungen („Die Insel der blauen Delphine" Deutscher Jugendbuchpreis 1963, Neuausgabe in der Reihe „Oetinger/Auslese" 1986). Sein Gesamtwerk wurde 1972 mit der Hans-Christian-Andersen-Medaille gewürdigt. 1986 erschien eine Franziskus-Biographie: „Das Feuer von Assisi" (Zürich: Benziger).

80. Geburtstag feiert

Lotte Weitbrecht, geboren in Stuttgart, als älteste Tochter *Otto Weitbrechts* im eigenen (Thienemann-) Verlag seit 1931 tätig, war Journalistin in Berlin und Bielefeld, übernahm nach Universitätsstudien 1936 im Todesjahr des früh heimgegangenen Vaters die Thienemann-Prokura, die sie 30 Jahre innehatte – ab 1951 mit ihrem Bruder *Richard* (vgl. 4. Almanach S. 11 f.) – führte den Verlag (Lektorat) zu großer Blüte in schwerster Zeit (Mädchenbuch, neue Autoren), war engagiert in zahlreichen Gremien des Börsenvereins und der Jugendbuch-Szene.

75. Geburtstag feiert

Gertrud Fussenegger, Prof. Dr. phil., geboren in Pilsen, studierte Geschichte, Kunstgeschichte, Deutsch, Philosophie, lebt bei Linz. Bedeutende Erzählerin, Lyrikerin, Dramatikerin, Essayistin. Herausgeberin (z.B. *J.P. Hebel:* „Schatzkästlein des Rheinischen Hausfreundes", 1975), edierte seit 1975 die österreichische Literaturzeitschrift „Die Rampe", erhielt viele Auszeichnungen, u.a. Österr. Staatspreis für Kinder- und Jugendliteratur, der sie sich v.a. mit Bilderbuchtexten religiösen Gehaltes und Erzählungen immer wieder zuwendet. 1987 erschien: „Nur ein Regenbogen" (Stuttgart: DVA)

60. Geburtstag feiern

Herbert W. Franke. Prof. Dr. phil., geboren in Wien, studierte hier Chemie, Physik, Philosophie, Psychologie, Promotion in Elektronenoptik, Lehrauftrag an der TU Wien, seit 1956 freier Fachpublizist, Übersetzer, Hörspielautor, Lyriker. Breite Anerkennung als Science-Fiction-Herausgeber und -Autor. „Der grüne Komet", 1960, „Der Elfenbeinturm", 1965, verschaffte seither der Science-Fiction einen angemessenen Platz in der Literatur. In Romanen und Hörspielen geht es ihm um die Konfrontation des Menschen mit technischen Innovationen, aber auch um das Aufzeigen der Gefahren der Versklavung und Manipulation des Menschen durch Maschine und Computer. Im engeren KJL-Bereich nur noch selten anzutreffen.

Hans Eric Hellberg, geboren in Borlänge/Darlana (Schweden), war Journalist, schrieb bisher fast 60 Kinder- und Jugendbücher, die in viele Sprachen übersetzt wurden, allerdings erst in wenigen deutschen Verlagen erschienen sind. 1987 legte er „Der Junge, der immer Glück hatte" vor (Bilder: *Tord Nygren,* Übersetzung: *Ingun Spiecker-Verscharen;* Recklinghausen: Bitter).

50. Geburtstag feiert

Irmgard Lucht, geboren in Bonn, zuerst Kindergärtnerin, dann Volontärin für Bühnenbild und Köstum an den Städtischen Bühnen Frankfurt, Studium der Grafik und Malerei in Köln. Erstes Bilderbuch: „Alle meine Blätter" (1971 1. Preis „Critici in Erba", Bologna). Bekannt geworden als Illustratorin einiger Titel der „Uhren"-Reihe („Die Vogel-Uhr" 1978 u.a.). 1987 erschien „Die Wald-Uhr" (München: Ellermann; s. auch S191)

75. Geburtstag feiern

Herbert Tichy, Dr. phil., geboren in Wien, studierte Geologie, arbeitete als Geologe und Journalist in Alaska, Afrika und Asien. Seine Erlebnisse, Erfahrungen und Forschungen auf weiten Reisen bilden den Hintergrund für Jugendbücher und Reiseberichte. Mehrfach ausgezeichnet, v.a. in Österreich, für wissenschaftliche und sportliche Leistungen (1954 Erstbesteigung des Cho Oyn/Himalaya).

Käthe von Roeder-Gnadeberg, geboren in Reval/Estland, zunächst Volksschullehrerin, dann Fürsorgerin im Kriegseinsatz. Floh 1945, studierte in Heidelberg Psychologie, Philosophie, Pädagogik und Soziologie. Studienreisen in den Orient und nach Asien, seit 1960 freie Schriftstellerin, die mit anspruchsvollen Mädchenbüchern noch in letzter Zeit („Mondlicht", 1979) hervortrat. Viele ihrer Bücher gelangten auf Auswahllisten, einige wurden in europäische Sprachen übersetzt.

Hermann Bertlein, geboren in Frankfurt/M., Prof. Dr. phil., Literaturdidaktiker und Jugendliteraturtheoretiker, Professor für Deutsch und Deutschdidaktik an der Erziehungswissenschaftlichen Hochschule Rheinland-Pfalz, Abteilung Worms. Mehrere Untersuchungen zur Beziehung zwischen jungen Lesern und Büchern mit historischer Thematik, zur Begegnung der Geschlechter und der Generationen in Familie und Gesellschaft.

65. Geburtstag feiern

Hildegard Krahé, geboren in Berlin, zunächst in der Heimbetreuung milieugeschädigter Kinder tätig, nach bibliothekarischer Ausbildung Bibliotheksdienst, Referentin für Kinder- und Jugendschrifttum bei den Hamburger Öffentlichen Bücherhallen. Seit 1963 freiberuflich für Presse, Funk und Kinderbuchverlage sowie als Dozentin für Kinder- und Jugendliteratur tätig. Herausgeberin und Übersetzerin, Kennerin des Werkes von *Maurice Sendak,* theoretische Arbeiten z.B. über amerikanische Jugendliteratur. Beschäftigung mit Leben und Werk des Bilderbuchkünstlers *Lothar Meggendorfer* (1983: „Spielwelt", München: Hugendubel; vgl. 1. Almanach, S. 217). 1987 erschien u.a. die Übersetzung von *Svend Otto S.:* „Weihnachten, wie es früher einmal war" (Oldenburg: Lappan).

Jessica Schmitz, geboren in Riga, Studium der Germanistik und Anglistik, Redakteurin beim Brockhaus-Verlag in Wiesbaden. Dann zehn Jahre Programmdirektorin im Amerika-Haus Frankfurt. Seit 1973 ausschließliche Beschäftigung mit Kinder- und Jugendliteratur. Buchdiskussionen mit Kindern und Jugendlichen (regelmäßig bis heute), zwölf Jahre Dozentin für Jugendliteratur an der Fachakademie für Soziapädagogik München, vier Jahre Mitglied der Jury zum „Deutschen Jugendliteraturpreis". Ausgedehnte Gutachter-, Rezensions- und Vortragstätigkeit.

Georg Schreiber, Dr. phil., geboren in Wien, wo er auch heute noch lebt. 1945 – nach dem Kriegsdienst – studierte er Klassische Philologie, Archäologie und Alte Geschichte. Promotion, Lehramtsprüfung. Schrieb historische Romane, Reisebücher, Beiträge für Anthologien, Lexika. Übersetzte und bearbeitete Jugendsachbücher. Mehrere Auszeichnungen, u.a. 1962 und 1969 Österr. Staatspreis für Jugendliteratur. 1986 erschien: „Geschichte Österreichs für die Jugend" (Wien: ÖBV).

Günther Stiller, geboren in Hamburg, hier Besuch der Kunsthochschule, zwischen 1960 und 1970 entstanden 34 Bücher, die Günther Stiller grafisch gestaltete, gilt seither als Avantgardist der Buchgestaltung, widmet ca. 40 Prozent seines künstlerischen Schaffens dem Bilder- und Kinderbuch als Holzschneider, Zeichner und Designer, vor allem engagiert für die Aufbauarbeit des Programms Beltz & Gelberg („Nein-Buch für Kinder", 1972 mit *Susanne Kilian*) und in der Büchergilde Gutenberg. 1987 (28.8. bis 25.10.) zeigte das Klingspor-Museum, Offenbach am Main, die Ausstellung „Günther Stiller, Buchgraphik und Zeichnungen zum 60. Geburtstag".

1 Mo	1912 Herbert Tichy
2 Di	1921 Thea Leitner
	1934 Anita Lobel
	1916 Svend Otto S.
3 Mi	
4 Do	
5 Fr	1918 Ottilie Dinges
	1930 Barbara Gehrts
	1925 Elisabeth Heck
	1922 Hildegard Krahé
	1912 Käthe von Roeder-Gnadeberg
	1915 Richard Weitbrecht
6 Sa	
7 So	
8 Mo	1914 Oskar Jan Tauschinski
9 Di	1916 Jurij Brežan
10 Mi	1922 Jessica Schmitz
	1928 Maurice Sendak
	1934 Jürgen Spohn
11 Do	1921 Ib Spang Olsen
	1920 Walter Scherf
	1943 Walter Schmögner
	1927 Günther Stiller
12 Fr	1938 Uta Kiegeland
	1935 Christoph Meckel
	1922 Georg Schreiber
13 Sa	1920 Walter Ernsting
	1924 Roswitha Fröhlich
	1937 Volker Ludwig
14 So	1923 Judith Kerr
	1928 Heinz Wegehaupt
15 Mo	
16 Di	
17 Mi	1912 Hermann Bertlein
	1951 Susi Bodahl
	1926 Hans Domenego
	1939 Hanna Johansen
18 Do	1954 Susanne Riha
19 Fr	1948 Dušan Kállay
	1921 Partricia Wrightson
20 Sa	1932 Hannes Hüttner
	1939 Winfried Opgenoorth
21 So	1930 Thomas Zacharias
22 Mo	
23 Di	1953 Irmtraut Teltau
24 Mi	1919 Eugen Oker
	1942 Fredrik Vahle
25 Do	1929 Eric Carle
26 Fr	1938 Brigitte Smith
27 Sa	
28 So	1948 Catronia Smith
29 Mo	1929 Rolf Rettich
	1950 Alicia Sancha
30 Di	1929 Horst Künnemann

Juli 1987

1 Mi	1919 Hans Bender
2 Do	1922 Josef Guggenmos
	1921 Hans Georg Lenzen
3 Fr	1927 Ingeborg Bayer
	1925 Hans Georg Prager
4 Sa	1922 Maria Friedrich
	1918 Mary Ørvig
	1945 W. J. M. Wippersberg
5 So	1941 Barbara Frischmuth
	1956 Eve Tharlet
6 Mo	1939 Gerri Zotter
7 Di	
8 Mi	1939 Hans Gärtner
	1921 Othmar Franz Lang
	1941 Wilhelm Topsch
9 Do	1941 Aiga Rasch
	1931 Wanda Zacharias
10 Fr	1916 Martin Provensen
11 Sa	
12 So	
13 Mo	
14 Di	1921 Leon Garfield
	1904 Isaac Bashevis Singer
15 Mi	1911 Alexander Beinlich
	1937 Winfried Bruckner
	1941 Utta Wickert
16 Do	1928 Alfred Clemens Baumgärtner
	1931 Hans Manz
17 Fr	1942 Anatol Feid
	1905 Hubert Göbels
18 Sa	
19 So	1922 Hans A. Halbey
20 Mo	1951 Harald Grill
21 Di	
22 Mi	1919 Věra Adlova
23 Do	1926 Margret Rettich
24 Fr	1932 Antonella Bolliger-Savelli
	1929 Janusz Grabiánski
25 Sa	1923 Maria Gripe
26 So	1926 Ana Maria Matute
27 Mo	
28 Di	1939 Beat Brechbühl
29 Mi	1938 Ursel Scheffler
30 Do	1960 Marcus Pfister
31 Fr	1918 Göte Klingberg

65. Geburtstag feiern

Maria Friedrich, geboren in Darmstadt, Schauspielausbildung, Studium der Germanistik und Theaterwissenschaften in München. Dramaturgin in Göttingen. 1946 heiratete sie *Heinz Friedrich.* – Leitet seit 1971 den dtv junior Verlag. Unter ihrer verlegerischen Betreuung erschienen hier innerhalb der letzten 16 Jahre ca. 800 Taschenbücher für junge Leser aller Altersgruppen, darunter mehr als 100 Originalausgaben. Seit 1985 ist sie Vorsitzende der avj. 1987 erschien „Hintem Ofen zu lesen. Ein Hausbuch mit fröhlichen Versen von gestern", hg. von *Maria Friedrich* (dtv).

Josef Guggenmos, geboren in Irsee/Allgäu, studierte nach dem Kriegsdienst Literaturgeschichte, Kunstgeschichte und Indologie. Aufenthalt in Finnland, Tätigkeit als Verlagsdirektor. Bearbeiter und Übersetzer von KJL. Gilt als Meister der zeitgenössischen Kinderlyrik, zumindest seit Erscheinen seines Buches „Was denkt die Maus am Donnerstag?" (Deutscher Jugendbuchpreis 1968, Prämie). Viele seiner Gedichte sind in Anthologien, Zeitschriften und vor allem (Grundschul-) Lesebücher aufgenommen.

Hans A. Halbey, Prof. Dr. phil., geboren in St. Wendel/Saar, studierte Kunstgeschichte, Buchkunde, Geschichte und Literatur. Autor und Kritiker von Bilderbüchern. Dozent an der Bibliotheksschule der Stadt- und Universitätsbibliothek Frankfurt am Main, Lehrauftrag (Bilderbuch) an der Universität Frankfurt am Main, langjähriger Direktor des Klingspor-Museums der Stadt Offenbach am Main, später (bis 1987) des Gutenberg-Museums, Mainz. Theoretiker und Juror (Kinderbuchillustration), Verfasser von Kindertexten und Gedichten.

60. Geburtstag feiert

Ingeborg Bayer, geboren in Frankfurt am Main. Nach Ausbildung als wissenschaftliche Bibliothekarin Studium der Medizin; arbeitete als wissenschaftliche Bibliothekarin und medizinische Archivarin. Zeitungs- und Rundfunkmitarbeit. Lebt als freie Autorin bei Freiburg/Breisgau. In ihren Jugendbüchern spricht sie historische, zeitgeschichtliche und politische Probleme, aber auch sozialpsychologische Themen an. Österreichischer Staatspreis 1975 für „Die vier Freiheiten der Hanna B.". Für das Theaterstück „Der Teufelskreis" wurde sie 1986 mit dem Kathrin-Türcks-Preis ausgezeichnet. – 1987 erschien „Flug des Milan" (Würzburg: Arena).

50. Geburtstag feiert

Winfried Bruckner, geboren in Krems, erwarb schon früh literarische Lorbeeren mit Zeitungs- und Zeitschriftenbeiträgen sowie Hörspielen, nach dem Abitur Jugendzeitschriften-Redakteur, dann Chefredakteur einer Gewerkschaftszeitung, schreibt für Theater und Fernsehen, wo er als Kunst-Kurator (ORF) arbeitet. Jugendbücher seit 1960, vor allem sozialkritisch-realistische Sujets, zeitgeschichtliche Fragen. Mehrfach mit Preisen (Österr. Staatspreis) ausgezeichnet.

August 1987

1 Sa	1893	Margarete Haller
	1925	Ernst Jandl
	1941	Guus Kuijer
2 So	1940	Susanne Kilian
3 Mo	1906	Susanne Ehmcke
4 Di	1909	Otto Steiger
	1933	The Tjong Khing
	1946	Marie-José Sacré
	1929	Rosemarie Wildermuth
5 Mi		
6 Do	1926	Christa Reinig
7 Fr	1922	Boy Lornsen
	1927	Maia Rodman
8 Sa		
9 So	1914	Tove Jansson
10 Mo	1916	Eva Marder
	1934	Dieter Pflanz
	1938	Tony Ross
11 Di	1953	Wolfgang Hohlbein
	1936	Rolf Krenzer
12 Mi		
13 Do		
14 Fr	1910	Katherine Allfrey
	1923	Hermann Helmers
	1918	Alice Provensen
15 Sa	1925	Leonie Ossowski
16 So	1933	Reiner Kunze
17 Mo		
18 Di	1899	Anna Müller-Tannewitz
19 Mi	1941	Wolf Harranth
	1932	Barbara Wersba
20 Do		
21 Fr	1935	Ali Mitgutsch
22 Sa	1920	Wolfdietrich Schnurre
23 So	1927	Dick Bruna
	1916	Günter Sachse
24 Mo		
25 Di	1922	Marie Marcks
26 Mi	1943	Angelika Mechtel
27 Do	1930	Hans-Joachim Gelberg
28 Fr		
29 Sa		
30 So	1925	Doris Jannausch
31 Mo	1926	Horst Bartsch

65. Geburtstag feiern

Boy Lornsen, geboren in Keitum auf Sylt, nach dem Studium an der Landeskunstschule Hannover arbeitete er zunächst als Handwerker und begann erst in den Mittvierzigern hauptberuflich zu schreiben („Robbi, Tobbi und das Fliewatüüt" 1967). Zählt zu den meistgelesenen und bekanntesten deutschsprachigen Kinder- und Jugendbuchautoren. Seine Bücher wurden mehrfach ausgezeichnet und übersetzt. 1972 erhielt er den damals zum ersten Male verliehenen Friedrich-Bödecker-Preis. Er schreibt Vorschulbildgeschichten, aber auch psychologische Jugendromane , phantastisch-technische Erzählungen, greift ökologische Themen auf und versteht sich auf die hintergründig-phantastische Tiergeschichte („Der Hase mit dem halben Ohr" 1986) ebenso wie auf sachlich orientierte Texte („Williwitt"-Geschichten). Weitum bekannt als spontaner Erzähler und Schnellzeichner, nicht zuletzt auch als Erwachsenenautor, Lyriker und satirischer Mundartdichter. – 1987 erschien im Thienemann Verlag, Stuttgart eine Festschrift zu seinem 65. Geburtstag.

Marie Marcks, geboren in Berlin, wo sie auch aufwuchs und durch ihre Mutter (Malschule), ihren Vater (Architekt) und Onkel (Bildhauer) zum Zeichnen gebracht wurde. Lebt in Heidelberg, zählt zu den bedeutendsten Karikaturisten der Gegenwart. Begann neben Arbeiten für Tages- und Wochenblätter auch für Bücher zu zeichnen und sammelte ihre Arbeiten unter sozialkritische, pädagogisch-satirische, gesellschaftspolitische Themen in Buchform. Gelegentlich auch Kinderbücher (vgl. 1. Almanach S. 157). – 1987 erschien u.a. „Die Unfähigkeit zu mauern" (München: Frauenbuch).

60. Geburtstag feiern

Dick Bruna, geboren in Utrecht als Sohn eines Verlegers. Niederländischer Designer, Grafiker und Gestalter von Bilderbüchern. Setzte sich nach 1945 mit ersten Buchumschlag-Entwürfen (Autodidakt) durch und schuf weit über tausend für Verlage im In- und Ausland. Mehrere hohe Auszeichnungen als Plakatmaler. Seine Bilderbücher (meist mit eigenen Texten) wurden in Auswahllisten (Holland) aufgenommen. Puzzles, Wandbehänge, Hobby-Spieltüten. Hohe Auflagen erzielten seine Pappbilderbücher (s. auch S.31).

Maia Rodman, geboren in Warschau, besuchte Schulen in Polen, Frankreich, England und in den USA, wo sie seit 1942, unterbrochen von mehreren Auslandsaufenthalten, lebt. Sie beherrscht mehrere Sprachen und arbeitete längere Zeit als Übersetzerin, u.a. bei Radio Free Europe. Für ihr Buch „Shadow of a bull" erhielt sie 1965 die Newbery Medal, für die deutsche Übersetzung („Der Sohn des Toreros", 1985 neu in der Reihe „Oetinger/Auslese") 1968 den Deutschen Jugendbuchpreis.

September 1987

1 Di 1928 John Donovan
1901 Karla Höcker
2 Mi 1940 Hans Ticha
3 Do
4 Fr 1924 Joan Aiken
1913 Konrad Kallbach
5 Sa 1936 Stefan Lemke
6 So
7 Mo 1937 Hermann Wernhard
8 Di 1916 Fritz Habeck
9 Mi 1924 Heinrich Pleticha
10 Do
11 Fr
12 Sa 1941 Mario Grasso
1907 Gerhard Oberländer
13 So 1916 Roald Dahl
1942 Johannes Merkel
14 Mo 1944 Martin Sperr
15 Di 1934 Tomie De Paola
16 Mi 1922 Ursula Wölfel
17 Do 1923 Björn Berg
1913 Mira Lobe
1928 Eva Rechlin
18 Fr
19 Sa
20 So
21 Mo 1943 Klaus Kordon
1940 Hermann Vinke
22 Di 1939 Ruth Hürlimann
1909 Horst Kunze
23 Mi
24 Do 1930 Ingrid Bachér
25 Fr 1930 Herbert Heckmann
1942 Justus Pfaue
1943 Freya Stephan-Kühn
26 Sa
27 So
28 Mo 1941 Angelika Kutsch
29 Di
30 Mi 1938 Marie-Luise Lemke-Pricken

80. Geburtstag feiert

Gerhard Oberländer, geboren in Berlin, Werbegrafiker, Kirchenmaler, Buchillustrator, Zeichner, seit 1961 in München tätig, insbesondere als Illlustrator und Autor zahlreicher Klassikerausgaben und selbst geschaffener Kinder- und Jugendbücher, erschienen bei Ellermann und in der Büchergilde Gutenberg. Immer wieder standen *Oberländer*-Titel auf Auswahllisten (Schönste Bücher). – 1987 (12.9. bis 4.10.) kleine Ausstellung (mit Katalog) von Originalzeichnungen, Druckvorlagen und Büchern im Münchner Stadtmuseum.

65. Geburtstag feiert

Ursula Wölfel, geboren in Duisburg-Hamborn, studierte Germanistik und Pädagogik, war Sonderschullehrerin. Seit 1959 freie Autorin. Mehrere ihrer Bücher wurden in Auswahl- und Ehrenlisten aufgenommen (Hans-Christian-Andersen-Preis, Deutscher Jugendbuchpreis). Für „Feuerschuh und Windsandale" (1962) erhielt sie den Deutschen Jugendbuchpreis. – Viele ihrer Bücher sind von ihrer Tochter *Bettina (Anrich-)Wölfel* illustriert. Sie ist nicht nur eine der erfolgreichsten deutschen Kinderschriftstellerinnen der Nachkriegszeit, sondern hat auch auf die Entwicklung der Kinder- und Jugendliteratur dieses Zeitraumes stark anregend gewirkt. Während das Weltbild in ihren ersten Büchern im Kern heil erschien, die Konflikte der Kinder im Nahbereich der Familie und der sozialen Kleingruppe angesiedelt waren und in diesem Rahmen als lösbar dargestellt wurden, geht es in ihrem späteren Werk oft um gesellschaftlich verursachte Konfliktsituationen. Mit dem Buch „Die grauen und die grünen Felder" (1970; gibt sie den Anstoß für eine neue, problembezogene und sozialkritische Art von Kinderliteratur. (1987 Taschenbuchausgabe bei Ravensburger). 1968 begann sie mit einer neuen Kurzform von Kindergeschichten zum Vorlesen zu experimentieren: „Siebenundzwanzig Suppengeschichten" (1968). Es folgten „Achtundzwanzig Lachgeschichten (1969), „Neunundzwanzig verrückte Geschichten" (1974). Die Geschichten – jeweils höchstens eine Seite lang – sind in einer der mündlichen Erzählsprache nahestehenden Prosa geschrieben. Eine besondere Rolle spielten *Wölfels* Geschichten in der Schulreformphase der Siebziger Jahre; sie fanden in viele Schullesebücher Eingang und wurden in Unterrichtseinheiten zum „sozialen Lernen" integriert. – 1987 erschien „Die Glückskarte" (Düsseldorf: Hoch).

50. Geburtstag feiert

Hermann Wernhard, geboren in Franken, studierte an der Akademie der bildenden Künste in Nürnberg Grafik, arbeitete in Münchner Werbeagenturen, gestaltete nebenher Bücher. Seit 1968 selbständig, seit 1969 Zusammenarbeit mit dem Otto Maier Verlag, Ravensburg. Brachte es hier zum „Auflagenmillionär" („didacta"-Puzzles, Elemantarbilderbücher, Vorschulserien, Spiele). Autor mehrerer Beschäftigungsbücher für (kleine) Kinder, Spiele-Erfinder. – 1987 erschienen u.a. die Leporellos „Mein Bauernhaus", „Im Garten" (Ravensburger).

Oktober 1987

1	Do	1925 Benno Pludra
		1942 Günter Wallraff
2	Fr	1928 Malte Dahrendorf
3	Sa	1911 Lisa-Marie Blum
4	So	1929 H. Grit Seuberlich
5	Mo	1941 Manfred Bofinger
6	Di	1925 Jan Cervenka
		1930 Liselotte Schwarz
7	Mi	
8	Do	1935 Hans Joachim Schädlich
9	Fr	1924 Anita Albus
		1946 Gert Loschütz
10	Sa	1904 Ingeborg Engelhardt
		1932 Dimiter Inkiow
11	So	1942 Jörg Müller
		1951 Hanne Türk
12	Mo	1909 Anneliese Hölder
13	Di	1925 Elisabeth Hofer
		1931 Ulf Löfgren
		1936 Christine Nöstlinger
14	Mi	1924 Gunnel Linde
15	Do	
16	Fr	1913 Béla Tóth
17	Sa	1931 Gina Ruck-Pauquèt
		1940 Hedi Wyss
18	So	
19	Mo	1947 Rudolf Herfurtner
20	Di	1948 Marcus Würmli
		1923 Otfried Preußler
21	Mi	
22	Do	1942 Wolfgang Gabel
		1944 Michael Höhn
23	Fr	1936 Richard Bletschbacher
		1946 Gisela Kalow
		1937 Gabriele Lorenzer
24	Sa	
25	So	1913 Ruth Dirks
26	Mo	1941 Steven Kellogg
		1937 Wolfgang Körner
		1933 Werner Maurer
		1922 Hans Peterson
		1930 Jörg Steiner
27	Di	
28	Mi	1922 Marie Louise Fischer
29	Do	
30	Fr	
31	Sa	1925 Heinrich Hannover

65. Geburtstag feiern

Marie Louise Fischer, geboren in Düsseldorf. Studium in Köln, München und Prag. Vorübergehend Dramaturgin am „Deutschen Theater" in Saarbrücken, später Lektorin einer Prager Filmgesellschaft. Schrieb Kurzgeschichten und Romane, vorwiegend Frauen- und Familienromane, Illustrierten- und Fortsetzungsromane, u.a. für die Jugendzeitschrift „Bravo". Seit ihrer Heirat mit dem Schriftsteller *H. G. Kernmayr* lebt sie in Torwang (Oberbayern). Als Kinder- und Jugendschriftstellerin vor allem mit dem Franz Schneider Verlag verbunden, für den sie hauptsächlich Mädchenbücher, in der Tradition der Backfischbücher, verfaßte. Schon 1968 erhielt sie nach einer Gesamtauflage ihrer Bücher von mehr als 1 Million das „Goldene Schneiderbuch". Ihre Bücher wurden in viele Sprachen übersetzt und erschienen in Millionenauflagen auch in anderen Ländern, hauptsächlich in Frankreich. – 1987 erschien „Ulrike im Internat" (München: F. Schneider).

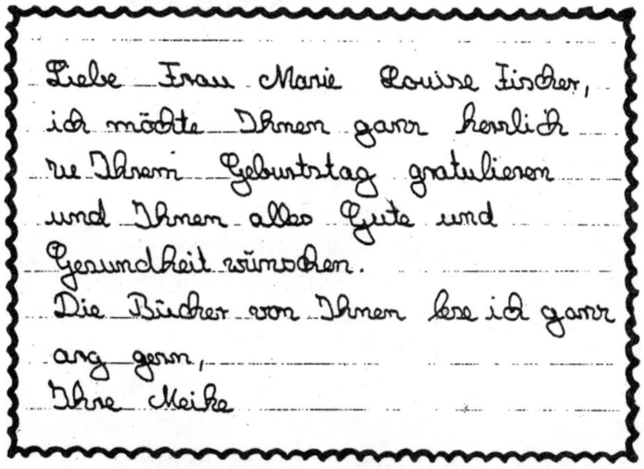
Liebe Frau Marie Louise Fischer,
ich möchte Ihnen ganz herzlich
zu Ihrem Geburtstag gratulieren
und Ihnen alles Gute und
Gesundheit wünschen.
Die Bücher von Ihnen lese ich ganz
arg gern,
Ihre Meike

Hans Peterson, geboren in Värin/Schweden war zunächst Fabrikarbeiter und Elektriker, mit 21 Jahren begann er, angeregt durch die Teilnahme an einem Wettbwerb, zu schreiben. Seit 1945 freier Schriftsteller, wurde einer der erfolgreichsten Autoren Schwedens. Mehr als 100 Kinder- und Jugendbücher, Romane und Novellen, arbeitet auch für Zeitschriften, Zeitungen, Funk und Fernsehen und hält Vorträge über die kindliche Sprachentwicklung. Zahlreiche seiner Bücher sind in mehrere Sprachen übersetzt worden. Für seine schriftstellerische Arbeit erhielt er viele hohe Auszeichnungen, u.a. den Schwedischen Staatspreis für Literatur und den Deutschen Jugendbuchpreis.

50. Geburtstag feiern

Wolfgang Körner, geboren in Breslau, verbrachte seine Kindheit teils in der DDR, teils in der Bundesrepublik Deutschland. Zunächst in der Verwaltung tätig, längere Zeit Geschäftsführer einer Werkkunstschule und der Volkshochschule Dortmund. Begann erst zu fotografieren, dann zu schreiben. Veröffentliche Erzählungen, Kinder- und Jugendbücher, Hörspiele, Satiren, Romane und Drehbücher, Mitarbeiter mehrerer Zeitschriften, Rundfunk- und Fernsehanstalten. Ein Teil seiner Werke ist stark autobiographisch geprägt und verarbeitet seine Jugend in beiden Teilen Deutschlands. 1979 Förderpreis für Literatur zum Großen Kunstpreis des Landes Nordrhein-Westfalen, 1975 Annette-von-Droste-Hülshoff-Preis. Kaum mehr im KJL-Bereich anzutreffen.

Gabriele Lorenzer, geboren in Leipzig. Ausbildung zur Fotografin in Berlin, Tätigkeit in einem Graphik-Photo-Atelier in Zürich, Studienaufenthalt in Paris. Eigenes Photoatelier in Frankfurt/Main seit 1965. Im KJL-Bereich durch ihre bei Ravensburger erschienenen Fotobilderbücher bekannt geworden: „Drei Äpfel" (1974), „Eingepackt – ausgepackt" (1974), „Emma" (1975), „Dümpel" (1976), „Das Efeuhaus" (1978), „Etwas-Nichts" (1980) u.a.

November 1987

1 So	1920	Hansjörg Martin
2 Mo		
3 Di	1937	Friedrich Karl Waechter
4 Mi	1923	Barbara Bartos-Höppner
	1914	Mischa Damjan
5 Do		
6 Fr		
7 Sa	1903	Konrad Lorenz
	1939	Lene Mayer-Skumanz
8 So		
9 Mo		
10 Di		
11 Mi	1929	Hans Magnus Enzensberger
12 Do	1929	Michael Ende
	1923	Loriot
	1908	Hans Werner Richter
13 Fr	1948	Sabine Friedrichson
	1929	Barbara Götz
	1933	Peter Härtling
	1945	Pierre Pelot
14 Sa	1907	Astrid Lindgren
15 So		
16 Mo		
17 Di	1920	Ellis Kaut
	1923	Franz Kurowski
18 Mi		
19 Do	1921	Max Kruse
	1908	Heidi Oetinger
20 Fr	1912	Anneliese Bodensohn
21 Sa	1914	Walter Grieder
	1925	Erich Hölle
22 So	1922	Jörg Zink
23 Mo	1925	Frederic Vester
24 Di		
25 Mi	1931	Jutta Kirsch-Korn
	1911	Kurt Lütgen
26 Do		
27 Fr	1942	Walter Weiss
28 Sa	1931	Tomi Ungerer
29 So	1937	Helga Aichinger
30 Mo	1943	Michail Krausnick

80. Geburtstag feiert

Astrid Lindgren, geboren in Näs b. Vimmerby/Småland. Tochter einer südschwedischen Bauernfamilie. Sie erlebte – nach eigenen Angaben – eine Kindheit, die von Spiel, Freiheit und familiärer Geborgenheit geprägt war. Nach ihrer Schulzeit arbeitete sie als Sekretärin in einem Anwaltsbüro in Stockholm, später als Lektorin des Verlages Rabén und Sjøgren. Mit dem Schreiben begann sie als junge Mutter zur Unterhaltung für ihre beiden Kinder. Langanhaltenden Erfolg hat sie mit ihren „Pippi Langstrumpf"-Büchern (1. Aufl. 1945, dt. 1949). Ihre Beliebtheit in vielen Ländern zeigen die Millionenauflagen ihrer Bücher, von denen viele auch als Drehbuchvorlage für Filme und Fernsehserien dienten (u.a. „Rasmus und der Landstreicher", „Kalle Blomquist lebt gefährlich", „Michel bringt die Welt in Ordnung", „Die Kinder aus Bullerbü", „Michel aus Lönneberga") und auf Schallplatten und Musikassetten Verbreitung finden. L. erhielt viele hohe Auszeichnungen. Der Oetinger Verlag, Hamburg, stiftete 1969 den Astrid Lindgren-Preis in Höhe von 10.000DM. 1987 erschien u.a. „Nicht nur knausern, sagte Michel aus Lönneberga" (s. auch S.124ff.).

75. Geburtstag feiert

Anneliese Bodensohn, Prof. Dr. phil., geboren in Königstein/Ts., studierte Germanistik, Philosophie und Geschichte in Frankfurt am Main, wo sie auch promovierte. Literaturdidaktikerin und Jugendliteraturtheoretikerin, tätig an der Erziehungswissenschaftlichen Hochschule Rheinland-Pfalz (Worms). Schrieb theoretische Beiträge zur KJL, u.a. mehrere Untersuchungen zum Abenteuerbuch.

65. Geburtstag feiert

Jörg Zink, Dr. theol., studierte Philosophie und Theologie in Tübingen, war als Vikar in Stuttgart und als Referent am Evangelischen Stift in Tübingen tätig, promovierte in Hamburg. Dann Gemeindepfarrer in Esslingen, Direktor der Zentrale der evangelischen weiblichen Jugend in Deutschland. Fernsehbeauftragter der Evang. Landeskirche, Württemberg. Zahlreiche Veröffentlichungen zu religiösen Themen entstanden zwischen 1960 und 1980, zuletzt zunehmend auch für Kinder. 1986 erschien „Geschichten von Jesus für Kinder erzählt" (Stuttgart: Kreuz).

50. Geburtstag feiern

Helga Aichinger, geboren in Traun b. Linz, Studium in Linz, freischaffende Künstlerin seit 1960 (Bilderbuch, Wachskreidemalerei, Holzschnitt, Glasätzung, Stoffpuppe, Kalligraphie). Als Bilderbuchkünstlerin schreibt sie ihre Texte vorwiegend selbst: Fabel, Phantastik, aber auch religiöse Themen entsprechen ihren künstlerischen Ausdrucksmitteln am meisten. Zahlreiche Preise u.a. Ehrendiplom der BIB 1969, Medaille der BIB 1971, Premio Grafico Fiera di Bologna 1973, Österreichischer Staatspreis „Die Schönsten Bücher" 1975, Bronzemedaille „Die schönsten Bücher der Welt" 1977. – 1987 erschien „Hans im Glück" (Salzburg-München: Neugebauer Press).

Friedrich Karl Waechter, geboren in Danzig, kam 1945 nach Schleswig-Holstein. Ausbildung zum Gebrauchsgrafiker. Zunächst bei einer Werbeagentur in Freiburg/Breisgau, ab 1962 Chefgrafiker ab der ersten Nummer der satirischen Zeitschrift „pardon". Zeichner u.a. für die Zeitschriften „Konkret" und „Twen". Einfallsreiche und parodistische Bücher für Erwachsene. Bücher, Filme, Kalender, Plakate, Comics, Theaterstücke für Kinder. 1975 „Deutscher Jugendbuchpreis" für „Wir können noch viel zusammen machen", 1976 Ehrenliste zum Hans-Christian-Andersen-Preis, weitere Auszeichnungen folgten. *Friedrich Karl Waechter* war einer der Hauptvertreter des antiautoritären Kinderbuches („Anti-Struwwelpeter" 1970) und gilt als Klassiker des internationalen Kindertheaters. – 1987 erschien „Glückliche Stunde" (Zürich: Diogenes).

1	Di	1923 Karl Rolf Seufert
2	Mi	1910 Franz Braumann
		1946 David Macaulay
3	Do	1931 Franz Josef Degenhardt
		1924 Dietrich Kirsch
4	Fr	1905 Munro Leaf
5	Sa	1939 Horst Bastian
		1902 Friedrich Feld
		1939 Binette Schroeder
6	So	
7	Mo	1906 Erika Fuchs
8	Di	1920 Karl Ernst Maier
9	Mi	1938 Willi Glasauer
		1944 Bettina Wölfel
10	Do	
11	Fr	
12	Sa	1924 Hans Stempel
13	So	1937 Robert Gernhardt
		1937 Paul Maar
		1930 Reiner Zimnik
14	Mo	1920 Rosemarie Sutcliff
15	Di	
16	Mi	1943 Frank Göhre
17	Do	1930 Dietrich Lange
18	Fr	1929 Willi Fährmann
		1936 Monika Hartig
19	Sa	
20	So	1924 Friedrike Mayröcker
		1923 Marlene Reidel
		1947 Franz Sklenitzka
21	Mo	1938 Eberhard Hungerbühler
22	Di	1937 Renate Welsh
23	Mi	
24	Do	1938 Dieter Richter
25	Fr	1918 Carmen Bravo-Villasante
		1927 Gerhard Holtz-Baumert
		1932 Stépan Zavřel
26	Sa	1940 Ludger Edelkötter
27	So	1944 Andreas Bode
		1928 Lilo Fromm
28	Mo	
29	Di	1936 Jo Pestum
30	Mi	
31	Do	1925 Irina Korschunow

85. Geburtstag feiert

Friedrich Feld, geboren in Wien, Studium der Literatur- und Kunstgeschichte, war Dramaturg, Kritiker, Redakteur, Lektor, emigrierte 1939 nach England, wo er zunächst als Fabrikarbeiter, später als Übersetzer beim Rundfunk tätig war. Lebt seit 1962 in Südengland. Schrieb zahlreiche Erzählungen, Märchen, Theaterstücke und Hörspiele, die in viele Sprachen übersetzt wurden. – 1987 erschien „Vierzehn – Vierzehn geht auf Urlaub" (München: dtv junior), die „Geschichte einer Lokomotive" (Bilder: *Rolf Rettich*), die 1948 als Hörspiel herausgekommen war.

60. Geburtstag feiert

Gerhard Holtz-Baumert, geboren in Berlin. Nach dem Studium Chefredakteur zweier literarischer Kinderzeitungen. Nach weiteren Studien am Literaturinstitut in Leipzig bis 1961 Sekretär des Deutschen Schriftstellerverbandes (DDR). Danach freischaffender Schriftsteller. Seit 1962 Chefredakteur der Zeitschrift „Beiträge zur Kinder- und Jugendliteratur", die unter seiner Leitung zu einem bedeutenden Diskussionsforum zu Fragen der sozialistischen, vorwiegend der DDR-KJL wurde. Neben theoretischen Beiträgen zur KJL ist er erfolgreicher Kinderbuchautor und Herausgeber deutscher Übersetzungen von Werken der sowjetischen KJL. 1986 erhielt er zusammen mit dem Illustrator *Klaus Ensikat* für seine Neuerzählung der „Daidalos & Ikaros"-Sage (Beltz & Gelberg 1985) den „Rattenfänger-Literaturpreis" der Stadt Hameln (s. 4. Almanach S. 249 f.).

50. Geburtstag feiern

Robert Gernhardt, geboren in Reval/Estland, studierte Malerei und Germanistik in Stuttgart und Berlin. Seit 1964 lebt er als „Schreiber, Zeichner und Maler" in Frankfurt am Main, gehört dem Deutschen Künstlerbund an, publizierte Bilderbuchtexte, Bilder- und Kindergeschichten (manchmal zusammen mit seiner Frau *Almut Gernhardt,* mit der zusammen er 1983 den „Deutschen Jugendliteraturpreis" für das Insel-Buch „Der Weg durch die Wand" erhielt, vgl. 1. Almanach S. 218 f.).

Paul Maar, geboren in Schweinfurt, studierte Malerei und Kunstgeschichte in Stuttgart. Kunstausstellungen in westdeutschen Städten, Nach längerem Schuldienst als Kunsterzieher freier Autor, Übersetzer (nicht selten zusammen mit seiner Frau *Nele Maar*). Schreibt Kinder- und Jugendbücher, Kindertheaterstücke. Bereits zwei seiner frühesten Kinderbücher („Der tätowierte Hund" 1968 und „Eine Woche voller Samstage" 1973) wurden stark beachtet (phantastische, spannende, witzige, einfühlsam geschriebene Kindertexte) und erhielten Listenplätze. In steigender Folge publizierte er von 1968 an vor allem Bücher für Kinder im magisch-realistischen Alter. Phantasie, Sprachverspieltheit und Freude am Formulieren kennzeichnen seine Kindertexte ebenso wie Einfallsreichtum und Originalität. 1984 wurden seine „Kindertheaterstücke" gesammelt publiziert. Für „Lippels Traum" (1983) erhielt er 1985 den Österreichischen Staatspreis für Kinder- und Jugendliteratur. Neben mehreren Auszeichnungen ist der „Große Preis" der Volkacher Akademie für das Gesamtwerk die bisher wohl gewichtigste. 1987 erschienen mindestens fünf neue Titel.

Renate Welsh, geboren in Wien, Studium der englischen und spanischen Sprache sowie der Staatswissenschaften in Wien. Nach der Heirat freiberufliche Tätigkeit als Übersetzerin. Drei Söhne. Seit 1970 veröffentlicht sie Kinder- und Jugendbücher, die vielfach ausgezeichnet wurden. Sie bevorzugt die soziale Thematik, schreibt aber auch phantasievolle und humorvolle Geschichten, gibt ansehnliche Sammelbände heraus, z. B. „Ich verstehe die Trommel nicht mehr" 1979 und äußert sich engagiert zur Situation der KJL und ihrer Autoren in Österreich, aber auch im allgemeinen. Für ihren Roman „Johanna" erhielt sie 1980 den „Deutschen Jugendbuchpreis". 1987 erschien u.a. „Ich schenk dir einen Kindertag" (Wien: Jugend und Volk).

Gedenkblätter

für Kurt Kläber, Karl May & „Alice im Wunderland"

Zu gedenken ist 1987 mehreren Persönlichkeiten, Figuren aus Kinderbüchern, Ereignissen, die für die KJL der Gegenwart durchaus von Belang sind. Nur: Alles dies hier aufzuführen, brächte den Almanach um die Gunst des Lesers, der für Ausuferndes nicht die Zeit hat. Deshalb nur Hinweise auf: *Ottilie Wildermuth*, die 1817 in Rottenburg geboren wurde und 1877 gestorben ist. Sie gilt heute als eine der emanzipierten (Jugend-)Schriftstellerinnen des vorigen Jahrhunderts und wurde als solche auch gefeiert (vgl. 4. Almanach S. 18); auf den eigenwilligen Bilderbuchkünstler (gewiß, er war nicht zuallererst und ausschließlich dies, aber für das hier zu berücksichtigende Metier war er einer der bemerkenswertesten) *Kurt Schwitters*, dessen 100. Geburtstag sich am 20. Juni 1987 jährte; nicht zuletzt auf *Charles Dickens*, der vor 175 Jahren das Licht der Welt erblickte – in Landport bei Portsmouth – und besonders von den Kindern („Oliver Twist") nicht vergessen wird. In längeren Beiträgen gedenken wir im folgenden des „roten" Jugendbuchautors *Kurt Kläber-Held*, des wiederentdeckten (bei Greno, Nördlingen, soll sein ganzes Werk von 1987 an in Einzelausgaben neu ediert werden) *Karl May* und des „Geburtsjahres" eines liebenswürdigen kleinen Mädchens, das dem Kopf eines Mathematikprofessors entstieg: „Alice".

Wer war Kurt Kläber?

Zur Biographie eines „roten" Jugendbuchautors zum 90. Geburtstag am 4. November '87

Die Zeitschrift „Fundevogel" (44/Nov.'87) gedenkt in einigen Beiträgen und Materialstücken des 90. Geburtstages des Jugendbuchautors Kurt Held – unter diesem Namen ist Kurt Kläber (1897 bis 1959) zumindest den jungen Lesern und Fernsehzuschauern ein Begriff. Er ist der Autor der „Roten Zora". – Im Vorspann zu der aus o.g. Zeitschrift übernommenen Held-Biographie wird beklagt, daß der „Renegat" Kurt Kläber eher zur Unperson wurde denn zu einer gedenkwürdigen Persönlichkeit, die es gelte, dem Vergessen zu entreißen. Kurt Held-Kläbers Jugendbücher seien erst kürzlich wiederentdeckt worden – auch von den Medien.

Am 4.11.1897 in Jena geboren als zweiter Sohn eines Zeißschen Facharbeiters. – Kurt verbringt eine insgesamt recht glückliche Kindheit, in der das Lesen und das (informelle) Lernen eine bedeutende Rolle spielen. Dagegen ist der Schulerfolg mäßig; die Chance, das Gymnasium besuchen zu können, wird vertan.

Ab 1911 Schlosserlehre bei Zeiß, unterbrochen von „Vagabondagen" durch halb Europa, aber abgeschlossen. – Danach die sehr unfreiwillige Teilnahme am Weltkrieg.
Ab 1917 Teilnahme an verschiedenen literarisch-politischen Kreisen, die ideologisch bunt gemischt sind, deren verbindliches Element die Zugehörigkeit zur Jugendbewegung ist (so bei *Eugen Diederichs* und *Wilhelm Flitner*).
1919 lernt *Kläber* als „Wanderbuchhändler" *Lisa Tetzner* (s. Foto) kennen, mit der er ein Leben lang verbunden bleibt. Im gleichen Jahr erscheint sein Gedichtband „Neue Saat" (2. Auflage 1922), mit dem er in jugendbewegten Kreisen recht bekannt wird, weit über Thüringen hinaus.
1921/22 im Ruhrgebiet (Bochum). Arbeit unter Tage, vorerst aus materiellen Gründen. Enge Kontakte zu vielen Zweigen der Jugendbewegung. Volksbildnerische Arbeit und das Schreiben standen gleichberechtigt daneben. ...Freundschaften über alle Grenzen hinweg, u.a. mit den Dichtern um *Lersch* und *Kneip*, sowie mit *Franz Osterroth*. Auch zum Kreis um die Zeitschrift „Junge Menschen" von *Walter Hammer* zusammen mit *Knut Ahlborn* 1920 gegründet, entsteht eine enge Beziehung. 1922 ist *Kläber* im Gespräch als Leiter von „Junge Menschen".
1923/24: Recht unstetes Leben, viele Reisen, die journalistisch genutzt werden, u.a. in die USA. Innerhalb der Jugendbewegung gilt *Kläber* inzwischen als wichtiger Multiplikator.
23. Dezember 1924 Heirat mit *Lisa Tetzner*, vorausgegangen war ein gemeinsamer Sommeraufenthalt in Carona (Tessin); *Hermann Hesse* hatte *Lisa Tetzner* Carona angeraten. Von nun an halten sich die beiden jedes Jahr mehrere Monate in Carona auf, um nach 1933 ganz dort zu leben.
1925 erscheinen drei Bücher, in denen *Kläber* die Revolutionsereignisse, die Ruhrkämpfe, aber auch Privates verarbeitet hat.
Sommer 1925: Der gerade erschienene Band „Barrikaden an der Ruhr" wird aus durchsichtigen Gründen beschlagnahmt und damit einer der skandalösesten Prozesse um „literarischen Hochverrat" ausgelöst. – *Kläber* erfreut sich großer Solidarität der wichtigsten zeitgenössischen Schriftstellerkollegen, auch aus dem „bürgerlichen" Lager (*Hauptmann, Hesse, die Brüder Mann, Kerr...).*
Nach 1925: Kläber, der noch stark anarchistisch-sydikalistisch orientiert ist, wird Anhänger der KPD (offensichtlich von *Johannes R. Becher*, den er von Jena her kennt, beeinflußt). Mit *Becher* zusammen wird *Kläber* einer der wichtigsten kommunistischen Kulturfunktionäre: u.a. Gründung des BPRS, Mitherausgeber der „Linkskurve", Leiter des Internationalen Arbeiterverlags (IAV). Er gilt als einer der wichtigsten „proletarisch-revolutionären" (nach *Franz Krey* stammt der Slogan von *Kläber* selbst) Autoren.
1927/28: Auffallend ist das Nachlassen seiner literarischen Produktion, zumindest erfolgt keine wesentliche Veröffentlichung mehr, abgesehen von dem um 1925 geschriebenen „ultraveristischen" (*R. J. Humm*) Roman „Passagiere der III. Klasse", der auch in der „bürgerlichen" Literaturkritik sehr positive Aufnahme findet.
1933: Nach kurzer Verhaftung anläßlich des Reichstagsbrandes kann *Kläber* in die Schweiz fliehen. (Besuch *Brechts* in Carona.)
1933/34/35: *Kläber* pendelt zwischen den Emigrationszentren Zürich und Paris auf der einen und Carona auf der anderen Seite. Vorläufig ist er es noch, „der schließlich die alleinigen Vollmachten von der Firma hat" (*Brecht* an *Frau v. Brentano*, April 1933; Firma = KPD). Nach verschiedenen, weitgehend ungeklärten Meinungsverschiedenheiten mit der Partei (u.a. Distanzierung *Kläbers* von der recht plötzlich etablierten „Volksfrontlinie"), zieht er sich ins Tessin zurück. Der Ablösungsprozeß von der KPD (Verlust der Mutterbrust, wie ein enger Freund sagt) ist so schmerzhaft wie langwierig, begleitet von gesundheitlichen Krisen (u.a. das berühmte „Herzasthma des Exils", von dem *Th. Mann* spricht).
1936: In Moskau erscheint in deutscher Sprache „Die Toten von Pabjanice". *Kläber* kann ein wenig Land erwerben, arbeitet buchstäblich als Bauer, angesichts der materiellen Not eine durchaus sinnvolle Alternative; Schreiben war verboten! Er wendet sich allmählich der Kinder- und Jugendliteratur zu, anfangs durchaus nicht mit leichtem Herzen, eher sogar verbunden mit einem gewissen Minderwertigkeitsgefühl.
Diese Phase wird allerdings bald überwunden und schließlich, vor allem als er nach 1945 wieder reisen kann, entwickelt *Kläber* einen nahezu messianischen

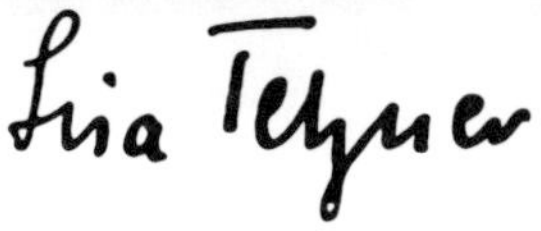

Eifer für das Kinderbuch und seine Verbreitung. Begonnen hat die Phase offensichtlich damit, daß *Kläber* seine Fabulierkunst erst einmal mündlich bei der Betreuung von Flüchtlingskindern erprobte und allmählich Spaß daran fand, Kindern zu erzählen.

1940/41: Sein erster Versuch als Kinderbuchautor, „Die Schwarzen Brüder" erscheint notgedrungen unter dem Namen von *Lisa Tetzner*, die allerdings stark daran mitgearbeitet hat (kürzend und glättend).

1941: Und dann, unter seinem (bekanntesten) Pseudonym *Kurt Held*, erscheint das Buch, das ihn zum Klassiker machen wird: „Die rote Zora und ihre Bande". Die neue Identität ist von ihm angenommen. Als Schweizer, wenn auch noch nicht eingebürgert, befaßt er sich mit Schweizer Themen: Kann ein kleines Land kämpfen gegen eine Übermacht? Er antwortet mit einem zweibändigen Buch: „Der Trommler von Faido" (1947/49), das er gelegentlich sein „liebstes Buch" nannte.

1948: Einbürgerung

1950/51: zwei weitere Jugendbücher mit spezifisch Schweizer Themen.

Ab ca. 1948: Sehr viele Reisen ins zerstörte Deutschland, nach Nord- und später immer mehr nach Südeuropa. Wiederaufnahme alter Kontakte; Arbeiten für die UNESCO zur Verbreitung von Jugendliteratur; Versuche, sich (auch als Kritiker) in die (west-)deutsche Literaturszene einzubringen.

1951: Seine einzige größere Veröffentlichung unter dem Namen *Kurt Kläber* nach 1936, „Spuk in Neuhausen", wird gelegentlich wohlwollend mit den Novellen *Gottfried Kellers* verglichen.

1955/56: „Guiseppe und Maria" in vier Bänden, für *Kläber* mehr ein „Volksbuch" als ein Jugendbuch, gewidmet seiner Frau. Mit ihm schließt er bewußt die Phase als Jugendbuchautor ab. Er will wieder für Erwachsene schreiben. Von den vielen Projekten, die ihm vorschweben und die z.T. als Manuskript im Nachlaß vorhanden sind, erscheint nichts. Vor allem liegen ihm am Herzen die Aufarbeitung von „Bergleute", mit denen er sich schon vor 1933 quälte, ein mehrbändiges Romanwerk über das Exil und schließlich auch etwas Neues, das ihn außerordentlich fasziniert, die Sozialreform *Danilo Dolcis*.

1956: Es erscheinen kleinere, anspruchslose Erzählungen, die deutlich autobiographisch gefärbt sind. – Überhaupt wendet er sich – immer mehr von seinem Herzleiden gezeichnet – seinen Quellen zu, knüpft an vieles (Lyrik z.B.) aus seiner Jugend wieder an.

9.12.1959: *Kurt Kläber* erliegt seinem Herzleiden.

11.12.1959: Schlichte Trauerfeier, die dokumentiert ist in *Lisa Tetzners* Erinnerungsbuch „Das war Kurt Held. Vierzig Jahre Leben mit ihm" (1961).

2.7.1963: Auch *Lisa Tetzner*, seit längerem krank, stirbt. – Pantrova (das gefundene Brot), das Haus des Ehepaars, wird der Stiftung Pro Helvetia vermacht; junge Künstler und Schriftsteller sollen dort gefördert werden.

Durchgängig in diesem bewegten Leben zwischen Wandervogel, Roter Fahne und dem Jugendbuch ist der Versuch, gute und preiswerte Literatur zu machen und an die Masse der Nichtleser, der verhinderten Leser heranzubringen, also aufzuklären. Und dies tat *Kläber*, ob als Wanderbuchhändler 1920, als ehrenamtlicher Volksbildner in den frühen 20er Jahren, als Journalist und Erzähler, als Verleger und Funktionär und schließlich, nach langem Reifeprozeß, als Autor der Jugend, seine eigentliche Berufung; hier ist er ein Klassiker geworden.

Daß man ihm seinen Wandlungsprozeß abgenommen hat, liegt wohl daran, daß er sich selbst immer treu geblieben ist. In einem Brief an *Brecht* aus dem Jahre 1938 schreibt er: ... *Bei mir bestehen seit meinen politischen Urzeiten drei Grundbegriffe: 1. Eine politische Organisation muß sich an die Wahrheit halten. ...*
2. Eine politische Organisation, der ich angehören kann, muß Diskussionsfreiheit haben. Wir sind durch Diskussionen gewachsen und werden ohne sie sterben.
3. Eine politische Organisation muß sich weniger durch Thesen als von Tatsachen leiten lassen. Die Tatsachen müssen auch ihre Aktionen bestimmen.

Und das gilt ihm natürlich auch für den Bereich des menschlichen Zusammenlebens überhaupt.

Viel äußere Ehrung ist *Kurt Kläber* nicht zuteil geworden, die Umstände waren wohl nicht dafür. In den 20 Jahren soll ein sowjetisches Schiff nach ihm benannt worden sein, das auch nach 1945 noch gefahren sein soll; 1958 zählte „Guiseppe und Maria" zu den „Schönsten Büchern"; *Kläber* war Ehrenbürger seiner Wahlheimat Carona, und, was ihn wohl am meisten gefreut

hätte: am 3.11.1967 wurde die 14. Grundschule in Berlin-Kreuzberg in „Kurt-Held-Schule" umbenannt. Sie heißt heute noch so.
Die Preise für Jugendliteratur gingen an ihm vorüber, wie das nun mal mit Preisen so ist; er saß eben zu oft zwischen den Stühlen, aufrecht allerdings. Ein guter Platz in diesem Jahrhundert.

Erich Eberts

„Ich will für die Seele schreiben!"

Zum 75. Todestag des Volksschriftstellers Karl May (1842 bis 1912)

„Man ahnt gar nicht, was ein kurzes Wort, eine einzige Gedichtstrophe, zur rechten Zeit oder am rechten Ort gesprochen oder gelesen, für eine große, nachhaltige Wirkung auf den Menschen haben kann! Wenn man das beherzigte, wie anders, wie ganz anders würde dann gesprochen und geschrieben werden!" (*Karl May:* Weihnacht, 1897)
Karl May hat seine „Reiseerzählungen" bibliotherapeutisch verstanden. Der verhinderte Pädagoge, der auch gern Arzt geworden wäre, hatte nach beruflichem Scheitern nur noch die Möglichkeit, der Lehrer seiner Leser zu sein. Er wollte sie behutsam bilden und belehren, ihnen Heilsames für die Seele anbieten, sie aber vor allem an seinem eigenen Weg aus der Dunkelheit zum Licht teilnehmen lassen.
Im Gefängnis wird ihm die Bedeutung der Bücher für die Pesönlichkeitsentfaltung und seelische Gesundheit des Menschen zum ersten Mal bewußt. Die „nackte, hungrige Seele" des Gefangenen müsse sich gut kleiden und – im ethischen Sinn – gut nähren, aber woher:
„Aus sich selbst heraus? Aus den sogenannten Anstaltspredigten? Aus den wenigen, kurzen Besuchen der Anstaltsgeistlichen und anderen Beamten? Aus dem Zusammenleben mit Strafgefährten? Man beantworte diese Frage, wie man will, die Hauptquelle aller Erziehung, Besserung und Emporhebung kann bei derartig gegebenen Verhältnissen nur die Bibliothek sein."
(*Karl May*: Mein Leben und Streben, 1910)
May erkennt, daß geeignete Bücher nicht nur in der Gefängnisbibliothek fehlen, sondern überhaupt in der Literatur. Und er entdeckt ein zweites: Viele Menschen sind auch außerhalb der Strafanstalten unfrei und leben hinter Mauern. Für sie will *May* gleichnishaft erzählen: „Ich will Licht schöpfen aus dem Dunkel meines Gefängnislebens. Ich will die Strafe, die mich getroffen hat, in Freiheit für andere verwandeln.

Karl May ungebrochen populär

*Der Autor und Schriftsteller **Karl May** ist auch 75 Jahre nach seinem Tod den weitaus meisten Bundesbürgern bekannt. Wie das Sample Institut in einer Repräsentativerhebung festgestellt hat, kennen 83 Prozent der Bevölkerung seinen Namen, 59 Prozent haben Bücher von ihm gelesen. 75 Prozent aller Männer kennen Werke von **Karl May**, bei den Frauen sind es 44 Prozent. Gelesen werden die Romane – vor allem wohl die über Winnetou und Old Shatterhand – in allen Bildungsschichten und allen Altersgruppen (gefragt wurden Bürger ab 14 Jahren). Daß Winnetou eine Erfindung **Karl Mays** ist und keine historische Gestalt, ist 60 Prozent der Befragten bekannt. (BB 31/87) Die Deutsche Bundespost brachte zum Gedenkjahr eine 80-Pfennig-Briefmarke mit einer der beliebtesten Roman-Figuren **Karl Mays** heraus.*

Geographie und Predigten

Hunger, Elend, Alkoholismus und Krankheit sind die Begleiter seiner frühen Kindheit. Neun von vierzehn Kindern der Familie *May* sterben in den ersten Lebensjahren. Mangel an Pflege und Nahrung sind auch die Ursache für *Mays* Erblindung kurz nach seiner Geburt. Die Großmutter, eine begabte Märchenerzählerin, nimmt sich Zeit für das blinde Kind. In der Dunkelheit seiner Augen entsteht eine Gegenwelt lichter Phantasie. Als *May* aufgrund ärztlicher Hilfe nach vier Jahren wieder sehen kann, nimmt er die Dinge anders wahr als die Menschen um ihn herum. Zeitlebens wird er es schwer haben, zwischen Phantasie und Wirklichkeit zu unterscheiden. Schon als Fünfjähriger ist er ein Erzähltalent und fesselt seine Zuhörer mit den Reisen und Abenteuern seiner Phantasiegestalten.

May ist ein guter Schüler. Der Vater trägt mit der wahllosen Verordnung von Lesestoffen eher zur Verwirrung des Kindes bei. Für ein Studium haben die Eltern kein Geld; es reicht mit Unterstützung von außen nur zum Besuch eines Lehrerseminars. *May* wird des Diebstahls beschuldigt und vom Seminar verwiesen. Aufgrund eines Gnadenerlasses kann er sein Studium jedoch fortsetzen und besteht 1861 die Schulamtskandidatenprüfung. Aber der Beruf des Lehrers bleibt ein Wunschtraum. Verschiedene Eigentumsdelikte und Betrügereien führen dazu, daß er als „nichtswürdiges Glied des Lehrerstandes"

***Karl May** hat, einem **Balzac** vergleichbar, mit Erbauungstexten und Dorfgeschichten debütiert und fünf endlose Kolportageromane verfaßt, bis er zu seinem Hauptzweck fand, zu den abenteuerlichen Reiseerzählungen, die mittlerweile ein Eigenleben als mythischer Kosmos angenommen haben und dieses noch in den banalsten Vermarktungen bewahren, und zu den pazifistischen Altersromanen, in denen das erzählende Ich in surrealistischen Menschheitsutopien agiert. Mit diesem Werk hat er zugleich die Lesermassen verzaubert und die Literaturwissenschaftler degoutiert. Seit etwa zwei Jahrzehnten hat sich um **May** eine weitgefächerte Forschung entwickelt, die, ursprünglich vom Einzug der Trivialliteratur in die Wissenschaft beflügelt, sich längst in eigenen Kategorien bewegt und die früheren Versäumnisse der Germanistik fast vergessen macht.*

*Forschungsstand und Forschungsgeschichte zu Werk und Leben dieses Autors, der nach **Ernst Bloch** „einer der besten deutschen Erzähler" ist, den **Arno Schmidt** zum „Großmystiker" ernannte, der sich selbst im Alter als Psychologen bezeichnete und dessen Bücher ein Dreivierteljahrhundert nach seinem Tode jährlich in 2 Millionen Exemplaren verkauft werden, soll dieser Band (XI + 151 Seiten, Stuttgart: Sammlung Metzler 1987) resümieren.*

aus dem Schuldienst entlassen wird. Insgesamt verbringt er in Abständen über sieben Jahre hinter Gittern. Seine Straftaten – zumeist unsinniger Art – sind auf eine schwere seelische Erkrankung zurückzuführen, lassen aber auch einen typischen Wesenszug *Mays* erkennen: seinen Traum vom Heroischen und seinen Drang nach Rollenspiel und Imponiergehabe. Nach de Entlassung aus der Haft wendet er sich dem zu, was seiner besonderen Begabung entspricht: dem Schreiben. Die Zeit im Gefängnis hatte für ihn eine befreiende Wirkung; dank der Zuwendung eines Anstaltsgeistlichen ist seine seelische Krankheit überwunden.

Programmatisch stehen am Beginn seines literarischen Schaffens die „Geographischen Predigten" (1876), Aufsätze in einer von ihm gegründeten Wochenzeitschrift, die sich besonders an Bergleute und Hüttenarbeiter wendete. „Der Titel besagt, was ich damals wollte und auch heute noch will: Geographie und Predigten. Kenntnis der Erde und ihrer Bewohner und Aufschau nach einer lichteren Welt!" Alles, was ihm das Leben bisher versagte, kann er sich nun literarisch erfüllen. Neben einzelnen Erzählungen bilden einige gewaltige Kolportageromane das Frühwerk. *May* ist zunächst Vielschreiber, um zu überleben. Doch dann wendet er sich – inzwischen wohlhabend geworden – seinem eigentlichen Genre zu: den Reiseerzählungen.

Friedenssehnsucht

In kurzer Zeit wird *Karl May* bekannt und berühmt. Er schafft sich seine eigene exotische Welt und läßt sich in kriegerischer Ausrüstung nach Wildwest- und Orient-Manier fotografieren. Schein und Sein verwischen sich; *Karl May* wird Old Shatterhand. Die Leser glauben an die in „Ich"-Form erzählten „Reiseerlebnisse". Die Jahre der Haft lassen sich verschweigen und mit Abenteuern in fremden Länder füllen. *May* kann den Huldigungen der begeisterten Leserschaft nicht widerstehen. Er gibt sich den Anstrich des in Wirklichkeit Gereisten, bis er schließlich selbst an die Maske glaubt.

May ist ein anerkannter Schriftsteller und begibt sich nun tatsächlich auf Reisen. Von März 1899 bis Juli 1900 weilt er im Orient. Dieses enthusiastisch begonnene Unternehmen wird zur Schicksalsfahrt. Zum ersten Mal wird *May* mit der wirklichen Welt des Orients konfrontiert, die er in der Phantasie so oft durchstreift hat. Der große Abenteuertraum ist vorbei. Und in der Heimat braut sich ein Unwetter zusammen, weil seine Straftaten bekannt werden und das wahre Leben Old Shatterhands ans Tageslicht kommt. *Karl May* versucht sich zu rechtfertigen, an seiner Lebenslüge festzuhalten. Er steht vor einem neuen Abgrund. Die Verzweiflung der früheren Jahre will wieder Raum gewinnen. Der lange Weg zum Ruhm war umsonst, alles Mühen vergeblich. Das, was nun folgt, ist das Großartige im Leben *Mays*. Er entschließt sich in dieser Krisensituation, noch einmal von vorn anzufangen. Mitten im Roman „Im Reiche des silbernen Löwen" bricht er die alte Abenteuerhandlung ab und führt sie auf einer Symbolebene als Kunstwerk weiter. Seine beiden berühmten Gewehre schenkt Kara Ben Nemsi der uralten, weisen Marah Durimeh, der personifizierten Menschheitsseele. Für den Frieden wird hinfort nur noch mit den Waffen der Liebe gekämpft: „Die Erde sehnt sich nach Ruhe, die Menschheit nach Frieden, und die Geschichte will nicht mehr Taten der Gewalt und des Hasses, sondern Taten der Liebe verzeichnen." (*Karl May*: Ardistan und Dschinnistan, Band 2, 1909). *Mays* Buch „Und Friede auf Erden" (1901) ist ein großartiges psychologisches Werk und ein Bekenntnis zu Versöhnung und Frieden. Erst in unserer Zeit gewinnt es die Bedeutung, die ihm zukommt.

Friedhelm Munzel

Carroll zu wörtlich genommen

Vor 125 Jahren erschien Lewis Carrolls „Alice im Wunderland"

Am 13. November 1862 hatte der Oxforder Mathematikprofessor *Charles Lutwidge Dodgson* (s.Abb.) – bekannter unter dem Namen *Lewis Carroll* (1832 bis 1898) – mit der Niederschrift des Kinderbuches begonnen, das diesen Mann wohl für immer unter die Meister phantastischer Literatur von Weltgeltung einreihen sollte, mit „Alice's Adventures in Wonderland" – so der Titel des 1865 erschienenen Buches. Also ist es 125 Jahre her, daß ein Wesen geboren wurde, von dem sich kaum ein Kind nicht angezogen fühlt, das nicht wenigstens einmal jedem Buchleser in seinem literarischen Leben begegnet – Alice. In 60 Sprachen wurde das Buch übersetzt, und erst in neuester Zeit – vielleicht aus gegebenem Anlaß (*Carrolls* Todestag jährt sich 1988 zum 90. Male) gleich mehrmals im deutschsprachigen Raum. Hingewiesen sei auf drei Ausgaben jüngeren Erscheinungsdatums: *Nanette von Cube* (München: Boer 1985, mit Illustrationen von *Siggi Grunow*), *Harald Raykowski* (München: dtv 1987, englisch/deutsch, mit Illustrationen von *John Tenniel*, s. Abb. – Beispiele!) und *Barbara Teutsch* (vgl. 3. Almanach S. 78ff.; München: Domino 1985, 5 Bde., mit Illustrationen von *Arthur Rackham*.)
Barbara Teutsch, in München beheimatete Schriftstellerin, Übersetzerin, Funkautorin und Erzählerin, schrieb einen reizvollen Beitrag für einen kleinen Katalog zu einer IJB-Ausstellung, die in Zusammenhang mit dem British Council München und der Münchner Stadtbibliothek Am Gasteig 1987 gezeigt wurde. Titel des Katalogs: „Aljonka, Arisu, Aliki... – Lewis Carrolls ‚Alice' in aller Welt". Wer die entzückende Ausstellung nicht besuchen konnte, sollte sich wenigstens von dem 45seitigen Katalog-Bändchen und seinen variierten „Alice"-Illustrationen (bis zu *Ralph Steadman*) inspirieren und – nicht zuletzt durch den folgenden Beitrag *Barbara Teutschs* (von S. 9 bis 12) – zur „Alice"-Lektüre anregen lassen.

„Alice...saß neben ihrer Schwester auf der Bank„ – so beginnen sieben deutsche *Alice*-Übersetzungen, und ein Illustrator hält das gleich im Bild fest. Doch bei *Carroll* steht nicht „bench" sondern „bank", und das bedeutet (lt. Lexikon): Böschung, Hang, auch Ufer – aber hier keinesfalls „Bachufer" (*Enzensberger*); denn wie man auf der vorletzten Seite zumindest feststellt, ist das einzige Gewässer in der Nähe ein kleiner Teich – Alicens „Tränensee". Das ist nur der Anfang.
„Arme, arme kleine Alice", klagte *G. K. Chesterton* anläßlich *Carrolls* 100. Geburtstag, „was haben die Gelehrten aus dir gemacht!" Zählte er die Übersetzer dazu?
Was haben Philologen, Psychologen und Literaturbeflissene im Lauf der Zeit nicht alles in diese Geschichte hineingeheimnißt! Kann sein, sie haben das Buch nie richtig und unbefangen gelesen, oder fehlte es ihnen nur an Humor und (die Frage drängt sich bei manchen deutschen Fassungen auf) an Sprachkenntnis, um den Spaß zu verstehen? Das Original ist, trotz seiner 120 Jahre, so leicht, so duftig wie eine Seifenblase, schillernd in seinem Witz: der brillanten Parodie, der einmaligen Verquickung von Kalauer mit geistreicher Doppelbödigkeit – doch immer auf einer Ebene, die für Kinder begreifbar, also nie süffisant intellektuell ist.
„Hätte ein Franzose *Alice* geschrieben, so sähe sie sicher ganz anders aus", sagt der *Carroll*-Kommentator *Martin Gardner*. Je mehr ein Text im Wortspiel der Originalsprache verwurzelt ist, um so schwerer hat es natürlich der Übersetzer; und *Alice* entzieht sich ihm entschieden. Wahrscheinlich haben es deshalb so viele immer wieder versucht. Im deutschsprachigen Raum halten wir wohl den stolzen Rekord mit ca. 19 Textvarianten allein seit 1945.
Man muß wohl ein Faible für Sprachspielerei haben, für Kinder an sich und *Alice* im besonderen, um ihr näher zu kommen; denn „ein Spaß, den man nicht versteht, ist kein Spaß", meint *Gardner*. Es scheint allerdings, mancher macht sich mit der uns so teuren philologischen Akribie und in Nagelstiefeln der Humorlosigkeit ans Werk – was danach von der Geschichte übrigblieb, hat drei Kindergenerationen wenig erfreut.
Leider ist es nicht nur dies, sondern vielfach reine Schludrigkeit und offenbar das Unvermögen, die eigene Logik oder nur ein Lexikon zu bemühen: so taucht z.B. der „whiting" schlicht als „Weißfisch" auf, obwohl der nur im Süß-

wasser lebt und jener, ein Schellfisch, tatsächlich im Meer; wobei sich der „whiting" in bezug auf die „boots and shoes" als besonders widerspenstig erweist, da wir die Schuhe nicht mit „blacking", sondern mit „Creme" putzen. Ein ähnliches Problem – ganz abgesehen von den vertrackten Unterrichtsfächern in der Unterseeschule – gibt es bei „and washing extra": man macht einfach ein neues Wahlfach „Waschen und Bügeln" draus. Und da wir schon bei „Mockturtle" sind – sie ist eben keine „Suppenschildkröte" (die zu Tausenden abgeschlachtet werden), sondern ein Fantasietier, wie es sich ein Kind vorstellt, das zwei unklare Begriffe zusammenreimt. Nicht weniger schwer tut man sich mit der „Cheshire Cat", und warum die grinst: „weil es eine Edamer Katze ist" (*Enzensberger*), „sie ist ein westfälischer Grinsekater" (*v. Herwarth*), „sie kommt aus China, da grinsen alle" (*v. Cube*)...

Ein Vergleich analoger Textstellen querbeet durch die verschiedenen Übersetzungen bringt Erstaunliches und recht Amüsantes zutage – es würde viele Seiten füllen. Die gefährlichsten Klippen sind zweifellos die Gedichte. Sicher war es den Übersetzern bewußt, daß es sich um Parodien handelt, und trotzdem standen sie ihnen nicht weniger ratlos gegenüber. Ein mehr oder minder gequältes deutsches Krokodil-Verslein („How doth the little crocodile...") bringt kein Kind zum Lachen; denn es fehlt das Aha-Erlebnis: ich weiß, wie es richtig heißt! Ein Dilemma ohne Ende; und alle Versuche, ähnliche, Kindern vielleicht bekannte Gedichte heranzuziehen, müssen so oder so eine Notlösung bleiben. Nur hat man eben leider mitunter das Gefühl, daß dem Übersetzer bei all der furchtbaren Anstrengung der Spaß an der Sache abhanden gekommen ist. Oder fehlte ihm der Mut und die innere Leichtigkeit, sich vom Wort zu lösen und den Witz dort anzusiedeln, wo er auch im Deutschen entdeckt werden kann?

Überraschenderweise spürt man dies Vergnügen in der allerersten *Alice*-Übersetzung von *Antonie Zimmermann* (1880). Mag sein, sie hat *Carroll* noch persönlich gekannt – jedenfalls hat sie, im gepflegt geistreichen Stil der damaligen Zeit, vieles weit glücklicher übertragen, als es Späteren gelang.

Barbara Teutsch

Trends

Berichte, Reden, Laudationes

von Georg Bitter (über die 65jährige Maria Friedrich),
Claudia Schnieper (Dankesrede),
Heinrich Pleticha (über Gudrun Pausewang),
Andreas Großjohann (über Klaus Doderer),
Anne Oehm (über Bilderbuch-Erfahrungen) und
Hans Gärtner („Menschen und Pferde“)

Trend-Typ des Jahres

Ältere, bewährte Titel werden in neuem Gewand herausgebracht

„Hallo, was macht Ihr denn so?“

Isolde Heynes literarischer Streifzug durch neue Kinder- und Jugendliteratur aus der DDR

Berichte, Reden, Laudationes

Verleger Dr. Georg Bitter gratuliert

*Zu **Maria Friedrichs** Geburtagsfeier am 5. Juli '87 in Roitham (Chiemgau) sind Autoren und Mitarbeiter, Verwandte, Freunde und Bekannte geladen – ein Garten voll! Es geht hoch her, Glückwunsch-Adressen, eine offizielle Rede des dtv-Gesellschafters **Dr. Georg Bitter**, Geschenke, Konzert in der Seeoner Klosterkirche... Eine verdienstvolle Grand Dame der Kinderliteratur wird gefeiert. Viel Prominenz findet sich rund um das **Friedrich**-Anwesen ein, die von weither gereisten Autorinnen **Sybil Gräfin Schönfeldt** und **Ursula Wölfel** (selbst „runde" Geburtstagskinder in diesem Jahr) fehlen nicht.*

Liebe Frau Friedrich!

Mir ist die Ehre widerfahren, im Namen der Gesellschafter von dtv-junior, Sie alle heute morgen hier in Seeon begrüßen zu dürfen. Wir haben uns versammelt, um Frau *Maria Friedrich* zur Vollendung des 65. Lebensjahres ganz herzlich zu gratulieren. Der Geburtstag war ja am gestrigen Samstag, 4.7.87.

Frau *Friedrich* zum Geburtstag gratulieren heißt auch: „Wir sind froh, daß es Sie gibt!" Kein Mensch kann etwas dafür, daß er geboren wurde, niemand hat die Geburt beschleunigt, niemand sie aufschieben können.

Geboren werden, Mensch sein dürfen und jedes Jahr zwölf Monate älter werden, ist ein Geschenk dessen, der Urheber des Lebens ist.

Geburtstage sind dazu da, für Vergangenes zu danken, am Gegenwärtigen sich zu erfreuen und für die Zukunft zu hoffen.

Luise Rinser hat das einmal so ausgedrückt:

„Im Älterwerden sieht man den Sand durchs Stundenglas rinnen, aber man darf auch sehen, wie das, was sich in der unteren Hälfte sammelt, einen Glanz erhält, den es in der oberen Hälfte nicht hatte."

Liebe Frau *Friedrich*, Sie dürfen mit Stolz und Befriedigung auf Ihre bisherige Lebensleistung zurückblicken. Seit dem 1.April 1971 sind Sie verantwortlich für dtv junior. Bis Juni 1987 erschienen 800 Titel in einer Auflage von 18 Millionen Exemplaren.

Heute sind 370 Titel noch im Programm. Diese Zahlen waren für mich Grund genug, meinen Titel- und Auflagenteil festzustellen. Es sind bis heute 60 Titel aus dem Programm des Georg Bitter Verlages, erschienen mit einer verbreiteten Auflage von 3 Millionen Exemplaren.

Jeder, der Bücher macht, weiß, daß jedes Buch ein neues Abenteuer ist, denn das Ideenfinden, das Schreiben, das Ändern, der Zustand zwischen Hoffen und Bangen: Wie werden die Leser und Kritiker das Buch aufnehmen? – all das darf schon als abenteuerlich empfunden werden. Bei einem solchen Abenteuer ist eben der Ausgang nicht immer gewiß, Unvorhergesehenes kann passieren, Unerwartetes sich ereignen. Man kann gewinnen oder verlieren. So bleibt jedes Buch ein Abenteuer des Geistes.

Aus Ihrem Lebenslauf, liebe Frau *Friedrich*, wissen wir, daß Sie auch Theaterwissenschaften bei Professor *Artur Kutscher* in München studiert haben. Sie waren als Dramaturgin und Regieassistentin tätig. Auch ich habe bei *Kutscher* während meines Studiums in München Vorlesungen gehört und verstehe, wie Sie, liebe Frau *Friedrich*, ihren verlegerischen Beruf als Regisseurin begreifen. Ich möchte ihn jedenfalls einmal so interpretieren dürfen. Sie haben Phantasie, das gedruckte Wort übersetzen Sie in ein gesprochenes, ja Sie erweitern es auch im Gespräch mit den Grafikern zu einem Bild, zu einem Umschlag. Sie probieren und korrigieren so lange, bis das dargebotene Buch Ihren Vorstellungen entspricht. Sie überlassen praktisch nichts dem Zufall. So haben Sie als sinnenfroher Mensch, Ihre Augen, Ihre Ohren, Ihr Herz nur auf Ihre Leserinnen und Leser gerichtet. So konnte uns am 1. April 1971 nichts besseres widerfahren, als Sie, liebe Frau *Friedrich*, durch Ihren Mann gebeten wurden, zunächst dtv junior als Verantwortliche zu übernehmen. Aus der damaligen vorläufigen Regieassistentin wurde dann die große Regisseurin des Programms der letzten 16 Jahre. Das ist schon eine außerordentliche Lebensleistung, die Sie da vollbracht haben! Denn keine Literatur ist so facettenreich, so vielfältig, wie die Literatur für Kinder. Kinder können heute in ihren Büchern nahezu alles reflektieren, was auch uns bewegt. Auch in formaler Hinsicht hat Kinderliteratur eine erstaunliche Entwicklung genommen. Kinderliteratur ist die einzige Literatur der Welt, die zwingend notwendig auch bildnerische Kunst einbezieht.

Lesenlernen, Lesenkönnen, Lesenwollen bleibt unser besonderes Bemühen als Jugendbuchverleger. Es wird entscheidend für unsere Zunkunft sein. Wer liest, bildet Gegenwelt. Kinderbücher sind verläßlich und grenzenlos. All dies zu vermitteln, wurde *Maria Friedrich* ein Lehrauftrag an der Bayerischen Akademie der Bildenden Künste in München übertragen.

Nun sage ich persönlich, wie auch im Namen meiner Kollegen für all Ihr Tun herzlichen Dank. Gebe Gott Ihnen eine gute Gesundheit, damit wir noch einige Jahre zusammen arbeiten können! Sie schaffen eine Atmosphäre, eine Gemeinschaft, in der Arbeiten Freude macht.

Mit besonderem Stolz stelle ich deshalb fest: *Maria Friedrich* hat sich um den dtv, besonders um dtv junior, verdient gemacht.

Wie sehr Sie sich verdient gemacht hat, hat der Herr Bundespräsident *Richard von Weizsäcker* mit der Auszeichnung des Bundesverdienstkreuzes zum Ausdruck gebracht. Auch dazu unseren herzlichen Glückwunsch!

Nun überreiche ich Ihnen als die Geburtstagsgabe der Junior-Gesellschafter diesen Biedermeier-Hocker, auf dem Ihre Füße ausruhen mögen, mit dem Wunsch: „Seien Sie einmal gut zu sich selber!" Denken Sie dabei an das Wort Ihres Mannes: „Mit 65 steht ein Verleger sozusagen noch mitten im Leben." Also: Ad multos annos.

Autorin Claudia Schnieper dankt

Sehr geehrte Damen und Herren, liebe Bücher- und Naturfreunde,

zuerst möchte ich, auch im Namen von *Felix Labhardt* und *Max Meier*, der Jugendschriftenkommission für diese Auszeichnung danken. Die beiden Fotografen haben sich für ihre Aufnahmen manche Nacht um die Ohren geschlagen und waren mit immenser Geduld den Tieren auf der Spur, die leider nicht die Angewohnheit haben, still und ruhig Modell zu sitzen. Sie besitzen zudem die nötige zoologische Fachkenntnis, die den guten Tierfotografen erst ausmacht.
Mein Dank geht auch an den Kinderbuchverlag, insbesondere an *Heidrun Flüeler* und *Jürgen Braunschweiger*. Sie haben es uns ermöglicht, die Bücher zu machen und haben diese Feier mit großem Einsatz mitgestaltet. Eine Feier und ein Preis, deren Bedeutung, deren Berechtigung m.E. vor allem darin liegt, daß dadurch auf den Aspekt „Kind und Natur" aufmerksam gemacht wird.

*Kritik an der Flut von Kindersachbüchern übt die Präsidentin der Jugendschriftenkommission des Schweizerischen Lehrer- und Lehrerinnen-Vereins, **Heidi Zemp**. Kindersachbücher seien „entweder...zu umfangreich, zu kompliziert oder wissenschaftlich nicht genau. In manchen Büchern fehlt dem Leser auch die Ruhe, sich mit dem einzelnen Lebewesen vertraut zu machen. Zu viel oberflächliche Information über die verschiedensten Arten wird ihm geboten." Ausnahmen bestätigen die Regel, wie **Heidi Zemp** anläßlich der Übergabe des Schweizer Jugendbuchpreises 1987 an **Claudia Schnieper, Felix Labhardt** und **Max Meier** (Kinderbuchverlag Luzern) am 17.9.1987 feststellte. Zu den ausgezeichneten Titeln gehören „Baumeister Dachs", „Das Chamäleon", „Dem Fuchs auf der Spur" und „Spinnen". Die auch als Lektorin tätige **Claudia Schnieper** (auf dem Foto inmitten der beiden mitausgezeichneten Männer) dankt in einer vielbeachteten Rede.*

Da ich in Luzern aufgewachsen bin und seit beinahe zwei Jahrzehnten auf dem Land lebe, sitze ich in der Beziehung nicht nur zwischen Stuhl und Bank, sondern wage aus dieser Perspektive auch zu behaupten, daß es den Stadtkindern nicht eben einfach gemacht wird, eine normale Beziehung zur Natur zu haben. Es hört sich vielleicht schrecklich nostalgisch an, doch rückblickend muß ich annehmen, daß mich die Frösche und die wunderschön verwilderten Schrebergärten in der Rösslimatt beeindruckt und geprägt haben. Ob die neue Überbauung dieselbe Wirkung hätte, möchte ich bezweifeln. Und so meine ich auch, daß Bücher und Fernsehfilme zwar eine Hilfe sein können, Natur zu verstehen, doch als Ersatz untauglich sind.

Die meisten, die hier sitzen, dürften in einer Zeit aufgewachsen sein, in der Naturschutz für eine breite Öffentlichkeit kaum ein Thema war: Noch vor 30 Jahren waren die Wiesen voller Blumen und Schmetterlinge, die Seen lockten effektiv zum Bade, man wagte es sogar, auf der Seebrücke tief einzuatmen, und über Bäume hat wirklich keiner geredet. (Auto fahren wir übrigens alle drei – dies nur als Zwischenbemerkung.)

Natürlich gab es schon damals gewisse Anzeichen, warnende Stimmen, Schoggitaleraktionen für Feuchtgebiete und ähnliche Naturrefugien abseits der Zivilisation. Und da ich's nun einmal nicht lassen kann: Auch die Luzerner Altstadt war keine monströse Modeboutique und kein Spielplatz für Spekulanten, sondern ein wohnliches Menschenbiotop. Gestern stand allerdings in der Zeitung, daß man versuchen will, diese Wohnlichkeit in den Quartierstraßen wenigstens teilweise wieder zu schaffen.

Heute hat Naturschutz – leider, muß man sagen – Hochkonjunktur: Er gehört zum täglichen Medienfutter und ist zudem, besonders kurz vor den Wahlen, zum grünen Zugpferd der Parteien geworden. Gleich welcher Färbung, alle versprechen ökologisch zu handeln, umzudenken und abzubauen. Sachzwänge, die sonst nur allzugern ins Feld geführt werden, scheinen die meisten Politiker jetzt wenig zu belasten. Hoffentlich bleibt's dabei! Doch was hat das Wahlspektakel mit Kindern zu tun?

Der „Beobachter" hat vor kurzem Briefe von Kindern und Jugendlichen an Politiker zum Thema Umwelt veröffentlicht. Das Ergebnis fand ich deprimierend, aber auch hoffnungerweckend. Wut, Angst und Mißtrauen gegenüber leeren Versprechungen der Erwachsenen reden eine deutliche Sprache: Kinder wissen sehr genau, was es geschlagen hat und wem sie dies zu verdanken haben. (Dies ist nicht zuletzt das Verdienst engagierter Lehrer: Schon ein Weiher oder die Trockenwiese auf dem Schulhausplatz können das Verständnis für die biologische Vielfalt fördern, und die eigene Begeisterung wirkt auf Kinder immer ansteckend.)

Die Sorge, die aus den Zuschriften spricht, ist mehr als berechtigt: Die Schweiz wird zur Großbaustelle, die einst idyllische und von Dichtern besungene urtümliche Landschaft verödet und ist auf dem besten Weg, zum properen Disneyland umfunktioniert zu werden. Übrig bleiben ein paar Naturreservate, die von Idealisten mühselig gehegt und gepflegt werden müssen, damit auch sie nicht klammheimlich verschwinden.

„Wir haben unseren Kindern die Welt gestohlen", schrieb der Schriftsteller *Jürgen Dahl* . Die Welt ist zwar noch da, aber sie ist viel weniger farbig und ziemlich phantasielos geworden. Es ist für uns peinlich, aber logisch, daß ein Fünfzehnjähriger dazu meint: „Alle haben Interessenvertreter – und wir? Wir Jungen müssen mit den Auswirkungen eurer Entscheidungen leben, haben aber keine Möglichkeit, heute mitzubestimmen." Pflanzen, Tiere und Kinder haben etwas gemeinsam: Sie können sich schlecht wehren, und ihre Lobby ist immer noch zu klein.

Parallel zu der inflationären Zerstörung steigt die Buchproduktion auf dem Sektor „Natur und Umwelt". Für Verleger, Fotografen und Schreiber ist das im Grunde – so zynisch es klingen mag – ein Glücksfall. Denn wenn wir ehrlich sind, müssen wir zugeben: Trotz allen erschreckenden, wenn nicht katastrophalen Zuständen und Prognosen ist es geradezu ein Privileg und Vergnügen, Naturbücher zu machen. Die Pirsch mit oder ohne Kamera ist auch heute noch ein faszinierendes Erlebnis, und sogar die Arbeit am Schreibtisch macht Freude, wenn die Termine nicht allzusehr drücken.

Gerade wegen dieser persönlichen Befriedigung an unserem Tun müssen wir uns als Kindersachbuch-Macher fragen, was wir zum Naturschutz eigentlich beitragen. Überträgt sich auf diesem Weg etwas? Wecken unsere Bücher bei

Kindern Interesse an der Natur, regen sie sie zum eigenen Beobachten an oder werden da wieder einmal vergeblich ein paar Bäume zu Buntbedrucktem verarbeitet? Ich will mir nicht anmaßen, diese Fragen für die Kinder zu beantworten, die uns eigentlich als einzige die Antwort geben könnten.
Ich weiß, daß für mich als Kind der direkte Kontakt mit der Natur entscheidend war. Und aus meiner jetzigen Erfahrung weiß ich, daß die Begegnung mit den Aufnahmen meiner Kollegen und die intensive Beschäftigung mit den verschiedenen Tieren diese Beziehung enorm vertieft haben.
Ich kann nur hoffen, daß es auch unseren kleinen Lesern so geht. Wahrscheinlich ist das illusorisch. Doch wie schön, wenn dem nicht so wäre und die Auszeichnung mit dem Schweizer Jugendbuchpreis die erhoffte Wirkung noch verstärken würde.

Ich danke Ihnen.

Prof. Dr. Heinrich Pletichas Laudatio auf Gudrun Pausewang

1966 erschien in der Deutschen Verlagsanstalt Stuttgart der Roman „Piaza Fortuna", ein Buch, das wegen seiner sicheren Zeichnung lateinamerikanischer Verhältnisse bei der Kritik starke Beachtung fand, bald ins Französische, Polnische und Italienische übersetzt und auch verfilmt wurde.

Die damals noch wenig bekannte 38jährige Autorin *Gudrun Pausewang* stammte aus Wichstadtl in Ostböhmen, wo sie 1928 geboren wurde. Die Kriegsjahre hatten ihre Jugend geprägt, der Vater war gefallen, die Mutter nach tschechischen Ausschreitungen in der Heimatgemeinde schon Pfingsten 1945 mit ihren sechs Kindern nach Deutschland geflüchtet. Nach dem Besuch des Gymnasiums hatte *Gudrun Pausewang* 1947 in Wiesbaden das Abitur abgelegt und dann am Pädagogischen Institut in Weilburg studiert und war Lehrerin geworden. Von 1956 bis 1963 unterrichtete sie im Auslandsschuldienst an deutschen Schulen in Chile und Venezuela. Ihre Ferien nutzte sie in den folgenden Jahren für ausgedehnte Reisen durch die südamerikanischen Länder. Während dieser Zeit entstand auch 1959 ihr erster Roman „Rio Amargo". Nach einem Aufenthalt in der Bundesrepublik ging sie dann 1968 für weitere vier Jahre nach Kolumbien. Diese Aufenthalte in Südamerika, in denen sie Land und Leute genau kennenlernte, haben ihr gesamtes schriftstellerisches Werk maßgebend geprägt. 1973 kehrte sie wieder in die Bundesrepublik zurück und unterrichtet seitdem an einer Grundschule in Schlitz (Osthessen).
Es spricht für *Gudrun Pausewang*, daß sie in ihrem literarischen Schaffen keinen Unterschied zwischen Jugend- und Erwachsenenliteratur kennt und gleichermaßen für junge wie für ältere Menschen schreibt. Bis heute entstanden ein Dutzend Romane, die ins Englische, Französische, Polnische, Tschechische, Türkische, Japanische und Schwedische übersetzt wurden, was für die weltweite Anerkennung der Autorin spricht. Zwei davon wurden auch verfilmt.
Fast ausnahmslos steht dabei Lateinamerika mit seinen Menschen und seinen großen sozialen Gegensätzen und Spannungen im Mittelpunkt. Da ist die „Bolivianische Hochzeit" (1968), da ist „Guadelupe" (1970), ein Roman aus der Wildnis des Chaco, vor dessen Hintergrund sich die eigenartige Freundschaft zweier Männer entwickelt. Da sind „Die Entführung der Dona Agata" (1971), „Karneval und Karfreitag" (1976) oder „Wie gewaltig kommt der Fluß daher" (1978), eine Erzählung um einen alten Raddampfer auf dem Rio Pardo, der zu einem Pulverfaß sozialer Spannungen wird. Bis 1986 folgten dann noch „Kinderbesuch" und „Pepe Amado".
So vielseitig die Themen sind, so vielschichtig ist auch die literarische Gestaltung. *Gudrun Pausewang* läßt sich in kein Schema pressen. Vordergründig abenteuerliche Handlung mischt sich bei ihr mit Szenen subtilen Humors, individuelle Zeichnung der Charaktere wechselt mit scharfer, doch nie überzogener sozialer Anklage. Stets bleibt die Sprache einfach und klar, die geschickt aufgebaute Handlung deutlich überschaubar.

Für ihr schriftstellerisches Gesamtwerk wurde ***Gudrun Pausewang*** *(Foto s.S. 6) der diesjährige „Sudetendeutsche Kulturpreis" in der Sparte Literatur verliehen. In ihrer Begründung für die Prämierung hebt die Jury besonders* ***Gudrun Pausewangs*** *Jugendromane hervor, die sie „der Warnung vor den Bedrohungen unserer Zeit" widme. Der „Sudetendeutsche Kulturpreis" wird seit 1955 alljährlich in den Sparten Bildende Kunst, Darstellende und Ausübende Kunst, Musik, Literatur, Wissenschaft und Volkstumspflege von der Sudetendeutschen Landsmannschaft verliehen.*

Die gleichen Kriterien gelten altersversetzt auch für ihre Kinder- und Jugendbücher. Gerade bei ihnen zeigt sich die Vielseitigkeit der Erzählerin besonders deutlich. Sie begann 1970 mit „Südamerika aus erster Hand", einem Sachbuch über die Geschichte und Gegenwart der lateinamerikanischen Länder. Im Lauf der Jahre folgten dann bis heute noch weitere zwanzig Kinder- und Jugendbücher, die in gebundenen und in Taschenbuch-Ausgaben heute alle im Otto Maier Verlag Ravensburg erscheinen. Für Jüngere schrieb sie das Märchen „Hinterm Haus der Wassermann" (1985) und die drei Bücher vom „Räuber Grapsch" (1984/'87). Für die Zehnjährigen sind die beiden Geschichtensammlungen „Frieden kommt nicht von allein" (1982) und „Ich hab einen Freund in Leningrad" (1986) bestimmt, Geschichten, in denen es um Frieden und Freundschaft geht und die helfen wollen, Vorurteile abzubauen und Grenzen zu überwinden. In „Auf einem langen Weg" (1978), der Geschichte einer Flucht, verarbeitet sie auf eindrucksvolle Weise persönliche Erlebnisse und Erinnerungen an das Schicksalsjahr 1945. Eine zweite Gruppe von Jugendbüchern beschäftigt sich dann ähnlich wie die Erwachsenen-Romane mit Themen der Dritten Welt. So schildert sie in „Die Not der Familie Caldera" (1977), die Chancenlosigkeit der sozial Schwachen oder im „Streik der Dienstmädchen" (1979) die solidarische Macht der Ausgebeuteten. In den letzten Jahren griff sie mit ihren Jugendbüchern brisante und aktuelle Themen auf. So beschwören „Die letzten Kinder von Schewenborn" (1983) die schreckliche Vision eines atomaren Angriffs auf Deutschland und „Die Wolke" (1987) eine Katastrophe in einem bundesdeutschen Atomkraftwerk.
Noch stärker als in den Romanen für die Erwachsenen spürt man hier das persönliche Engagement und das unentwegte Bemühen, junge Menschen zum Mitdenken, vor allem aber zum Mitfühlen und -leiden zu zwingen. Auch ihre Jugendbücher wurden in verschiedene europäische Sprachen übersetzt, der „Lange Weg" wurde für das ZDF verfilmt, und mehrere Titel erhielten Auszeichnungen wie den „Preis der Leseratten", den „Buxtehuder Bullen", den Gustav-Heinemann-Friedenspreis oder den „Zürcher Kinderbuchpreis".
So bescheiden und zurückhaltend *Gudrun Pausewang* in ihrem ganzen Wesen ist, so anspruchsvoll ist sie in ihren literarischen Zielen. Sie ist keine bequeme Autorin, wohl aber eine jener Frauen, die man auch dort respektiert, wo man mit ihren Gedanken und Forderungen nicht einer Meinung sein kann, weil man in ihrem Werk jene Selbstlosigkeit und ehrliche Überzeugung verspürt, die einen engagierten Schriftsteller auszeichnen.

*Drei neue Bücher (oder gar mehr?) von **Gudrun Pausewang** für junge und jüngste Leser 1987: In dem von **Inge Steineke** bezaubernd-duftig und träumerisch illustrierten Bilderbuch „Die Schule der glücklichen Kinder" (Middelhauve) entwirft die Grundschullehrerin **Gudrun Pausewang** eine fortgesetzt sich steigernde Utopie einer Schule, in der alle Kinder froh und frei sind und fürs Leben und für andere Menschen lernen. – Mit den Zeichnungen von **Rolf Rettich** sind die „Räuber Grapsch"-Bände (Ravensburger) gefundenes Lesefutter für Achtjährige. Der gutmütige Räuber lebt mit seiner Olli, die doch von ihrem Tausendkünstler Grapsch auch noch ein eigenes Dach über dem Kopf verlangt, in einer Kinderwelt voller Abenteuerwonnen. – Die ernste, nachdenkliche, engagierte **Gudrun Pausewang** kann man in dem Signal-Band „Ich gebe nicht auf" kennenlernen. Das ansprechend gestaltete G.P.-„Lesebuch" mit aufwühlenden Texten in gebundener und nicht gebundener Sprache erweist seine Autorin erneut als Meisterin des Kurzen: Geschichten, Gedichte, Gedanken über Dasein und Sinn des Menschen.*

Stud. phil. Andreas Großjohann interviewt Prof. Dr. Klaus Doderer

Anläßlich der Verleihung des „Internationalen Brüder-Grimm-Preises" am 23.10.1987 an ***Prof. Dr. Klaus Doderer*** *sprach einer seiner Studenten mit seinem Lehrer. Zuvor läßt der Interviewer wissen (s.Eselsohr, Nr. 11/87, S.10):*

*„**Klaus Doderer**, Jahrgang 1925, ist seit 1963 Direktor des Instituts für Jugendbuchforschung in Frankfurt. Ich habe ihn nicht nach seinem Lebenslauf gefragt – der ist zum Beispiel im „Lexikon der Kinder- und Jugendliteratur" nachzulesen, dem immer noch weltweit einzig-artigen Standardwerk in diesem Bereich. Es entstand im Institut in Frankfurt, **Prof. Doderer** ist der Herausgeber. Es war mir daran gelegen, etwas über die Rolle des Instituts und seines Leiters im Rahmen der internationalen Forschung zu erfahren."*

Er sei schon etwas überrascht gewesen, als ihn der Anruf aus Japan im Urlaub erreichte. Er habe allerdings nicht lange gezögert, den Preis anzunehmen, denn – und so steht es auch im Dankschreiben an die zahlreichen Gratulanten – es mache ihn froh, daß damit „auch die wissenschaftliche Leistung des Instituts eine internationale Bestätigung findet".

Es fällt schnell auf, daß nicht nur Außenstehende *Prof. Doderer und* das Institut als Einheit betrachten. Das habe manchmal schon seine Nachteile, so *Doderer*, aber man müsse eben beiderseits einen Lernprozeß hin zu größerer Eigenständigkeit durchmachen.

Diese selbstgestellte Aufgabe ist besonders im Hinblick auf seine nicht mehr allzu weit entfernte Emeritierung wichtig, damit das Institut seine bisherige erfolgreiche Arbeit fortsetzen kann, die vor fast einem Vierteljahrhundert begann. Kennzeichnend, so *Doderer*, sei hierbei immer eine kritische Haltung gewesen.

Eine der ersten großen Arbeiten, die man sich vorgenommen hatte, sei eine Durchleuchtung und Aufarbeitung der „KJL im III. Reich" gewesen, die von *Peter Aley* durchgeführt wurde. Weitere Untersuchungen im Bereich der Comics, des Bilderbuchs und der Jugendzeitschriften schlossen sich an. Eine Überprüfung deutscher Schulbibliotheken führte zur Gründung einer Beratungsstelle, die wesentlich zur Neuorganisation und Verbesserung der Situation auf diesem Sektor beitrug. Erwähnenswert ist auch die Konstituierung der Internationalen Forschungsgesellschaft für Kinder- und Jugendliteratur, deren Direktor *Doderer* von 1970 bis 1974 war. Das Lexikon der KJL habe ich bereits erwähnt.

Seit der Gründung hat sich das Institut stetig vergrößert und ist heute, wie *Doderer* meint, eine nicht mehr so leicht zu übersehende Einrichtung. Aber Schwierigkeiten habe es noch mit der eigenen Universität und – engstes Umfeld – mit dem Fachbereich „Neuere Philologie" gegeben. *Doderer* schätzt die Wirkungen des nun an ihn verliehenen Preises hier auch eher skeptisch ein. Sonst glaube er, mit aller Vorsicht sagen zu können, daß ein solcher Forschungspreis durchaus anspornend sowohl für den Preisträger als auch seine „Konkurrenz" sein könne. Auch eine Förderung des internationalen Meinungsaustausches erhofft er sich von dieser Auszeichnung, und er werde auch versuchen, während der Preisverleihung durch eine Rede zur aktuellen Bedeutung der *Brüder Grimm* diese Hoffnung in die Tat umzusetzen.

Mit den japanischen Kollegen am International Institute for Children's Literature in Osaka bestünden bereits gute Beziehungen. Zahlreiche Absolventen aus Frankfurt würden heute schon dort beschäftigt, und das „Frankfurter Modell" sei für Osaka entscheidend gewesen. Auch andere Länder haben ihre Forschungsstellen diesem Modell angeglichen, und man habe gute Kontakte zu ihnen, vor allem zur DDR.

Die ehemalige Rolle als Pionier habe das Institut nunmehr hinter sich, und die anderen Einrichtungen trügen einen großen Teil zur Arbeitsentlastung und einer Vielfalt der Meinungen bei. Man müsse selbst weiter die kritische Grundhaltung bewahren und sich der Gesellschaft verpflichtet fühlen und gesellschaftlich relevante Themen aufgreifen und mit aller gebotenen wissenschaftlichen Wahrhaftigkeit untersuchen, um dem obersten Ziel gerecht zu werden: der Förderung eines fast schon traditionell unterbewerteten Preises der Literatur.

Diese Forderung für die Zukunft hängt entscheidend mit der Person des Nachfolgers im Amt zusammen. Gefragt, wen er sich denn als ideale Besetzung dafür vorstellen könne, antwortete *Doderer*: Dieses „Wesen" – so die geschlechtsneutrale Bezeichnung – müsse ein sehr profilierter Literaturwissenschaftler sein und eine Persönlichkeit aufweisen, die geeignet sei, neue Verbindungen aufzubauen, statt alte zu zerstören.

Man darf jedoch froh sein, daß *Doderer* auch nach der Emeritierung weiter der Universität und „seinem" Institut verbunden bleiben wird. Er habe es stets als Bereicherung empfunden, mit jungen Menschen zusammenzusein, und das werde auch in Zukunft so bleiben. Man muß kein großer Prophet sein, um vorauszusagen, daß auch die Befreiung von der organisatorischen Last des Direktors das ihre dazu beitragen wird, daß *Prof. Doderer* dieses Zu-

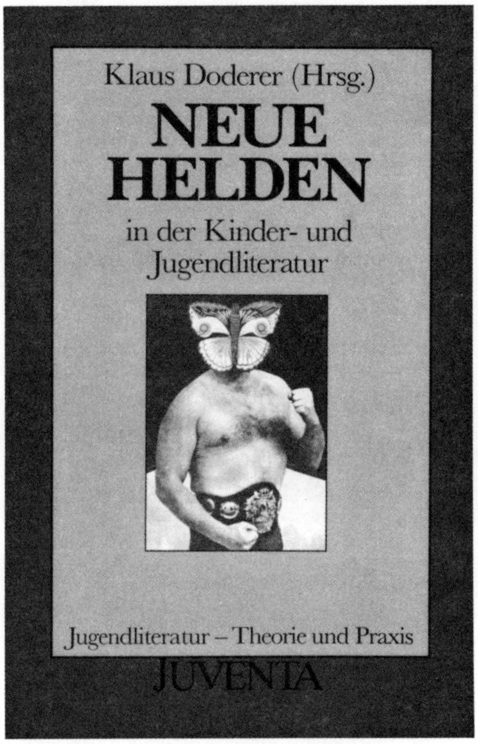

Welche „Helden" treten im modernen Kinderroman, in der zeitgenössischen Kurzgeschichte für Jugendliche, im sogenannten Problembuch, in der Lyrik von heute für Jugendliche auf und den jungen Lesern entgegen? Haben sie sich – ob generell oder en detail – verändert, gewandelt? Sind sie „menschlicher", nahbarer, freundlicher, entgegenkommender, gar liebenswerter geworden? Haben die handelnden Personen in der Kinder- und Jugendliteratur der Sechziger- bis Achtzigerjahre an Ernsthaftigkeit, an Glaubwürdigkeit verloren oder gewonnen? Gibt es überhaupt noch Leitfiguren, nach denen sich auszurichten Autorinnen und Autoren unserer Tage junge Leser auffordern, ermuntern? – Diesen Fragen ging eine Tagung nach, die das Frankfurter Institut für Jugendbuchforschung in Zusammenarbeit mit dem „Humanities Institute" des Brooklyn College of the City University of New York mit Unterstützung des Bundesministers für Jugend, Frauen, Familie und Gesundheit in Bonn im Sommer 1985 ausrichtete. Das von ***Klaus Doderer*** *herausgegebene Buch „Neue Helden in der Kinder- und Jugendliteratur" (128 Seiten, Weinheim und München: Juventa 1986) bietet – selten genug – alle Referate mit Anmerkungsteil und Literaturangabe jener Tagung. (Über die einzelnen Beiträge s. AKJ-Informationen, Heft 5/87, S.93f.)*

sammensein voll genießen kann.
Was erhofft sich der Lehrer von seinen Schülern? Kurze Antwort: „Die sollen nicht verkalken!" – wie er das schon einige Male zu seiner nicht geringen Überraschung erlebt habe. Und er selbst? Welche Ziele hat er für die Zukunft? Er wolle weiter seiner Reiselust nachgeben und sich vor allem einmal an die Aufarbeitung des literarischen Nachlasses seines Vaters machen.

Anne Oehms Erfahrungen mit dem „Mann vom Bärengraben"

*Das Bilderbuch „Der Mann vom Bärengraben" von **Jörg Müller** (Bilder) und **Jörg Steiner** (Text) – 38 Seiten, Aarau u.a.: Sauerländer 1987 – zwingt erneut zum Umdenken: Das Bilderbuchalter schlechthin gibt es nicht (mehr), zumindest das nicht (mehr), was lange darunter verstanden wurde, nämlich die Zeit vor dem selbständigen Lesen. Die Künstler der Bilderbuchgestaltung greifen lange schon sehr ernste, nicht unbedingt Vorschulkindern bereits zuzumutende Probleme auf. Das Team **Müller/Steiner** ist hierfür längst bekannt.* *(s. Fotos S.63)*

Grundlage dieses Buches ist beobachtetes und nachempfundenes Leben. Seine Mit-Teilung geht alle an: Kinder vom Beginn ihrer Sozialfähigkeit an, junge Menschen und Erwachsene der Eltern- und Großelterngeneration. Wenn es noch eines neuerlichen Beleges dafür bedarf, daß Kinder- und Jugendliteratur auch einen wichtigen Platz im Lesebereich Erwachsener einnimmt – hier ist er! Ein Buch dieser Art kann zur Verständnisbrücke zwischen den Generationen werden. Kaum sonst irgendwo wird menschliches Leben mit solch schlichter Wahrhaftigkeit – bis hinein in die verborgensten Winkel der Seele ausgeleuchtet. Aus Beziehungen und Verhaltensweisen sind Befindlichkeiten und Bedürfnisse abzulesen und zu betrachten. – Kindliche Tiernähe findet oft im Alter eine Art Wiederholung. Im vorliegenden Buch wird diese Erscheinung als Mittel zur Augenöffnung und als Denkanstoß genutzt, ohne die nicht gelernt werden kann, ein sinnerfülltes Leben zu führen. – Eine Vermenschlichung von Tieren findet hier jedoch nicht statt. Wer sich als Erwachsener auf diese Literatur einläßt, und sie möglichst mit Kindern rezeptiv erlebt, gelangt ganz sicher zu fundierterem Menschen- und Literaturverständnis.

Hintergründe der Geschichte

Es geht um das Problem der Einsamkeiten, obwohl diese Vokabel an keiner Stelle des Buches zu finden ist.
Der Strom der Gedankengänge des Malers und des Schriftstellers fließt im gleichen Bett, d.h. der Text holt in uns vorhandene innere Bilder ins Bewußtsein, und die Bilder erzählen Geschichten.
Vor Isolierungen, die die Seele gefangen halten können – wie diese erdrückend wirkenden Mauern des Bärengrabens – ist niemand geschützt, auch Kinder nicht. Es ist gut, wenn ihnen geholfen wird, darüber zu sprechen. Der alte Mann, die zentrale Figur des Buches, versucht der Ausgrenzung aus dem beachteten, tätigen und mitmenschlichen Lebensprozeß zu entgehen, indem er sich den Bären in ihrem Gefängnis zuwendet. Er hofft, sie brauchen ihn. „...Jetzt bin ich ja da...", ruft er ihnen zu. Und die alte Bärin hört ihn. Wir sehen es auf dem Deckelbild. Andere Besucher des Bärengrabens schenken ihm Aufmerksamkeit. Das tut gut. Sie lachen darüber, daß er der Bärin eine Bittgebärde beibringen konnte. Da gehorcht ihm jemand fast so wie früher einmal... Der eingeschlafene Geltungstrieb des ehemaligen „Oberturners", dem eine ganze Riege unterstellt war, wird wieder wach, und aus dem harmlosen „Futter-verdienen-Spiel" werden Dressurakte mit beifallheischenden Selbstdarstellungen. Er hat Zuschauer. Ihr Lachen genießt er – ihr Auslachen quält ihn und verleitet ihn zur Überschätzung seiner turnerischen Leistungsfähigkeit. Das bringt ihn in ernste Lebensgefahr. Nach dem Sturz in den Graben – mit einer Landung direkt auf dem weichen Bärenrücken – wird er letzten Endes nur gerettet, weil der Spieltrieb der Bärin zunächst stärker ist als ihr raubtierhafter Tötungsinstinkt, was vielleicht mit der langen Gefangenschaft erklärt werden kann. Sie macht durch Rollentausch aus dem „Futter-Verdien-Spiel" ein „Leben-Verdien-Spiel", dem der Tierwärter dann zu einem guten Ende verhilft. Das ist die eine Seite der Lösung. Die andere hängt damit zusammen: Der alte Mann ist aus der Anonymität herausgehoben worden. Er

ist allenthalben bekannt geworden, kann Bekanntschaften und Freundschaften schließen und auch zu den Bären ein ganz neues Verhältnis gewinnen. Sein Name ist nicht mehr gleichgültig. Er steht gewiß auch in der Zeitung. Soweit das Gerüst dieser Menschengeschichte... In sie hinein-verwoben ist eine Bärengeschichte. Und von der Geschichte einer Stadt und der Verwandlung ihres Gesichtes im Laufe der Jahrhunderte ihres Bestehens wird auch erzählt. Ihre Anfänge reichen zurück in eine Ur-Zeit, in der die Märchen noch glaubhaft waren. Viele Tages- und Jahreszeiten haben ihre Farben über sie vergossen, so wie sie es heute noch tun. In den Bildern sind sie stimmungsmäßig eingefangen, Vergangenes und Gegenwärtiges, Wirkliches und Fantastisches werden lebendig.

Die künstlerische Form

Zwei gegenüberliegende Seiten ergänzen sich immer zu einem Bild-Paar. Entweder weisen sie eine gemeinsame durchgehende Linienführung auf oder ihre Schwerpunktverteilungen korrespondieren harmonisch miteinander. Zuweilen bestehen die Paarbeziehungen in der Bildaussage, z.B. an der Stelle, wo das als beschämend empfundene Auslachen (linke Seite) dem alten Mann den Schlaf raubt (rechts). Vorder- und Rückseite des Buches nehmen – zusammen betrachtet – die nach unten gerichtete Halbkreislinie wieder auf, die im Buchinnern die Bärengraben-Mauer gegen den Himmel absetzt (Titelblatt), nur das freibleibende Himmelsstück ist hier größer als über dem Grabenrand und stimmt deshalb hoffnungsvoller. Die Gesamtansicht der beiden Buchdeckel führt, von rechts nach links betrachtet, vom Spätherbst in den Sommer und von der Isolierung zur Kontaktgewinnung. (Kinder sind für diese Art der Bilderbetrachtung leicht zu gewinnen, wenn sie mit dem Inhalt der Geschichte bereits vertraut sind). Die örtliche und stimmungsmäßige Einführung in dieses Buch geht von den Bildern aus. Der Maler stellt auf dem vorderen Deckel die Handlungsträger vor und führt den Betrachter gleich beim Aufschlagen des Buches in die von herbstlichem Morgennebel leicht verhangene Stadt, deren Silhouette die typischen Merkmale von Bern zeigt. Im Vordergrund liegt der Bärengraben. Dieses Stadtbild ist von bestechender Schönheit. Sein Eindruck mildert das bedrückende Gefühl, das die Bildatmosphäre der beiden nächsten Seiten auslösen kann. Da schaut die Bärin vom Grund ihres Gefängnisses auf zu den neugierigen Menschen am Grabenrand. Eines der beiden Bärenkinder hat den Kletterbaum erklommen und schaut in die ferne Freiheit... Grund für eine lebenslange Sehnsucht?
Dann setzt der Text ein, und zwar mit einem eindrucksvoll nackten Satz ohne wärmende Beiworte: „Ein Mann geht durch die Stadt." Die bereits angebahnte Gefühlsoffenheit der Betrachter läßt mit ihm das Alleinsein deutlich werden. Wir sehen auch lediglich die Rückseite des Mannes. An dieser Stelle beginnt sofort das völlige Ineinandergreifen der Bild- und Textaussagen. Kinder entdecken schnell eine nur schemenhaft angedeutete, gähnende Gestalt hinter einem schwach erleuchteten Fenster „...Der ist auch allein!" ...Das Gegenbild zeigt zweimaliges Zugewandtsein, einmal zwischen einem Kind und zwei Tauben auf dem Fenstersims und einmal zwischen Hund und Katze – eine nicht ganz so friedliche Begegnung. „...aber immerhin besser als gar nichts!" ...Kinder wissen das.
Die dichte sprachliche Form, die immer wieder den Leser als Gesprächs- und Mitdenkpartner einbezieht, wird bis zum Schluß beibehalten. Da ist jedes Wort, jeder Satz wichtiger Bestandteil des Bild-Wortgeflechtes, das sich im Innern der Aufnehmenden so auswirkt, wie es für ihre ureigensten Vorstellungen, Erfahrungen, Betroffenheiten, Unsicherheiten oder Fragen notwendig ist. Auf diesem Boden gedeiht die Interpretationsarbeit ohne Schwierigkeiten.
Kinder können vielschichtige Bilder schneller aufnehmen als eine ballastbefrachtete Sprache. Die beiden Autoren wissen das, weil sie über eine dauerhafte Beziehung zum Kindsein verfügen. Der andauernde kindliche Drang, die Grenzen des eigenen Wissens und Könnens laufend zu erweitern, stößt nirgends auf Schranken. Dabei wird überall Raum gelassen für wechselnde Gefühle, wachsendes Denkvermögen und ausgreifende Fantasie. Das wird ganz deutlich, wenn man sich mit dem Buch an Kinder verschiedener Entwicklungsstufen und Umwelterfahrungen wendet.

Jörg Müller

Jörg Steiner

Rezeptionserlebnisse – und -erfahrungen

Gegenseitiges Geben und Nehmen halten sich bei gelungenen Buchinterpretationen fast immer die Waage.
Von einer solchen handelt der folgende Bericht:
Mariella und Angela stammen aus Italien. Beide waren von Anfang an sehr aufgeschlossen. Daliborka ist eine kleine Jugoslawin. Sie war zuerst zurückhaltend, beteiligte sich aber schnell mit zunehmender Lebhaftigkeit. Ender aus der Türkei war anfangs ausgesprochen scheu. Alle vier sind zwischen 9 und 10 Jahren alt. Sie sprachen fließend Deutsch, Ender allerdings selten in ganzen Sätzen. Von ihm wußte ich, daß er eine Ausgrenzung aus der Hortgruppe wohl am härtesten erfahren hatte. Er setzte sich zunächst ziemlich in den Hintergrund.

Die Lebensbefindlichkeit der beiden Hauptfiguren – Bär und Mann – ist aus der Darstellung auf dem Buchdeckel zu ersehen.
– Das Gespräch läuft an.
Daß es die Stadt als den Ort der Handlung wirklich gibt, ist wichtig. Es macht die Sache glaubwürdig:
–„Ist die Geschichte richtig passiert?" –
Existierende und denkbare Realität verschmelzen ineinander. („Im Kopf entstehen Bilder".) Sogar die legendäre Stadtgründung wird in das Vorstellbare einbezogen. Und außerdem ist der Felsblock, auf dem der Bär sitzt, als er seinen Gründungsplan faßt, im Stadtbild der Gegenwart auch noch vorhanden – mit dem eingemeißelten Ur-Bären darauf. Das ist logisch. Auch sonst ist der Bär überall und immer gegenwärtig, sei es als Bild, Denkmal, Wappentier, Fahnenschmuck, Autoaufkleber oder Reklame-Koch ...Halt. Hier wird er bereits für rein materialistisch-ökonomische Zwecke mißbraucht, die an seiner Würde kratzen.
– Ein kleiner Denkanstoß genügt, um seine Rolle als stadtwerbendes Schauobjekt fühlbar werden zu lassen. –
– Die Kinder sind bereits mitten in der Geschichte drin. – Ihr eigenes Seelengepäck muß durch Sprechen erleichtert werden: Tauben in Italien ..., ein Hochzeitsteppich in Jugoslawien ... usw. Ender ist ein Stück näher gerückt. Istanbul, wo die Kinder so sind wie er, ist ganz nahe bei Bern! –
Der alte Mann ist aus dem Restaurant zurückgekehrt, in dem er so lange gesessen hat, wie die Stadtgeschichte erzählt wurde. Er nimmt Kontakt mit den Bären auf. Später, als das Purzelbaumschlagen nicht sofort klappt, gibt Ender – kaum hörbar – Ratschläge.
– Auf meinen Zuspruch hin wird sein Mienenspiel lebhafter, die Stimme lauter. –
– Ender war es übrigens auch, der die Pfütze auf einem der vorangegangenen Bilder entdeckte, die aus der Transportkiste mit den Bären rann, und leise sagte: „...Aus Angst!"
An der Stelle, an der das Beifallslachen der Zuschauer in ein Auslachen umschlägt, rege ich ein kurzes Gespräch über Lachen und Lachen an. Fazit:
– „Auslachen ist immer gemein". „Das tut weh!" Der Mann liegt abends im Bett und überlegt.
– „Die Leute sollen wieder anders lachen!"
(Vielleicht denkt der Mann über den Vorschlag eines kleinen türkischen Jungen nach). Die Kinder studieren mit Muße das einfache Zimmer, in dem er lebt und lesen daraus seine Lebensgeschichte und seine Wesenheit ab. Der Maler hat sie versteckt in Bildern an der Wand, liebevoll ausgerichteten Pokalen im Schrank, in ordentlich aufgehängten Kleidungsstücken und – und – und...
– „Er war 'mal verheiratet. Vielleicht ist seine Frau tot." – (s. Brautbild)
– „Ob das sein Kind war?" „Nein sicher er selbst – vielleicht hat er da seinen ersten Pokal gewonnen."
– Viel Geld hat er nicht. Der Fernseher ist schon ganz alt.
– „Da ist seine Mannschaft. Die taten, was er sagte."
– „Der übt immer noch." (Hanteln in der Schrankecke).
Es muß etwa an dieser Stelle gewesen sein, an der die Kinder begannen, die kommenden Geschehnisse der Geschichte vorauszuraten und stolz waren, wenn sich ihre Vermutungen bestätigten. Sie lasen den Text mit und korrigierten sofort, wenn ich auch nur einen geringfügigen Lesefehler machte.
Die Kinder bangten mit, wenn es in der Geschichte dramatisch wurde. Die Szene des Rollentausches zwischen der Bärin und dem „Oberturner" regte sie

offenbar sehr auf. (Eine andere Gruppe mit etwas jüngeren Kindern nahm die Sache viel mehr von der humorvollen Seite her auf). Ein befreiendes Lachen stellte sich bei ihnen erst ein, als sie den Mann in Sicherheit wußten. Jetzt genossen sie mit Vergnügen das drollige Spiel der Bärenkinder mit dem zurückgebliebenen Hut und dem nutzlos gewordenen Rettungsseil.
Die beiden letzten Seiten des Buches sind die „Erzählseiten". Der Mann, dessen Namen jetzt alle Leute – wir auch – kennen, sitzt in der Wirtschaft. Er spricht offenbar recht lebhaft mit seinen Tischnachbarn, unter denen auch der Bärenwärter ist. Man sieht, er versteht sich gut mit ihnen. Der Maler und der Schriftsteller sitzen am Fenster – ebenfalls in angeregtem Gespräch.
– „Sie überlegen da, daß sie dieses Buch machen wollen."
In der Zeitung scheint die Sache auch bereits zu stehen. Und wir? Natürlich redeten wir noch eine Weile über den Mann und darüber, wie sein Leben jetzt weitergehen wird. Ender machte noch eine Entdeckung.
– „Mit dem Schiff (ein Bild über der Theke) sind die ersten Bären angekommen!"
Ich habe ihn bei seinem Glauben gelassen. Es wäre doch auch möglich. – Die Buchbetrachtung dauerte eineinhalb Stunden. Zu Beginn kannten wir – die Kinder und ich – uns nicht. Jetzt wußten wir sehr viel voneinander. Wir waren uns sehr nahe gekommen.
Bei deutschen Kindern gleichen Alters war die Ansprechbarkeit ebenfalls stark vorhanden. Nur die persönliche Betroffenheit trat nicht so deutlich zutage. Alleinsein, Sehnsucht, Zärtlichkeit und Tierliebe erwiesen sich als Themen, die auch bei jüngeren Kindern auf Interesse stießen. Das Schämen war ihnen besonders verstehbar. Kleinere Kinder (ab 6 J.) erfaßten die Problemhintergründe natürlich noch nicht in ihrer Schwere. Sie verfolgten den Ablauf der Geschichte mehr mit Augen, Ohren und Verstand als mit dem Herzen. Das Verhalten der Bärin sahen sie zunächst nur von der humorvollen Seite – mehr von der Ebene der Bären aus, als aus der Sicht des Mannes. Die andere Seite wurde ihnen erst im Gespräch richtig klar.
Gespräche mit Eltern und anderen Erwachsenen waren nicht immer befriedigend. Sie zeigten z.T. eine abwehrende Haltung, weil sie die Problemstellung anscheinend als Einbruch in eine ungetrübt zu bleibende Kindheit betrachteten. Daß es in der heutigen Kindern zugänglichen Medienwelt ganz andere Einbrüche gibt, wird seltsamerweise immer noch allzu sehr verdrängt. Ich hatte gelegentlich den Eindruck, als ob Eltern unbequemen Fragen lieber aus dem Weg gehen, als die Hilfe geeigneter Bücher anzunehmen, die ein „Sesam-öffne-dich" bewirken können.
Da ist ein weites Feld für pädagogische Fachkräfte.

Hans Gärtners Laudatio: „Menschen und Pferde"

„El Nádann" – diesen außergewöhnlichen Namen hatte die kleine Anni ihrem unscheinbaren Reitpony gegeben. In der Nacht, als das unheilbar erkrankte Mädchen stirbt, verschwindet „El Nádann" aus seinem Stall – spurlos, geheimnisvoll. Unentbehrlich war dem todgeweihten Kind sein Wallach geworden, er gab ihm Trost, er fing seine Ängste auf, ihn wünschte es sich mitnehmen zu können dorthin, wo es nach diesem irdischen Leben gelangen würde. Aber wie – wenn überhaupt – könnte dies geschehen? Auf diese Frage gibt Annis Freund, der in der Todesnacht bei ihr weilt, eine lang ausholende, beredte Antwort. Er erzählt eine Geschichte, die mystische Sage von dem spanischen Jungen Paso, der im Wilden Westen Amerikas eines Tages dem weißen Andalusierhengst Abischag begegnet. Wie der Junge erfährt, wurde es Abischag nach dem Tod seines noch blutjungen Reiters verwehrt, gemeinsam mit diesem in den Tod zu gehen. Nach dem Glauben der Ruhaeli-Indianer bilden nämlich Pferd und Mensch eine derart unzertrennliche Einheit, daß sogar das eine ohne das andere nicht stirbt, daß den Pferden der toten Reiter Flügel wachsen, um sie „über die große Weide tragen" zu können. Paso schenkt Abischag die Freiheit. – Anni ist während dieser tröstlichen Erzählung unbemerkt hinübergegangen. Dorthin vielleicht, wohin – ebenso unbemerkt – ihr Wallach „El Nádann" gegangen sein mag ...

*Die schönsten und literarisch besten Pferdegeschichten für junge Leser wollte der FN-Verlag der Deutschen Reiterlichen Vereinigung zu seinem 10. Geburtstagsfest von einer fachkundigen Jury herausfinden lassen (vgl. 4. Almanach S. 40). Damit war beabsichtigt, einen „Beitrag zur Standortbestimmung des jahrtausendealten Themas ‚Pferd' in unserer Zeit" zu leisten. Aus 175 Einsendungen von 150 Autoren wurden 25 Texte in die engere Wahl gezogen. Daraus erhielten folgende fünf Preise im Wert von insgesamt 7000 DM: „Ein weiter Weg" (**Christine Lange**), „Die Nacht der fliegenden Pferde" (**Anke-Susanne Gellert**), „Aron" (**Wilhelm Reburg**), „Mein erstes Pferd" (**Manfred Eichhorn**) und „Pferdezirkus" (**Bernd Bohmeier**). – Die Verleihung der Preise fand im Rahmen eines Festprogramms zum zehnjährigen Verlagsjubiläum im Warendorfer Rathaus am 16. Mai 1987 statt.*

Dies in Kürze Inhalt und Botschaft von *Anke-Susanne Gellerts* sensibler, kunstvoll gewobener Erzählung, von der sie – anstatt eines Vorwortes – selbst sagt, sie geschehe vielleicht tagtäglich, und daß sie, „wenn wir Mut zur Fantasie" hätten, „auch mit uns einmal geschehen wird". Ob sie die tiefgründige, wundersam anmutende Indianer-Mär einer (ungenannten) Quelle entnommen hat, darf zwar gefragt werden, bleibt aber, angesichts der Qualität der in religiöse Dimensionen lotenden Erzählung, belanglos. Belanglos für die Zuerkennung eines der fünf Preise im Rahmen des Erzählwettbewerbs "Menschen und Pferde", den der FN-Verlag der Deutschen Reiterlichen Vereinigung für 1986, das Jahr seines Dezennium-Jubiläums, ausgeschrieben hatte. „Autorinnen und Autoren, die Pferde und den menschlichen Umgang mit Pferden in ihr schriftstellerisches oder journalistisches Schaffen einbeziehen", waren aufgefordert, Erzählungen und Kurzgeschichten einzusenden, die jungen Menschen im Alter zwischen zwölf und sechzehn Jahren des ausgehenden 20. Jahrhunderts ein literarisches Bild des Pferdes und seiner Beziehung zum Menschen zu zeichnen in der Lage sind – frei von Klischees.

Die belastete Pferdegeschichte

Die Pferdegeschichte, der Pferderoman für junge Leser unserer Tage ist belastet mit einem nicht zu leugnenden, aber auch kaum zu eliminierenden Hang zur Glorifizierung, Sentimentalität, Vereinnahmung, Verharmlosung, Beschönigung, Überzeichnung, zu Schwärmertum und Mystifizierung. Im Gegensatz zu den in der Kinder- und Jugendliteratur der Gegenwart in Rudeln, Horden, Meuten auftauchenden Bären, Katzen, Mäusen, Ratzen, Löwen, Fischen, neuerdings wieder einmal kobenweise Schweinchen, manch liebwerten Federviehs wie manch unheimlichen Raubtiers hat das Pferd – vor hundert und mehr Jahren noch weitgehend im Mittelpunkt von eskapistisch goutierten Abenteuerbüchern stehend – nun als Projektionsobjekt von Sehnsüchten und Tagträumen vorpubertärer wie pubertierender Mädchen seinen geradezu unangefochtenen Stell-Platz und damit Stellenwert in der Jugendliteratur inne. Pferdebücher mit triefend-trivialen Titeln vom Zuschnitt eins „Reit mit mir ins Reich der Träume" prägen sich schon wegen des eingängigen Rhythmus ein und überschwemmen – mit nicht minder triefend-trivialen Themen – den gegenwärtigen Jugendbuchmarkt. Und dies seit der Nachkriegszeit permanent. Der pseudorealistische Pferdemädchen- (oder besser umgekehrt: Mädchenpferde-)Roman brachte der erzählenden Jugendliteratur das Attribut des Trivialen ein, von dem sie sich mit harter Realistik und Problembeladenheit zur Wehr setzte und heute noch setzt. Sprungartig seien, wie *Gerhard Haas* jüngst feststellte, seit etwa 1975 das Pferdebuch als Genre der Jugendliteratur in der Bundesrepublik Deutschland angestiegen, und als Gründe hierfür werden vermutet: die starke Ausweitung des Reitsports, dann auch Alternativ- und Öko-Bewegungen, mehr jedoch noch das wachsende Bedürfnis, aus dem Gesellschaftlichen ins Private zu flüchten, ins „gewissermaßen Vegetative". (*Gerhard Haas*, Kinder- und Jugendliteratur. Ein Handbuch, Stuttgart: Reclam 1984, S. 177).

Christa Schütt:
RUND UM PFERD UND REITER
160 Seiten, mit Fotos (Ensslin & Laiblin)

Freizeitreiter unterscheiden sich von Sportreitern oder Reitsportlern durch mehr Spaß am eigenen Pferd, um dessen Wohlbefinden sie besorgt sind und das sie deshalb so schonend wie nur möglich „gebrauchen". Für diese Art von Menschen – sie sollten, wie die Autorin meint, schon allein deshalb zunehmen, damit das Reiten nicht länger die gefährlichste unter allen Sportarten der Gegenwart bleibt – wurde der mit vielen s/w Fotos illustrierte Ratgeber geschaffen.
***Christa Schütt** ist ausgewiesene Reit-Expertin, Autorin zahlreicher Pferde-Bücher der ernst zunehmenden Couleur, u. a. gibt sie jährlich das „Ensslin-Reiter-Taschenbuch" heraus. – Der 87er Titel „Rund um Pferd und Reiter" ist vernünftig aufgebaut, vermittelt grundsolides Sachwissen und regt zu adäquatem Umgang mit dem Pferd an.*

Die Absicht der Ausschreibung

Dem Seichten und Abgedroschenen, Oberflächlichen und Überdrehten in der Pferde-Kinder- und Jugendliteratur entgegenzuwirken, war Absicht dieser Ausschreibung. Dabei war man sich bewußt, daß auf dem gegenwärtigen Markt der Eintagsfliegen-Quantitäten durchaus auch die Qualität des Bleibenden und Wertbeständigen zu finden ist. Was das Pferdebuch betrifft, so genügt wohl die Namensnennung einer *Barbara Bartos-Höppner, Lise Gast, Sigrid Heuck*, eines *Frederik Hetmann* und *Hans-Werner Richter*, um nur einige der zeitgenössischen Autorinnen und Autoren ins Gedächtnis zu rufen, die sich diesem Genre immer wieder gern und mit poetischer Kraft verschreiben. Nicht zuletzt nahm das Bemühen des FN-Verlags um die Anhebung des Niveaus der zeitgenössischen Pferde-Geschichte schon konkrete Formen an. Als Beleg-Beispiel dient mir solitär die von *Isabelle von Neumann-Cosel-Nebe* im vergangenen Jahr herausgegebene „Sammlung neuer und klassischer Pferdegeschichten" mit dem beim Propheten Mohammed entliehenen Titel „Du sollst fliegen ohne Flügel".

Es braucht nicht verschwiegen zu werden, daß der preisstiftende Verlag mit der Ausschreibung dieses Erzählwettbewerbs auch Ausschau halten wollte nach neuen Autoren der modernen Pferdegeschichte. Ausdrücklich wird im Ausschreibungstext hervorgehoben: „Die Wettbewerbsarbeiten... sollen geeignet sein, in einem Auswahlband für junge und sich jung fühlende Leser veröffentlicht zu werden."

Vieles werde idealisiert

Die Suche nach dem Geeigneten war einer – wenn man so will – Vor- und Hauptjury überantwortet. Von 150 Autoren liefen 175 Manuskripte ein, so daß eine Vorauswahl nötig geworden war. Lektorale und verlegerische Erfahrung machten es möglich, der Hauptjury – sie bestand aus *Gabriela Grillo, Isabelle von Neumann-Cosel-Nebe, Dr. h. c. Joseph Neckermann* und mir – nur ein Siebtel, also 25 Geschichten, zur Beurteilung und Preisfindung vorzulegen. Ausgesondert war da bereits das allzu stark Erlebnis- und Abenteuerbetonte insbesondere junger Frauen; waren Berichte und Erzählansätze, die deren Schreiber als Freizeitreiter mit noch wenig Vertrautheit im Umgang mit dem Pferd und einer Menge mitgeteilter Selbstverständlichkeiten auswiesen. Ausgesiebt waren auch Geschichten aus der Sicht der Pferde – „Black Beauty" läßt grüßen –, Idealisiertes, Überzogenes im Hinblick auf die Bindung zwischen Menschen und Pferden, dann auch Geschichten, in denen das Pferd nicht mehr Pferd bleiben durfte, wenn es zum Beispiel aufwieherte bei der zweiten Begegnung mit seinem Reiter, wenn also dem Pferd Ähnlichkeiten mit dem Hund unterschoben wurden. Sachgerechtigkeit sollten die Geschichten – selbst die in Richtung Fantasy laufenden – auf jeden Fall aufweisen. Zu stark drang in manchen Geschichten das Wunschdenken durch, der ungestüme, rücksichtslose Besitz eines Reitpferdes bei Zwölfjährigen. Viele Geschichten – und das trifft dann auch zum Teil noch auf den der Hauptjury überlassenen „Rest" zu – waren ungelenk geschrieben, stellten autobiographische Notizen ohne thematische Akzentuierung dar (Motto: „Mein Leben mit Pferden"), verherrlichten, in freilich brillantem Stil, das Kriegspferd, wiesen lediglich hoffnungsvolle Ansätze auf, waren – auch umfangmäßig – nicht ausgewogen, sprachlich nicht ausgegoren genug, bisweilen maniriert oder gar inhaltlich abstrus, wenn beispielsweise der bayerische Märchenkönig *Ludwig II.* in einer Geschichte seine Wiedergeburt in Gestalt eines edlen Rosses erlebte...

Isabelle von Neumann-Cosel-Nebe*, Erzählerin, Sachbuchautorin, Reiterexpertin, lebt als freiberufliche Journalistin in Ladenburg bei Heidelberg. Sie gehörte der Jury des Geschichten-Wettbewerbs des FN-Verlages 1987 an und gab in dem Band „Die Nacht der fliegenden Pferde" (310 Seiten, reich illustriert von* ***Bianca Simon-Schön****, Warendorf: FN 1987), einer „Sammlung neuer Pferdegeschichten", neben den fünf preisgekrönten auch noch andere zum Wettbewerb eingereichte Pferdeerzählungen heraus: „... ein Hauch vom Abenteuer der unmittelbaren Begegnung mit dem Lebewesen Pferd – geheimnisvoll und immer wieder neu ..."*

In diesen Negativ-Beispielen sind – wendet man sie ins Positive – schon Kriterien genannt, die die Jury bei ihrer Rezensionsarbeit leiteten: literarische, sprachästhetische, sachliche und dann selbstverständlich auch pädagogische. Statt diese im einzelnen aufzuschlüsseln, möchte ich die preisgekrönten Geschichten selbst kurz skizzieren. Mit einer von ihnen habe ich Sie schon eingangs bekannt gemacht, mit der Geschichte „Die Nacht der fliegenden Pferde" von *Anke-Susanne Gellert*, einer Geschichte von kunstvoller Architektur – ist sie doch nach dem Prinzip der russischen Puppen eine Geschichte in der Geschichte in der Geschichte. Die Jury hat ihr den zweiten Preis zuerkannt.

Nachdenkliches und Erheiterndes

Den dritten Preis erhält *Wilhelm Reburg* für seine lapidar mit „Aron" betitelte Erzählung. So lapidar der Titel, so streng, diszipliniert, konsequent und durchsichtig die wahrhaft beeindruckende Handlung mit zeitgeschichtlichem Hintergrund: Den Apfelschimmel Aron erwirbt der Vater des Ich-Erzählers als Arbeitspferd von dem jüdischen Händler Kobus Dürkoop. Aron, nach Dürkoops Ahnen benannt, wird binnen weniger Wochen arbeitsuntauglich. Der Jude kauft, seinem Versprechen zufolge, Aron zurück. Doch das Tier findet allein, nachdem Dürkoop wohl Opfer der Hitler'schen Judenverfolgung geworden und verschleppt worden war, zu seinem Herrn zurück. Dieser vererbt seinem Sohn eine Schuld, für deren Wiedergutmachung er zu sorgen hat. – *Reburgs* Geschichte kann zur dringend notwendigen Korrektur des belasteten Bildes vom geschäftstüchtigen und für Geld alle höheren Werte opfernden Juden beitragen. Dies erscheint insbesondere im Blick auf den jungen Leser von Bedeutung. Außerdem zeigt diese Geschichte realistisch die Mühen mit einem siechen, aber treuen Arbeitspferd und leuchtet schlaglichtartig in eine böse Zeit hinein, die uns alle, den Ich-Erzähler wohl eingeschlossen , noch belastet.

Fehlt dieser nachdenklich stimmenden Erzählung die Identifikationsfigur für den jungen Leser, so thematisieren die beiden Geschichten, die den vierten und fünften Preis davontragen können, das Kind und sein Verhältnis zum Pferd auf je originelle, allerdings völlig unterschiedliche Weise. *Manfred Eichhorns* bescheiden-zurückhaltend wirkende, bedächtig-besinnliche Geschichte „Mein erstes Pferd" erinnert an den Kauf des ersten eigenen Pferdes durch Großvater und Vater. Kein Superpferd kaufen sie dem kleinen Jungen auf dem Pferdemarkt, doch eines, das dieser – vom ersten Augenblick an – in sein Herz schließt. „Lord", das schwer kranke Tier – es ist bronchitisch, dämpfig und von der Strahlenfäule befallen – darf nur spazierengeführt, nicht geritten werden, mindestens ein Jahr lang. Es benötigt Pflege, Geduld, Zuwendung. Dies alles bekommt es von dem unbeirrbar fürsorglichen, den Anfeindungen und Hänseleien seiner Kameraden – wie gerne hätte er mit „Lord" vor ihnen geprotzt! – widerstehenden Buben, der „Lord", seinen Freund, am Ende doch als gesundes, munteres Reitpferd benützen kann.

Aus ihren festen Jobs entlassen, verdingte sich das Freundespaar Pega (ein Türke) und Sus (ein Deutscher) mit einer selbsterdachten Zirkusnummer – beide stellten, tanzend und singend und den Clown ersetzend, je eine Hälfte eines Schimmels dar – bei einem Wanderzirkus. Der gerät selbst in Winter-Not und muß den beiden lustigen Kumpanen kündigen. Jetzt sitzen sie auf der Straße, arbeitslos, aber immer zu Späßen aufgelegt. Sie helfen einer Tierärztin, die mit dem Auto im Schnee stecken geblieben ist, wieder auf die Räder, was sie nur gemeinsam schaffen – als die beiden – unzertrennlichen – Pferdehälften. Die treffen schließlich noch einen alten Nikolaus, der im Schnee vergeblich auf seinen Neffen wartet und der sich doch tatsächlich als Helfer in der Berufs-Not von Pega und Sus erweist... In dieser Erzählung – „Pferdezirkus" – läßt es *Bernd Bohmeier* rund gehen, nimmt er so manche festgefahrene Vorstellung aufs Korn, plädiert er fürs Träume träumen und Luftschlösser bauen, für Utopie und Phantasie in einer real ausweglos erscheinenden Situation wie der der Arbeitslosigkeit, singt er – lassen Sie mich doch auch mal pathetisch werden! – das Hohelied der Unzertrennlichkeit von ungleichen Freunden. So ganz tiefernst aber ist vieles in der verschmitzt daherkommenden Erzählung *Bohmeiers* nicht gemeint, und der Leser wird bald inne, daß er selbst immer wieder ein wenig mit den Augen zwinkern muß, um die lustig-verspielte Atmosphäre, in die er sich beim Lesen begeben hat, voll auszukosten. Also ein humorvoller Anstrich in den ansonsten doch eher problem-„bewußten" Texten, die die Preisrichter kürten!

Die Preis-Erzählung auf Platz 1

Doch kommen wir – zum guten Schluß – vom „Schlußlicht" zum ersten Platz, zu unserem – beileibe nicht einhellig als solchen erkorenen – Haupt-Preis! Ihn vergab die Jury an *Christine Lange* aus Bonn für ihre umfangreiche, schön dahinfließende, überzeugend formulierte und durch die Einfachheit der Thematik und die gekonnte Zeichnung liebenswürdiger Handlungsträger (an der Spitze der eigenwillige Vater) sich auszeichnenden Erzählung „Ein weiter Weg".

In der Erinnerung geht *Christine Lange* weit zurück, in die Zeit kurz vor ihrem Abitur auf dem flachen Land in Schleswig-Holstein. Ausgerechnet die hysterische, große, staksige „Zigeuner"-Stute Tamara mußte es sein, die der Vater trotz beengter und beengender Lebensverhältnisse einer fünfköpfigen Familie erwarb. In die Begeisterung für Pferde, Tiere, Landleben teilten sich alle, angefangen bei der nüchtern denkenden, sachkundigen Mutter, über den leidlich als Schriftsteller und Übersetzer erfolgreichen, jungenhaft närrischen Vater bis zu den Kindern. Es ist ein Erinnerungsblatt an entbehrungsreiche, aber aktive und glückliche Jahre in einer durchaus spannungsreichen, jedoch gefestigten Familie. Die nervöse Tamara, ein Außenseiter wie ihr Besitzer, wurde zum brauchbaren Reitpferd erzogen. Später verkauft man sie – muß man sie veräußern, um das viele „Grau in Grau", das über die Familie hereinbrach, wenigstens materiell zu erhellen. Weder Mühen noch Kosten, weder Geduld noch Verzichte scheuten die Familienmitglieder, um dem geliebten Pferd das ihm gemäße Leben zukommen zu lassen. Ihr eigenes Leben ist vom Umgang mit diesem Pferd bis ins hohe Alter und bis in künftige Zeiten geprägt worden.

Die äußerlich ganz spannungsarme, unprätentiöse Erzählung bedient sich einer differenzierten Sprache, läßt ausgezeichnete Fachkenntnisse ihrer Autorin erkennen, die in einer dem Leser durchaus angenehmen Subjektivität ihre Erinnerungen verbalisiert. Schon Vierzehnjährige werden durch die stille Freude, die unaufdringlich geschilderte Genügsamkeit, die durch den Text wohltuend schimmert, angerührt, ohne gerührt zu werden. Auf jede billige Effekthascherei wird – stilistisch wie inhaltlich – verzichtet. Der Einsatz für das Pferd – so lautet die Botschaft – lohnt, der Austausch zwischen Mensch und Tier ist unter persönlichem Einsatz möglich und kann in glaubhafter Weise literarisch vermittelt werden. Das Pferd kann sinnstiftend für ein Leben in familiärer Vertrautheit und Verbundenheit wirken. Insofern wage ich dieser Erzählung Beispielcharakter zuzusprechen.

In meine kleine Lobrede, die insbesondere den fünf Preisträgern galt, schließe ich am Ende alle Beteiligten an diesem Jubiläumswettbewerb ein; denn sie alle haben – ob hervorgehoben oder nicht – ihren persönlichen Beitrag zu einer „neuen Standortbestimmung des jahrtausendealten Themas Pferd in unserer Zeit" (so der Ausschreibungstext) geleistet. Wir sollten erkennen, daß der Mensch für das Pferd – wie *Christine Lange* es so eindrucksvoll in Worte faßte (S. 14, Manuskript) – mehr ist „als Muttterersatz: Lehrer, Reiter, echter Partner in einem Sport, der schon in den frühen Zeiten der Domestizierung des Pferdes die Menschen faszinierte, und es in fernen, späten Jahren noch tun wird. Weil neben der Nutzung des Pferdes als Arbeits– und Transportmittel immer das gewisse Etwas bleiben wird, das stets erwacht, wenn Mensch und Tier miteinander umgehen in Harmonie, Liebe und gegenseitigem Respekt."

Der Präsident der „Deutschen Sporthilfe", Reiter-As ***Dr. h. c. Joseph Neckermann*** *beglückwünscht* ***Christine Lange****, Bonn, die den 1. Preis gewann.*

Trend-Typ des Jahres: Neuausgaben

Ältere, bewährte Titel werden in neuem Gewand herausgebracht

Das Taschenbuch ist seit Jahrzehnten das legitime Metier von „Neuausgaben" – eben in preiswerter, flexibler, nicht selten im Schriftbild gedrängter Form. Selbst Taschenbücher erleben Neuausgaben – und so kann es sein, daß ein Buch über einige Jahre hinweg in mehrfacher „Gestalt" angeboten wird. Ein Beispiel: ***Marieluise Bernhard-von Luttitz'*** *„Was mich weckte, war kein Vogelruf", ein auch für Jugendliche geeigneter Roman, der von Salzer (1976) zu Rowohlt (1980) ging und hier 1987 im 34. Tsd. und in neuer Aufmachung eine Wiedergeburt erlebt. Den fünfjährigen Olly und die vierzehnjährige Melitta verbindet eine außergewöhnliche Freundschaft zu einer Entwicklungshelferin in Brasilien. Beides sind Kinder, die nach Liebe hungern, weil die äußeren Umstände dieser Welt ihnen diese verwehrten; so begleitet man diese Kinder, fühlt sich beschämt verbunden mit ihren Ängsten und Sorgen.*

Die Flut der Titel, die alljährlich auf den Markt strömt, scheint den Käufer fast zu ertränken. Dabei fällt auf, daß die meisten Titel relativ kurzlebig sind. Woran mag das liegen: An der Auswahl der Autoren, der Thematik, der Aufmachung?

Neues Bewußtsein der Verlage

So hat sich in den letzten Jahren im Bereich der KJL ein neues Bewußtsein der Verlage manifestiert, in dem sich zum einen die Liebe zum Buch als kleines „Kunstwerk" herauskristallisiert, zum anderen aber auch ein Sich-Bewußtmachen der Verantwortung gegenüber dem jungen Leser. Denn es gibt nichts Schöneres als einzutauchen in eine Welt, die den Alltag vergessen läßt, wo man Geheimnisse entdeckt, getröstet, ja sogar selber zum Helden wird, wo man als Kind, wenn auch nur für ein paar Stunden, Erwachsener spielen kann...

Da die Bücher von Erwachsenen geschrieben werden, von jenen also, die die Probleme in die Welt bringen, ist es auch deren Aufgabe, die Fragen der Kinder nach dem Warum, dem Greifen nach dem Morgen in liebevoller und behutsamer Sprache in die für die Kinder noch unbekannte Welt einzuführen und unbegreifliche Realitäten aufzuschließen. Doch durch zuviel Problematik in den Büchern – sind wir nicht bereits überfüttert mit Brutalität und Grausamkeit in den Medien, auf den Straßen? – wird das Schöne des Buches verdeckt.

So haben in den letzten Jahren immer mehr Verlage nach Bewährtem, Althergebrachtem gegriffen, nach Büchern, in denen die Realität oft ins Märchenhafte gerückt und dennoch nicht unbedingt dadurch verschleiert, banalisiert wird. Immer mehr Verlage tendieren zur Edition von Neuausgaben. Dabei spannt sich der Bogen von sog. Klassikern – teilweise schon seit Generationen geliebt – bis hin zu moderner Literatur. In beiden Fällen wird in Sprache und Gestaltung die Sehnsucht nach einem Stück „heiler Welt" offenbar.

Dabei nehmen die Herausgeber das alte bewährte Buch sozusagen als Rohmaterial, einem Stück Holz gleich, an dem gefeilt und geformt wird, um es schließlich dem Zeitgeschmack entsprechend, in neuer Gestalt, wieder lebendig werden zu lassen. Dabei setzt sich oft das nostalgische Äußere, auch von modernen Illustratoren nachempfunden, durch.

Aber auch die Eingliederung in Reihen (Beltz & Gelberg, Oetinger, Dressler, Maier) setzt sich mehr und mehr durch, wobei nicht nur Taschenbuchreihen, die in der Bewertungsskala eine andere Stellung einnehmen, berücksichtigt sind, sondern auch gebundene Bücher mit Reihencharakter. Die Frage bleibt bestehen, ob hier nicht die Einmaligkeit verlorengeht. Auffällig auch die Übernahme von Taschenbuchausgaben, die jahrelang still, aber beständig in hoher Auflage über den Ladentisch gingen, zu „Lieblingen" geworden sind und nun mit neuem Gesicht, oft in prächtigerer Ausstattung, mit festem Einband neu erscheinen.

Kaum besser könnte das Hineinspazieren in eine phantasievolle, mit allen Möglichkeiten sich preisgebende Welt aufgezeigt werden in der Umgestaltung des lange als dtv-Taschenbuch verkauften Klassikers „Der geheime Garten" von der bekannten „Kleinen-Lord"-Autorin *Frances Modgson Burnett* mit Illustrationen von Graham Rust, 1987 neu wiederaufgelegt bei Gerstenberg: Ein kleines Mädchen öffnet die Tür einer efeu- und spinnwebenüberwachsenen Mauer. Man hört sie knarren und quietschen, die Tür. Ängstlich blickt das Kind in einen verwilderten Garten, eine geheimnisvolle Welt, in deren Wirrwarr man vorsichtig, aber voller Neugier und mutig hineinschreitet.

Vielgeliebtes „Dschungelbuch"

Wie bereits in der Reihe Oetinger/Auslese fortlaufend preisgekrönte Bücher in preiswerter und neugestalteter Aufmachung herauskamen (vgl. 2. Almanach S. 110 f.), sind 1987 bei Dressler Kinder-Klassiker von gestern neu erschienen. Alle Titel (meist englische bzw. amerikanische Autoren des letzten Jahrhunderts) sind bereits in diversen Verlagen immer wieder in unterschiedlicher Aufmachung vertreten gewesen. Vielen Lesern sind sie sehr ans Herz gewachsen, führen sie doch in die eigene Kinderzeit zurück! Aber wie sehr haben gerade diese echten Klassiker auch gelitten unter den Medien ihrer Zeit, besonders in den letzten Jahrzehnten! Film und Fernsehen haben ihnen das „Herz", das Schöne und Geheimnisvolle der Erzählungen, herausgerissen und damit ihren Charakter verändert.

Am deutlichsten wird dies wohl beim „Dschungelbuch", das doch bereits eine millionenfache Auflage erlebt hat. Das Bemerkenswerte an der jetzigen Ausgabe dürfte darin liegen, daß dieses Buch – wie auch die anderen Titel dieser Reihe – neu übersetzt und sorgfältig überarbeitet wurde. Vom „Dschungelbuch" gab es seit seinem Erscheinen keine originalgetreue Übersetzung. Alle bisher erschienenen Fassungen wichen sowohl inhaltlich, als auch stilistisch vom englischen Originaltext (1894) ab. Wortgetreu wurde der Text nun von *Wolf Harranth* dem Original angeglichen – und das ist geradezu eine „Neuentdeckung"!

Neu gestaltet, haben die Bücher in der Reihe jedoch nichts von ihrer Individualität eingebüßt, und der sehr günstige Ladenpreis (10,-DM) ermöglicht den Großen, Altes wieder liebzugewinnen, ihm neue Reize abzugewinnen und den tiefgründigen Humor, der den Erzählungen innewohnt, neu zu erkennen, mit einem Blick für den tieferen Sinn. Die Kinder aber erleben die Abenteuer mit den dem Erwachsenen bereits vertrauten Gestalten neu.

Es sind die Abenteuer des Wolfsjungen Mowgli, der sich im Dschungel zurechtfinden muß, aber auch die Abenteuer der kleinen Dorothee, die durch einen Wirbelsturm in das Reich der bösen Osthexe getragen wird, von Mary Poppins, die sogar mit den Tieren reden kann, vom Dr. Dolittle, der sein Herz den Tieren schenkt, und von Christopher Robin, der mit dem Bären Pu und vielen anderen Tieren immer neue Geschichten erlebt, es sind die Abenteuer der Kinder von Arden, die mit Hilfe eines Wappentiers geheime Türen öffnen und in andere Jahrhunderte versetzt werden.

Stets aber ist das Kind der Mittelpunkt, die Hauptperson. Geleitet von phantastischen Elementen, kann es die tiefe Verbundenheit von Mensch und Tier erfahren, die zu selbstverständlicher Gemeinschaft zusammenwachsen, immer aber geliebt von der Welt, sei sie märchenhaft oder real.

Dies ist es doch, was unsere Kinder suchen. Deshalb konnten doch alle diese Bücher überleben. Doch wo aber bleiben, so fragt man sich – angesichts dieser Auswahl, die deutschsprachigen Autoren?

„Nußknacker" und Löwe Leopold sind wieder da

In dem oft aufgelegten und vielfach illustrierten Märchen vom „Nußknacker und Mäusekönig" (Neugebauer) zeigt *E.T.A. Hoffmann* die Grenzen zwischen Dichtung und Traumwelt, wobei der Pate Drosselbart in dieser Erzählung als Vermittler zwischen beiden Welten fungiert. Ist dieses Märchen in seiner Sprache für Kinder der heutigen Zeit überhaupt noch verständlich nachzuvollziehen oder ist es nicht vielmehr einzureihen in die Liebhaber- und Sammlerbibliothek der Erwachsenenliteratur?

Schon beim ersten Durchblättern ist man von der Aufmachung, den phantastischen Illustrationen der *Lisbeth Zwerger*, die bereits zahlreiche Kinderbücher hinreißend gestaltet hat, in Bann gezogen. Und gerade hier – durch die Einfügung der Illustration – liegt m.E. das Gelungene in der Neuausgabe dieses Klassikers. Bereits auf dem Titelbild wird das Kind angesprochen. Der Nußknacker führt die kleine Marie, das Kind, den Leser, das vom Autor im Text (Nacherzählung: *Hans Gärtner*) teilweise sogar direkt angesprochen wird, hinein in das Zauberreich der Phantasie, in das Märchen, in etwas noch Unbekanntes. Ein wenig zögernd folgt das Mädchen dem kecken Nußknacker. Die farbenprächtige Sprache des *E.T.A. Hoffmann*, die dem Leser Tore in eine andere Welt öffnet, ihn gleichsam mit ihrem ganzen Reichtum eintauchen läßt in Ozeane üppigster Vegetation und wahrhaftig mitteilhaben läßt an den Abenteuern der kleinen Marie, ist herausgenommen und durch die Illustrationen quasi ergänzt worden, so daß also mehr oder minder die Rahmenhandlung bestehen bleibt, die Bilder den erwachsenen Leser einladen, die Sprache in dem Werk *E.T.A. Hoffmanns* kennenzulernen, die Kinder aber heranführen an ein altes Werk, damit sie sich vom Nußknacker an die Hand nehmen lassen, um für kurze Zeit die Freundin der kleinen Marie zu werden.

Märchen, lustige, spannende und schöne Erzählungen für das kleine Mädchen Marcella sind die Fast-Märchen-Geschichten im Buch „Der Löwe Leopold" von *Reiner Kunze* (S.Fischer), jahrelang lediglich als Taschenbuch im selben Verlag existent gewesen, nun aber in einer großen gebundenen Ausgabe mit neuen Illustrationen von *Karel Franta* wieder aufgelegt. Wie in so vielen Märchen (etwa auch in „Nußknacker und Mäusekönig") werden bei *Kunze* Gegenstände, Spielsachen lebendig, sei es der Spiellöwe Leopold, seien es die Briefe im Postkasten, zu denen sich ein frankierter Drache gesellt, um einen kranken Jungen zu beglücken oder aber einfach nur der Ton Dis. Dabei nimmt der Autor die Kinder in ganz besonderen Schutz. Im Gegensatz zur Taschenbuchausgabe werden die „neuausstaffierten" Geschichten durch die Illustration lebendiger, und somit auch wieder zu einem echten Kinderbuch, zu einem Vorlese- und Hausbuch, das die kleinen Leser zu den einzelnen agierenden Personen des Buches fliehen läßt. Während in der Taschenbuchausgabe, von der Aufmachung her und der Zuordnung in der Erwachsenen-Taschenbuchreihe eine gewisse Melancholie innewohnt, bleiben die Geschichten in der neuen Ausgabe für Kinder eher lustige Abenteuererzählungen.

Neues–Altes von Härtling u.a.

„In meinen Mußestunden las ich die besten alten und neuen Autoren, denn Bücher hatte ich immer reichlich bei mir". In Anlehnung an diesen Ausspruch Gullivers auf der Reise nach Lilliput, hat Beltz & Gelberg eine neue Reihe, die „Gulliver-Bücher", herausgebracht. Die meist auch schon vorher bei Beltz & Gelberg erschienenen Titel haben ihr Äußeres auch in der Taschenbuchausgabe im Grundcharakter bewahrt. In „Sophie macht Geschichten" beschreibt *Peter Härtling* in einfachen und klaren Sätzen den Alltag eines siebenjährigen Mädchens, das gern lange schläft, in die Schule muß, die Ermahnungen der Mutter und den Vater, der morgens beim Frühstück nur brummt, hinzunehmen hat, das einen Bruder hat, der ins Krankenhaus muß und den man plötzlich sehr lieb hat, und den Freund Oli, der Sophie so oft ärgert. Aus der Bitte an den Autor, eine Erstlesefibel zu schreiben, sind die „Geschichten" um ein kleines Mädchen entstanden, das mit kindlicher Logik seine Probleme zu lösen versucht und mit den anderen Kindern den Alltag durchschreitet.

In „Herr Mick, Herr Möck, Herr Moll" von *Rüdiger Stoye* ist quasi dieselbe Thematik in ein Märchen verwandelt. Herr Mick ist klein, Herr Moll ist dick,

Herr Möck ist riesig groß, alle drei sind also anders als ihre Mitmenschen und weil die Menschen bestimmten von der Gesellschaft konstruierten Normen unterliegen, werden sie ganz einfach von der Umwelt ausgeschlossen und verantwortlich gemacht für die veursachten Folgen an dieser Umwelt. Sie passen nicht in die Stadt, denn alles muß seine Ordnung haben, also werden sie verbannt, obwohl sie niemandem etwas zu leide taten. Und weil sie so anders waren als die anderen, wurden sie berühmt – eine Sensation für die Fernsehreporter –, aber sie wurden gehetzt von der Masse. „Im Film wollen sie uns, aber nicht in Wirklichkeit". Sie wollen nur das Gute, aber sie sind anders als die anderen. Deshalb werden sie gehänselt, gejagt und ausgeschlossen. Doch für ein paar Stunden kann man stark sein mit den drei einzigartigen Herren...

Sehnsüchte werden gestillt

Warum konnten ein *Dickens*, ein *Karl May*, ein *Defoe*, – um nur einige der großen Abenteuer-Klassiker zu nennen – so lange überleben? Liegt es nicht daran, daß diese Bücher gerade für den jungen Leser eine nur für ihn eigene Welt umfaßt, in die er hineintauchen, in der er träumen kann, träumen von dem Helden, der er so gerne selber sein möchte? Gleichzeitig sind sie aber auch Lehrbücher, Geographie- und Geschichtsbücher, doch im Gegensatz zu den leeren, faden Schulbüchern sind sie gefüllt mit Menschen und Schicksalen, mit Geist und Seele und sind dadurch eine Einheit.

Dies mochte das Anliegen des Jugendbuchpreisträgers *Herbert Kaufmann* gewesen sein, verwirklicht in seinem Roman „Roter Mond und Heiße Zeit", erstmals 1960 bei Styria erschienen, lange und immer noch als Arena-Taschenbuch ein Bestseller, jetzt bei St. Gabriel in stattlicher Aufmachung neu erschienen. Es ist die schicksalhafte Begegnung dreier Menschen am Südrand der Sahara und erzählt von Mid-e-Mid, dessen Lieder weit bekannt sind, erzählt auch von „Heiße Zeit", die Mid-e-Mid liebt und den Stammesfürsten „Roter Mond" heiraten muß – Wünsche und Träume, Hoffnungen von Menschen, die durch ihre harten Gesetze nicht Bestand haben dürfen, aber der ihnen innewohnende Stolz des unter schwierigen klimatischen Verhältnissen lebenden Nomadenvolkes überstrahlt die Härte. Jede Gestalt spiegelt, unterstützt von einem überaus reichen Wortschatz, ein Stück wahren Lebens wider.

Ein Jugendbuchklassiker, der die Kämpfe der Staaten und der Indianer gegen die Weißen in der zweiten Hälfte des 18. Jahrhunderts beschreibt, ist die Lebensgeschichte des Simon Girty, der als Fünfzehnjähriger in indianische Gefangenschaft gerät und dort als einer der ihren „aufwächst": *Günter Sachse* „...und wo ist des Indianers Land?" Durch die Person des Simon Girty, der in seiner Einsamkeit wie jeder Junge von seinem zukünftigen Leben träumt, wird der Leser in eine packende Lektüre hineingezogen, die ihn gleichzeitig mit dem indianischen Urglauben vertraut werden läßt, mit der tiefen Einheit von Tieren und Pflanzen, mit einer Verbundenheit mit der ganzen Natur – heute wieder die Sehnsucht in hektischer Zeit.

Im Gegensatz dazu ein modernes Märchen, das von seiner äußeren Gestalt her eher ein Science-Fiction-Roman sein könnte: *Ted Hughes*: „Der Eisenmann" (Maier), zuerst 1968 erschienen. Dieses Märchen, das in die heutige Zeit übertragen wurde, aber durch die „Drachen" noch die Mystik eines echten Märches spiegelt, ist zugleich eine Parabel auf die heutige Umwelt: Der Drache verlangt lebendige Nahrung, die Tiere, die Menschen, die Wälder, so daß es des Menschen einziges Ziel war, Frieden zu schaffen. Der kleine Hogarth in der Geschichte, der mit dem Eisenmann Kontakt aufnimmt, ist nicht nur der Vermittler, sondern der Leser selbst, der groß und stark sein möchte und der den Eisenmann bittet, Frieden in die Welt zu bringen.

Hans Baumann läßt in „Der große Alexanderfeldzug" (Freies Geistesleben) den Mazedonierkönig wieder lebendig werden, zugleich aber auch die Geschichte jener Zeit, – obwohl das Buch kein Alexander-Roman im üblichen Sinne ist, sondern vielmehr eine „Anthologie" einzelner Lebensepisoden des Königs, der durch seine Lebensweisheit auch dem Besiegten gegenüber stets die Achtung vor Sitte, Glauben und Lebensart bewahrte.

Kennzeichnend für diese wiederentdeckten Titel der Abenteuer-Literatur bleibt das maßlose Verlangen nach Einheit und Frieden, der nicht eigentlich in großen Schlachten errungen werden kann, sondern vielmehr durch den tiefen Glauben an die von der Tradition übertragenen Wertvorstellungen, wie sie bei vielen einfachen Völkern noch zu finden sind.

Wiedergeburt der Lieblinge

Der Kinderbuchliebling seit Generationen „Was drei Bären im Walde erlebten" von *Margarete Thiele* hat als vollständige Neuauflage mit all den zarten und liebevollen Illustrationen nach einem alten Exemplar von *Dr. Ursula Abels* bei Carlsen seine Wiedergeburt erfahren. Drei kleine Jungen bekommen die Wollebärchen Jochen, Puhz und Wollbäckchen geschenkt. Bei einem Picknick werden sie vergessen. Aus dieser Rahmenerzählung steigen die drei kleinen Bären heraus und hinein in ihre eigenen Erlebnisse, um zum Schluß wieder als echte Wollebärchen zu den Kindern zurückzufinden. Gerade darin zeigt sich die Besonderheit der Erzählung: Die Bärchen werden nicht zu vermenschlichten Tieren – sie sprechen nie zu den Menschen – und Wollebäckchen hat seine Erlebnisse nachts im Traum dem kleinen Wolfgang ins Ohr geflüstert. Die Erlebnisse, untermalt durch die in den heutigen Bilderbüchern selten anzutreffende Einheit von Text und Illustration, lassen eine tiefe Naturverbundenheit spüren. Tiere, Pflanzen, sogar der Wildbach werden lebendig. Lebendigkeit und Geborgenheit werden durch die in den Text eingebetteten Bilder reflektiert.

Demgegenüber zwei moderne Märchen, bereits als Taschenbuchausgabe mehrfach erschienen, nun wieder fest gebunden erhältlich: „Der kleine Herr greift ein" von *Christine Nöstlinger*: Ein Leben lang hat er mit Zahlen zu tun gehabt, der kleine Herr; jetzt, nachdem er pensioniert ist, liest er Bücher. Weil er schlecht sieht, liest er Bücher mit großen Buchstaben, also Kinderbücher. Und da er leider bald feststellen muß, daß das, was in den Kinderbüchern versprochen wird, in der Kinder-Wirklichkeit anders ist, beschließt er, Kindermann zu werden. So macht er das Unmögliche möglich, und Kinderträume werden wahr. Das Besondere an diesem Buch, wie z.B. auch an der „Hexe Lakritze" von *Eveline Hasler*, ist, daß mit viel Witz und einem ungeheuren Schuß Humor, ja auch Ironie, die Alltäglichkeiten des Lebens ganz einfach erscheinen, daß die Tränen und kleinen Ärgernisse durch eine alles ermöglichende Zauberwelt aufgesaugt und vergessen werden.

Mit seinen Geschichten, Gedichten, Fabeln, Reimen und Märchen begleitet *Josef Guggenmos* in seiner ihm eigenen liebreichen, farbenprächtigen und doch immer verständlichen Sprache die Kinder das Jahr hindurch. Er führt sie behutsam durch ihren Alltag, in dem durch einen Hauch Lebensweisheit Lachen und Weinen wie selbstverständlich beieinander liegen können. Der Zauberteppich voller Überraschungen – Winter und Sommer, Aprilregen und Oktoberstürme, Hexen und Libellen, Blumen und tausend kleine Fragen – wird durch die bunten Bilder von *Wilfried Blecher* noch aufregender und läßt die Kinder ein Stück durch ihre kunterbunte Welt in „Das kunterbunte Kinderbuch" (Herder) mitreisen.

Elisabeth von Landsberg

„Hallo! Was macht Ihr denn so?"

Ein literarischer Streifzug durch neue Kinder- und Jugendliteratur aus der DDR

Kinder- und Jugendbücher aus der DDR sind längst keine Rarität mehr in den Regalen junger und jugendlicher Leser bei uns, sei es, sie sind als Geschenke von drüben gekommen, als Mitbringsel von einer Reise oder als Lizenzausgabe eines unserer Verlage. Namen wie *Benno Pludra, Joachim Nowotny, Gunter Preuß, Helmut Sakowski, Gerhard Holtz-Baumert, Hans Weber* – um nur einige zu nennen, sind auch bei uns bekannt. Ihre Bücher stehen zum Teil in unseren Bibliotheken, nicht nur deshalb, um unsere Gemeinsamkeiten zu dokumentieren, sondern weil ihre Geschichten interessant sind, gut geschrieben und neben dem Lesevergnügen auch Einblick geben in das Leben von Kindern und jungen Leuten im anderen deutschen Staat.

Gunter Preuß

Die Verlage in der DDR, die Kinder- und Jugendbücher veröffentlichen, sind bei weitem nicht so zahlreich wie bei uns. Das sagt aber nichts über Auflagenhöhe und Titelvielfalt aus. Es sagt nichts aus über Lesefreude oder Lesegewohnheiten. Dies zu untersuchen, wäre eine andere Arbeit, die nicht das Ziel dieser Exkursion sein können. Überhaupt muß betont werden, daß die im folgenden genannten Titel und Autoren eine Auswahl sind, keineswegs aber die gesamte KJL der DDR repräsentieren. Vielmehr sollen neben den Buchtiteln gleichzeitig auch Informationen über Autoren und Bücher sowie über die Art, Literatur zu vermitteln, gegeben werden.

Als ich Ende 1979 in die Bundesrepublik Deutschland übersiedelte, dachte ich: „Wie werden die Leser hier sein? Welche Unterschiede gibt es in der KJL hier und in der DDR? Werde ich mit meinem Anliegen, Probleme aufzugreifen und literarisch zu gestalten, hier meine Leser finden?"

Fragen, die sich längst beantwortet haben, und deren Antworten ich – soweit es diesen Exkurs betrifft – auch geben werde.

In der DDR gibt es, genau wie bei uns, die Begegnung zwischen den jungen Lesern und den Autoren. Lesungen in Schulen, Bibliotheken, in Jugendweihestunden und bei vielen anderen Gelegenheiten lassen auch in der DDR die Möglichkeit, sich über besondere Fragen beim Autor direkt erkundigen zu können.

Von staatswegen organisiert

Was bei uns z.B. über den Friedrich-Bödecker-Kreis an Autorentreffen und theoretischen Veranstaltungen organisiert wird, geschieht in der DDR meistens von staatswegen über das Ministerium für Kultur. So die jährlichen „Tage der Kinder- und Jugendliteratur", jedesmal in einem anderen Bezirk der DDR, 1987 in Schwerin. Der Konferenz vorangestellt und angeschlossen sind Lesungen der Autoren nicht nur in der Bezirksstadt, sondern es werden die Kreisstädte und selbst kleinste Ortschaften einbezogen. Bei mehr als hundert Autoren, die sich meistens beteiligen, potenziert sich das beträchtlich, und dies ist auch meistens der Anfang langjähriger Verbindungen der Autoren zu Bibliotheken, Schulen und anderen Institutionen. Die theoretischen Diskussionen sind keine Langweilveranstaltungen. Ich kann mich an eine erinnern, in der es darum ging, ob ein Hund in einem Kinderbuch blau angemalt sein darf. *Manfred Bofinger*, ein sehr bekannter Illustrator in der DDR, hatte das nämlich gemacht. Fazit: Es durfte ein blauer Hund sein. Das ist Jahre her. In der Schweriner Diskussion und im Referat wurde gefragt: „Wie fliegt denn das?"

Und doch noch ein anderer Auftrag

Steffen Peltsch, der Referent, sagt an einer Stelle: *Was nimmt, was gibt das Buch?... Es nimmt Zeit, es gibt Vergnügen, Freude, Wissen, Träume, Spiel mit Möglichkeiten, es gibt Aufgaben, es gibt die Gelegenheit, sich an Erfahrungen anderer, nur fiktiv existierender Menschen zu messen, denn Rezeption ist zu einem guten Teil nichts anderes als intensives Vergleichen mit sich selbst.* Eine solche These könnte auch auf einer unserer theoretischen Konferenzen gesagt worden sein. Und doch hat die KJL in der DDR noch einen anderen Auftrag: zu sozialistischen Persönlichkeiten zu erziehen. Der Staat nimmt mehr Einfluß auf das, was gedruckt und geschrieben wird, als bei uns.

Dem Erziehungsauftrag gerecht zu werden, nehmen die DDR-Verlage sehr ernst. Schon für die Kleinsten erscheint im Verlag Junge Welt Berlin eine Zeitschrift mit dem Titel „Bummi" zweimal im Monat. Halbjährlich ist dann ein „Bummi-Sammelband" zu bekommen. Für Kinder ab drei Jahren sind darin Spiele, Gedichte, Geschichten und sehr viele Illustrationen. Bekannte Kinderbuchautoren wie *Günther Feustel, Anne Geelhaar, Werner Lindemann* schreiben für „Bummi", aber es sind auch Gedichte von *Hoffmann von Fallersleben* („Mein Springball"), *Fröbel, Arno Holz* u.a. zu finden. Informationen (Beispiel: 750 Jahre Berlin) stehen neben spielerisch vorbereitenden Texten auf Kindergarten und Schule, auf Gedenktage und in Beziehung zu anderen sozialistischen Ländern. Hier wird den Kleinsten, die des Lesens noch nicht kundig sind, viel vom Selbstverständnis des sozialistischen Staates übermittelt, sei es durch die Geschichten, Lieder und Gedichte, oder aber durch Bildgeschichten, Illustrationen und Spielvorschläge.

Der größte: Der Kinderbuchverlag, Berlin

Der Kinderbuchverlag Berlin, übrigens der größte Verlag für KJL in der DDR, bietet für Vorschulkinder eine große Auswahl an Bilderbüchern an, aber auch z.B. für Kinder ab 5 Jahren *Eva Strittmatters* schönste Geschichten in dem Band „Der Zwergenriese". Da treffen die Kinder ihre Lieblingsgestalten aus Brüderchen Vierbein und Großmutter Gutefrau wieder, den Kobold und den Dinosaurier, und wer einmal eine der Geschichten von *Eva Strittmatter* gelesen hat – oder auch Gedichte von ihr –, der weiß die poetische Art, mit der sie Bekanntes und Unbekanntes für Kinder aufschreibt, zu schätzen.

Aufgefallen ist mir auch, daß es eine ganze Anzahl von Büchern, reich illustriert, zu bekannten Märchen wie „Das tapfere Schneiderlein", „Schneeweißchen und Rosenrot", „Der goldene Schlüssel" u.a. gibt. Auch Gute-Nacht-Geschichten fehlen nicht, z.B. im Sammelband „Hundert Schafe" sorgten 37 Autoren und 37 Grafiker dafür, daß es nicht an solchen Geschichten mangelt.

Von den Büchern aus dem Kinderbuchverlag Berlin für schon etwas Lesekundige möchte ich zwei herausgreifen. Da ist einmal *Joachim Nowotnys* Buch „Der Popanz" mit Illustrationen von *Klaus Müller*. Es wird die Geschichte von Petrik erzählt, den es immer wieder ans Wasser zieht, obwohl er nicht schwimmen kann. Großmutter Pimpelmut hat Angst um Petrik, und so versucht sie auf alle mögliche Weise, den Jungen vom Wasser wegzubekommen, sogar zur Nachbarin Grollmus schleppt sie ihn, die hexen kann, zum Schandarm und zum Kantor. Schließlich baut Großvater Allesnix einen Popanz, den er an den Bach stellt – und Petrik fürchtet sich tatsächlich eine Weile vor ihm. Aber als er seine Angst besiegt und feststellt, daß der Popanz nur aus Stöcken, Flicken und Scherben besteht, hilft auch das nicht mehr. Großvater Allesnix hat die rettende Idee: Petrik muß schwimmen lernen. Das ist eine sehr lustige und phantasievoll erzählte Geschichte, die so manche kleine Schwäche aufs Korn nimmt.

Auch die Erzählung von *Gunter Preuß* „Annabella und der Große Zauberer" setzt sich mit dem Zusammenleben von Kindern und Erwachsenen auseinander. Carmen Müller ist ein sehr phantasievolles Kind, das ändert sich auch nicht, als sie in ein Hochhaus ziehen und fortan wie auf einer riesigen Baustelle leben. Sie kann sich alle Namen geben und sich dazu Geschichten ausdenken, und sie hat einen Standardsatz: Ich will. Am ersten Schultag erfindet sie für sich den Namen Annabella. Es ist eine Geschichte des Sich-Einlebens in eine neue Umwelt, in der man nicht von Anfang an alles Erlebte und Erdachte entbehren kann. Carmen-Annabella kämpft um ihre Geschichten, die sie von Frau Miglitz erzählt bekam, sie kämpft um Freundschaften und um die erst so abweisende Frau Sebastian, die im Haus des Großen Zauberers wohnt. *Annabella sah das Häuschen wie ein Wunder. Es war über Nacht geschehen. Natürlich wußte sie, daß das Haus darum erst jetzt zu sehen war, weil der große Kran weggefahren war. Aber sie wollte an ein Wunder glauben, weil sie eins brauchte. ‚Das ist es', sagte Annabella. ‚Das ist des Großen Zauberers Haus.'* Das ist ein Buch, das Alltagsrealität und Phantasie humorvoll verknüpft und für Leser von acht Jahren an gedacht ist. Ich finde, es müssen aber dann schon recht geübte Leser sein, wenn sie an dem Hintergründigen in dieser Erzählung auch teilhaben wollen.

Ich fand einen Gedichtband

Oft mangelt es Eltern an neuen Gedichten oder Reimen, oder aber Kinder mögen selbst Gedichte, die auch zum Nachdenken anregen. Ich fand einen Gedichtband von *Werner Lindemann* (Kinderbuchverlag) mit dem Titel „Fledermausstunde". Er ist in Drispeth, in Mecklenburg, zuhause. Viele seiner Gedichte sind deshalb auch von der Landschaft geprägt. Seine Gedichte handeln oft von den Träumen und Sehnsüchten Heranwachsender. Auch Kritisches ist zu finden, zum Beispiel dies:
DAUERSELBSTVERPFLICHTER / Blumen gießen, Wandzeitungen gestalten. Kranken Schularbeiten bringen. Tafel sauberhalten – immer meldet er sich: Mache ich! Wir nahmen ihn nicht beim Wort; unsere Blumen wären längst verdorrt.
Oder:
LOSUNG / Wir haben die Klassenfenster mit einer Losung beklebt; unsere Schule soll zum Festtag strahlen. – In der Klasse ist es dunkler geworden.
Und noch etwas als Zugabe::
LERCHE / Ohne Pause läutet eine Lerche an der Tür des Morgenhimmels. Da öffnet die Sonne.

Geschichten für die Älteren bis zu den jungen Heranwachsenden auszusuchen, ist gar nicht so einfach. Sehr oft sind es die gleichen Autoren, die sowohl für Kinder, Jugendliche und auch für Erwachsene schreiben. Z.B. *Preuß, Heiduczek, Helmut Sakowski.*
Von letzterem stammt das Kinderbuch „Wie brate ich eine Maus" (Neues Leben). Der in Neustrelitz lebende, eher für Romane und Fernsehspiele bekannte Autor, vielfach ausgezeichnet, hat hier ein Kinderbuch vorgelegt, das den Untertitel ‚Die Lebenskerben des kleinen Raoul Habenicht' trägt. Es geht auch um Einschnitte im Leben des Jungen, dessen Eltern sich trennen. Er liebt seinen Vater, er liebt seine Mutter, den neuen Vater akzeptiert er nicht. Nach und nach blättert sich vor dem Leser die Geschichte der Familie auf, die der Familie mütterlicherseits und die der Großeltern väterlicherseits. Zu der letzteren gehört vor allem Oberkater Munzo, der als Freundschaftsbeweis täglich seinen Mäusefang vor Raoul hinlegt. Eine flüssig geschriebene und oftmals zum herzhaften Lachen reizende Erzählung mit ernstem Hintergrund, die vieles vom DDR-Alltag zeigt, und auf diese Weise auch informativ ist, ohne den Lesespaß zu verringern.

Die Schumachers sind Lehrer

„Kirschenkosten" heißt das Buch von *Hildegard* und *Siegfried Schumacher*, beide von Beruf Lehrer, seit 1974 freischaffend als Schriftsteller tätig. Sie wohnen in Bad Freienwalde. Ihre „Andy-Bücher" sind vielgelesene Lektüre der Jüngeren. Im Verlag Neues Leben haben sie für Heranwachsende schon mehrere Bücher geschrieben, und sie machen es sich nicht leicht („Wer schreibt, hat minunter Zweifel, ob das, was er geschrieben hat, gut ist ..."). Sie machen es auch ihren Helden nicht leicht, in „Kirschenkosten" z.B. ihrer Heldin Christine, die ihre erste Liebe erlebt. Das Buch hat kein Happyend, ist aber auch keines, das traurig macht. Einfach ein Entwicklungsprozeß junger Menschen wird geschildert, ein Reifeprozeß – das Kirschenkosten ist auch symbolisch gemeint. Ich erwähne das Buch auch deshalb, weil es wieder einen anderen Bereich des Lebens in der DDR zeigt, nämlich auf dem Lande, Schule und Arbeit dort unter sozialistischen Bedingungen.

Auch bei uns wohlbekannt: Benno Pludra

*Zeichnung von **Jutta Bauer** aus der Lizenz-Ausgabe (Beltz & Gelberg, 1985) des Romans „Das Herz des Piraten" von **Benno Pludra***

Ein Autor, den viele junge Leser aus der Bundesrepublik kennen, ist *Benno Pludra*. Seine Kinderbücher „Lütt Matten und die weiße Muschel", „Tambari" sind große Erfolge geworden und in viele Sprachen übersetzt. Auch diese Bücher sind in der Landschaft angesiedelt, die das Zuhause des Autors sind. In seinem Buch „Insel der Schwäne" spürt man dagegen in der Figur seines Helden die Sehnsucht nach dem Meer. Auch bei uns erschienen ist sein Buch „Das Herz des Piraten" (vgl. 3. Almanach S. 166).*Pludra* hatte das Motiv des Steinfindens schon einmal in einer kleinen Geschichte verwendet. Diesmal ist der Stein ein Piratenherz, von dem keiner außer Jessika etwas anderes glauben will, als daß es eben ein Stein sei. Der Stein ist mehr als ein grauer Klumpen. Für Jessi ist er ein Ansprechpartner aus ‚einer anderen Welt', aus Zeiten, die nur noch in Abenteuerbüchern und in der Historie vorkommen. Neben dem Märchenhaften die Realwelt, die durchaus Probleme einbringt: den von der Familie getrennt lebenden Vater (eine schillernde Figur mit Zirkushabitus), die „Hühnerfrage" (da geht es um Intensivhaltung), die Beziehungen zu den anderen Kindern. Jessi macht eine Entwicklung durch in dieser Geschichte, in der sie sich am Ende von zwei Dingen trennt und sich der Realität wieder zuwendet: Vom Stein trennt sie sich und vom Kettchen, das der Vater ihr geschenkt hat.
Das Buch wird manchen *Pludra*-Fan vor Fragen stellen: Hat seine Rückkehr zum Meer (nach dem Buch „Insel der Schwäne") nun wieder seine Art zu schreiben fortgesetzt? Hat *Pludras* Schreibweise sich verändert? Das nach einem Buch ‚danach' zu sagen, ist problematisch. Gespannt sein kann der Leser, der *Pludra*-Bücher kennt, auf seine nächsten Arbeiten.

Lesespuren hinterlassen

Zwei Bücher des Leipziger Autors *Werner Heiduczek* (beide im Mitteldeutschen Verlag Halle) haben bei mir ‚Lesespuren' hinterlassen. Es sind keine Jugendbücher, wohl aber für junge Menschen äußerst interessant zu lesen, wie überhaupt ab einem gewissen Alter die Grenzen zwischen Jugendliteratur und Erwachsenenliteratur, wenn man schon einmal diese Standardbegriffe verwenden muß, sehr fließend sind. *Heiduczek* hat einige sehr bemerkenswerte Kinder- und Jugendbücher geschrieben (z.B. „Jana und der kleine Stern", „Laterne vor der Bambushütte", „Mark Aurel oder Ein Semester Zärtlichkeit"), und seine beide Novellen „Reise nach Beirut / Verfehlung" geben tiefe Einblicke in das Zusammenleben oder Auseinanderleben von älterer und jüngerer Generation. Beides deutsch-deutsche Geschichten, wenn man so will, die sehr nachdenklich machen. Wen diese Thematik interessiert, der wird es nicht leicht haben beim Lesen, weil man solche Geschichten nicht wie einen Krimi hintereinander lesen wird. Auch das Buch „Der Schatten des Sijawusch", als Legende bezeichnet, ist kein Buch zum Schmökern, eher zum Nachdenken über den Sinn des Lebens. Sijawusch erlernt vom Mobaden die Kunst, Steinen Leben zu geben und Moscheen zu bauen. Der ehemalige Hirtenjunge wird berühmt, aber so wie seine Berühmtheit, wächst auch seine Vermessenheit. Er denkt nicht mehr an die Warnung des Mobaden: „Die Sonne des Glücks wird über dir stehen. Doch hüte dich, deinen Schatten wachsen zu lassen, daß er den anderen das Licht nimmt." *Heiduczek* hat diese Legende,

die in den Tälern des Hindukusch von den Hirten erzählt wird, für die deutschen Leser aufgeschrieben. Viele Autoren und Namen wären es wert, an dieser Stelle mit ihren Büchern genannt zu werden. Es gibt gute Beispiele und weniger gute, solche die dem Leser Neues und Nachdenkenswertes bringen, oder solche, die einfach Pflichtlektüre sind und wenig gelesen in den Bücherregalen stehen. Manche Bücher gehen von Generation zu Generation, die Kinder lachen oder weinen über die gleichen Geschichten wie ihre Mütter und Väter. Zu solchen Büchern gehört beispielsweise *Holtz-Baumerts* „Alfons Zitterbacke", das sicher auch hier vielen Lesern bekannt ist.
Einen Autor möchte ich noch erwähnen, der zu den bekanntesten in der DDR gehörte: *Hans Weber*. Er ist im August 1987, gerade fünfzig Jahre alt geworden, verstorben. *Webers* Bücher sind Problembücher, so zum Beispiel sein „Sprung ins Riesenrad", „Einzug ins Paradies" oder „Alter Schwede". Er hatte ein großes Leserpublikum in der DDR. Ich möchte deshalb ein Zitat *Webers* an den Schluß meines kleinen Streifzuges durch die neuere KJL der DDR stellen: *Literatur ist nicht nur schwere Verantwortung, sondern auch etwas leicht Zerstörbares, wie das Lachen eines Menschen, wie der vertrauensvolle Blick eines Kindes. Sie öffnet sich nur demjenigen, der sich ihr behutsam nähert, aufmerksam, feinfühlig, unvoreingenommen vor allem. Ein Buch ist der Vorschlag eines Autors, über einen komplizierten Gegenstand gemeinsam nachzudenken... Denken wir nach. Gemeinsam.*

Isolde Heyne

Quellen:

1) *allė erwähnten Bücher*
2) *Jedes Buch ist ein Abenteuer (Verlag Neues Leben)*
3) *Beiträge zur Kinder- und Jugendliteratur Heft 82 (1987)*
4) *Referat v. Steffen Peltsch zu den 25. Tagen der Kinder- und Jugendliteratur im April 1987 in Schwerin*

Isolde Heynes Mädchenbuch FUNNY FANNY (Erika Klopp Verlag, Berlin 1987) erlebte kurz nach Erscheinen schon eine 2. Auflage. Warum wird dieses Buch so stark beachtet? – Hier eine von vielen positiven Meinungen:
In der neuen Buchreihe „profil" stellen die Autoren Fragen und Probleme an den Leser, die absolut nichts mehr mit einer heilen Welt des Buches zu tun haben, die aber auch nicht in den krassen Realismus der 70er Jahre verfallen, sondern vielmehr ein Thema aufgreifen, das in der Regenbogenpresse häufig als Sensation dargestellt wird, dessen Folgen aber in der Zeitung kaum beachtet werden, obwohl sie mehrere Menschenleben bestimmen können.

So ändert ein Sexualverbrechen, an der achtjährigen Fanny begangen, nicht nur ihr Leben, sondern auch das der gesamten Familie, läßt die Eltern ängstlich werden, läßt sie die beiden Töchter so sehr behüten, daß die älteste auszieht, Fanny selbst aber das ganze Geschehen vergessen soll. So wechseln die Eltern den Wohnort, greifen das Problem nie mehr auf und ahnen dabei nicht, in welche Konfliktsituation sie ihre Tochter bringen, als sie die ersten Zärtlichkeiten mit ihrem Freund Ulrich tauscht.

Ohne es zu ahnen, löst Ulrich dabei eine Folge von Gefühlen aus, die bei Fanny schließlich darin gipfeln, daß sie den Täter haßt und versucht, sein Leben ebenso zu beeinflussen, wie er ihr Leben zum Negativen hin gewendet hat.

So schildert das Buch nicht nur den eigenen Weg, die Vergangenheit aufzuarbeiten, sondern auch den ihrer Schwester und den ihrer Eltern, die alle in unterschiedlicher Weise von dem Geschehen betroffen sind.

So wird zunächst geschildert, wie sie voller Haß versucht, dem, den sie als Täter ansieht, ein neues Verbrechen anzulasten, wie sie auf die Konfrontation mit ihm reagiert und wie sie sich dann dieser Herausforderung stellt, ohne zu wissen, daß auch der Täter selbst das Geschehen aus seiner Sicht noch nicht fassen kann und von ihm belastet ist.

Doch diese Geschichte kennt kein happy end wie die Leserinnen vielleicht erwartet hätten, sondern es ist erst für Fanny der Anfang des Weges gefunden, um wieder zu ihrem alten Freund Ulrich zurückzukehren.

Wohl niemand kennt die Dunkelziffer bei Sexualverbrechen an Kindern, wenn gerade Mädchen versuchen, ein solches Geschehen zu Hause zu verschleiern. Darum ist es besonders zu begrüßen, daß Isolde Heyne das Thema so aufzeigt, daß all das aufgearbeitet wird, was der Zeitungsbericht verschweigt, daß die Bewältigung des Geschehens nicht

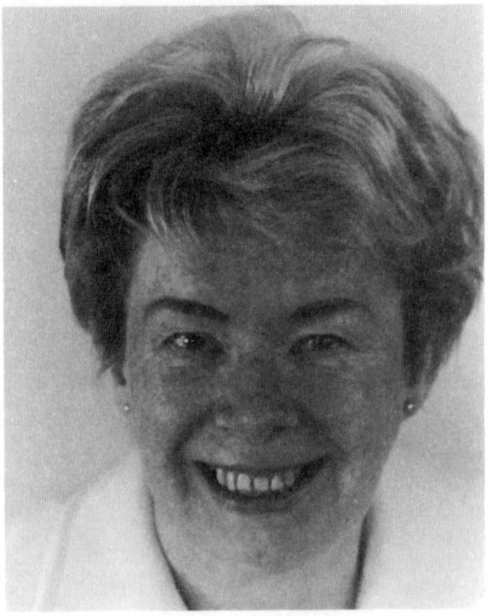

__Isolde Heyne__ wurde 1931 in Aussig/Elbe geboren. 1945 aus ihrer Heimat vertrieben, lebte sie zunächst in Leipzig (DDR), studierte dort am Literaturinstitut und schrieb als freischaffende Autorin. 1979 übersiedelte sie mit ihrem Mann in die Bundesrepublik Deutschland, wo sie mit ihren Jugendbüchern bald großen Anklang fand und einen Preis nach dem andern einheimsen konnte, u.a. 1985 den „Deutschen Jugendliteraturpreis" für „Treffpunkt Weltzeituhr" (vgl. 3. Almanach S. 185 f.). __Isolde Heynes__ Exklusiv-Beitrag über DDR-Autoren und ihre neuesten Kinder- und Jugendbücher geht auf ihren eigenen Vorschlag zurück, im Almanach der KJL mehr und mehr auch die DDR zu berücksichtigen. Ein schöner Anfang ist gemacht... – Daß wir es mit einer enorm fleißigen Autorin zu tun haben, ist an vier Neuerscheinungen des Jahres '87 nachzuweisen, von denen die wohl wichtigste („Funny Fanny", Berlin: Klopp) eine ausführliche Würdigung durch __Prof. Dr. Sigrid Lichtenberger__ (s. Artikel) erfahren durfte. Weitere bemerkenswerte Bücher __Isolde Heynes__ aus 1987: „Ein Ticket zur Sonne" (Reihe: „Die Kommissarin", Herder), „Der Held von Zickzackhausen" (Reihe: „Die Bücher mit dem Stier", Arena) und „Sandmännchen-geschichten" (Reihe: Leselöwen Geschichten, Loewes).

mit der Bestrafung des Täters endet, sondern daß es intensiver Aufarbeitung des Geschehens von seiten des Täters wie des Opfers und der Angehörigen bedarf, um den Haß und das Unverständnis zu überwinden und den Weg zu einem positiven Anfang zu finden.

Wie schwer aber ein solcher Weg ist, den jeder für sich allein gehen muß, bei dem andere nur Anregungen geben können, das zeigt die Autorin in ihrem Buch auf und gibt dabei, intendiert oder nicht, Hilfen für all die, die einmal mit einem solchen Geschehen konfrontiert wurden und zeigt Wege auf, die sich als gangbar erweisen, um dieses Geschehen zu überwinden.

Damit dürfte das Prädikat „ehrlich", das der Reihe gegeben ist, hier bedeuten, daß ein Tabuthema aufgegriffen wurde und daß hier Verhaltensweisen aufgezeigt werden, die ebenso den Leserinnen wie ihren Eltern einmal nützlich sein können und zumindest bei ihnen erreichen, daß eine solche Sensationsmeldung in der Regenbogenpresse anders gesehen wird als dies bisher geschah.

Prof. Dr. Sigrid Lichtenberger
Universität des Saarlandes,
Saarbrücken

Meinung

„Was heißt da zumuten?"

(Mirjam Pressler)

„Laßt das Mädchenbuch leben!"

(Hildegard Schaufelberger)

„Ein gutes Buch, trotz der Probleme ..."

(Dietrich Grünewald)

Was heißt da zumuten?

Soziale Wirklichkeit in Kinderbüchern

Immer häufiger werden auch im Kinder- und Bilderbuch sogenannte „schwierige" Themen wie Tod, Behinderung, Umweltzerstörung usw. aufgenommen. Soll die heile Kinderwelt zerstört werden, sind Kinder damit nicht überfordert – oder eignen sich diese Bücher, um Gespräche in Gang zu bringen? Diese und andere Fragen wollten wir in den Arbeitstitel: „Soziale Wirklichkeit in Kinderbüchern?" aufnehmen und Sie bitten, diesen Beitrag zu übernehmen.

Manchmal bin ich unvorsichtig. Ich habe mich bereit erklärt, den erbetenen Artikel zu schreiben, und bin weder Germanistin noch journalistisch oder pädagogisch interessierte Beobachterin der Kinderbuchszene. Ich schreibe seit einigen Jahren hauptberuflich für, von und über Kinder und Jugendliche und übersetze Kinder- und Jugendbücher. Punkt. Die Allgemeinheit des Themas überfordert mich.

Dem ersten Impuls, an den Vorgaben der Redaktion herumzumäkeln (warum z.B. „schwierig" in Anführungszeichen gesetzt wurde und nicht die „heile Kinderwelt") und daran meinen Artikel zeilenschindend aufzuhängen, habe ich weitgehend widerstanden. Nein, ich kann nur über meine Beziehung zur Realität schreiben, über „soziale Wirklichkeit" in meinen Kinderbüchern. Ohne Fragezeichen, weil das für mich nie eine Frage war.

Es gibt sie nicht, die heile Kinderwelt

Als Autorin „lebe" ich von meinen Erfahrungen, meiner Biographie. Was ich schreibe, muß stimmen, muß meiner Realität, meiner sozialen Wirklichkeit entsprechen.

Meine biographischen Erfahrungen für diese Arbeit sind: 1940 wurde ich als uneheliches Kind in Deutschland geboren, wuchs bei Pflegeeltern im Oma- und Opa-Alter auf, die selbst zur sozialen Unterschicht gehörten. Ich bin geschieden und habe meine drei nun fast erwachsenen Töchter allein großgezogen. Die Liste der „Berufe", die ich ausgeübt habe, ist lang. Meine ersten Bücher habe ich nachts geschrieben, neben Beruf, Familie, Haushalt. Geschlecht, Herkunft, soziales Umfeld, fast zwanzig Jahre als Mutter und Ernährerin, Judentum, das ist meine Reailität. Meine eigene Kindheit und Jugend, Erlebnisse mit meinen Kindern, mit den Freunden und Freundinnen meiner Kinder, mit den Eltern der Freunde und Freundinnen meiner Töchter sind Erfahrungen, die zwangsläufig einfließen, wenn ich über Kinder und von Kindern schreibe. Die „Soziale Wirklichkiet" ist darum keine Zerstörung von „heiler Kinderwelt", kein Versuch, irgendeine pädagogische Absicht zu erreichen.

Zeichnung von ***Gitte Spee*** *aus „Jessi" von* ***Mirjam Pressler*** *(Ravensburger 1987)*

Ich schreibe über das, was ich kenne, die Realität von Kindern, so wie ich sie selbst bzw. vermittelt durch meine (und viele andere) Kinder erlebt habe. Sicher kommen in meinen Büchern auch schwierige Themen wie „Tod, Behinderung, Umweltzerstörung" vor.

Die meisten Kinder klauen und lügen

Wichtiger sind mir allerdings die ganz alltäglichen Konflikte in der Schule, mit den Eltern, mit Geschwistern und Freunden. Mich interessiert, wie Kinder, die in den Konflikten meist machtlos und unterlegen sind, dennoch ihre Interessen durchsetzen, sich behaupten. Ich schreibe darüber, daß Kinder auf Liebe und Zuwendung angewiesen sind, wie sie unterscheiden lernen zwischen pädagogisch kalkulierter und absichtsloser Zuwendung. Und statt der wechselnden Mode schwieriger Themen schreibe ich lieber über kindliche Konflikte aufgrund einer absolut übertriebenen Gewissenserziehung.
Beispiel: Alle Kinder klauen und lügen. Die Probleme entstehen aus der pädagogischen Kriminalisierung dieses Verhaltens und den eingesetzten Strafen. (In meinem Buch „Nickel Vogelpfeifer" bleiben diese Bestrafungen aus, ohne daß man Nickel eine Zukunft als Verbrecher voraussagen müßte.)
Ein anderes Thema ist Angst. Ich kenne die unbestimmten Ängste von Kindern genau, unbestimmt, weil Kinder nicht wissen, woher diese Ängste kommen und wie sie damit umgehen können. Ich halte es für besser, über Angst zu reden. Mut und Kraft, schwierige Situationen anzunehmen, durchzustehen, Strategien zu entwickeln, entstehen nur, wenn man sich seiner Angst bewußt wird, während unbestimmte Ängste lähmen.

Und da bin ich bei meinem Hauptthema: Sprechen, aussprechen, eigene Ängste, Hemmungen nicht verbergen und überspielen, wie es von Erwachsenen, die dadurch auch nicht glücklicher werden, weitgehend vorgelebt wird. Durch Verschweigen und Verbergen wird die Welt nicht heiler, man bekommt nur Bauchweh davon. Heile Welt? Niemand ist suspekter als Eltern, die beim Kauf eines Buches abwinkend sagen: „Es ist alles ohnehin schon so schlimm, mein Kind soll so etwas nicht auch noch lesen." Erleben schon, weil es sich nicht ändern läßt, aber lesen nicht? Ich halte das für Dummheit.

Mutter sorgt, Vater arbeitet – wirklich?

Neben der Parteilichkeit für Kinder und Jugendliche sind zwei weitere Themen für meine Arbeit wichtig: Das Eintreten für die Rechte der Frauen und Kampf gegen Faschismus, beides sicher „schwierige" Themen, deren Verknüpfung mit meiner Biographie unschwer zu entdecken ist. Frauen sind in Kinder- und Jugendbüchern inzwischen nicht mehr nur die treusorgenden Mütter und Hausfrauen, die aufs Nachhausekommen der lieben Papis warten. Die Notwendigkeit dieser Tendenzwende ist inzwischen unbestritten, auch wenn bei vielen der „modernen" Frauenfiguren die sexistischen Zwänge nur ihr Erscheinungsbild gändert haben, keineswegs ihre Qualität. Was ich von der Rolle, den Möglichkeiten bzw. Einschränkungen von Frauen denke, läßt sich meinen Büchern "Novemberkatzen", „Zeit am Stiel" und „Bitterschokolade" entnehmen.

Der zweite genannte Aspekt, Kampf gegen Faschismus und die Erinnerung an den Faschismus in Deutschland, ist in der Kinder- und Jugendliteratur kaum bzw. in unzureichender Form berücksichtigt. Die Versuche in dieser Richtung sind für gewöhnlich mißlungen und sogar peinlich. Ein Beispiel dafür ist – trotz unbestritten guter Absicht – das Bilderbuch von *Ilse Burfeind*: „Ein Kind im Koffer". Eine Geschichte aus dem KZ Buchenwald (Kinderhaus e.V., Hamburg, 1987). Daß es auch anders geht, finde ich in Büchern aus den Niederlanden, die ich in den letzten Jahren häufig beurteile und übersetze. Beispiel: *Bert Kok*: „Die gute Adresse" (Weismann Verlag, München 1986). Es beschreibt den erfolgreichen Versuch einer Gruppe von Fast-noch-Jugendlichen, zumindest jüdische Kinder vor Deportation und Ermordung durch die Nazis zu retten.

Ein zweites Beispiel: *Ida Vos*: „Anna gibt es noch" (Verlag Sauerländer, Aarau und Frankfurt am Main, 1987). Anna, die drei Jahre untergetaucht gelebt hat, soll nach der Befreiung plötzlich wieder eine Art „normales" Familienleben mit ihren Eltern führen. In diesen Büchern wird das Schicksal jüdischer Kinder

in spannenden Erzählhandlungen aufbereitet, ohne übertriebene Sentimentalität, ohne Beschönigung und ohne den Versuch, dieses Grauen zu rechtfertigen. Ein Buch muß ich hier noch anführen, bei dem mir selbst ein wichtiger Aspekt der Realität im Buch klargeworden ist: *Anton Tellegen*: „Ich war fünfzehn und zum Glück groß für mein Alter" (Cecilie Dressler Verlag, Hamburg, 1987). Ich habe, nachdem ich das Buch gelesen hatte, einen halben Tag im Bett gelegen und geheult. Meine erste Reaktion war: Kann man diese Geschichte einer nicht wiedergutzumachenden Verletzung einem (jugendlichen) Leser zumuten? Und dann bekam ich Wut. Dieses Kind mußte es erleben. Wir, unsere Kinder, meine Kinder, können es mit vollem Bauch in einem warmen Zimmer lesen. Was heißt da zumuten!

In den Niederlanden ist es wahrscheinlich leichter, sich mit diesen Themen auseinanderzusetzen. Um so wichtiger finde ich es, diese Geschichten auch deutschen Kindern zugänglich zu machen, um den Wortnebel, der in unserem Land über die Zeit des Faschismus gebreitet ist, zu durchstoßen.

Auch die Erfahrungen von Kindern mit dem alltäglichen Faschismus bei uns heute sind wichtig genug, darüber zu schreiben. Gerade jetzt (am 8.8.1987, abends) sitze ich im Intercity München-Wiesbaden. Nachmittags hat ein Fußballspiel stattgefunden, im Zug sind auch Bayern-Fans. Angeheitert (!) bis sturzbetrunken torkeln sie herum und skandieren laut und ohne die geringste Scham faschistische und faschistoide Parolen. Eine verschwindend kleine Minderheit? Diese verschwindend kleine Minderheit terrorisiert das Speisewagenpersonal und die große Mehrheit, die Mitreisenden. Und keiner traut sich, etwas gegen sie zu unternehmen. Auch ich nicht! Ich habe nur Bauchweh.

Wirklichkeit erleben Kinder nicht häppchenweise

Ich konnte „meine" Themen zur sozialen Wirklichkeit hier nur anreißen und durch wenige Beispiele illustrieren. Für mich ist einsichtig, daß meine Bücher zuweilen auch Widerspruch und Mißverständnisse hervorrufen. Ein Kritiker der Stuttgarter Zeitung hat mir vorgeworfen, ich drängte die Männer ins Abseits, weil Väter in meinen Büchern unterrepräsentiert sind bzw. nicht existent. Das ist meine Realität, und, wie sich den einschlägigen Statistiken leicht eintnehmen läßt, nicht nur meine. Das bayerische Kultusministerium hat in seinem offiziösen Organ „Schule und wir" (Nr.1/87,S.17) eines meiner Bücher („Stolperschritte") als politische Tendenzliteratur bezeichnet, weil es in der DDR als Lizenzausgabe herausgegeben wurde. Zitat: „Ahnungslosen jungen Lesern bestätigt es das politische Propagandabild vom ‚Wilden Westen' und seiner maroden Gesellschaft." (Ich darf mich dann noch freuen über den abschließenden Satz: „Im Hinblick auf seine literarischen Qualitäten ist der Band „Stolperschritte" übrigens bemerkenswert.")

Solche Diffamierungen und Mißverständnisse sind mir weniger wichtig, so lange meine Bücher von Kindern gern gelesen werden und gelesen werden können. Bei der Darstellung „meiner" Realität, der sozialen Wirklichkeit in meinen Kinder- und Jugendbüchern, habe ich nun doch noch eine allgemeinere Position gefunden:

Kinder erleben gezwungenermaßen Realität, und zwar nicht häppchenweise und in homöopathischen Dosen, wie manche Erzieher das gerne hätten. Sie erleben nicht nur ihre eigene Realität, sondern auch die ihrer Umwelt. Sie erfahren zum Beispiel ihre Mütter und Väter aggressiv, traurig, angstvoll, und können diese Gefühle nicht von ihrer eigenen Person trennen. Kann jemand im Ernst behaupten, es sei besser, sie diese diffusen Gefühle nur empfinden zu lassen als ihnen zu erzählen, was gerade „läuft"?

Ich bin, weil ich neugierig auf alles bin, eine Alles-Leserin. Und ich finde, genau das sollte man Kindern auch ermöglichen. So wie ein Freund von mir zu sagen pflegt: „Die Wirklichkeit ist auch nur eine Form der Realität."

Mirjam Pressler

***Mirjam Pressler** (auf dem Foto, das am 5.7.1987 bei **Maria Friedrichs** Geburtagsparty entstand, ganz rechts) wurde 1940 in Darmstadt geboren, besuchte die Hochschule für Bildende Künste in Frankfurt am Main und lebt heute mit ihren drei Töchtern in München. Sie erhielt für ihren Roman-Erstling „Bitterschokolade" 198o den Oldenburger Jugendbuchpreis. Über ihre Aktivitäten im Bereich der KJL – sie ist auch eine vielbeschäftigte Übersetzerin – ist u. a. im 4. Almanach (S. 32, 85, 217, 230 und 248) nachzulesen. – In diesem Jahr erschienen vier Kinderbücher von **Mirjam Pressler**, in verschiedenen Verlagen. Ihr wohl nachhaltigstes: „Goethe in der Kiste" (Loewes), eine Erzählung über ein Mädchen, das von seinen verreisten Eltern zurückgelassen wurde, und vor Heimweh vergeht. Wäre da nicht die „Geheime Ratt' Goethe", die Simone in einer Kiste entdeckt... – Bei Loewes kamen noch „Omageschichten" heraus, in der Ravensburger „Blauen Rabe"-Reihe „Jessi – Ich schenk dir meinen Wackelzahn", und bei Ellermann das von ihr übersetzte Bilderbuch „Der Hase Kasimir".*

Laßt das Mädchenbuch leben!

Die Frisuren sind gleich, die Chancen sind gleich, die Ausbildung ist gleich, die Jeans sind gleich. Sie stricken die gleichen Pullover gleich (die Jungen und die Mädchen), tragen die gleichen Turnschuhe, haben die gleichen Ansprüche, essen die gleiche Diät. Wofür dann noch ein Mädchenbuch? Ist diese Gattung nicht längst überflüssig geworden, so wie auch der Begriff „Mädchen" überflüssig geworden ist? Vor der Pubertät, nun ja. Aber dann sagt man sicherheitshalber lieber „Frau". Man will niemanden kränken. Der Begriff Mädchen ist anders besetzt, heutzutage. Naiv.

Das Mädchenbuch ist tot ...

Also kein Mädchenbuch? Was stellt man sich dort überhaupt vor unter einem Mädchen? Nicht biologisch, ideologisch meine ich. Fragen wir *Else Ury*. Sie hat so viele Nesthäkchen-Bände in einer Gesamtauflage von rund 5 Millionen Exemplaren geschrieben, sie müßte es eigentlich wissen. Also: „Nesthäkchen", das bis heute aufgelegt und gekauft wird, ist bis ans Ende ihres allerallerletzen Bandes unverändert das mutwillig-sorglose, übermütige, lebenslustige Kind. Sie bleibt trotz einiger zeitbedingter Unruhen wohlbehütet in ihrer heilen bürgerlichen Welt, eine Reifung findet nicht statt. Trotz der vier Generationen, die sie durchlebt, bleibt um sie herum das Bild der Familie, der Frau, des Mannes unverändert. Erotik ist dosiert und höchstens als neckisches Tändeln erlaubt. Beruf wird nur als Lückenbüßer gesehen, wenn die wahre Bestimmung der Frau nicht möglich wird, nämlich im Rahmen ihrer Familie sanft und weich und heiter zu sein. Soweit Nesthäkchen, Inbegriff des traditionellen Mädchenbuches.

Durch solche und ähnliche Vorbilder, meist des 19. Jh., wurden Mädchen „gemacht", schreibt *Malte Dahrendorf* in seinem 1978 erschienenen Werk zu diesem Thema. Sozialisierung nennt man das. Durch Erziehung, Umwelt, Schule – und eben nicht zuletzt durch das Mädchenbuch wurde dem Mädchen seine Rolle vorgezeichnet. Mädchensein ist Rollenlernen, sagt der Autor. Daß diese Rolle ein Klischee ist, versteht sich von selbst. Es existiert bis heute. Und es sind nicht nur die Omas, die noch „Nesthäkchen" und ähnliche Mädchenbücher kaufen. Es sind häufig die Mädchen selbst. Ein nicht auszurottendes Wunschbild? Die scheinbare Unkompliziertheit dieser Rolle? Flucht davor, zu seinen eigenen Entwicklungen zu stehen? Man sollte darüber nachdenken.

... es lebe das Mädchenbuch

Wer denkt, mit einem neuen Mädchenbuch sei dieses Klischee gestorben, der irrt. In nicht wenigen Fällen wurde inzwischen das alte durch ein neues Klischee ersetzt: berufsfixiert, keine totale Selbstaufgabe mehr in Ehe und

Mutterschaft, statt dessen Selbstverwirklichung wo auch immer (nur nicht in der Familie). Den aufopferungsvollen Hausfrauenmüttern wird die Antihausfrau entgegengestellt, die allerdings ihren Töchtern nicht mehr die emotionale Wärme geben kann, Sicherheit und familiäre Geborgenheit. Deutlich werden in solchen Büchern latente Schuldgefühle, die Frauen immer noch haben, wenn sie sich aus eigenem Antrieb für eine bestimmte Rolle entscheiden. Bedenklich.

Wie ist das mit der Rolle der Frau? Wir sprachen oben vom Hineinwachsen in die traditionelle Rollenidentität: Das kann gut sein, darf aber nicht zum Zwang werden. Rollenzwänge – ob alt ob neu – sollte man entlarven. Bei *Hedi Wyss,* in: Das rosarote Mädchenbuch, ist folgendes zu lesen:

Die wahre Befreiung der Frau beginnt damit, daß sie nicht mehr gezwungen ist, zwischen zwei Dingen, die untrennbar zu einem menschlichen Leben gehören, zu wählen oder eines um des anderen willen zu vernachlässigen: Zwischen der Selbstverwirklichung in der Arbeit und der Beziehung zu den Menschen, die ihr am nächsten stehen.

Eine neuere Mädchenliteratur bemüht sich um Aufbrechen des Rollendenkens. Eine jeweilige Entscheidung – so stellen es die besten dieser Bücher hin – muß selbstbestimmt und freiwillig getroffen sein, ob für die Familie oder einen Beruf oder beides. Solche Selbstfindungsprozesse sind eine große Aufgabe für das neue Mädchenbuch, wobei es durchaus auch überzeugende Beispiele für Rollenverweigerungen gibt.

Überhaupt hat der Beruf für die Mädchen in neuen Mädchenbüchern eine wichtige Bedeutung. Berufsausbildung und Berufstätigkeit sind der Schlüssel für geistige und finanzielle Unabhängigkeit. Diese neuen Mädchen setzen ihre Ausbildungs- und Berufspläne auch gegen den Willen der Eltern durch, oder sie revidieren Fehlentscheidungen bei der Wahl des falschen Berufes. Dabei ist diese Entscheidung oft die erste, die selbstbestimmt und eigenverantwortlich getroffen wird, und markiert einen wichtigen Entwicklungsschritt.

So schwappt die Gattung „Mädchenliteratur" über zur Frauenliteratur. Mehr noch: Die Grenzen auch zum neorealistischen Jugendbuch geraten ins Schwimmen (enttabuisierend, problemorientiert), ebenso zur Jeansliteratur (Aussteigen, Protest gegen etablierte Welt und Fremdbestimmung). Macht das was? Ich meine nein. Geht denn das Problem „Mädchen" nur die Mädchen etwas an? Genausowenig wie das Problem „Oma" nur die Omas. Wie eine Frau ist, das bestimmt doch unser aller Leben. In dem Moment, wo das Mädchenbuch seine Funktion als Sozialisationsfaktor verloren hat, ist es für alle wichtig und interessant.

Die neuen Mädchen

Die Probleme der „neuen Mädchen", deren Lösung heute noch nicht aus der Tradition kommen kann, brauchen ihre Darstellung in Büchern. Der dort angebotene Themenkreis ist groß. Daß sich die Themen der Mädchenbücher im Emotionalen und im Privaten, also im eigenen Schicksal und dem der Familie erschöpfen, das stimmt nicht mehr. Gesucht werden heute in erster Linie Spiegelgeschichten, in denen die Mädchen etwas über sich selbst und ihre Situation erfahren können als Modelle für das eigene Verhalten. Es scheint, daß solche Bücher immer einen Bezug zur biographischen Eigensituation ihrer Leserinnen herstellen und sich dadurch als Mittel der Selbsterfahrung und Selbsterkenntnis anbieten.

Wichtig ist dabei, das rechte Alter anzusprechen. Denn keineswegs ist Mädchen gleich Mädchen. Schon die Trivialliteratur des 19. Jh. schied deutlich eine Trotzphase von der Jungmädchenphase. Heute heißt es:
10–12 Jahre Mitweltbuch
12–13 Jahre Ichweltbuch
13–15 Jahre Reifeweltbuch
Dann erst beginnt (schematisch) der wichtigste Lebensabschnitt für die Entwicklung zur Frau.

„Ich wäre lieber eine Rübe"

Um solche Entwicklungen aufzuzeigen, verweilen wir doch beispielsweise einmal bei der „Trotzphase". Sie stellt das wohl schwierigste Überwechseln von einer Rollenidentität zur anderen dar, nämlich von der des Kindes zum Mädchen. Das Mädchen spielt hier noch einmal seine Kindheit aus und lehnt sich häufig auf gegen eine Rollenerwartung. In der traditionellen Mädchenliteratur wurde diese Phase nachsichtig geduldet. Dem Noch-Kind wurde ein gewisser Schonraum zugestanden, es durfte „leichtsinnig, mutwillig, schwärmerisch, verwöhnt, anspruchsvoll und gesellschaftlich ungelenk" sein. Der Preis dafür war, daß es nicht ernst genommen wurde. Die sicherlich schwerwiegenden Probleme, die ein Mädchen in diesem Alter bewegen, wurden verharmlost. Tatsächlich kämpft ein Mädchen dieses Alters, das geprägt ist von der wachsenden Identität und belastet mit einer Überproblematisierung der eigenen Person, mit einem teilweise extremen Rückzug auf sich selbst. Auch hier können Spiegelgeschichten helfen, wie etwa „Ich wäre lieber eine Rübe", einem heiteren und überaus menschlichen Buch über die 12jährige Annie Jelks. Sie ist in diesem schwierigen Alter des Heranwachsens, und sie glaubt, daß keiner sie mag, und am allerwenigsten mag sie sich selbst.

Sie hatte die Füße um die Stuhlbeine gewickelt, stopfte sich das Essen in den Mund und konnte fühlen, wie ihre Füße wuchsen. Wahrscheinlich würden sie niemals damit aufhören. Sie hatte eine Vorstellung von ihren ausgewachsenen Füßen: Sie würden erst fertig sein, wenn sie etwa zwanzig Jahre alt wäre, und dann würde es zu spät sein. Ihre Füße würden ebenso lang wie sie selber sein, und sie das Gespött der ganzen Stadt.

„Erzähl mir von Oma"

Wozu die neuere Mädchenliteratur ihren Leserinnen vor allem verhelfen möchte, ist der Prozeß der Identitätsbildung. Er hat den Prozeß des Rollenlernens abgelöst. Mit der Entwicklung dieser Ich-Identität wird in guten Büchern keineswegs einer radikalen Selbstverwirklichung das Wort geredet. Vielmehr geht es um die Herstellung eines Gleichgewichts von persönlicher und sozialer Identität, das heißt, es geht um die Entwicklung der Fähigkeit, zwischen unterschiedlichen Rollenanforderungen von außen und eigenen Bedürfnissen auszubalancieren und dabei ein individuelles Profil zu bewahren.

Diese Entwicklung ist keineswegs ein abgeschlossener Prozeß, er muß sich vielmehr in jeder Situation neu bewähren. Verinnerlichte Normen müssen reflektiert werden, und es muß auch der Mut zur Rollendistanz da sein, das bedeutet, eine Rolle auch einmal individuell zu interpretieren. Wie alt dieses Problem schon ist und wie jung erst die Möglichkeit, es zu verwirklichen, wird erstaunlich klar in dem Kinderbuch „Erzähl mir von Oma". Maslief, ein kleines Mädchen, forscht hier ihrer soeben beerdigten Großmutter nach, einer bitteren alten Frau. Und fragt sich und andere, wie sie so werden konnte. Was dabei herauskommt, sind die eben genannten Probleme. Aus Rücksicht, Liebe und Anpassung mußten die Eigenbedürfnisse vernachlässigt werden.

„Ja!" schreit Maslief auf einmal. „Aber WARUM? Das frag ich doch die ganze Zeit. Warum? Erst hat Oma lieber gelesen im Gartenhaus. Und dann, und dann ... wie kann denn sowas passieren? Dann fing sie an zu putzen, dann fing sie an, ein saures Gesicht zu machen. Das will ich wissen. WARUM HAT SIE DAS GEMACHT?

„Ich will Liebe"

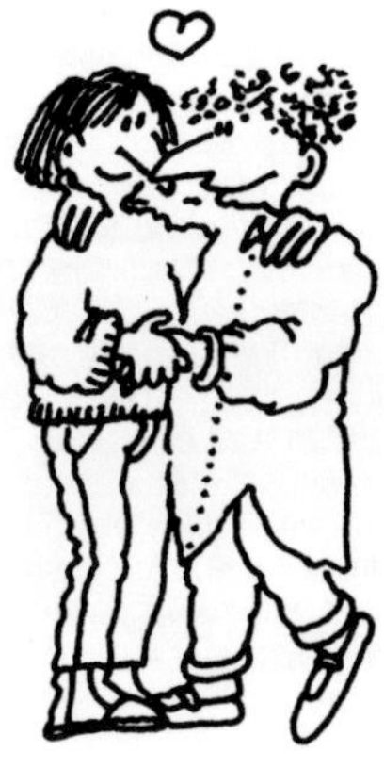

Und wo bleibt das Hauptthema Liebe? Im konventionellen Mädchenbuch und im Frauenroman war dies noch immer das wichtigste Thema. Der Mann fürs Leben war die Hauptsache und bestimmte das Happy-end, auch später noch, als der Heldin ein Beruf zugestanden wurde. Heute werden den neuen Mädchen in der anspruchsvollen Literatur andere Rollenmodelle und andere Aspekte des Reifwerdens gezeigt.

In „Ich will Liebe" ist das Psychogramm einer Pubertät festgehalten – weit differenzierter und wahrheitsgemäßer als nur „einen Mann fürs Leben" zu finden. Was andere Mädchen ihres Alters unbestimmt fühlen, drückt Stéphanie ungemein präzise aus in der Sensibilität des Empfindens, aber auch in der Kraft der Sprache, die ihrer Altersgruppe eigen ist. Eigentlich ist sie dem Ge-

heimnis des Lebens auf der Spur: im verstorbenen Hamster, in „dem Anderen", dem vertrauten Jungen im Rollstuhl, im verzweifelten Warten auf ihre Regel, die sie ihrer Meinung nach blitzartig in den geheimnisvollen Stand einer Frau bringen soll. Und im kritischen Beobachten ihrer Eltern, die alles leben, nur nicht die Liebe.

Die Auseinandersetzung mit dem alten Rollenverständnis wird versucht in „Ein Anruf von Sebastian".

„Du bist der King, wie?" sage ich. „Immer du, du, du!"
„Na und?" Er schiebt den Kopf so weit vor, daß sein Gesicht dicht vor meinem ist.
„Warum machst du das denn mit? Sag doch, ich hab' keine Zeit, ich muß was anderes tun, ich kann mich nicht immer nach dir richten. Als wir uns kennengelernt haben, hast du dauernd was vorgehabt. Deine Chemie zum Beispiel. Warum mußtest du die aufgeben?"

Ein nicht mehr neues Buch, aber mit einem immer gültigen Thema: der Frau, dem Mädchen, die sich aufgibt in der Liebe. Offenbar ist ihr das wesensgemäß. Ein überaus wichtiges Thema, wert, schriftstellerisch gestaltet zu werden. Vor allem weil es ein böses Ende nimmt: Wenn nämlich in dieser Selbstaufgabe die Persönlichkeit der Frau nicht langsam erlischt, so gebiert sie eines Tages den großen Widerstand. Und dann fangen die Probleme unter schwierigeren Voraussetzungen von vorne an.

„Und plötzlich willste mehr"

Die Sexualität, im konventionellen Mädchenbuch streng tabuisiert, wird in den neuen Büchern zum Thema. Keineswegs romantisierend kommen Ängste, Wünsche, Empfindungen und Nöte zur Sprache. Sexuelle Kontakte werden offen, manchmal desillusionierend geschildert. Man ist nicht mehr darauf fixiert, schnell zu heiraten. Die Eltern werden eher als warnendes Beispiel hingestellt: Lebensentwurf, Normen und Werte stimmen offenbar nicht mehr überein. Statt dem bisher gewohnten Sich-Finden trennt man sich wieder. Überhaupt ist der Trend zur Trennung auffallend im Mädchenbuch.

Frühe Schwangerschaften sind ein häufiges Thema. Entscheidungsmöglichkeiten für oder gegen das Kind, Auseinandersetzung mit der Mutterrolle, Folgen des Mutterseins für das weitere Leben – alles Argumente für die Lebensplanung der jungen Leserin. Der Buchgattung gemäß wird eher der Frau das Wort geredet als dem Kind. Der Grundkonflikt zwischen dem Bedürfnis nach Geborgenheit und dem nach Unabhängigkeit erfaßt allerdings auch die neuen Mädchen. Nur werden positive, funktionierende Partnerschaften äußerst selten dargestellt.

Der Typ Mann, der sozusagen eine jugendliche Ausgabe des Vaters darstellt, schneidet schlecht ab. Beliebter ist der sensible Softi, der sich jedoch allzuoft als egoistisch entpuppt. Überhaupt ist die Polarisierung nach „typisch männlichen" und „typisch weiblichen" Eigenschaften weitgehend aufgehoben. Männer dürfen Gefühle, Schwächen und Unsicherheiten zeigen, Frauen ergreifen die Initiative und sind weitgehend selbständig. Trotzdem gibt es auch das Thema Gewalt im Mädchenbuch. In „Zwischen Himmel und Hölle" endet Tonis Liebe zu Andreas damit, daß sie vor seiner Brutalität ins Frauenhaus flüchtet.

In dem Buch „Mädchenlust, Mädchenfrust" (Beltz, Reihe: Beltz-Info, 110 Seiten, mit Abb.) erzählen Mädchen „in aller Offenheit. Sie sparen nichts aus, sei es ‚das erste Mal', Familien- oder Schulstreß, Gemeinsamkeit und aufkeimendes Konkurrieren mit Freundinnen, die Auseinandersetzung mit der von Mädchen erwarteten Rolle. Oft tabuisierte Themen... gehören... ganz selbstverständlich zum Kapitel Sexualität und Zärtlichkeit... Nur durch Offenheit haben Mädchen die Möglichkeit, sich ohne Scham- oder Minderwertigkeitsgefühle mit ihrem Körper- und Seelenleben auseinanderzusetzen, Bedürfnisse und Gefühle zu entdecken und auch zu ihnen zu stehen..." – Soviel aus dem Vorwort zu diesem ungewöhnlich freizügigen „Mädchenbuch" des Jahres 1987, aus dem die frechen Karikaturen von ***Julia Rüß*** *stammen. Die Texte schrieben übrigens vier 20 – 27jährige Damen, die zusammen einen e. V. namens „Die kleine Hexe" bilden.*

Ich bin ich

Wie wir schon sagten, war im traditionellen Mädchenbuch das Erwachsenwerden ein Anpassungsprozeß. Bis Nesthäkchen im weißen Haar war, hatte sie verläßliche Vorbilder. Die Rollen von Ehefrau, Mutter und Hausfrau waren bindend vorgegeben. Heute ist das Erwachsenwerden ein Prozeß der Identitätsfindung: Wer bin ich eigentlich? Was will ich? Um wieviel schwieriger ist das. Während dieser Reifungsprozeß im konventionellen Mädchenbuch möglichst schnell und reibungslos überwunden wird, ist er im neuen Mädchenbuch von zentraler Bedeutung. Die Identitätsbildung ist ein wichtiger, lebenslanger Prozeß, der nun beim Jugendlichen endlich ernst genommen wird. Doch Vorsicht bei solchen neuen Modellen, die in denselben Fehler verfallen wie ihre Vorgänger, nur mit umgekehrten Vorzeichen! Auch die Rolle der selbstständigen, berufstätigen Frau wird leicht zum Klischee und führt zu Identitätsverlust, während die der Mutter und Ehefrau – richtig gelebt – vielen Mädchen immer noch Glück und Identität bieten kann.

Es ist ein gutes Zeichen, wenn in einem Mädchenbuch eine solche Entwicklung in kleinen Schritten verläuft und nicht etwa durch Schicksalsschläge verursacht wird. Denn dieser Prozeß ist mühsam und unbequem. Schrittweise muß gelernt werden, Entscheidungen allein und selbstverantwortlich zu treffen. Auch hier sind Spiegelgeschichten wichtig. Denn auch heute noch sucht das Mädchen Bestätigung in der Literatur, ist doch in diesem Ich-Werdungsprozeß das Bedürfnis nach Orientierung, nach festumrissenen Vorbildern groß.

„Keine Pizza mehr für Ellen"

An einem typischen Beispiel soll erläutert werden, wie ein Mädchen sich aus ihren vorgegebenen Rollen hinauskämpfen und den Mut finden kann, sie selbst zu sein. Also: Ellen ist dick. Ein gravierender Fehler, gilt doch immer noch das Gesetz, eine Frau habe in erster Linie schön zu sein. Ellen ist so dick, daß sie von den Klassenkameraden „Fettkloß" genannt wird. Wie eine Behinderte wird sie behandelt. Da lernt sie Jeff kennen. Jeff sieht gut aus und ist überall wohlgelitten. Ellen schwärmt für ihn. Irgendwie kommen die beiden zusammen, und sie vertraut ihm ihre Not an. Und nun beginnt das Problem. Er weiß, daß nur er Ellen helfen kann, und daß sie für ihn alles zu tun bereit ist. Psychologisch definiert: Ihre Leibesfülle ist seine Macht, denn nur so ist sie hilflos und auf ihn angewiesen. Doch siehe da: Mit abnehmenden Pfunden wird Ellen selbstbewußter und selbständiger. Und als Jeff eines Tages meint, sein „Produkt" öffentlich vorstellen zu können, ist Ellen ihm entglitten, hat sich freigemacht. Dieses Verhältnis, das keine Liebe war, konnte nicht Bestand haben.

Ähnlich liegt das Problem auch in „Der Ameisenbär". Thesi ist mit einer riesigen Nase ausgestattet und kompensiert diesen Mangel mit übereifriger Anpassung. Bis eines Tages diese Fassade der „Tugendhaftigkeit" zusammenbricht und ihr ganzes Elend deutlich wird. Ihre Familie, vor allem die Großmutter (mit derselben Ameisenbär-Nase) helfen ihr, sich selbst anzunehmen, wie sie nun einmal ist.

... vom Mütterchen die Frohnatur

In manchen Mädchenbüchern macht die Mutter parallel zur Tocher die gleiche Entwicklung durch. Das ist verständlich. Aufgeschlossen für die Kinder und mit ihnen lebend wächst manche Mutter unbemerkt in die Bewußtseinshaltung einer neuen, veränderten Frauengeneration hinein. Wie werden nun solche Mütter dargestellt? Leider gibt es auch da gefährliche Klischees. Alles, was nur annähernd nach der traditionellen Hausfrauen- und Mutterrolle aussieht, wird lächerlich gemacht und als Negativbeispiel für ein enttäuschend verlaufenes Frauenleben hingestellt. Damit will man sich offenbar absetzen vom alten Mädchenbuch und macht dabei neue, durchaus mögliche Identitätsfindungen kaputt. Den alten Klischees stehen neue gegenüber: Die „fortschrittlichen" Mütter mit eigenen beruflichen und privaten Interessen oder typisierte „Antihausfrauen". Beispiel für geglückte Kombinationen von diversen Möglichkeiten und für eine Rollenvielfalt fehlen weitgehend. Wünschenswert wäre eine Mischung von Ich-Stärke, emotionaler Wärme, gesundem Egoismus und Liebesfähigkeit.

Das Prinzip Hoffnung

Wie soll das Mädchenbuch enden? Das alte hatte ein Happyend: Hochzeit und so weiter. Das neue hat viele Möglichkeiten, weil es viele Probleme hat. Aber eines sollte es immer bieten: Einen Ausblick auf eine Lösung. Die Hoffnung, daß es sich lohnt, etwas Neues zu versuchen. Das Prinzip Hoffnung sollte ein ganz wichtiges Element des Mädchenbuches sein.

Und wie sieht das praktisch aus? Hier ein paar Beispiele. Die vierzehnjährige Silke in „Man kriegt nichts geschenkt" sucht nach Beendigung der Schule Möglichkeiten, ernsthaft im Beruf einzusteigen. Auch Armin, der Spätaussiedler, den sie mag, hält sie davon nicht ab. Das Buch endet mit einem Ausblick:

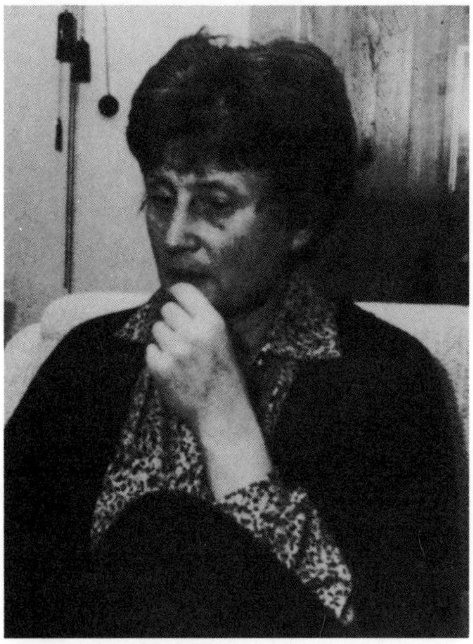

***Hildegard Schaufelberger** ist ausgebildete Buchhändlerin und arbeitet seit 1974 an der Kath. Fachschule für Sozialpädagogik in Freiburg/Breisgau als Dozentin für KJL. 1982 schloß sie ein Zusatzstudium (Germanistik und Volkskunde) mit dem MA ab. Als Referentin im Bereich Kindergartenerziehung ist sie seit Jahren begehrt. 1987 erschien bei Herder ihre „Märchenkunde für Erzieher". Darin vermittelt sie „Grundwissen für den Umgang mit Märchen". Selten las man ein Stück Sekundärliteratur über das heutzutage viel umworbene und tief ausgelotete Märchen mit solch großem Gewinn, wie er aus der Lektüre dieses kleinen Handbuches erwächst. Die Autorin macht ihre Leser wirklich sachkundig. Sie versteht es, sie in Entstehungsgeschichte, Erzähltheorie und -praxis, Strukturmerkmale, Psychologie, Interpretationskunst, Pädagogik und Religionspädagogik, sodann in die modernen Formen und die Vermarktung des (Volks–)Märchens behutsam einzuführen. Ein kleines Lebenswerk liegt hier vor, das mit vielen Beispielen (wie im nebenstehenden Artikel über das „Mädchenbuch") arbeitet, immer wieder auf Fragen des Lesers eingeht und vor allem die Grundlagen bietet, die ein in der Praxis arbeitender Märchenunkundiger braucht.*

Der Besuch im alten Schulhaus war wie der Versuch, in Schuhe zu schlüpfen, die ihr zu eng geworden waren. Für den nächsten Schritt brauchte sie neue Schuhe.

Auch der Schluß von „Ich wäre lieber eine Rübe" ist auf eine Zukunft gerichtet. Annie hat es in ihrem schwierigen Alter geschafft, mit sich selbst ins reine zu kommen. Jetzt wird aufgebaut:

Annie blätterte die Seiten immer schneller um und las wie wild die Wörter und ihre Bedeutungen. „Verflixt", sagte sie laut, „all diese Wörter muß ich noch lernen, und ich bin schon über zwölf. Warum hab' ich nicht früher damit angefangen? O verflixt, das schaff' ich nie."

Auch in „Bitterschokolade" geht es um ein Mädchen, das ihr Dicksein nicht akzeptieren kann. Bis sie lernt: Es ist eine Eigenschaft wie viele andere auch.

Das Fett schmolz zwar nicht, es war ganz anders, als sie erwartet hatte, daß es sein würde, kein stinkender Fettbach floß in den Rinnstein, eigentlich geschah nichts Sichtbares, und trotzdem war sie plötzlich die Eva, die sie sein wollte. Sie lachte, sie konnte nicht mehr aufhören zu lachen, lachte in Franziskas erstauntes Gesicht hinein und sagte, während ihr das Lachen fast die Stimme nahm: „Wie ein Sommertag sehe ich aus. So sehe ich aus. Wie ein Sommertag."

Mögen sie's überhaupt?

Mädchen lesen gerne Bücher, in denen andere Mädchengestalten gezeigt werden. Das trifft auf ihr Bedürfnis, sich mit der eigenen Person zu befassen und über sich nachzudenken. Die junge Leserin fühlt sich nur zu gerne in ihrem eigenen Fühlen, Denken und Wollen bestätigt. Viele Mädchenbücher tun das, sie bestätigen die Leserinnen in ihrem Verhalten. Für die Mädchen bedeutet das Orientierungshilfe, ein eigener Weg muß nicht erst mühsam gesucht werden.

Schwerer hat es eine fortschrittliche Mädchenliteratur, die den eigenen Einstellungen und Erfahrungen entgegenläuft. Sie setzt bei der Leserin Ich-Stärke und eine gewisse Unsicherheitstoleranz voraus, gibt allerdings auch Impulse zu Verhaltensänderungen, Neuorientierungen. Einen Zugang hierzu kann der emotionale Bereich bieten, der das Bewußtsein öffnet für neue Erkenntnisse. Hier liegen Chancen zum Gespräch mit Eltern, Lehrern und anderen Vermittlern, was überhaupt beim Mädchenbuch wie bei kaum einer anderen Gattung wünschenswert ist.

Ausblick

Ich hoffe klargemacht zu haben, daß das neue Mädchenbuch eng verknüpft ist mit einem neuen Verständnis von Frau-Sein. In beiden Fällen bedeutet es eine Entwicklung der Ich-Identität – ein innerer Vorgang, der niemals zu Ende ist. Es bedeutet weder, sich den Rollenerwartungen der Umwelt (gleich welcher Art) völlig unterzuordnen, noch bedeutet es, ausschließlich nach seinen eigenen Bedürfnissen zu leben. Genau diesen ständig unabgeschlossenen Prozeß der Entwicklung machen viele Bücher deutlich.
Erwachsenwerden erfordert ständige Überprüfung und Neuorganisation des Vorhandenen. Den Mädchen wird in ihrer Entwicklung ein Suchverhalten zugestanden. Es wird gezeigt, daß ein Weg auch über Fehlentscheidungen laufen kann, und daß es immer Möglichkeiten der Veränderung gibt.

Die Frau befindet sich im Aufbruch und ist wie alles, was sich im Aufbruch befindet, mit besonderen Gaben und Kräften ausgestattet, aber auch sich und anderen preisgegeben. Alle sollten dies akzeptieren und behutsam darüber wachen, daß dieser Aufbruch zu einer positiven Entfaltung führt – für die einzelne Frau und für die Gesamtheit.

Hildegard Schaufelberger

Literatur:

Malte Dahrendorf: *Das Mädchenbuch und seine Leserin. Weinheim 1978*
Vera und Bill Cleaver: *Ich wäre lieber eine Rübe. Recklinghausen 1977*
Irina Korschunow: *Ein Anruf von Sebastian. Zürich 1981*
Guus Kuijer: *Erzähl mir von Oma. Hamburg 1981*
Angelika Kutsch: *Man kriegt nichts geschenkt. Stuttgart 1973*
Christine Nöstlinger: *Man nennt mich Ameisenbär. Hamburg 1985*
Otti Pfeiffer: *Zwischen Himmel und Hölle. Hamburg 1986*
Mirjam Pressler: *Bitterschokolade. Weinheim 1985*
Marilyn Sachs: *Keine Pizza mehr für Ellen. Kevelaer 1986*
Stéphanie: *Ich will Liebe. Zürich 1984*
Hedi Wyss: *Das rosarote Mädchenbuch*

Ein gutes Buch, trotz der Probleme...

Warum das Bilderbuch „Rosa Weiss" den Deutschen Jugendliteraturpreis 1987 nicht bekam

Als einer, der am Diskussions- und Entscheidungsprozeß der Jury des Deutschen Jugendliteraturpreises (Sparte Bilderbuch) beteiligt war, sei es mir erlaubt, zur öffentlichen Diskussion um *Innocentis* „Rosa Weiss" beizutragen. Diese Jury, an deren Arbeit ich teilnehmen durfte, hat engagiert, intensiv, ausführlich und sachkompetent ihren Auftrag zu erfüllen gesucht, in lebhaften, oft kontroversen Diskussionen, in einer hervorragenden Arbeitsatmosphäre, in solidarischem Einverständnis, was die Entscheidungen betrifft. Vermutungen über irgendwelche opportunistische, politische oder sonstwie geartete außersachliche Faktoren, die Einfluß auf die Entscheidung genommen haben sollen, sind ebenso falsch wie beleidigend; es ist unter unserem Niveau, auf solche albernen Polemiken einzugehen. (Es wäre auch der Überlegung wert, was so unerhört mutig sei, dieses Thema der Judenverfolgung heute aufzugreifen; mir scheinen aktuelle Probleme viel „gefährlicher".) Ich schreibe nicht, um die Jury zu verteidigen – sie hat keine Verteidigung nötig und außerdem steht mir das nicht zu –, und ich halte es auch für schlecht und falsch, für alle nicht herausgestellten Werke Rechtfertigungsartikel zu produzieren.

Wenn ich trotzdem zu „Rosa Weiss" hier Stellung beziehen möchte, so deshalb, weil das Buch tatsächlich aufgrund seiner Thematik als Bilderbuch besondere Aufmerksamkeit verdient. Es gehört zu Recht nicht zu den Preis- beziehungsweise Auswahlbüchern, weil die von uns ausgewählten Bilderbücher als Bilderbücher besser sind. Ich will das im folgenden nicht vergleichend begründen; ich will meine persönliche Einschätzung zu „Rosa Weiss" darlegen (andere mögen andere Gründe für ihre Entscheidung haben). Vorweg, um die Position klarzulegen: Ich halte das Buch für gut, ich bin froh, daß es in Deutsch erschienen ist, ich hoffe, daß es viele lesen und sich mit ihm beschäftigen, weil ich die Thematik für uns, für unsere Kinder, heute und immer für unverzichtbar halte. Meine kritische Stellungnahme muß relativ gesehen werden, nicht als pauschale Ablehnung, Abwertung, sondern ausschließlich unter Bewertungsaspekten des Preises, als der ideellen Höchstanforderung.

Zunächst eine knappe Bestandsaufnahme. Das Buch erzählt, gebunden an die Sicht des kleinen Mädchens Rosa Weiss, eine linear-sukzessive, in sich

Eine ausführliche Würdigung erfährt das Bilderbuch „Rosa Weiss" im Doppelband VI/VII von „Was soll ich lesen?" der Landesarbeitsgemeinschaft Jugend und Literatur Nordrhein-Westfalen e.V. (1987, S. 208):

Die jungen Männer einer kleinen Stadt in Deutschland sind einberufen worden. Wie alle anderen winkt Rosa Weiss mit roten Hakenkreuz-Fähnchen und roter Schleife im Haar den scheidenden Soldaten fröhlich zu. Der wohlgenährte Nazi-Bürgermeister hält eine lange Rede. Dann rollen Panzer in die Stadt ein. Rosa Weiss hält sich Augen und Ohren zu, weil sie soviel Lärm machen und nach Öl riechen. Am liebsten geht sie am Fluß spazieren, beobachtet vorbeischwimmende Tiere oder zerbrochenes Spielzeug, das manchmal im Wasser treibt. Hier gibt es keine Soldaten und Panzer.

Eines Tages sieht Rosa Weiss, wie ein kleiner Junge, der aus einem stehenden Lastwagen geflohen ist, vom Bürgermeister festgehalten wird. Obwohl er sich wehrt, wird er von den Soldaten in den Wagen zurückgeschleppt. Rosa Weiss rennt hinter dem Lastwagen her, denn sie will wissen, wohin der kleine Junge gebracht wird. Sie folgt den Reifenspuren im Wald und kommt in eine Waldlichtung. Dort stehen Holzhäuser und vor den Holzhäusern hinter einem hohen Stacheldrahtzaun Kinder, „unbeweglich wie Holzpuppen". Rosa Weiss gibt ihnen den Rest des Schulbrotes. Wochen vergehen. Täglich geht Rosa Weiss zu den Kindern im Wald „die eingefallen und hungrig aussahen und einen hellen gelben Stern auf den Kleidern trugen".

Die Leute in der Stadt sind nicht mehr fröhlich, sie winken nicht mehr den Lastwagen zu, auf denen erschöpfte Soldaten sitzen, nur der „fette" Bürgermeister hält noch lange und tapfere Reden. Rosa Weiss trägt keine rote Schleife mehr im Haar. „An einem Morgen war die ganze Stadt auf den Beinen. Alle Leute hatten soviel Sachen gepackt, wie sie tragen konnten. Der Bürgermeister trug keine Uniform mehr." Als Rosa Weiss in den Wald kommt, erkennt sie im Nebel, daß der Stacheldraht zerstört ist und die Holzhäuser verschwunden sind. „Sie stand ganz still. Schatten bewegten sich durch die Bäume. Es waren Soldaten, nur schwer zu erkennen. Für sie war der Feind überall. Plötzlich schossen sie."

Die Geschichte von Rosa Weiss ist ein erschütterndes Dokument für die Sinnlosigkeit und Unmenschlichkeit des Krieges. Die Knappheit des Textes verleiht den großformatigen, in gedeckten Farben gemalten Bildern, die in ihrer Realität an Fotografien erinnern, zusätzlich Suggestionskraft. Roberto Innocenti „hat versucht, in Bildern einzufangen, wie ein Kind Krieg erlebt, ohne wirklich zu begreifen". Es ist ein kühner Versuch, eines der dunkelsten Kapitel in der deutschen Geschichte in einer einfachen Geschichte für Kinder faßbar zu machen und in konkrete Bilder zu setzen. Es wird Kindern nicht schwerfallen, dem Verlauf der Geschichte zu folgen, trotzdem bedarf dieses außergewöhnliche Bilderbuch in jedem Fall der Vermittlung durch Erwachsene.

logische und verständliche Episode. Es handelt sich um eine Bildgeschichte, bei der ein knapper fortlaufender Beitext die primäre Information der Bilder punktuell unterstützt, präzisiert, wo nötig, erweitert. Er geht über die Sichtweise des Mädchens nicht hinaus, es drängt sich kein allwissender kommentierender Erzähler zwischen Bildgeschichte und Leser. Die Bilder sind nahezu fotorealistisch gemalt, sie sind klar, eindeutig in ihrem auf äußere Wirklichkeit bezogenen Zeichenpotential. Sie nutzen die Möglichkeiten des Ausschnittes, der differenzierten Betrachterstandpunkte, der Perspektive, der Nähe und Distanz der Fotografie, wobei deren Nachteile (wie Unschärfe und Detailverwischung) nur dort wiederholt werden, wo sie erzählerische Funktion haben. Die Farbgebung ist ebenfalls erzählerisch funktional eingesetzt. Gebrochene Farben schaffen eine bedrückende, düstere, gefahratmende Atmosphäre, die sich auf Rosa überträgt, auch wenn sie mit ihren Farbtupfern deutlich positiv abgehoben ist. Die (fortschreitende) narrative Verbindung von Bild zu Bild ist durch wiedererkennbare Personen, räumliche und andere Konstanten gegeben, so daß der Prozeß der Geschichte – zumal im Wortkontext – gut verständlich zu verfolgen ist. Diese gelungene Art der Präsentation ist freilich nicht originell, nicht „besonders". Die Einheit von Darstellung und erzählter Geschichte ist gegeben, gute handwerkliche Qualität (das meine ich positiv).

Das Besondere des Bilderbuches ist sein Thema. Das aber kann nicht für sich gewertet werden, sondern nur im Hinblick auf die Zielgruppe und die sich im Lesen realisierenden Intentionen/Wirkungen. Kinder im Alter von vier bis zehn Jahren dürften keine Schwierigkeiten haben, der Bildgeschichte zu folgen. Was für eine Geschichte aber erfahren sie? Sie beobachten – mit der Identifikationsfigur Rosa –, wie Soldaten in eine kleine Stadt kommen, von allen freudig begrüßt. Sie beobachten, wie eines Tages ein kleiner Junge davonläuft, wieder gefangen und in einen Wagen zu anderen Personen gesteckt wird. Zusammen mit Rosa folgen sie den Spuren der Wagen und sehen – mit Rosas Augen – plötzlich ein Gefangenenlager. Sie begleiten Rosa, wie sie heimlich Lebensmittel zu den Gefangenen bringt. Dann sehen sie mit Rosa, wie wieder Soldaten im Ort sind, ohne jubelnde Menschen, müde, zum Teil mit angelegten Verbänden; sehen, wie sich viele aufmachen, mit Gepäck, zu Fuß, im Pferdewagen, der – wiedererkennbare – Bürgermeister im Auto, die kleine Stadt verlassen. Sie sehen – aus der Perspektive des Lagers – Rosa vor den Trümmern des Lagers; die Lagerinsassen sind nicht mehr da; im Nebel streifen bewaffnete Soldaten durch das Gelände. Sie hören (lesen im Text), daß die Soldaten plötzlich schießen. Im vorletzten Bild sehen sie anders uniformierte Soldaten, sehen zerstörte Häuser. Im letzten Bild sehen sie, aus gleichem Blickwinkel, in vielen Details vergleichbar, erneut den Ort, wo das Lager stand, wo die Soldaten durch den Nebel kamen. Im Text erfahren sie, daß Rosa nicht mehr zu ihrer Mutter heimgekehrt war. Im Bild sehen sie, wie die Bäume wieder grünen, wie Blumen wachsen, wie die Natur die Trümmerreste überwuchert; nur das Blümchen, das Rosa hielt, hängt vertrocknet über dem Stacheldraht.

Erwachsene, viele Jugendliche (alle mit dem entsprechenden Wissen) sehen in der Geschichte mehr und anderes. Für sie sind die Zeichen nicht allein wiedererkennbare äußere Wirklichkeit, sondern historisch wiedererkennbare und einzuordnende Wirklichkeit: Sie identifizieren die Zeichen und Symbole (Hakenkreuzfahne, Wehrmachtsuniformen und Waffen, dann die SS-Truppe, die Parolen an den Häusern, die schreckliche Bedeutung des Lagers, das Schicksal der Insassen, die durch den Judenstern gekennzeichnet sind, die russischen Uniformen und damit die Niederlage des Deutschen Reiches...) und assoziieren nicht aufgrund der immanenten Bezüge der Geschichte, sondern aufgrund ihres historischen Wissens. Sie sehen die im Bild zitierte NS-Ästhetik, sie sehen das aussagereiche Bild-Zitat des Jungen mit den erhobenen Händen und wissen es inhaltlich zu besetzen, sie sehen im Bürgermeister den Typ des NS-Politikers provinzieller Natur und wissen ihn in seiner verweisenden Funktion einzuordnen, sehen durch ihn die politischen Bezüge.

Sie wissen zwischen den Verweisen auf den Krieg und auf die Judenverfolgung zu differenzieren, sehen die Verbindungen und doch, daß nicht der Krieg die Kausalität zum Lager herstellt. Sie sehen in Rosa Weiss – deren Namen (relativ gequält, meine ich, weil er als potentieller Judenname falsche

Assoziationen wecken kann) auf die Weiße Rose und ihren Widerstand weisen mag – eine Symbolfigur, die es durchaus erlaubt, die fiktive Episode (die möglichen Unwahrscheinlichkeiten und auch die kleinen historischen Ungenauigkeiten und Fehler fallen hier in keiner Weise ins Gewicht) als Beispiel, als Paradigma zu verstehen, insbesondere im Kontrast zur Inaktivität der anderen (deren Zwänge man kennt). So sind Moral und (positive) Naivität des Mädchens, aus deren Horizont und Blick die Geschichte erzählt wird, durchaus richtig im größeren Zusammenhang einzuschätzen und zu verstehen. Ein Bilderbuch somit für Ältere, Wissende? Aber dafür ist die Erzählweise, ist die ins Legendenhafte und durch den Schluß fast ins Kitschige abrutschende Geschichte wiederum zu einfach.

Es besteht die Gefahr, daß Kinder die Erzählung falsch verstehen. Sie sehen an den Häusern, an den Autos, an der Kleidung, daß dies eine Geschichte von früher ist. Was sie mit sich und mit ihrer – durch die Medien vermittelten – Erfahrung verbinden, ist die moralische Position, ist Krieg, das Leid, das Krieg bringt, die Situation von Eingesperrten. Sie sind verführt, eine falsche Kausalität zwischen dem Krieg und dem Lager herzustellen, weil die Geschichte diese Verbindung nahelegt. Sie sind verführt, das Geschilderte mit anderem, was sie aus unserer Zeit, aus Illustrierten, aus dem Fernsehen kennen, zu vergleichen und damit die Dimension der Judenverfolgung falsch zu werten. Sie sind verführt, in der Identifikation des Mädchens primär deren Geschichte zu verfolgen, ihren leicht erschließbaren Tod, der ja nur aus Zufall, nicht aus zwingenden Bedingungen erfolgt, in den Vordergrund zu rücken. Sie sind verführt, eine – scheinbar überall angesiedelte – beispielhafte Geschichte eines kleinen Mädchens zu verfolgen, das den Eingesperrten etwas zum Essen bringt und dann in den Wirren des Krieges umkommt. Eine moralische, keine aufklärende Geschichte. Sie sind vor allem verführt, im letzten Bild falsche Schlüsse zu ziehen: Mit dem Tod der Rosa Weiss ist auch das Wissen um das Lager tot; der Zeitzeuge ist tot, den Kontakt zwischen dem Gestern und unserem Heute gibt es nicht.
Die Episode ist abgeschlossen. Es ist nur eine Frage der Zeit, bis die letzten Reste des Lagers verwittert sind, bis die siegreiche Natur einen grünen, freundlichen, heilenden Teppich des Vergessens über die Stätte gebreitet hat, bis das Grauen von der Idylle verdrängt ist.

Kinder sind verführt, die Geschichte als eine Kriegs- und Leidensgeschichte zu verstehen, deren Ort und Personal austauschbar sind. In vielen Filmen, Heftromanen, Comics vor allem in den USA und England ist der SS-Scherge abgerutscht zur Figur des üblichen Gruselarsenals ohne Hintergrund, eine weitere literarische Horrorfigur neben Dracula, Mumie und Frankensteins Monstern. Die Gefahr, daß zum Beispiel die unsympathisch dargestellte Figur des Bürgermeisters auch hier nur in der Funktion des Bösen als Typus verstanden wird, ist groß.

Aber: Kann denn all das: die historische Einordnung, die Zusammenhänge, die Ahnung der Dimension ein Bilderbuch leisten? Kinder werden bei der Lektüre zu Fragen provoziert, heißt es. Wirklich? Die Geschichte ist in sich sehr wohl geschlossen, relativ dicht und verständlich. Für die immanente Erzählung muß man den historischen Wert der Hakenkreuzfahnen nicht kennen, ist das Wissen um die Bedeutung des Judensternes ohne Belang, denn man könnte schließen, das Lager habe etwas mit den Kriegshandlungen zu tun und erkläre sich somit. Nun – wir lassen (als ideale Vorstellung zumindest) Kinder mit Bilderbüchern und diesem insbesondere nicht allein. Und wenn die Kinder auch selbst nicht fragen, können die Erwachsenen die Informationen liefern, die das Bilderbuch nicht nennt.
Dem dient wohl auch die beigefügte Broschüre „Kinder als Opfer des Nationalsozialismus". Ein durchaus informatives Material, das freilich nur Bekanntes zusammenstellt, das – und hier allerdings eine deutliche Kritik! – der Mutter, dem Vater, der Erzieherin im Kindergarten, Lehrer und Lehrerin in der Schule oder wer sonst mit dem Kind das Buch anschaut, im konkreten Bezug zum Buch kaum eine Hilfe sein kann. Das Bilderbuch wird – vom Titelblatt abgesehen – in der Broschüre nicht erwähnt. Nicht ein Hinweis findet sich, wie man sinnvoll mit dem Bilderbuch und den Hintergrundinformationen umgehen könnte, wie sie zu verbinden wären. Das muß man aber verlangen: konkrete Hilfe! Denn so bleibt Ratlosigkeit, die in die letzte Überlegung ein-

Ein paar ausgewählte Meinungen von Experten zum Bilderbuch „Rosa Weiss":

„... Kein Zweifel: Das Buch muß erklärt, besprochen, verständlich gemacht werden; der Verlag liefert dazu einen Materialienband. Unter diesen Voraussetzungen ein unverzichtbares Buch für jede Bücherei."
***Prof. Dr. Jens Thiele**, Universität Oldenburg (in: Ev. Buchberater, H. 4/86, S. 344)*

„... Ich weiß, die Diskussion wird darum gehen, ob und, wenn ja, wann man ‚so etwas' seinen Kindern zumuten kann. Vielleicht mag es ein Orientierungspunkt sein, sich anzusehen, wieviel Krieg und Grauen das Kind täglich durch Nachrichten und Actionfilme im Fernsehen mitbekommt. Da mag es nützlich sein, an einer so schlichten, leisen Geschichte zu zeigen, was das ist: Krieg, Verfolgung, Diktatur ..."
***Gabriela Wenke**, Redakteurin in Mainz (in: Eselsohr, H. 4/86, S. 13)*

„... Alle farbigen Illustrationen dieses Buches sind in einem dramatischen Realismus gehalten: Theaterkulissen. Da arbeitet einer mit allen optischen Mitteln, drückt aufs Gefühl, fabriziert Politkitsch in reinster Form und ohne Rücksicht auf historische Details, kopiert dafür zeitgenössische Photos und kalkuliert mit der Verführbarkeit der Erwachsenen von heute ..."
***Sybil Gräfin Schönfeldt**, Kritikerin aus Hamburg (in: SZ Nr. 151/86)*

„Dieses außergewöhnliche Bilderbuch ist eigentlich eine Schau-Geschichte für ältere Kinder über die Kriegsjahre in einer deutschen Kleinstadt. Die Truppenverschiebungen, die Jugenddeportationen sind kulissenhafte Alltagsereignisse, welche das Mädchen Rosa Weiss auf ihrem Schulweg miterlebt ..."
***Hans ten Doornkaat**, Journalist (Schweiz) (in: „Jugendliteratur"-Nachrichten, H. 2/86, S 6.)*

„... Das ‚innere Kind' in mir, dem Erwachsenen (das ja eine zentrale Schicht meiner Persönlichkeit ist und lebt wie eh und je) wurde von dem Schicksal der ‚Rosa Weiss' tief getroffen, gerade weil es sich meines Schutzes des Erwachsenen gewiß sein darf - den die ‚Rosa' des Buches eben nicht bekam. Auch hier darf gelten, daß ‚ein Bild' viel mehr auszudrücken vermag als ‚viele Worte' ..."
***Jürgen vom Scheidt**, Schriftsteller aus München (in: SZ Nr. 142/86)*

Presse-Meldung:

*„Rosa Weiss", die ZDF-Filmfassung der Bildgeschichte des italienischen Zeichners **Roberto Innocenti**, ist von der Bundesarbeitsgemeinschaft für Jugendfilmarbeit und Medienerziehung „als für die Bildungsarbeit mit Kindern und Jugendlichen besonders geeignet" beurteilt worden. Der Film, der, wie das Buch, die Erlebnisse eines kleinen Mädchens in der Zeit des Nationalsozialismus erzählt, ist vom ZDF am 1. Nov. 1987 gezeigt worden.*

Prof. Dr. Dietrich Grünewald *ist Mitglied der Jury zum Deutschen Jugendliteraturpreis 1987. Er nimmt Bezug auf die Diskussion um* ***Roberto Innocentis*** *Bilderbuch „Rosa Weiss" (Alibaba Verlag) in den Leserbrief-Spalten des BB. – Zum Bilderbuch vgl. 4. Almanach, S. 207!*

mündet: Kann es überhaupt ein Bilderbuch geben, das diesem Thema gerecht wird – für die Zielgruppe Kinder? Müssen Kinder über Bilderbücher mit dieser Thematik vertraut werden? Sind sie nicht überfordert, weil es nicht allein um Moral, sondern um komplexe Zusammenhänge, um Einschätzungen, um Folgerungen über das Individuelle hinaus geht? Ich weiß es nicht; aber ich bin sehr skeptisch.

Damit es kein Mißverständnis gibt: Mir geht es weder um die Bewahrung der heilen Kinderwelt (schön wär's, wenn wir sie hätten) noch um eine Verdrängung des Themas. Ich frage mich nur, welche Funktion das Thema für uns, die heute und morgen Lebenden, hat. Sicher nicht das, sich schuldbeladen durch dieses Leben zu quälen; sicher nicht das, unsere Großeltern und Eltern moralisch zu verurteilen und zu denken: ach Gott, wir sind nicht so; sicher nicht, es allen auf dieser Welt leichtzumachen, eigene Verfehlungen und Greueltaten zu verniedlichen, zu entschuldigen mit dem Hinweis auf den ewigen Sündenbock Deutschland – denn das NS-Verbrechen ist nicht vergleichbar, aber es ist auch nicht als national-bedingter Ausrutscher zu bestimmen. Wir müssen vielmehr dafür Sorge tragen, daß die Schrecken und Untaten im Dritten Reich nicht vergessen werden, daß sie stetes Mahnmal bleiben – als Handlungsanweisung für alle Nachfolgenden, alles zu tun, daß sie sich nie, nie wiederholen! Aber das ist nicht mit moralischen Appellen, nicht mit Emotion allein zu leisten, sondern nur mit dem Wissen um die Gründe, um die Bedingungsfaktoren ...

Das kann – natürlich – ein Bilderbuch nicht leisten. Oder doch? Ein solches Buch müßte dann den Preis bekommen! „Rosa Weiss", ich sagte es schon, ist ein gutes Buch, trotz der Probleme, die ich aufzuzeigen versuchte. Es hat den Gustav-Heinemann-Friedenspreis sicher zu Recht bekommen; nur hat der eine andere Aufgabe als der Deutsche Jugendliteraturpreis. Ich glaube, es ist vor allem ein wichtiges Buch, wenn es in einen größeren Kontext gestellt wird, zum Beispiel im Unterricht. Den Kontext, das Gespräch, das Weiterdenken und -reden aber braucht es – sonst rutscht es ab ins Melodrama, fast in das moralische Traktätchen. Und das ist dem Thema absolut nicht angemessen.

Dietrich Grünewald

Beispiele

Lutz Rathenows tierisch ernste Geschichten

Neue Arbeiten des 36jährigen Ostberliner Schriftstellers

Das aparte Bilderbuch

Auch der verwöhnteste Betrachter wird '87 zufrieden gestellt

Warum, wozu, was soll's, weshalb ...?

Was Vor- und Nachworte in Kinderbüchern '87 erklären

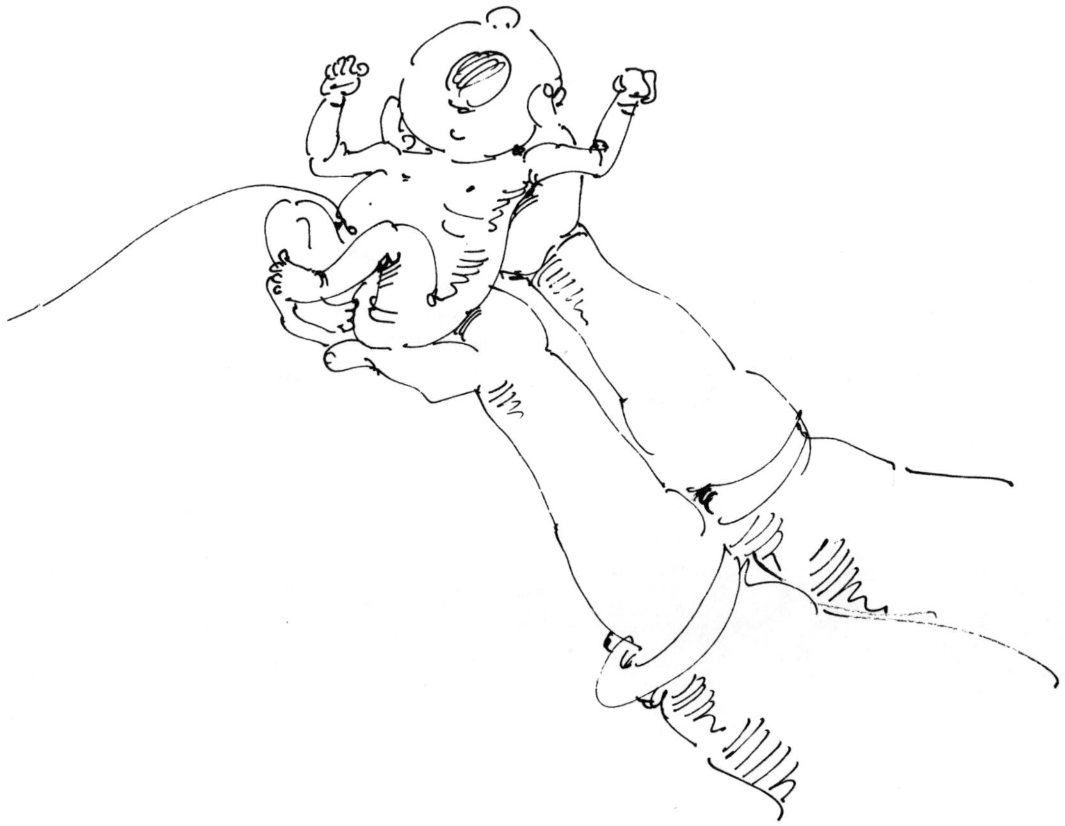

Lutz Rathenows tierisch ernste Geschichten

Neue Arbeiten des 36jährigen Ostberliner Schriftstellers

1952 in Jena geboren, zählt *Lutz Rathenow* keineswegs zu denjenigen DDR-Schriftstellern, die bereits einen klangvollen Namen im Literaturbetrieb des deutschsprachigen Raumes haben. Zehn Jahre etwa ist er schreibend tätig – nach dem Abitur: Armeedienst, Studium und Arbeit in einem Transportunternehmen –, seit er Ende 1977 nach Ostberlin gezogen war, wo für ihn zunächst das Theater einen beruflichen Anziehungspunkt bildete. „Mit dem Schlimmsten wurde schon gerechnet" heißt sein 1984 erschienener Prosaband, dem 1982 ein Bändchen mit Gedichten („Zangengeburt") bei Piper vorausgegangen war (Neuausgabe 1987), wo auch der repräsentative Foto-Text-Band „Ostberlin. Die andere Seite einer Stadt in Texten und Bildern" erschien (Bilder von *Rathenows* Freund *Harald Hauswald*).

Daß dieses Ostberlin-Buch bereits für Jugendliche nicht nur als geeignet, sondern vor allem als wichtig angesehen wird, dokumentiert die Rezension der AG Jugendliteratur und Medien in der GEW, Landesstelle NRW, Ausschuß Leverkusen, die wir S.98 abdrucken. Eine kleine Auswahl der die Stadt Ostberlin charakterisierenden Schwarz-weiß-Fotos *Harald Hauswalds* ist in die vier Kurz-Erzählungen von *Lutz Rathenow* eingestreut – dem Leser seien Assoziationen zu den Texten selbst überlassen. Freundlicherweise stellte uns der Autor vier seiner noch nicht publizierten Geschichten zur Erstveröffentlichung zur Verfügung. Wieder einmal zeigt sich beispielhaft, wie wenig haltbar die Annahme ist, es gäbe eine strikte Trennung zwischen KJL und Erwachsenenliteratur.

Übrigens plant der Ravensburger Verlag für das nächste Jahr in einer von *Uwe Michael Gutzschhahn* herausgegebenen neuen Lyrik-Reihe auch einen Band mit *Rathenow*-Gedichten. Er bringt u.a. das schon in „Zangengeburt" (S. 26) enthaltene Gedicht

2084

Wälder betrachten
in dreidimensional gestalteten Büchern
Nachts der Traum von Bäumen
am Rande der täglich befahrenen Straße
zwischen drei vier Städten
die keiner mehr trennen kann
Was Vögel sind fragen Kinder
Die Eltern zeigen einen Film
der Reihe „Ausgestorbene Lebewesen"
Und einmal pro Woche
ziehen die Familien aus
zur Erholung ins Naturmuseum:
bestaunen Gräser Fische Pflanzen
und wundern sich
wie früher es Menschen aushalten konnten
inmitten des Gestanks
nicht künstlich gezüchteter Blumen

In dem Lyrikband „Zangengeburt" erweist sich *Lutz Rathenow* als sensibler Beobachter und gleichzeitig als womöglich unbequemer Kritiker des Zeitgeschehens sowie der politischen Linie seines Landes.

Erste Geschichte vom Kartoffelkäfer aus Thüringen

Ein Kartoffelkäfer in Thüringen hatte nur einen Wunsch: einmal im Leben wollte er auf die Fidschi-Inseln.
„Na gut, wenn du einmal im Leben auf die Fidschi-Inseln willst, bringe ich dich auf die Fidschi-Inseln." Sagte ein freundlicher Herr, setzte den Kartoffelkäfer auf seine Hand und brachte ihn fünf Straßen weiter.
„Siehst du", erklärte der Herr, „die Menschen, wie sie von einer Straßenseite auf die andere eilen. Diese Gebäude, die um so vieles größer sind als ein einfacher Kartoffelkäfer. Und überhaupt, alles wie es nur auf den Fidschi-Inseln sein kann."
„Ja", sagte der Kartoffelkäfer, „sogar die Luft ist anders."
Der Herr nickte und trug den Kartoffelkäfer zurück.
„Jetzt habe ich nur noch einen Wunsch", sagte der Kartoffelkäfer, „allen erzählen, wie es auf den Fidschi-Inseln war. Die Häuser sahen doch rot aus und hatten Dächer aus Kartoffelscheiben – oder irre ich mich?"
„Nein, nein", antwortete der Herr und setzte den Kartoffelkäfer am Feldrand ab, „die Häuser sind wolkenhoch, aber nicht so stabil wie bei uns."
„Ja, das ist es", meinte der Kartoffelkäfer, „es ist nicht alles Kartoffel, was braun ist. Zu Hause ist es auch schön."
„Natürlich", erklärte der Herr freundlich und verabschiedete sich.

Eine Ameise spaziert

Eine Ameise spaziert versehentlich in den geöffneten Mund einer Maus.

Die Maus kriecht in einen Käse. Den Käse schluckt die Katze.

Die Katze springt in einen Hut.

Den Hut setzt ein Mann auf den Kopf und steigt auf ein Fahrrad.

Das Rad fährt in einen bereitgestellten Güterzugwagen. An den koppelt man eine Lokomotive, die auf ein großes Schiff rollt.

Das Schiff schaukelt über das riesenblaue Meer. Bis nach Kuba.

Ein Kran hebt dort den Zug vom Schiff. Die Lok wird abgehängt und verläßt den Güterwagen.

Der Mann auf dem Rad öffnet die Tür und radelt hinaus. Von der langen Reise ist ihm schwindlig. Er kippt um.

Der Hut stürzt vom Kopf.
Die Katze fällt aus dem Hut.

Der Käse rollert aus der Katze.
Die Maus springt aus dem Käse.

Eine Ameise spaziert aus der Maus
und freut sich, daß die Sonne scheint.

Und es stank gewaltig

Zwei Stinktiere streiten sich, wer von beiden wohl am besten stinken könne.

„Ich", sagt das eine, „ich stinke, daß es den Häusern die Dächer abhebt."

„Ich", spricht das zweite, „ich stinke, daß es allen Tieren den Pelz umdreht."

„Ach du", sagt das erste, „du riechst so angenehm, daß dich die Menschen bald zu Parfüm verarbeiten werden.

„Und du erst", erwidert das zweite„du duftest, daß sie dich demnächst statt Blumen in ihr Zimmer stellen."

„Du solltest lieber ordentlich stinken, statt hier rumzustänkern."

„Und du Stinkstiefel könntest dir mal die Nase putzen, damit du merkst, wie eklig frisch du riechst."

Sie streiten eifrig.
Jeder versucht, zur Bekräftigung seinen üblen Geruch zu verbreiten.

Das eine, daß sich die Grashalme biegen.

Das andere, daß sich der Wald blau zu färben beginnt.

Schließlich stinkt es so gewaltig, daß beide nicht mehr merken, wer abscheulicher modert.

Sie beschließen: Der Erstbeste, der vorbeikommt, soll ihren Streit entscheiden.

Aber es kommt niemand.

Die Verfasser beschränken sich nicht auf eine Oberflächenpolitur; sie beobachten kritisch-analytisch und legen ein zwischen Text und Bild gut abgestimmtes realistisches Buch über Ostberlin vor, das fast schmerzlich wirkt, unbedingt aber betroffen macht. Nichts wird verschönt, nichts idealisiert, hart wie die Schwarzweiß-Fotos ist seine Aussage vom Leben „drüben". Der Autor setzt seinen Text skizzenhaft an, zitiert kurze Ostberliner-Aussagen, die es in sich haben, fragt, vermittelt Stimmungsbilder, macht auf Situationen aufmerksam, geht darüber hinweg, bringt andere schnell wechselnde Episoden, Streiflichter, kaleidoskopartig zusammengesetzt und doch im ganzen Text zu einer Konfession werdend: Dieser Ostteil einer berühmten Großstadt lebt, will leben, muß überleben. Die Fotos passen sich an: Sie zeigen Verfall, Wiederaufbau, Menschen, die sich an den Westen klammern wollen, ihn teils kopieren, teils ignorieren, um sich behaupten zu können. Bilder voll Hoffnung und Trostlosigkeit zugleich, Bilder, die zornig machen können, weil die Ohnmacht der Menschen im politischen Trennungsbemühen deutlich wird.

Dieses Buch mit Bildern eines bekannten DDR-Fotografen und Texten eines Schriftstellers aus Jena komprimiert den Eindruck „Ostberlin" zur Frage: Wie kann man im Schlagschatten des Westens trotz aller Probleme existenzbejahend leben? Das wird beeindruckend dargestellt. Der gut gemachte Band zeigt, wie das Leben „drüben" abläuft, wie es gemeistert wird. Man sollte es zur BRD-Pflichtlektüre machen. (Ab 12)

Rathenow/Hauswald: OSTBERLIN. Die andere Seite einer Stadt in Texten und Bildern. 166 Seiten, München: Piper 1987

Das aparte Bilderbuch

Auch der verwöhnteste Betrachter wird 1987 zufrieden gestellt

Unter den Bilderbüchern, die uns das Jahr 1987 bescherte, sind nicht wenige, die sich als „apart" bezeichnen lassen. Vom französischen „á part" (d.h. beiseite) herkommend, bedeutet dieses Adjektiv soviel wie „eigenartig", dies jedoch im Sinne von ungewöhnlich, reizvoll, besonders.

Das Außerordentliche ist bei jeder der zehn ausgewählten Bilderbuch-Neuerscheinungen aus neun Verlagen anders geartet. Liegt es zum Beispiel bei *Yoshi Miyazaki* („Wer versteckt sich hier?") in der kunsthandwerklichen Fertigkeit des Batikens – im Nachwort zu dem Bilderbuch-Erstling der amerikanischen Modezeichnerin wird die Technik erläutert –, so frappiert *Anthony Browne* erneut durch seinen farbgrell-zynischen Realismus, der das Wahrnehmungsvermögen sowohl des jungen als auch des vermeintlich geübteren Betrachters herausfordert.

Unter den Künstlerinnen und Künstlern des Bilderbuchjahres '87 sind kaum Neulinge zu finden – längst bekannt und entsprechend mehrfach ausgezeichnet sind *Janosch* („Das Lumpengesindel") und *Jörg Müller* („Der Mann vom Bärengraben"), *Anthony Browne* („Traumprinzessin Isabella") und auch *Satoshi Kitamura* („Schlaf, Schäfchen, Schlaf").

Junge Talente, die ihr Niveau nicht nur halten, sondern auch steigern konnten, sind darunter: *Marta Koci* („Der Tetzi"), *Nikolaus Heidelbach* („Vorsicht Kinder"), *Agnès Mathieu* („Erwin, das abenteuerlustige Erdferkel").

Zwei Bilderbücher von extremer Apartheit – ein jedes eigenwillig durch Erzähltext, Bildgestaltung, Maltechnik und Botschaft – sind '87 zu bestaunen gewesen: Zuerst soll das 1986 in den USA mit der „Caldecott Medal" ausgezeichnete Werk des 39jährigen Amerikaners *Chris Van Allsburg* genannt sein: „Polarexpress" (deutsche Übersetzung: *Martin* und *Alissa Walser*). Ein Junge, den der geheimnisvolle Riesenzug, der Polarexpress, zu einer Begegnung mit dem Weihnachtsmann verhilft, wünscht sich von diesem ein Glöckchen seines Schlittens. Dieses geht auf der Rückreise verloren, zerbricht, läutet aber dennoch vernehmlich – allein für den Jungen am Weihnachtsmorgen. Er hat unerschütterlich an das Geschenk des Weihnachtsmanns geglaubt. – Die emotional aufgeladene Erzählung visualisiert *Allsburg* durch Breitwand-Bilder voll lastender Schwere, dunkler Nachtschatten und mysteriöser Entrücktheit. – Märchengestalten, die ins Surrealistische gerückt sind und an den frühen *Marc Chagall* erinnern, beschwört ihr Schöpfer *Arik Brauer*, der 59jährige Wiener Allround-Künstler, Architekt und Umweltschützer in seinem ersten Bilderbuch herauf: „Die Ritter von der Reutenstopf". Die Stopfenreuther Au existiert tatsächlich, und *Arik Brauer* zeigt, wie seine Phantasiefiguren es fertig bringen, ein Stück Landschaft vor der Rodung zu bewahren und Frieden einkehren zu lassen.

Die „aparte" Bilderbuch-Auswahl wurde in dieser Reihenfolge getroffen, die keine Wertung impliziert:

Agnès Mathieu / Libor Schaffer:
ERWIN, DAS ABENTEURLUSTIGE ERDFERKEL
(Nord-Süd)

Jörg Müller / Jörg Steiner:
DER MANN VOM BÄRENGRABEN *(Sauerländer)*

Arik Brauer:
DIE RITTER VON DER REUTENSTOPF
(Annette Betz)

Satoshi Kitamura:
SCHLAF, SCHÄFCHEN, SCHLAF *(Franckh)*

Janosch:
DAS LUMPENGESINDEL *(Diogenes)*

Marta Koci / Hans Gärtner:
DER TETZI *(Neugebauer)*

Yoshi / Hans Gärtner:
WER VERSTECKT SICH HIER? *(Neugebauer)*

Chris Van Allsburg:
POLAREXPRESS *(Otto Maier)*

Annalena McAfee / Anthony Browne:
TRAUMPRINZESSIN ISABELLA
(Alibaba)

Nikolaus Heidelbach:
VORSICHT KINDER
(Beltz & Gelberg)

Agnès Mathieu / Libor Schaffer: **ERWIN, DAS ABENTEURLUSTIGE ERDFERKEL** (Nord-Süd)

Jörg Müller / Jörg Steiner: ***DER MANN VOM BÄRENGRABEN*** *(Sauerländer)*

Arik Brauer: ***DIE RITTER VON DER REUTENSTOPF*** *(Annette Betz)*

Satoshi Kitamura: **SCHLAF, SCHÄFCHEN, SCHLAF** (Franckh)

Janosch: **DAS LUMPENGESINDEL** (© Diogenes Verlag AG Zürich)

KEIN BAUM SOLL STERBEN
WIR WOLLEN LUFT ZUM ATMEN
ICH BRA E ABER ESSEN OHNE GIFT

Marta Koci / Hans Gärtner: ***DER TETZI*** *(Neugebauer Press)*

Yoshi / Hans Gärtner: ***WER VERSTECKT SICH HIER?*** *(Neugebauer Press)*

Chris Van Allsburg: ***POLAREXPRESS*** *(Ravensburger Buchverlag Otto Maier, © Houghton Miffflin Co., Boston, Ma, USA)*

Annalena McAfee / Anthony Browne: ***TRAUMPRINZESSIN ISABELLA*** *(Alibaba)*

Nikolaus Heidelbach: **VORSICHT KINDER** (Beltz & Gelberg)

4
...den Lieblingsvogel deiner Mutter ärgerst...
5
...oder fremden Leuten Grimassen schneidest-
6
dann kommt ein schreck=liches Tier und bringt dich
ORDNER
7
in den „Verein Böser Buben"! Wir zeigen dir dann noch ein paar neue Tricks.
VBB
VBB
VBB

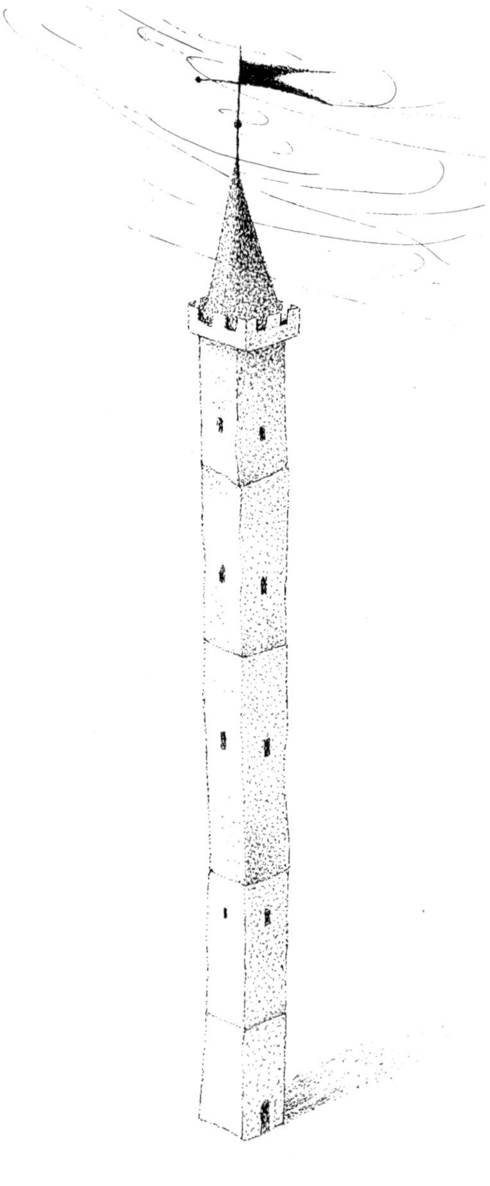

Warum, wozu, was soll's, weshalb?

Was Vor- und Nachworte in Kinder- und Jugendbüchern '87 erklären

Von *Erich Kästner* ist bekannt, daß er praktisch kein Buch ohne Vorwort hinausgehen ließ. Er hielt etwas von Vorworten oder Vorwörtern – die bekanntlich meistens erst nach Fertigstellung des Textes oder gar des ganzen Buches samt Illustrationen verfertigt werden (können).

Vorworte könnten auch Nachworte sein, und umgekehrt gilt grundsätzlich dasselbe. In beiden Fällen handelt es sich um nähere Erläuterungen zu Inhalt, Gestaltung oder Themenwahl des vorliegenden Druckwerkes, um das Warum, Wozu und Weshalb einer Neuerscheinung. Ohne vorangeschickte oder nachgereichte Bemerkungen könnten manche Bücher nicht eingeordnet werden oder würden gar mißverstanden. Manche Zusammenhänge, zu denen durchaus die Entstehungsgeschichte des Buches, seine Initiation, ferner die Beweggründe des Autors zählen, wären ohne Vor- oder Nachwort für den Leser nicht durchschaubar. Manch einer hat es sogar gern, wenn ihm ein Blick in die Werkstatt des Urhebers gewährt wird, wenn ihm Absichten und Probleme bei der Niederschrift, bei Recherchen oder beim Herstellen des Buches nicht verheimlicht werden.

Insbesondere in geschichtlich orientierten Büchern sind zusätzliche Erklärungen und Ausdeutungen nützlich und gewiß auch willkommen. Die folgenden ausgewählten sieben Beispiele aus historischer KJL des Jahres '87 mögen zumindest andeuten, daß Vor- oder Nachworte ihren Reiz, aber auch ihre Berechtigung besitzen. Wie steht doch bei *Erich Kästner* zu lesen? „Jetzt aber nichts wie schnell fort von allen Vorworten und Vorwörtern!" Daran will auch ich mich schleunigst halten, allerdings nicht, um mit Mucki, *Kästners* silberfarbener kleiner Perserkatze (aus dem Vorwort zur Neuausgabe der „Lustigen Geschichtenkiste", Dressler/Atrium 1986) „Mensch, ärgere dich nicht" zu spielen, sondern um endlich die Beispiele vorzuführen.

„Adeli-Sofi" – 1944 als „entartet" verworfen

Björn Graf von Rosen:
DAS MÄRCHEN VON DER UNGEHORSAMEN ADELI-SOFI UND IHRER FURCHTBAREN BEGEGNUNG MIT DEM WASSERMANN

Übersetzung: ***Birgitta Wolf-von Rosen***
1944 erstmals in deutscher Sprache erschienen (36 Seiten, 17 Illustrationen, Zürich: Atlantis Kinderbücher bei Pro Juventute 1987, Neuauflage)

Die kleine Adeli-Sofi gerät in die Fänge des häßlichen Wassermannes, aus dessen bizarrer Unterwasserwelt sich Adeli-Sofi selbst befreit. Sie ist eine Anti-Prinzessin, die mit dem Klischee des lieblichen, braven Mädchens bricht. Nach Erscheinen des Bilderbuches 1944 wurde dieses sofort als „entartet" eingestuft.

Zur Geschichte des Buches

Dem Verlegerehepaar *Bettina Hürlimann* und *Dr. Martin Hürlimann* gelang es 1944, „Adeli-Sofi" im Atlantis Verlag Berlin herauszubringen. Sofort bei Erscheinen wurde die gesamte Auflage von der Reichsschrifttumskammer beschlagnahmt. Nach Auskunft von *Birgitta Wolf*, geb. *von Rosen*, stuften die Nazi-Bürokraten das Buch als „entartete Kunst" ein. Zum Glück konnten einige wenige Exemplare nach Zürich gerettet werden. Die Originalillustrationen gingen vermutlich in Bern oder in Freiburg i.Br. bei der Vernichtung der Verlagsarchive verloren. Schon 1936 gründete *Dr. Martin Hürlimann* eine selbständige Atlantis Verlag AG in Zürich, da die Produktion in Deutschland von der Zensur immer stärker behindert wurde.

Björn Graf von Rosen

Geboren 25.10.1905 in Rockelstad, Helgesta (Schweden). *Graf von Rosen*, seit 1978 Dr. h. c. der Universität Uppsala, ist in Schweden als Schriftsteller und Illustrator bekannt. Sein literarisches Debüt gab er im Jahre 1927 mit der Gedichtsammlung „Den leende faunen" (Der lächelnde Faun), als Künstler trat er 1933 zum ersten Mal mit Grafik in Stockholm in Erscheinung.

Das von ihm selbst illustrierte Buch „Gröna Kammarn" (Die grünen Kammern, 1940) ist ein Klassiker nordischer Naturschilderung, scharf in der Beobachtung und poetisch im Umgang mit den Einwohnern. Dieselbe Meisterschaft findet man in den Essaysammlungen „Ekot av ett horn" (Des Hornes Echo, 1965) und „Minnen från vidden" (Erinnerungen an die Weiten, 1973).

Neben seinen kunsttheoretischen und -geschichtlichen Arbeiten gewann *von Rosen* auch als Lyriker immer mehr Ansehen: „Grå fågel" (Grauer Vogel, 1960), „Rörliga bilder" (Bewegliche Bilder, 1977) und „Iakttagelser" (Beobachtungen, 1981). In einer Reihe aufsehenerregender Gedichtsammelmappen hat er die Jahre hindurch subtile Sondierungen in den rätselhaften Grenzgebieten zwischen Fantasie und Wirklichkeit unternommen. In dem 1964 zusammen mit Nobelpreisträger *Harry Martinson* herausgegebenen „Bestiarium" nehmen fantastische Tiere Gestalt an, mit Zärtlichkeit und Humor geschildert. Bis heute erschienen 22 Werke, darunter 1985 „Smalade berättelser" (Gesammelte Erzählungen).

Birgitta Wolf, geb. von Rosen

Geboren 4.2.1913 in Rockelstad, Helgesta (Schweden) *Birgitta Wolf*, Schwester des Autors und Illustrators *Björn Graf von Rosen*, heiratete 1933 nach Deutschland. 1935–1945 gelangen ihr Hilfsaktionen in deutschen Gefängnissen, im Internierungslager für Amerikaner und im Außenlager KZ Dachau.

Ab 1954 widmete *Birgitta Wolf* ihr Leben den Strafgefangenen und Entlassenen, zuerst den Jugendlichen, dann auch den Erwachsenen. Sie besuchte zahlreiche Gefängnisse, vor allem in Europa. Briefwechsel mit 320 Anstalten, Teilnahme an UNO-Kongressen, Vorträge an Volkshochschulen und Universitäten, Reformvorschläge für den Strafvollzug, zahlreiche Radio- und Fernsehberichte weisen sie als Expertin und unermüdliche Kämpferin in der Straffälligenhilfe aus.

Am 29. Juli 1985 erhält *Birgitta Wolf* das Verdienstkreuz 1. Klasse des Verdienstordens der Bundesrepublik Deutschland, auf Initiative und unterzeichnet vom Bundespräsidenten *Dr. Richard von Weizsäcker*.

Angenommen, die Geschichte sei ein Koffer

Einführung

Da wird erzählt: Es war einmal ein mächtiger König, es war einmal ein großer Dichter, ein umherirrender Ritter ...Aber wir möchten auch gerne wissen, wie sein Haus aussah, die Stadt, in der er lebte, die Welt um ihn, kurz: wie es früher einmal war.

Piero Ventura:

SAG MIR WIE ES DAMALS WAR

(2 Bde.: Von der Antike bis zum Mittelalter, Die Neuzeit)
Mitarbeit: ***Roberto Pasini****,*
Übersetzung: ***Gerda Lederer***
(je Bd. 80 Seiten, illustriert, München: Südwest 1987)

Für jedes Zeitalter, von der Antike bis zur Neuzeit, gibt das zweibändige Werk des bekannten italienischen Sachbuchautors und -illustrators in Bild und Text Auskunft über alle Bereiche des öffentlichen und privaten Lebens der Menschen. Geschichte wird – nicht ohne einen Schuß Humor – faßbar und lebendig. Die „Einführung" steht in jedem der beiden Großbände, die farbig bebildert sind.

In den Geschichtsbüchern lesen wir von Kriegen und Schlachten, von Völkern und Königen, von großen Künstlern und berühmten Städten. Und eine Unzahl von Fragen entsteht in unserem Kopf: Wie kleidete man sich? Wie reiste man? Wo wohnten die Menschen? Welche Berufe hatten sie? Und viele andere mehr.

Wenn wir die Antworten parat hätten, würden wir vielleicht besser verstehen, warum sich bestimmte Dinge ereignet haben, warum es zu bestimmten Entscheidungen kam.

Nehmen wir an, die Geschichte sei ein riesiger Koffer, den wir hinter uns herziehen. Versuchen wir ihn auszupacken, und schauen wir nach, was alles darin ist. Ganz ähnlich geschieht es in diesem Buch: Es werden bedeutsame historische Zeitabschnitte herausgenommen, in die wir unsere Nase stecken. Und wir werden erfahren, wie die Gesellschaft in jedem Zeitalter gegliedert war und welche Rolle die arbeitenden Menschen spielten: Die Bauern, Handwerker, Kaufleute. Wir werden sehen, wie ihre Wohnstätten waren, wie der Verkehr funktionierte und welchen Stand die Entwicklung der Technik erreicht hatte. Wir werden also eine Reihe von Themen behandeln, die in jedem Kapitel wiederkehren, und so werdet ihr die Veränderungen im Lauf der Zeit verfolgen können.

Man kann ein ganzes Kapitel lesen und dabei einen umfassenden Überblick über die Lebensart in einem bestimmten Zeitalter bekommen, aber ihr könnt auch ein Thema herausgreifen und es in jeder Epoche erforschen; und auf diese Art werdet ihr erfahren, was das Besondere jeweils war und welche Bedeutung ihm im Gesamtzusammenhang zukommt.

Bei diesem Buch bieten sich also zwei Arten des Lesens an: nach historischen Epochen und nach Themenkreisen. Ihr könnt wählen.

Das Thema ist jeweils mit dem Zeichen auf der linken Seite oben deutlich gemacht. Die einzelnen Zeitalter sind aus den Kapitelüberschriften zu ersehen.

Um die einzelnen Themen leichter verfolgen zu können, zeigt eine Übersichtstabelle am Ende des Buches die Seiten, auf der jedes Thema in den jeweiligen Zeitaltern zu finden ist.

Barbara Bartos-Höppner / Burghard Bartos:

... LEBT DER GROSSE NAME NOCH

100 Portraits aus Deutschlands Geschichte, Kultur, Politik und Forschung
(210 Seiten, illustriert, Wien: Ueberreuter 1987)

Mit ihrem Sohn legt die bekannte Autorin eine beachtenswerte Auswahl von kurzen Lebensbildern deutscher Staatsmänner, Denker, Sozialreformer, Politiker, Künstler, Dichter, Wissenschaftler und Techniker von Rang und Namen vor. Das Buch kann Jugendlichen erste Anstöße geben, sich mit herausragenden geschichtlichen Persönlichkeiten näher zu beschäftigen.

Notwendigerweise: subjektiv, nicht anders

Vorwort

Hundert Porträts aus Deutschlands Geschichte, Kultur, Politik und Forschung, wie soll eine solche Auswahl getroffen werden? Subjektiv, muß notwendigerweise die Antwort sein. Sie kann gar nicht anders lauten, wenn nur hundert Persönlichkeiten aus der Fülle herausgehoben werden sollen, die in der deutschen Vergangenheit gewirkt haben.

Wer sich vergegenwärtigt, wie eine solche Auswahl zur Wilhelminischen Zeit etwa ausgefallen wäre, in der Weimarer Republik oder unter dem Nationalsozialismus – in den fünfziger Jahren wären sie vermutlich gar nicht erst erschienen –, so macht schon dieser kurze Zeitabschnitt von nicht einmal einem dreiviertel Jahrhundert den Einfluß des Erscheinungsdatums auf die Auswahl deutlich. Auch sind die Wunden des Zweiten Weltkriegs und der vorangegangenen unheilvollen Jahre soweit verheilt, daß die Deutschen wieder wissen möchten, woher sie eigentlich kommen, um ihren eigenen Weg einschlagen zu können.

Was aber ist Größe, wem gebührt der Ruhm, groß genannt zu werden? Der Volksmund zumindest hat eine klare Entscheidung getroffen, er beschränkt sich auf *Karl, Otto I.* und *Friedrich II.* und bestätigt damit die Auffassung, daß der Ruhm auf dem Schlachtfeld wohl am ehesten zu erringen sei. Und doch hätte sich zu keiner der obengenannten Zeiten eine solche Auswahl in der Aufzählung mehr oder weniger erfolgreicher Heerführer erschöpft. Gar keine Chancen, Nachruhm zu erlangen, hätten allerdings die „bloßen kräftigen Ruinierer" gehabt, wie sie der Schweizer *Jacob Burckhardt* in seinen „Weltgeschichtlichen Betrachtungen" genannt hat.

Der kirchliche Raum dagegen und die Philosophie geben ebenfalls gute Voraussetzungen ab, um von der Nachwelt auf einen Sockel gehoben zu werden. Gleiches gilt für die Kunst.

Oft ist es aber gar nicht die Tat, in der sich Größe offenbart, häufiger schon die menschliche Haltung zu dieser Tat. Hätte nicht ein anderer Wissenschaftler ebenfalls die X-Strahlen finden können? Aber hätte er sie auch, wie *Wilhelm Conrad Röntgen*, der Allgemeinheit zur Verfügung gestellt, ohne sich durch ein Patent den finanziellen Vorteil zu sichern? Auch *Ernst Abbe* war keineswegs gezwungen, den wirtschaftlichen Nutzen seiner jahrzehntelangen Experimente an die Arbeiter der *Zeiss*-Werke weiterzugeben. Und auch *Friedrich Wilhelm Raiffeisen* war es nicht verwehrt, Chef eines Bankhauses zu werden, und doch hat er genossenschaftliches Gemeineigentum gebildet. Oder was trieb einen Forstmann wie *Georg Ludwig Hartig* dazu, nicht einfach die Wälder seines Landesherren weiter abzuholzen, wie es seine Vorgänger getan hatten? Sein Schaden wäre es nicht gewesen.

Bei näherem Hinsehen ist also zu bemerken, daß Größe sich ebenso verschieden darstellt, wie sich auch die Persönlichkeiten voneinander unterscheiden. Allen aber ist gemeinsam, daß sie durch ihr Wirken für die Menschen ihre Umwelt vorangebracht, verändert oder bewegt haben.

Die Südsee – gar nicht so weit weg von hier

Nachbemerkungen für den, der noch mehr über die Südsee wissen will*)

Dieses Buch entstand im Zusammenhang mit der Wiedereröffnung der Südsee-Abteilung des Rautenstrauch-Joest-Museums für Völkerkunde der Stadt Köln. Es will Kindern zeigen, daß der Begriff „Südsee" nicht nur die bekannteren Inseln Polynesiens wie den Hawaii-Archipel oder die Gesellschaftsinseln mit Tahiti meint, sondern auch die Kulturen Melanesiens und Mikronesiens einschließt. Ethnologen fassen den pazifischen Raum auf der anderen Seite der Erde sogar noch weiter. Sie bezeichnen ihn als Ozeanien und zählen – so wie in dem vorliegenden Buch – auch Australien dazu.

Im Zentrum des Buches stehen die noch weitgehend traditionellen Lebensformen der Südsee-Völker.

Aber auch hier hat der jahrhundertelange Kontakt mit Europäern Veränderungen bewirkt, die in die Geschichten eingeflossen sind. Diese Veränderungen sind aufgrund der unterschiedlichen geschichtlichen Situationen auf den Salomoninseln, auf Neuguinea und auf der Kimberley-Halbinsel Australiens nicht so durchgreifend gewesen wie auf Hawaii, wo die traditionelle Kultur schon bald nach dem ersten europäischen Kontakt aufgegeben wurde. Einige Traditionen, von denen in den Geschichten berichtet wird, wie die Knabeninitiation auf den Salomonen, der Tauschhandel in Papua-Neuguinea oder auch die Bedeutung der mythischen Vergangenheit, der „Traumzeit", für die Ur-Einwohner Australiens, sind durchaus noch lebendig.

Für die heutigen Südsee-Völker ist die Aufrechterhaltung der Traditionen ein Politikum geworden. Es ist Teil des Kampfes um die politische, militärische und wirtschaftliche Unabhängigkeit und gegen die atomare Gefahr. Mit der bewußten Aufrechterhaltung oder Wiederbelebung ihrer angestammten Kultur streben sie die kulturelle Eigenständigkei an. Fast allen Unabhängigkeitsbewegungen gingen Bestrebungen um kulturelle Erneuerung voraus. Das Vorbild dafür war Hawaii. Die Nachkommen der Ur-Einwohner Hawaiis, die heute eine winzige Minderheit im 50. Bundesstaat der USA sind, haben sich die Erfahrungen des „American Indian Movement" (AIM) zunutze gemacht. So wie in den USA fand sich auch in Hawaii eine Reihe von politischen Gruppen zusammen, die die Rechte der Ur-Einwohner auf das Land ihrer Väter einklagen und ein Mitspracherecht in allen Entscheidungen, die das Land betreffen, fordern (...).

Viele der kleinen Inselstaaten haben bei wachsenden Bevölkerungszahlen erhebliche wirtschaftliche Probleme, zumal die marktunabhängige Selbstversorgung nicht mehr überall möglich ist. Ein kleiner Staat wie die Salo-

Gisela Völger:

AUF DER ANDEREN SEITE DER ERDE

*Geschichte und Geschichten der Südsee. Bilder von **Gabriele Hafermaas** (135 Seiten, Ravensburg: Maier 1987)*

Aufgemacht und illustriert wie „Bisonjäger und Mäusefreunde" (vgl. 4. Almanach S. 231f.), erschließt dieses zweite Buch zu einer Ausstellung im Rautenstrauch-Joest-Museum in Köln schon jüngeren Interessenten den kulturellen und politischen, aber auch den geographischen Raum „Südsee" auf ebenso unterhaltsame wie sachlich verläßliche Weise. Ein schönes, kostbares Buch!

monen hat als einzige Ausfuhrgüter Kopra und Fisch und besteht aus 900 Inseln mit 250.000 Einwohnern, die 90 Sprachen sprechen. Abgelegene kleine Inseln kommen für den Tourismus kaum in Frage, größere Rohstoffvorkommen fehlen meist, und mit den Einnahmen aus dem Kopra- und Bananen-Export kann man keine Schulen, Krankenhäuser, Straßen und Flugplätze bauen. Entwicklungshilfe wird vor allem von Neuseeland und Australien, aber auch von anderen Ländern gegeben, wobei Entwicklungsmöglichkeiten, die die überlieferten Lebensformen nicht rücksichtslos zerstören, wohl erst noch gefunden werden müssen.

In der Auseinandersetzung mit all diesen Problemen spielt die Entstehung und Entwicklung einer eigenen Literatur eine wichtige Rolle. Viele Autoren, vor allem aus dem englischsprachigen Ozeanien, bemühen sich um den Prozeß der geistigen Entkolonisierung und propagieren eine pazifische Lebensweise. Die Schriftsteller helfen heute den Angehörigen der Südsee-Staaten, ihre Gemeinsamkeiten zu entdecken und – soweit das bei den kulturellen und politischen Unterschieden möglich ist – zu einer Einheit zusammenzuwachsen. Einige von ihnen, z.B. der Samoaner *Albert Wendt*, sind auch ins Deutsche übersetzt („Der Clan von Samoa", Peter Hammer Verlag, Wuppertal 1982).

**) gekürzt*

Der Vater der Geschichte

Heinrich Pleticha (Hg.):

DIE GESCHICHTEN DES HERODOT

*Nacherzählt von **Benno Diederich** (238 Seiten, illustriert, Stuttgart: Thienemann 1987)*

*Ein umfangreiches Werk hat der griechische Geschichtsschreiber **Herodot** hinterlassen. Eine Nacherzählung einer Auswahl bearbeitete **Prof. Dr. Heinrich Pleticha** neu und versah sie mit einem das Verständnis fördernden Vorwort sowie mit erläuternden Anmerkungen (hier gekürzt wiedergegeben). Vor allem wird über die Perserkriege (490 bis 474 v. Chr.) und den Aufstand der kleinasiatischen Städte berichtet.*

Herodot, der „Vater der Geschichte", wie er schon im Altertum genannt wurde, stammte aus Halikarnassos an der Südküste Kleinasiens. Dort wurde er bald nach 490 v. Chr. als Sohn einer wohlhabenden griechischen Familie geboren. Damals waren erst rund zehn Jahre seit dem großen Aufstand der kleinasiatischen Griechenstädte gegen die Perserherrschaft vergangen, und *Herodot* dürfte als Knabe oft in den Erzählungen der Erwachsenen davon gehört haben. Manche Einzelheiten aus diesen Erzählungen gingen später in sein Geschichtswerk ein.

Als Heranwachsender hörte er dann von den Kämpfen und Siegen der Griechen gegen die Perser und erlebte auch mit, wie die athenische Flotte nach dem Sieg bei Mykale vor der kleinasiatischen Küste erschien. Schon als junger Mann ergriff er Partei gegen die Perser, wurde in die politischen Auseinandersetzungen seiner Heimatstadt verwickelt und aus Halikarnassos verbannt. Er ging zuerst nach Samos und dürfte von hier aus schon seine ersten großen Reisen unternommen haben, auf denen er weite Teile des östlichen Mittelmeergebietes kennenlernte. So gelangte er an das Schwarze Meer, besuchte das Land der Skythen, Thrakien und Makedonien, reiste nach Ägypten und nilaufwärts bis zum heutigen Assuan, danach ging er nach Tyros und an den Euphrat und besuchte die damals noch bedeutende Stadt Babylon.

Solche ausgedehnten Reisen waren bei den schlechten und oft gefährlichen Wege- und Reiseverhältnissen schon kühne Unternehmen. Aber *Herodot* war nicht nur ein wagemutiger, sondern auch ein ungemein wißbegieriger Reisender, der sehen, erkunden und lernen wollte. Und so, wie mancher moderne Reisende heute seine Lichtbildvorträge vor Vereinen und Volkshochschulen hält, nutzte schon er die gewonnenen Erfahrungen für öffentliche Vorträge. Er schrieb nicht Reiseberichte oder Chroniken, sondern erzählte von seinen Reisen, seinen Beobachtungen, von Land und Leuten, von Kultur und Geschichte.

Er muß das wohl auf ungemein eindrucksvolle Weise getan haben; denn er fand Zuhörer und Freunde unter den bedeutendsten Persönlichkeiten seiner Zeit, so etwa in dem zehn Jahre älteren athenischen Dichter *Sophokles*. Und wir hören auch, daß er für seine historichen Vorträge in Athen ein Ehrengeschenk der Stadt in Höhe von zehn Talenten erhalten haben soll. Wenn das auch nach damaligen Verhältnissen ein geradezu ungeheures Honorar von umgerechnet fast 50 000 Mark war, so scheint es doch zu stimmen. Von Athen aus besuchte *Herodot* wahrscheinlich die Schlachtfelder der Perserkriege, so daß er später auch darüber auf Grund eigener Beobachtungen und sorgfältiger Nachprüfung berichten konnte. Dann aber verließ er Griechenland und übersiedelte in die von *Perikles* gegründete griechische Kolonialstadt Thurioi in Unteritalien. Hier arbeitete er an seinem großen Geschichtswerk, erlebte noch den Ausbruch des Peloponnesischen Krieges zwischen Athen und Sparta und starb wohl bald danach 430 v. Chr.

„*Herodot* von Halikarnassos hat diese Geschichten aufgezeichnet, damit die Nachwelt die Ereignisse nicht vergißt. Auch soll das Andenken an große und wunderbare Taten nicht erlöschen, die von Hellenen und Barbaren vollbracht wurden, besonders aber soll man die Ursachen wissen, weshalb sie sich gegenseitig bekriegten." So schrieb *Herodot* im Vorwort seiner „Geschichte", und seine Worte offenbaren uns noch heute deutlich sein großes Ziel. In den Mittelpunkt seines Geschichtswerks stellte er die große Auseinandersetzung zwischen den Griechen und den Persern(...)

Herodot, dessen Sympathien ganz offensichtlich den Athenern gehörten, hätte allen Grund gehabt, ein Heldenlied dieser Kämpfe zu singen und den griechischen Sieg zu verherrlichen. Aber er war ein Feind jeden Krieges, der für ihn das Unheil schlechthin bedeutete. So bemühte er sich in doppelter Hinsicht um eine möglichst ausgewogene Darstellung. Er suchte auch den Persern gerecht zu werden, indem er ihre Lebensweise, ihre Geschichte und die Beweggründe ihres Handelns erforschte und darstellte, und er vertuschte die menschlichen Schwächen der Griechen nicht, weder bei der Schilderung des Ionischen Aufstands noch beim Erkennen der innergriechischen Gegensätze. Damit aber erhob er sich letzten Endes über den reinen Chronisten und den vordergründigen Geschichtenerzähler hinaus zu einer religiös geprägten Weltsicht. Die Entscheidungen wurden seiner Auffassung nach nicht allein von den Menschen getragen, sondern durch das Eingreifen der Götter mitbestimmt.

Herodot baute in sein Geschichtswerk die Summe seiner Erfahrungen ein. Was er auf seinen ausgedehnten Reisen beobachtet oder aus den Erzählungen seiner Gewährsleute vernommen hatte, bildete den Hintergrund seines Berichts. Freilich fehlte ihm dabei die Erfahrung, so daß er – wie wir im folgenden sehen werden – manchmal zwischen Fabel und Wirklichkeit nicht unterscheiden konnte, aber gerade so manches anekdotische Rankenwerk trägt heute noch zur Beliebtheit seiner Darstellung bei. Es betont zugleich den dichterischen Charakter des Werkes; denn *Herodot* war kein trockener Chronist oder tiefschürfender Philosoph. Er war Erzähler, der aus den großen Epen *Homers* oder aus den Tragödien, wie sie sein Freund *Sophokles* schrieb, gelernt hatte. Gerade weil er wußte, daß Geschichte volkstümlich dargestellt werden mußte, wenn sie vom Volke auch erfaßt werden sollte, gelang ihm diese unnachahmliche Mischung aus großer, anspruchsvoller Geschichtsschreibung und liebenswerter, manchmal sogar vergnüglicher Geschichtserzählung.

Spätere antike Wissenschaftler teilten das gesamte Werk, das *Herodot* selbst „Darlegung der Forschung" oder „Forschungsbericht" genannt hatte, in neun Bücher. Es schildert in seinem Hauptteil die schon erwähnte welthistorische Auseinandersetzung zwischen Griechen und Persern, behandelt aber in ausführlichen Abschnitten auch die Geschichte der Lyder, Meder, Perser, Babylonier, der Ägypter, der Skythen und Thraker, der Makedonen und ionischen Griechen.

Unser Text bringt nur eine Auswahl aus dem großen Werk: In den ersten Kapiteln über die Geschichte der Perser und Ägypter und in den folgenden die eigentliche Geschichte der Perserkriege vom Ionischen Aufstand bis zur Seeschlacht von Mykale. Es ist keine Übersetzung, sondern eine Nacherzählung, die gewisse Längen, allgemeine Betrachtungen und zu stark in Einzelheiten gehende Aussagen vermeidet und sich auf das Wesentliche beschränkt, wobei bewußt wie bei *Herodot* selbst die Mitte zwischen dem historischen Bericht und dem anekdotischen Umfeld gehalten wird. Dabei wird auch das Erzähltempo *Herodots* weitgehend beibehalten und nur behutsam unserer Zeit angepaßt. Die Nacherzählung selbst mußte ein wenig vom Staub gereinigt werden, der sich in den letzten Jahren offensichtlich angesetzt hatte. So ist in doppelter Hinsicht ein „neuer" *Herodot* entstanden, der den Leser von heute anzusprechen vermag. **)gekürzt*

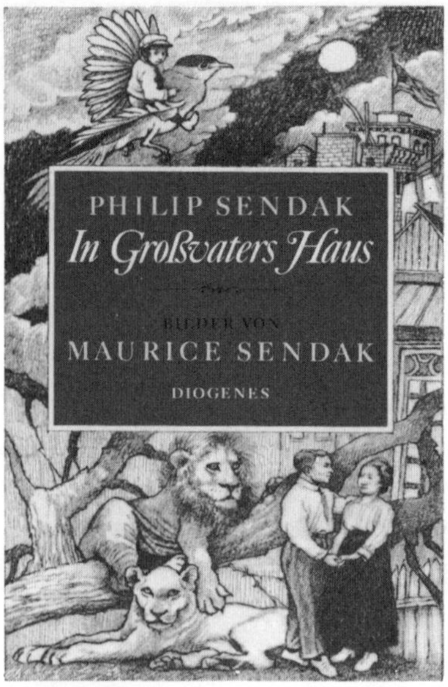

Philip Sendak:

IN GROSSVATERS HAUS

Übersetzung: ***Barbara Henninges***
Bilder von ***Maurice Sendak***
(52 Seiten, Zürich: Diogenes 1987)

Maurice Sendaks *Vater schildert zunächst einiges aus seinem Leben – er ist jüdischer Emigrant, der von Polen nach Amerika kam – und gibt dann ein Märchen wieder, das von seinem Vater stammt: die Geschichte eines Jungen, der seine Eltern sucht, nachdem Großvater tot ist. Mit viel Lebensweisheit des Judentums durchsetzt, ist diese Erzählung auch für Jugendliche von hohem Wert. Das Buch (vor allem auch der wunderbaren* ***Sendak****-Illustrationen wegen) ist als bibliophile Kostbarkeit einzustufen.*

Durchdrungen von den heiligen Erzählungen

Über das Buch

Als *Philip Sendak* (1894-1970) alt und krank war, schlug sein Sohn *Maurice* ihm die Zusammenarbeit an einem Buch vor. Das Ergebnis von *Philip Sendaks* Versuch, Geschichten zu schreiben, waren neunundachtzig handgeschriebene Manuskriptseiten, drei Kindergeschichten, allesamt unvollendet, und ebenso fragmentarische Erinnerungen an sein eigenes Leben, ziemlich unverfälscht in dem mit Amerikanismen angereicherten Jiddisch der New Yorker Einwanderergemeinde geschrieben. Der Text des vorliegenden Buchs ist im wesentlichen diesem Manuskript entnommen. Darüber hinaus machte *Maurice Sendak* autobiographische Notizen zugänglich, die sein Vater diktiert hatte, nebst einigen Briefen und einem Übungsheft, das der Vater gegen Ende seines Lebens führte, um seine Englischkenntnisse zu verbessern. Einige Sätze daraus sind ebenfalls in „Großvaters Haus" eingegangen.

Auf seine Weise versinnbildlicht *Philip Sendak* in diesen unbefangenen Schreibversuchen seine Generation. Der Einwanderer hatte einen doppelten Verlust zu tragen: er hatte seine Eltern an eine für immer entschwundene Welt und die eigenen Kinder an eine neue Welt verloren, die er weitgehend und durchaus bewußt mitgestaltete, ohne je wirklich dazuzugehören. Als *Philip Sendak* diese Seiten schrieb, hegte er pädagogische Absichten, wollte er seinen rechtmäßigen Einfluß auf die Zukunft geltend machen. Stilistische und formale Kunstfertigkeiten zu entwickeln hatte er weder Zeit noch Gelegenheit. Aber das Lehrenwollen entsprang seinem Wesen, dem Selbstverständnis eines gläubigen Juden, der durchdrungen war vom Midrasch und den heiligen Erzählungen, sowie außerordentlichen Gemeinschaftssinn und vom praktischen Denken der Einwanderer, selbst in künstlerischen Dingen. Und sind Weisheit und Würde nicht die angemessenen Attribute eines Großvaters, ungeachtet aller Enttäuschungen des Alters und der Großvaterschaft, die mitunter anklingen? *Philip Sendak* wollte lehren, daß ein Kind ordentlich essen und fleißig lernen soll, daß es Mut, Anstand und Gerechtigkeitssinn entwickeln und der folgenden Generation etwas mitgeben möge. Als er für seinen Sohn schrieb, knüpfte *Philip Sendak* wieder bei der Hoffnung an, die zum Ausdruck kommt, wenn ein jüdischer Knabe bei der Beschneidung in den „heiligen Bund" eingeführt wird und man ihm den Wunsch zuruft, daß er „zum Studium der Tora, zur chuppa und zu guten Taten" gelangen möge.

Seymour Barofsky

Autoren

Astrid Lindgren – 80 Jahre

Die berühmteste Kinderbuchautorin der Welt – auch hierzulande groß gefeiert

Vom Lehrstuhl aus ans Kind gewandt

Hochschullehrer als Kinderbuchautoren – gar nicht so selten

Fleißig, fleißig ...!

Ursel Scheffler führt die emsigsten Autoren des Jahres an

Astrid Lindgren – 80 Jahre

Die berühmteste Kinderbuchautorin der Welt – auch hierzulande groß gefeiert

*„Ich bin ein Bullerbü-Kind" hieß die ZDF-Sendung am 18. Januar 1987. **Astrid Lindgren** war im Gespräch mit **Hansi Fischer.** Die Redaktion hatte **Heribert Beigel**. Hergestellt wurde der Film im Fernsehstudio München-Unterföhring 1986. – Der folgende Text, in den einige Fotos des Oetinger-Verlags, Hamburg eingestreut sind, ist der stark überarbeitete Mitschnitt des Gesprächs zwischen **Astrid Lindgren** und der ZDF-Journalistin. An den bezeichneten Stellen wurden Ausschnitte aus den Filmen „Ronja Räubertochter", „Pippi Langstrumpf" und „Die Brüder Löwenherz" gezeigt.*

Astrid Lindgren, die „bekannteste Kinderbuchautorin der Welt" (DIE ZEIT), feierte am 14. November 1987 ihren 80. Geburtstag.

Wohl kaum eine Autorin hat die Kinderbuchszene so stark und nachhaltig beeinflußt wie die berühmte Schwedin, Verfasserin von über siebzig Kinder-, Bilder- und Jugendbüchern. In annähernd 60 Sprachen übersetzt, wurden ihre Bücher mit den bedeutendsten Preisen ausgezeichnet, darunter mit dem Friedenspreis des Deutschen Buchhandels, mit der Hans-Christian-Andersen-Medaille, dem Schwedischen Staatspreis für Literatur, der Großen Goldmedaille der Schwedischen Akademie für Literatur und dem Deutschen Jugendbuchpreis.

Hansi Fischer: Ich bin sicher, jedes Kind weiß sofort, wer im Studio ist, auch die Erwachsenen wissen es: Wir haben die bekannteste Kinderbuchautorin der Welt eingeladen. Herzlich willkommen, Astrid Lindgren! Wer kennt nicht „Pippi Langstrumpf" oder „Die Brüder Löwenherz" ...?

Astrid Lindgren: Es klingt merkwürdig, aber 80 Bücher – das hört sich nicht gut an. Ich sage, ich habe 35 Bücher geschrieben, dann habe ich Fotobände und so etwas gemacht und auch Filme und ähnliches.

Gerne würde ich von Ihnen wissen, welches Buch Sie von Ihren eigenen Büchern eigentlich am liebsten haben.

Darüber habe ich oft nachgedacht, und ich bin dazu gekommen, daß es doch die „Michel"-Bücher sind. Michel ist ein Knabe, so wie mein Vater einer war in einer Umgebung, wo ich auch aufgewachsen bin.

Ich habe mal gelesen, in den Büchern steckt auch viel von Ihrem Vater.

Ja. Und mein Vater hat mir viel über diese argen Zeiten erzählt, er hatte ein wunderbares Gedächtnis, er wußte, wieviel eine Kuh kostete und alles. Ich konnte ihn immer fragen, wenn ich mal etwas nicht wußte.

Das letzte Buch, das Sie geschrieben haben, ist „Ronja Räubertochter". Das ist so eine „Romeo-und-Julia"-Geschichte. Kann man das so sagen?

Ja, irgendwie schon.

Zwei Kinder haben zueinander gefunden über die Sippenfeindschaft der Eltern hinweg ... „Ronja" ist verfilmt worden, in Schweden und in Norwegen, also in Ihrer Heimat. Da ist der Film auch mit großem Erfolg im Kino gelaufen.

O, ja.

Was wollten Sie denn in „Ronja" an den Leser oder Kinozuschauer weitergeben?

Ich will ... nichts weitergeben. Ich schreibe zu meinem eigenem Vergnügen, und dann wird es so wie es wird. Aber ich kann ja selber herauslesen: Die Kinder, sie wollen Frieden, sie wollen nicht Gewalt in der Welt haben, und das will ich auch nicht! Ich möchte sagen und hoffen, daß „Ronja" dazu beitragen kann, daß Kinder verstehen: Gewalt ist nicht, was wir haben möchten.

„Ronja Räubertochter" ist ein Buch, in das die Erwachsenen durchaus einmal hineinschauen sollten. Sie schreiben Kinderbücher und sind die bekannteste Kinderbuchautorin, aber eigentlich schreiben Sie Ihre Bücher auch für Erwachsene. Für wen schreiben Sie denn jetzt eigentlich?

Für mich, für mich selbst schreibe ich. Aber ich kann nur hoffen, daß ein gutes Kinderbuch auch Erwachsene interessiert. Es gibt sehr gute Kinderbücher auf der Welt, die Erwachsene sich ganz selten vornehmen. Es gibt Bücher, die die ganze Welt wirklich interessiert, nicht nur Kinder, sondern auch Erwachsene.

Aber es würde Ihnen doch niemals einfallen, ein Buch wirklich für Erwachsene zu schreiben, einen Roman ...

Hoffentlich nie.

Warum nicht?

Wenn man so ein Publikum hat, wie die Kinder, dann muß man sehr sensibel sein, und ich kann nicht Bücher für Erwachsene schreiben. Ich weiß das, ich kann Kinderbücher schreiben.

Aber man braucht, glaube ich, viel mehr Phantasie, um ein Kinderbuch zu schreiben.

Ja. Jemand hat gesagt, wenn man ein Kinderbuch schreibt, ist das genauso wie für Erwachsene zu schreiben. Ja, nur schwieriger.

Ihre Bücher sind fast alle verfilmt worden. Ich habe z.B. „Ronja Räubertochter" anläßlich der Münchner Filmfestspiele gesehen, und ich war begeistert. Wie Ronja auf der Leinwand zu sehen ist, so habe ich sie mir vorgestellt.

Das freut mich zu hören, denn ich habe auch das Gefühl, daß dieser Film gelungen ist. Wie schwierig ist es doch für einen Autor, mit der Übertragung ins Bild zufrieden zu sein! Aber ich finde, daß der Regisseur es wundeschön gemacht hat. Das Ergebnis entspricht ganz meinen Vorstellungen.

*

Sie schreiben gerade wieder an neuen Drehbüchern für neue Filme.

Ja, ja das stimmt. Wir machen die „Bullerbü-Bücher" noch einmal. Sie sind veraltet. Damals gab es keine Dialoge. Jetzt sollen die Kinder auch sprechen, und wir haben eine sehr schöne Gegend gefunden. Es ist schwierig, den richtigen Schauplatz zu finden. Alles ändert sich so schnell. Schwedische Kinder haben oft noch nicht einmal eine Kuh gesehen. Kinder in Stockholm, die haben keine Kühe gesehen ...!

Woher nehmen Sie denn die Einfälle, wenn Sie so ein Buch schreiben? Ich kann mir vorstellen, daß das Kinder interessiert.

*Kurz und bündig informiert eine Broschüre (44 Seiten) der Stadtbibliothek Duisburg über „Biographie und Bibliographie" zu ihrer Buchausstellung Ende November '87 zur 11. IKiBu. **Imma Wick** trägt zur Klärung mancher Zusammenhänge bei. (Auch als Einstieg in das Werk **A.L.**s nützlich, insbesondere für Schulen.)*

*Der Aufnahme des literarischen Werks von **A.L.** im deutschen Sprachraum geht der Sachbuchautor **Rudolf Wolff** in dem Band der Sammlung „Profile" des Bouvier Verlags Bonn (1986, 146 Seiten) nach. Die Textzusammenstellung geht im Grunde über die in den Oetinger-Almanachen (v.a. 1967 und 1982) nicht hinaus. Doch werden durchaus auch interessante Beiträge aus verstreut auffindbaren Fachzeitschriften einbezogen, so daß ein farbiges Bild der Deutungen und Rezeptionsweisen von **A.L.**s Kinderbüchern in der BR Deutschland entstand. Leider ist die Wirkung der Filme, Kassetten, Platten – also die Wirkung der Medien mit **Lindgren**-Stoffe – hier ausgespart.*

Sybil Gräfin Schönfeldt *machte sich daran, mit Feuereifer und Fleiß, mit nimmermüder Recherchierlust und in gefälliger Diktion eine „Astrid-Lindgren"-Biographie in der bekannten Reihe „rororo bildmonographien" (rm 371, 158 Seiten, zahlr. Abb.) zu erarbeiten. Dies ist nicht nur die erste Biographie einer Kinderbuchautorin in der rm-Reihe, sondern überhaupt die erste* ***A.L.****-Biographie in deutscher Sprache. Ein lesenswertes Bändchen, das Einzelheiten aus* ***A.L.****s Leben bis zum aktuellsten Stand der Dinge (****Gorbatschow****-Brief) bringt und auf zuverlässige Weise Kenntnisse über die bedeutendste schwedische Schriftstellerin der Gegenwart vermittelt.*

Sekundärliteratur zu ***Astrid Lindgren*** *gibt es gewiß nicht übermäßig viel. In nur eingeschränkter Hinsicht gehört der 1986 bei Oetinger erschienene Band mit den „Kindertheaterstücken" dazu (238 Seiten, illustriert). Er enthält Theaterbearbeitungen der Autorin zu „Pippi", „Karlsson", „Mio mein Mio" und „Michel". Einige Szenen wurden von A.L. für die Bühnenpraxis leicht verändert.* ***Hildegard Bergfeld*** *gibt im Nachwort Erläuterungen.*

Das werde ich oft gefragt. Die Antwort ist schwierig. Oft ist es ja nur ein Name, mit dem es anfangen kann, so wie z.B. „Pippi Langstrumpf", die meine Tochter mir geschenkt hat. Sie hat gebeten: „Erzähl mir etwas! Erzähl mir etwas von Pippi Langstrumpf! Erzähl mir von Pippi Langstrumpf!" Dann habe ich angefangen zu erzählen von einem kleinen Enkelkind von drei Jahren, das einmal wütend war und schrie und das nicht aufhören wollte zu schreien...

*

Wie ist Astrid Lindgren denn überhaupt Kinderbuchautorin geworden? Ich weiß, daß es einen Moment in Ihrem Leben gab, da Sie sagten, Sie könnten alles werden, nur keine Schriftstellerin. Stimmt das?

Zuerst habe ich gedacht, ich kann kein Buch schreiben. Das wollte ich zuerst gar nicht versuchen und ich habe es auch nicht getan, außer diese Episode mit Pippi Langstrumpf. Das war der Anfang.

„Pippi Langstrumpf", einer der größten Erfolge auf dem Kinderbuchmarkt, wurde zunächst abgeschmettert ...

... von einem Verleger, der mir sagte, das Buch sei humoristisch und originell. Aber er habe schon so viele Bücher auf seiner Liste, mehr wollte er gar nicht mehr haben.

Und er hat es zurückgeschickt?

Er hat es zurückgeschickt, und dann habe ich das Manuskript zu einem Wettbewerb eingeschickt, wo ich einen Preis bekam. Und damit hat alles angefangen, und ich habe Feuer gefangen.

Als Sie dieses Buch eingeschickt hatten, sollen Sie darauf einen Vermerk angebracht haben, nicht das Jugendamt zu verständigen. Das ist wohl aus der Zeit heraus zu erklären ...

Sicher! "Pippi" wurde 1944 geschrieben, und damals war das kein Buch, das für Kinder geeignet war – was ich niemals verstanden habe – und da habe ich geschrieben: „In der Hoffnung, daß Sie das Jugendamt nicht alarmieren". Ich hatte ja selbst zwei Kinder, und ich fürchtete, man könnte fragen, was für eine Kindheit diese Kinder mit einer solchen Mutter haben ...

Diese Pippi war ja auch wirklich ein „Hammer" zu dem Zeitpunkt, das kann man sagen! Es war ein anti-autoritäres Buch. Sie aber wollten doch eigentlich Antiautorität nicht verbreiten, oder?

Ich bekam diesen tollen Namen und habe dazu ein tolles Mädchen gemacht, ohne viel nachzudenken. Aber ich nehme an, daß man in jener Zeit anfing, über Autorität nachzudenken ...

Aber die Pädagogen hatten doch sehr viel Angst vor diesem Buch ...

Ja, die hatten sehr viel Angst.

Wie kommen Sie damit klar? Haben Sie denen dazu etwas erklärt?

Nein, sie haben sich damit abfinden müssen, und die Kinder haben das Buch angenommen. Das war für mich das Wichtigste. Allmählich kamen dann auch die Eltern. Die Pädagogen verstanden vielleicht auch bald ...

Setzen Sie sich mit den Reaktionen der Pädagogen auseinander?

Nein. Jetzt gibt es diese Probleme gar nicht. Aber sehen Sie: Mit allen Büchern ist das so. Nehmen Sie die „Brüder Löwenherz"! Als dieses Buch herauskam, wurde ich zu einer Sitzung mit Pädagogen und Psychologen eingeladen. Und alle waren glücklich, daß es ein Buch gab, wo über den Tod mit Kindern gesprochen werden konnte. Ein anwesender Lehrer hatte etwas gegen den Schluß des Buches. – Zu Hause angekommen, klingelte das Telefon. Das kleine Mädchen, das die „Ida" in den „Michel"-Filmen spielte, war dran und rief: „Oh, das ist das beste Buch, das du geschrieben hast! Und vielen Dank, daß du einen so glücklichen Schluß erfunden hast!" Also, Kinder und Erwachsene lesen Bücher ganz verschieden!

Und da hören Sie dann schon lieber auf die Kinder ... – Wie ist es denn überhaupt mit den eigenen Kindern? Sie haben zwei, und dazu sieben Enkelkinder und ein Urenkelkind, zwei Jahre alt. Lesen Sie denen aus Ihren Büchern manchmal vor?

Nein, eigentlich nicht. Ich schreibe nur. Aus den Manuskripten der „Brüder Löwenherz" habe ich einem Enkelkind vorgelesen, weil ich wußte, daß es Angst spürt wie viele andere Kinder auch. Nach dem Vorlesen hat es lächelnd gesagt: „Ja, wir wissen nicht, wie es ist, es kann genau so sein!" Der Kleine war ganz getröstet, und ich glaube, daß dies ein Trostbuch ist. Vor allem aus Deutschland habe ich mehrere Briefe bekommen ...

Was wollen die Kinder von Ihnen, wenn Sie Ihnen nach Schweden schreiben?

Das ist verschieden. Ein deutscher Junge hat mir geschrieben, er wollte alles über Saltkrokan wissen, denn er möchte dorthin ziehen. Er war vielleicht 15 Jahre alt, hatte den Film gesehen und das Buch gelesen. Sofort hatte er angefangen, Schwedisch zu lernen. Er bat mich um eine Karte dieser Insel, damit er genau wüßte, wo Saltkrokan liegt. Ich erfüllte ihm seinen Wunsch. Er schrieb, seine Eltern glauben, daß diese Idee nur drei Wochen dauern würde, aber er wüßte, daß dies sein ganzes Leben dauern würde. Er mußte unbedingt dorthin, und ich habe ihm geschrieben, daß es in der Wirklichkeit oft anders als in einem Film aussieht. – Ein Mädchen war ebenso verrückt, sie fuhr tatsächlich zu dieser Insel, die sie als Vorbild von Saltkrokan ansah. Jetzt habe ich diese beiden jungen Menschen zusammengeführt in Briefen, damit sie sich über Saltkrokan unterhalten können.

Zwischen „Pippi" und „Ronja" liegt viel Zeit. Die beiden haben aber etwas gemeinsam: Sie setzen ihren Willen durch. Die Mädchen in ihren Büchern sind immer ein bißchen stärker als die gleichaltrigen Buben. Manchmal sind sie auch ein bißchen klüger, pfiffiger. Sind es Emanzipationsbücher, die Sie schreiben wollen?

Ich will, daß jedes Kind, Junge oder Mädchen, selbstständig werden soll. Sie sollen erfahren: Man kann soviel Macht haben wie Pippi, aber nicht mit Raufen. Das ist das Wichtigste, das ist aber auch das Schwierigste auf der Welt: Macht zu haben ohne Gewaltanwendung.

Als Sie 1978 den Friedenspreis des Deutschen Buchhandels bekommen haben (eine aus der langen Liste Ihrer Auszeichnungen), haben Sie in Ihrer Rede eine sehr schöne Geschichte erzählt, als kleinen Beitrag zum Frieden in der Welt.

Das ist eine wahre Geschichte. Als junges Mädchen habe ich eine alte Dame getroffen. Sie hat von ihrem ersten Kind erzählt, als sie jung war. Damals haben ja Kinder immer Schläge bekommen, aber sie wollte das nicht tun. Eines Tages hatte das Kind etwas angestellt, so daß es eine Tracht Prügel verdient hätte. Die junge Mutter sagte zu dem Kind: „Jetzt mußt du selbst eine Rute suchen und sie herbringen!" Und das Kind war lange weg, und als es zurückkam, hat es geweint und gesagt: „Ich habe keine Rute gefunden, aber hier hast du eine Stange, die kannst du auf mich werfen!" Da hat die Mutter verstanden, wie das Kind so etwas erlebt. Sie fing an zu weinen, das Kind hat schon geweint, und sie hat nie eine Ausnahme gemacht, nie, nie! Nie gab es Prügel in jenem Haus.

*Zwei Bilderbücher von **A.L.** kommen 1987 bei Oetinger (beide, wie alles von **A.L.**, vom Stockholmer Verlag Rabén & Sjögren übernommen) heraus: „Nur nicht knausern, sagte Michel aus Lönneberga" (Zeichnungen von **Björn Berg**) und „Rupp Rüpel, das grausigste Gespenst aus Småland" (Zeichnungen: **Ilon Wikland**), beide Bücher in der bewährten Übersetzung von **Anna-Liese Kornitzky**, die **A.L.** schon lange ins Deutsche bringt. Über „Rupp Rüpel" schreibt **Susanne Jäger** (BA 11/87): „Auf sein Bitten bekommt ein Geschwisterpaar von der Großmutter zum wiederholten Mal die Geschichte vom Rupp Rüpel erzählt, der vor vielen hundert Jahren dem Küster einen gehörigen Streich spielte und dann selbst derartig erschreckt wurde, daß ihm das Blut in den Adern gefror und er fortan stocksteif an der Kirchenmauer lehnen mußte. Erst eine Magd hat ihn viel später erlöst. Das kleine Mädchen ist von der Erzählung so beeindruckt, daß es auf dem Heimweg in panische Angst gerät, weil es Rupp Rüpels Geisterhände zu spüren glaubt. Zum Glück ist der Vater in der Nähe!" Mit dem „markanten Stil" der **Ilon Wikland** ist die Rezensentin nicht recht einverstanden, findet sie doch die Gespensterbilder ausgesprochen bedrohlich und die fratzenhaften Gesichter dazu angetan, „sensible Betrachter (zu) ängstigen".*

Astrid Lindgren – Biographische Daten

1907 Am 14.11. wird Astrid Anna Emilia Ericsson auf Näs bei Vimmerby, im schwedischen Småland, als zweites Kind des Pfarrhofpächters Samuel August Ericsson und seiner Frau Hanna geboren. Der Bruder Gunnar ist ein Jahr älter, die Schwestern Stina und Ingegerd weden 1911 und 1916 geboren

1914 Astrid Ericsson kommt in die Schule

1920 Umzug der Familie aus dem roten Pachthaus in ein größeres Haus auf dem Pfarrhof

1924 Nach dem Schulabschluß Volontariat bei der „Vimmerby Tidningen" in Vimmerby

1926 Ausbildung als Sekretärin in Stockholm, Geburt des Sohnes Lars

1927 Erste Stellung als Sekretärin bei der Svenska Bokhandels Centrale

1928 Sekretärin im Königlichen Automobilclub

1931 Astrid Ericsson heiratet Sture Lindgren, Direktor des Königlichen Automobilclubs

1934 Geburt der Tochter Karin

1937 Sekretärin bei dem Kriminalisten Harry Söderman

1941 Familie Lindgren zieht in die Wohnung in der Dalagatan in Stockholm, in der Astrid Lindgren heute noch wohnt

1944 Astrid Lindgren schreibt die Geschichte von Pippi Langstrumpf als Geburtstagsgeschenk für ihre Tochter auf. Sie schickt das Manuskript an einen Verlag, der es jedoch ablehnt. Im selben Jahr gewinnt Astrid Lindgren mit einem Mädchenbuch den zweiten Preis in einem Wettbewerb des Verlages Rabén und Sjögren

1945 Astrid Lindgren gewinnt mit „Pippi Langstrumpf" den ersten Preis des Verlages Rabén und Sjögren im Wettbewerb für Kinderbücher

1946 Astrid Lindgren erhält den Literaturpreis der Zeitung Svenska Dagbladet für „Pippi Langstrumpf" und den geteilten ersten Preis im Wettbewerb des Verlages Rabén und Sjögren für „Meisterdetektiv Blomquist" in der Kategorie Jugendkrimis

1946 Astrid Lindgren übernimmt die Leitung der Kinderbuchabteilung im Verlag Rabén & Sjögren

1947/48 Erste Reisen nach England und in die USA

1949 Der Hamburger Verleger Friedrich Oetinger lernt in Stockholm Astrid Lindgren kennen, erhält die Option auf „Pippi Langstrumpf", und im Herbst erscheint die deutsche Erstausgabe

1953 Erste offizielle Lesereise nach Deutschland. Die Stationen: Hamburg, Bremen, Berlin. In Stockholm wird Pippi Langstrumpf am Tag des Kindes zur Schutzpatronin gewählt

1956 Astrid Lindgren erhält die Prämie des Deutschen Jugendliteraturpreises für „Mio, mein Mio"

1958 Astrid Lindgren wird mit dem Internationalen Jugendbuchpreis, der Hans-Christian-Andersen-Medaille für „Rasmus und der Landstreicher" und das Gesamtwerk ausgezeichnet

1961 Tod der Mutter Hanna Ericsson

1963 Astrid Lindgren wird auf Lebenszeit in die literarische Gesellschaft „Samfundet De Nio" (Gesellschaft der Neun) gewählt

1965 Sie erhält den Schwedischen Staatspreis für Literatur für ihr Gesamtwerk. Sie kauft ihr Geburtshaus auf Näs.

1966 In Berlin-Spandau wird die erste Schule in Deutschland nach Astrid Lindgren benannt. Heute tragen 37 Schulen ihren Namen

1967 Die Verlage Rabén & Sjögren und Friedrich Oetinger stiften, um ihre Autorin zu ehren, einen deutschen und einen schwedischen Astrid-Lindgren-Preis. Erste Reise in die UdSSR

1969 Tod des Vaters Samuel August Ericsson

1970 Astrid Lindgren und ihr schwedischer Verleger Hans Rabén scheiden aus dem Verlag Rabén & Sjögren aus

1971 Astrid Lindgren wird die Große Goldmedaille der Schwedischen Akademie für Literatur verliehen.

1973 Sie wird zum Dr. phil. honoris causa der Universität Linköping ernannt. Ihr Buch „Die Brüder Löwenherz" erscheint

1978 Astrid Lindgren erhält als erster Kinderbuchautor den Friedenspreis des Deutschen Buchhandels. Sie wird zum Ehrendoktor der Universität Leicester ernannt

1980 Wahl zur Vorsitzenden von „Samfundet de Nio"

1982 Das Buch „Ronja Räubertochter" erscheint

1984 In Kiel/Mettenhof wird die erste Straße in Deutschland nach Astrid Lindgren benannt.

1985 Astrid Lindgren ist mit über zwei Millionen jährlichen Ausleihen der schwedischen Volksbüchereien die am meisten gelesene schwedische Autorin

1986 Tod des Sohnes Lars, Verleihung des Selma-Lagerlöf-Literaturpreises

1987 Astrid Lindgren wird mit dem sowjetischen Leo-Tolstoi-Preis ausgezeichnet

Aus Anlaß des 80. Geburtstages von Astrid Lindgren am 14. November 1987 schreibt der Verlag Friedrich Oetinger, Hamburg, zum vierten Mal den

ASTRID-LINDGREN-PREIS

in Höhe von 10.000,-- DM für das beste unveröffentlichte Kinderbuchmanuskript in deutscher Sprache aus.

Die Bedingungen:

1. Das Thema ist freigestellt, muß aber für ein Kinder- oder Jugendbuch geeignet sein. Illustrationsentwürfe oder sonstige grafische Vorschläge haben keinen Einfluß auf die Bewertung.

2. Das Manuskript muß in deutscher Sprache abgefaßt und bisher unveröffentlicht sein.

3. Es soll möglichst nicht weniger als 80 und möglichst nicht mehr als 200 Schreibmaschinenseiten Umfang haben (DIN A 4, pro Seite 30 Zeilen, 60 Anschläge pro Zeile, zweizeilig).

4. Jedes eingesandte Manuskript bleibt bis zum Tag der Preisverkündung beim Verlag und darf während dieser Zeit nicht anderweitig angeboten werden.

5. Das Manuskript ist mit einem Kennwort und dem Vermerk: ASTRID-LINDGREN-PREIS zu versehen und an den Verlag Friedrich Oetinger, Poppenbütteler Chaussee 55, 2000 Hamburg 65, einzusenden. Mit dem gleichen Kennwort ist ein gesonderter Umschlag zu versehen, der Name und Adresse des Autors enthält, und dem Manuskript beizufügen.

6. Der Einsendeschluß ist der 30. September 1988. Die Preisverkündung ist für das Frühjahr 1989 vorgesehen. Die Preisverleihung findet im Herbst des gleichen Jahres statt. Eine unabhängige Jury wird über den Preis entscheiden.

7. Die Jury behält sich vor, den Preis gegebenenfalls zu teilen oder nicht zu vergeben, wenn keines der eingesandten Manuskripte als preiswürdig anerkannt wird.

8. Der Verlag hat das Recht, das preisgekrönte Manuskript zu den üblichen Bedingungen zu veröffentlichen.

9. Mit Einreichen des Manuskripts erkennt der Autor die hier genannten Bedingungen an.

Hamburg, im November 1987

*Einen fast 50seitigen Sonderteil zum Geburtstag seiner Star-Autorin **Astrid Lindgren** bringt der Verlag Friedrich Oetinger, Hamburg in seinem Almanach 1987/88 („Oetinger Lesebuch" Nr. 24): **Renate Nimtz-Köster**: „So ein Kopf, proppevoll mit Einfällen", „Sich erinnern wie es war" (Interview), einen redaktionellen Beitrag über die Zusammenarbeit **A.L.**s mit der schwedischen Grafikerin **Ilon Wikland** (die Zeichnung ist dem Buch „Brüder Löwenherz" entnommen), die bis auf das Jahr 1954 zurückgeht, dann der Briefwechsel **A.L.**s mit dem sowjetischen Staatschef **Michail Gorbatschow**, schließlich Hinweise auf Medien-Sendungen sowie auf Buch-Neuerscheinungen. N.B.: Der Oetinger Verlag stellte ebenfalls eine reichhaltige Pressemappe mit Aufsätzen, Übersichten, Materialien, Fotos zur Verfügung, aus der auch hier geschöpft wurde.*

*Ein „Hörfest" mit **Astrid Lindgren** veranstaltet die „Deutsche Grammophon" im **Lindgren**-Jubeljahr mit der Sonder-Kassetten-Reihe „Die schönsten Geschichten und Abenteuer". 22 Kassetten mit dramatisierten **Lindgren**- Welterfolgen („Pippi Langstrumpf", „Die Brüder Löwenherz", „Madita", „Karlsson vom Dach", „Ferien auf Saltkrokan", „Ronja Räubertochter", „Michel aus Lönneberga", „Rasmus und der Landstreicher", „Kalle Blomquist" und „Wir Kinder aus Bullerbü") werden „zum Geburtstagspreis" angeboten. Ein Prospekt mit den Illustrationen zu den 22 Titelbildern (s.Abb.) ist so gestaltet, daß seine Vorder-und Rückseite, auf dünnen Karton geklebt und ausgeschnitten, ein lustiges Memory-Spiel ergibt.*

*Der Almanach-Herausgeber, ebenfalls Hochschullehrer, möchte sich zumindest am Rande zu seinen Kollegen gesellen dürfen, mit dem Hinweis auf ein Bilderbuch, dessen Text zu erstellen ihm Freude, ihn aber auch ins Schwitzen brachte. Den Löwenanteil an Arbeit und Verdienst um das „Dampfeisenbahnbuch" hat ohnehin **Ivan Gantschev**. Seine Bildtafeln lagen bereits vor, doch ein Text fehlte. Eine Geschichte zu fertigen Bilder formulieren – das ist doch nicht schwer, wird manch einer sagen. Wer so redet, hat wohl noch nie den Versuch, die „Probe aufs Exempel", gemacht! Er wird nämlich bald feststellen, wie kompliziert es ist, einen Bilderbuchtext zustandezubringen, insbesondere dann, wenn der Abgabetermin unerbittlich droht. – **Ivan Gantschev** brauchte bestimmt viel, viel länger zum Malen der großartigen Panoramen (teils mit Ausstanzungen und herausklappbaren Teilen), durch die er dann seine alte Dampfeisenbahn mit den vielen Waggons auf Reisen schickte. Er wußte ganz genau, was kleine (und große) Eisenbahnnarren in einem Eisenbahnbilderbuch finden müssen: technisch exakte Details, sachgerecht gekleidetes und agierendes Betriebspersonal, einen zeitgemäß eingerichteten, dicht bevölkerten Startbahnhof, eine abwechlungsreiche Reiseroute („über Berg und Tal", über Brücken hinweg, durch Tunnels hindurch, womöglich noch eine Schiffsverladung und eine nächtliche Fähre...) – nicht zuletzt ein Ziel, das durchaus ein bißchen „romantisch" sein darf (in unserem Fall: der Großeltern Inselhäuschen, in dem unsere beiden jungen Passagiere mit dem ihnen doch tatsächlich nachgelaufenen Hündchen ihre Sommerferien verbringen werden).*

Vom Lehrstuhl aus ans Kind gewandt

Hochschullehrer als Kinderbuchautoren – gar nicht so selten

Es hätten noch ein paar mehr werden können als sich hier versammelt haben – Hochschullehrer, die für Kinder und Jugendliche schreiben gibt es nicht wenige. Sind, so ist zu fragen, ihre Motive anderer Natur als die derjenigen Autoren, die ohne Lehrstuhl, ohne Professoren-Titel für junge Leser zur Feder greifen? Was, so könnte weiter gefragt werden, veranlaßt Hochschullehrer, auch schriftstellerisch tätig zu sein (ganz egal, ob regelmäßig oder gelegentlich), speziell Kindern zum Nutzen und Vergnügen? (Renommee oder gar Honorar kommen doch kaum als Triebfeder in Betracht, oder?) Und: Was schreiben eigentlich Hochschullehrer, wenn sie sich an werdende Literatur-Konsumenten wenden?

Nicht allein auf diese Fragen geben im folgenden sechs Herren aus Hohen Schulen der Bundesrepublik Deutschland, (West)Berlins und Österreichs Antwort. Bisweilen fiel diese – man überzeuge sich – recht eigenwillig aus, was sich entweder im Umfang oder auch in der Formwahl niederschlug. Daß eine Antwort auf meine Einladung, sich zu einem neuen Buch des Jahres 1987 zu äußern, überhaupt eintraf und zur Veröffentlichung frei gegeben wurde, ist allein schon ein dickes „Danke sehr" wert.

Mit diesen Original-Beiträgen wird fortgesetzt, was bereits im 1. Almanach begann: „Sie lehr(t)en die Kinder und schreiben für sie". Bisher kamen Damen und Herren zu Wort, die an Grund- oder weiterführenden Schulen bzw. anderen Erziehungsinstitutionen außer Universitäten arbeiten und – nebenher – für Kinder und Jugendliche schreiben (vgl. 1. und 2. Almanach S. 122 ff., 3. Almanach S. 120 ff., 4. Almanach S. 146 ff.).

Wer viel fragt, bekommt viele Antworten

Siegfried Aust will seine Sachbuch-Leser neugierig machen

„Spaß mit Technik?" Ein Kollege schaut mich zweifelnd an. „Technik ist in meinen Augen etwas Anonymes, teils Geheimnisvolles, manchmal auch etwas Bedrohliches." Ein warnender Zeigefinger, ein Hinweis auf Grenzen! – „Technik ist Menschenwerk, inzwischen aber so kompliziert, daß nur noch der Fachmann kapiert, worum es geht – einfach undurchschaubar!" Also zurück zu den einfachen Verhältnissen, zu den Anfängen – denn im Wissen um das

Gewordensein liegt ein Schlüssel zum Verständnis des Gewordenen. Und im Untertitel der Buchreihe liest es sich dann so: Erfindungen *nach*- gedacht und *nach*-empfunden!

Ein weiterer Tip ist in dem kritischen Hinweis enthalten: Sachbücher müssen einfach in der Sprache, klar im Ausdruck und anschaulich in Bildwahl, Grafik und Gestaltung sein. „Spaß mit Technik!" Eine Idee war geboren und wuchs sich bald aus zu einem tragfähigen Konzept. Bei Buchreihen aber sitzt – wie auch bei anderen Gelegenheiten – der Teufel im Detail, und dazu gehört unter anderem die Wahl der Themen: Was interessiert Kinder, was wollen sie wissen, was macht sie betroffen? „Denn nur das betrifft sie auch, was sie betroffen macht. Ich will die jungen Leser nicht überreden, zum Buch zu greifen. Ich möchte sie neugierig machen, sie dort ansprechen, wo sie Fragen haben, möchte aber nicht Antworten geben, für die kein Bedarf besteht. Vielleicht kann ich Sinne schärfen helfen, damit Selbstverständliches in Frage gestellt, Unbekanntes entdeckt, kleinste Details erfaßt werden. Auch gilt es, verfestigte Denkgewohnheiten in Frage zu stellen, von der zufälligen Begegnung zum zielbestimmten Suchen zu führen oder Noch-nicht-Vorstellbares zu „erfinden". Kurz: Der Mensch soll sich die Welt erschließen und sich selbst dabei wahrnehmen und der Welt öffnen.

***Siegfried Aust**, geboren am 23.8.1925 in Unruhstadt, befaßt sich hauptsächlich mit Medienfragen am Fachbereich Erziehungs- und Unterrichtswissenschaften der Freien Universität Berlin. Und um nicht nur über Kinderliteratur zu reden (oder zu räsonieren – man sagt manchmal auch rezensieren dazu), schreibt er selbst Bücher. Ebenso intensiv beschäftigt er sich mit Spielen – und spielt auch selber noch!*

Und welche von den hehren Zielen kann der Leser tätsächlich erreichen? Manch ein Autor mag seine Mission so einschätzen, daß *er* über das Medium Sachbuch dem Leser die Augen zu öffnen vermag. Jedoch – das Buch ist eine neutrale Instanz; sicher – vom Autor mit Engagement geschrieben und mit viel guten Erkenntnissen geschmückt, bleibt es doch nur ein Angebot. Der Leser allein bestimmt in seiner geistigen Aktivität und emotionalen Gestimmtheit den „Bildungswert" des Sachbuches.

Ein Buch antwortet nicht auf Fragen, die nicht gestellt sind. Es erschließt sich nur, wenn (und wie) der Leser fähig ist, Fragen zu stellen, um den Sinn der Sache zu erkennen und zu deuten. Wir müssen uns um das sinnentnehmende Lesen bemühen, denn auf dieser Grundlage kann sich erst ein Leser entfalten, der zur Sinndeutung fähig ist – und das ist der fragefähige Leser! Im Unterricht könnte man übrigens auch des öfteren das fragend-entwickelnde Verfahren durch eine Fragen entwickelnde Methode ersetzen. In dem feinen Unterschied liegt das „Fragerecht des Kindes" begründet, wie es *Berthold Otto* schon vor 100 Jahren forderte. Aber wie verträgt sich das mit dem Selbstverständnis und Anspruch des Lehrers – oder auch des Autors? Und wie bringt dann der Lehrende oder auch Belehrende seine Kompetenz ein?

***Siegfried Aust** (Text),*
***Helge Nyncke** (Bilder):*

SCHAU HER, ICH SEH NOCH MEHR
Von Lupen, Brillen und Fernrohren.

Reihe: Spaß mit Technik – Erfindungen nachgedacht und nacherfunden.
(32 Seiten, Wien: Ueberreuter 1987)

Ach, ja, jetzt habe ich mich wieder bei einem Selbstgespräch ertappt. Hier sei der Vollständigkeit halber angemerkt, daß ich mich mit dem „Autor" meist selber gemeint habe. Man hat halt so seine Probleme – und ohne den Ruf des 5. Almanachs hätte ich wohl gar nicht so publikumswirksam nachgedacht. Richtig, mit dem Nach-Denken und Nach-Erfinden hatte die Reihe ja begonnen. Und jetzt ist schon Band 6 erschienen. Warum „Schau her, ich seh noch mehr"? Ganz einfach, weil die Brille 1987 100 Jahre alt wurde. Geburtstage müssen gefeiert werden. Na, klar! Und bei solchen Festen kommen auch dem fragefähigen Leser Fragen. Einige Antworten kann er sich selbst erschließen, wenn er „Spaß mit Technik" hat. Damit aber niemand meint, Fragen und Antworten kann man nur mit dem Kopf bearbeiten, mit den Händen läßt sich auch vieles be„greifen", ganz in ganzheitlicher Sicht.

Über „Milans Entscheidung"

Alfred Clemens Baumgärtners neuestes Buch hat die längste Vorgeschichte

Von den fünf Jugendbüchern, die ich bisher herausgebracht habe, hat das letzte, „Milans Entscheidung", die längste Vorgeschichte. Als sehr junger Mann – und das erscheint mir, von heute her gesehen, fast schon wie aus einem anderen Leben – habe ich Lyrik und Kurzgeschichten veröffentlicht, kurze Formen also, und das vermutlich auch deshalb, weil mir für umfangreiche Texte der dazu notwendige lange Atem noch fehlte. Damals hatte ich

Alfred Clemens Baumgärtner, am 16.7.1928 in Wiesbaden geboren, studierte nach der Rückkehr aus dem Krieg Literatur- und Sprachwissenschaft an der Universität Mainz, war Lehrer, danach Hochschullehrer in Eßlingen, Gießen und Frankfurt und ist heute Professor für Didaktik der deutschen Sprache und Literatur an der Universität Würzburg. Er brachte zahlreiche wissenschaftliche Publikationen, vor allem zu Fragen der Literatur und des Literaturunterrichts, sowie Lehrwerke heraus. Für junge Leser schrieb er die Romane und Erzählungen: „Wenn der Wolf kommt ..." (Franckh, Stuttgart, 1982; Taschenbuchausgabe bei dtv junior, München, 1985; spanische Übersetzung bei Ediciones S. M., Madrid, 1985; auf der Bestenliste des „Hans-im-Glück-Preises"). – „Den Fluß hinab und weiter" (Arena, Würzburg, 1983; „Kurt-Lütgen-Sachbuchpreis"; auf der Ehrenliste zum „Österreichischen Staatspreis" für KJL). – „Jenseits der Berge" (Arena, 1983; Taschenbuchausgabe bei Arena, 1987; auf der Auswahlliste zum „Deutschen Jugendliteraturpreis"; auf der Ehrenliste zum „Hans-Christian-Andersen-Preis"). – „Der Tag des Löwen" (Arena, 1985). – „Milans Entscheidung" (Arena, 1987; Buch des Monats der „Deutschen Akademie für Kinder- und Jugendliteratur, Volkach").

Alfred Clemens Baumgärtner:

MILANS ENTSCHEIDUNG

(147 Seiten, Würzburg: Arena 1987)

eine Geschichte verfaßt – das Manuskript ist verlorengegangen, und den Titel habe ich vergessen –, die, in einem Aufstands- und Widerstandsmilieu spielend, den Protagonisten vor die Entscheidung stellte, bei einem Attentat entweder einen Unschuldigen zusammen mit einem Schuldigen zu töten oder auf den Anschlag zu verzichten. (Dieses Motiv wurde schon häufiger gestaltet, unter anderem von *Camus*; ich weiß.) Die Kurzgeschichte spielte in einem nur unbestimmt charakterisierten südeuropäischen Land – Italien, Spanien, irgendwo in einer gebirgigen Gegend. Wenig später habe ich die Handlung der Kurzgeschichte anläßlich eines Wettbewerbs als Grundlage eines Filmexposés genommen, aber der Film wurde sowenig gedreht, wie die Kurzgeschichte gedruckt wurde. Das Thema hat mich jedoch in all der Zeit danach nicht losgelassen, und ich habe es nach über drei Jahrzehnten wieder aufgegriffen, als ich im Januar 1986 mit der Ausarbeitung des Buches begann, das später auf Vorschlag des Verlags den Titel „Milans Entscheidung" erhielt. Die Handlung hatte ich aus dem südlichen Irgendwo und dem gegenwartsnahen Irgendwann in das Jugoslawien der frühen dreißiger Jahre, in die Zeit der bürgerkriegsähnlichen Auseinandersetzungen zwischen den aufständischen Kroaten und den die Zentralgewalt vertretenden Serben verlegt. Jugoslawien kannte ich von mehreren früheren Reisen, war aber 1985 noch einmal, eben im Blick auf das Buch, durch den ganzen Balkan gefahren. Zudem hatte ich mich mit der Geschichte des Landes und nicht zuletzt mit seiner folkloristischen Überlieferung befaßt, die in dem Buch ja auch eine gewisse Rolle spielt, wenn auch nicht in dem Ausmaß wie die ostafrikanische Erzähltradition in meinem vorangegangenen Buch „Der Tag des Löwen". Trotz dieser im Vergleich mit der frühen Kurzgeschichte unübersehbaren Konkretisierung des Geschehens in Raum und Zeit habe ich kein historisches Buch schreiben wollen und sicher auch keines geschrieben. In „Milans Entscheidung" ging es mir vor allem um die Bewältigung des Problems der Gewalt, wenn auch im Rahmen einer realistischen, in allen Fakten möglichst genau recherchierten Darstellung. Es war mir daher eine große Freude, in einem Brief des von mir hochverehrten *Kurt Lütgen* lesen zu dürfen, daß mir „außer der typisch balkanesischen Atmosphäre auch noch die Übersetzung in eine überzeitliche Lebensschicht" gelungen sei, „,Fall' also und Parabel in eins verschmelzend". Bleibt noch zu erwähnen, daß ich auch mit „Milans Entscheidung" das Problem vermutlich vieler Autoren hatte, die neben ihrer Berufsarbeit schreiben, sporadisch, mit großen Pausen und von anderen Verpflichtungen immer wieder aus der Bahn geworfen: Als das Manuskript scheinbar abgeschlossen war und der Autor sich bereits erleichtert zurücklehnen wollte, setzte eine längere Phase der Bearbeitung ein. Sie sollte gewährleisten, daß am Ende in einem möglichst einheitlichen Stil und ohne Brüche in der Handlung auf dem Papier stand, was zuvor in des Autors Kopf gewesen war. Wenn es gelungen sein sollte, das zu erreichen, ist es nicht zuletzt ein Verdienst meiner Lektorin *Barbara Küper*, der für ihre liebenswürdige Unerbittlichkeit auch an dieser Stelle sehr herzlich gedankt sei.

Eine unmögliche Beziehung

Wilhelm Topsch dachte schon lange an das Thema

Wirklich, ich müßte lügen, wenn ich erklären wollte, wie ich zur Geschichte „Die bärenstarke Bärbel" gekommen bin. An das Thema habe ich schon lange gedacht: eine unmögliche Beziehung, eine Art Liebesgeschichte, die nicht aufgehen kann und die auch gar nicht aufgehen soll.

Bärbel, eine tüchtige alleinstehende Bäuerin, freundet sich mit einem Bären an. Sie ignoriert die skeptische, ablehnende Haltung der übrigen Dorfbewohner, und der Bär, der auf dem Bauernhof die Hauswirtschaft führt, akzeptiert, daß er sich nach „der Sitte im Dorf" richten muß. So verzichtet er auf liebgewonnene Bärengewohnheiten. In Schwung gehalten wird diese Beinahe-Idylle durch die Bedrohung von innen (die feindliche Haltung der Dorfbewohner) und von außen (vom Räuber Spelunki).

Durchs Schlüsselloch der Autoreninterpretation betrachtet, steht der Bär für das Fremde, für die Fremden schlechthin. Schon seine bloße Anwesenheit ist den biederen Dorfbewohnern ein Ärgernis: Die erste Gelegenheit, den Fremdling zum eigenen Vorteil abzuschieben, wird hurtig ergriffen. Pessimismus als Grundtenor? Das doch wohl nicht. Eher das seufzende Eingeständnis: „Wie wäre alles so einfach, wenn es keine Probleme geben täte. Aber man kann die Welt nicht anhalten, nur weil einem das Herz schwer ist."

Durchs Nadelöhr der Autorenhoffnung geblinzelt: Kein Problembuch, sondern der Versuch, die Handlung mit Humor und böhmischem Mutterwitz voranzubringen. Aber darüber schickt sich wohl das öffentliche Nachdenken nicht. Es könnte den Lesern das verderben, was ich ihnen am ehesten wünsche: Spaß beim Lesen.

Sicher, es gab auch einen äußeren Anlaß, den ich ungern verschweige (hier also noch einen Blick durch den breiten Türspalt der Autoreneitelkeit): Anstoß war der Auftrag des Bayerischen Rundfunks, einen Text für eine halbstündige Bildergeschichte zu schreiben. Die Erstausstrahlung im 1. Programm der ARD wird an einem Herbstsonntag 1988 erfolgen. Aber das erklärt nur, warum ich ein neues Kinderbuch geschrieben habe – nicht, warum gerade „Die bärenstarke Bärbel" daraus geworden ist: Denn, da müßte ich wirklich lügen.

__Wilhelm Topsch__, geboren am 8.7.1941 in Dauba (CSR), Lehre und Handwerkertätigkeit im Fernmeldebereich von 1956 bis 1963, Besuch einer Abendschule, Lehramtsstudium und Tätigkeit als Grund- und Hauptschullehrer von 1963 bis 1970, nebenberufliches Promotionsstudium (Dr. phil.) in Pädagogik, Psychologie und Publizistik von 1969 bis 1975, Assistent des Deutschen Bildungsrates und des Instituts für Pädagogik an der Ruhr-Universität Bochum von 1970 bis 1977, Prof. für Erziehungswissenschaft an der Gesamthochschule Kassel von 1977 bis 1980, seit 1980 Universitätsprofessor für Erziehungswissenschaft in Oldenburg.

Wissenschaftliche Veröffentlichungen zu den Bereichen Schriftspracherwerb, Grundschulversagen und Lernbehinderung als Buchveröffentlichungen, Zeitschriften- und Handbuchbeiträge, Studienbrief der Fernuniversität; Schulbuchveröffentlichungen in den Bereichen Leselehrgang, Schreiblehrgang, Lesebuch, Sachunterricht; Schulfernsehen. Herausgebertätigkeit: Standardwerk des Lehrers/Reihe Grundschule; Taschentexte für die Grundschule (Lesereihe).

Kinder- und Bilderbuchveröffentlichungen seit 1971; Auswahl: „Die leiseste Klasse der Welt", 1971, „Mein Pony heißt Jonny", 1972 (schwedisch 1976, spanisch 1986), „Mein Hund hat einen Kater", 1980 (dtv junior 1984, dänisch 1985), „Alle Tage Burztag", 1982, „Eine Familie voller Geschichten", 1983, „Ein Tag mit Tante Dora", 1986 (Fernsehsendung: ARD 1986, ORF 1987), „Von Wölfen und anderen Tieren" (Hrsg.) 1986, „Die bärenstarke Bärbel", 1987 (Fernsehsendung: ARD 1988).

Wilhelm Topsch:

DIE BÄRENSTARKE BÄRBEL

Bilder von __Daniele Winterhager__
(80 Seiten, Stuttgart: Thienemann 1987)

Moritz kann ...

Jürgen Spohn hält einen Kommentar für überflüssig

Dieses Buch verfolgt die hoffentlich ablesbare Absicht, zu schöpferischem Spiel zu animieren.

Die vorgestellten gestalterischen Mittel sind überwiegend so gewählt, daß sie ohne oder mit geringem finanziellen Aufwand in jedem Haushalt als verfügbar zu erwarten sind.

Der Protagonist will mit seinem lustbezogenen Verwandlungsspiel infizierend wirken.

Proben haben ergeben, daß diese Erwartung erfüllt wird.

Eigentlich ist dieser Kommentar überflüssig, denn, wenn ich ihn für unerläßlich gehalten hätte – wäre er Bestandteil des Buches.

__Jürgen Spohn__, geboren 1934, Grafik-Studium an der Hochschule für bildende Künste, Kassel, seit 1961 in Berlin, Professor (Grafik-Design) an der Hochschule der Künste Berlin, Fachbereich Visuelle Kommunikation (seit 1972), seit fast 20 Jahren an vielen Ausstellungen im In- und Ausland beteiligt (1987 in Madrid und München, IJB), letzte Einzelausstellung 1985 (Goethe-Institut Madrid), zahlreiche Publikationen, Kinderbücher seit 1966 („Der Spielbaum"), Deutscher Jugendliteraturpreis 1981, mehrere, auch international bedeutsame Auszeichnungen und Preise.

Jürgen Spohn:

MORITZ KANN ...

(o. Pag., Ravensburg: Maier 1987)

Die biblische Erzählwelt vermitteln

Gottfried Vanoni entdeckte ein Vakuum

Den einen bin ich als sprach- und literaturwissenschaftlich ausgerichteter Bibelwissenschaftler (Spezialbereich: Hebräische Bibel) bekannt, den andern als Verfasser religiöser Literatur für junge Leser. Frage: Was führte mich vom einen zum andern? Antwort: Ein Vakuum (mit andern Worten: Eine Marktlücke).

Ich will versuchen, die Antwort zu erläutern: Ich freue mich über die zunehmende Wertschätzung des Erzählens in theologischer Theorie und Praxis (Stichwort: „narrative" Theologie). Ich freue mich, daß in dieses Erzählen die Bibel einbezogen wird. Denn aus dem Ernstnehmen der biblischen Erzählungen ergibt sich die Berechtigung des kreativen Nacherzählens. Jedoch vermisse ich bei den meisten Erzählversuchen das, was ich mit „Vermittlung der biblischen Erzählwelt" umschreibe. Und dieses Vakuum versuche ich mit meiner biblisch orientierten Literatur für junge Leser ein bißchen auszufüllen.

Worum geht es mir bei der „Vermittlung"? Ich gehe von Beobachtungen aus, die an Märchenschlüssen gemacht wurden (besonders von *Harald Weinrich* in

Gottfried Vanoni, 1948 in Bad Ragaz geboren, gehört der Missionsgesellschaft des Göttlichen Wortes (SVD) an. Er ist Professor für Altes Testament und Kirchenmusik an der Hochschule St. Gabriel, Mödling (Österreich). Seit 1982 schreibt er regelmäßig die „Bibelseite" in der Zeitschrift „Weite Welt". In der Reihe „Gabrieler Bibel-Geschichten" sind bisher erschienen: „Ein Vater hat zwei Söhne" und „Daniel bei den Löwen", 1988 folgt „Das große Fest".

seinem Buch „Tempus. Besprochene und erzählte Welt", Stuttgart 1977, aus dem ich im folgenden wörtlich zitiere). Der Märchenschluß signalisiert die „Grenze zwischen der erzählten Märchenwelt und der besprochenen Welt". Das Märchen ist zu Ende; es ist Zeit, aus der erzählten alternativen Welt auszusteigen und in die reale Welt zurückzukehren. „Das Märchen wird nun nicht mehr von innen gesehen, sondern von außen." Das Märchen ist demnach auf eine Rückkehr in die besprochene Welt angelegt. Und die Märchenwelt ist deshalb pädagogisch so wirksam, weil sie einen „maximalen Abstand zur Welt des Alltags hat. An extremen Kontrasten lernt man leichter als an Nuancen."

Nun gibt es auch in biblischen Erzählungen Signale, die auf einen Überstieg aus der Erzählwelt in die besprochene Alltagswelt zielen. Die biblische Erzählwelt hat einen maximalen Abstand zu unserer Alltagswelt schon deswegen, weil sie zeitlich mindestens 2000 Jahre entfernt liegt. Die Fremdheit der sozialen und religiösen Lebensordnungen der biblischen Welt verbreitert den Graben. Was jedoch zunächst den Zugang zur biblischen Erzählwelt zu verbauen scheint und ihn tatsächlich oft verbaut, kann als Chance wahrgenommen werden. Oder soll, was für die Märchenwelt recht ist, für die biblische Erzählwelt nicht billig sein? Deshalb meine These: Man erleichtert dem Kind den Überstieg in die Erzählwelt gerade nicht dadurch, daß man den Abstand zur Alltagswelt verringert oder gar auf Null verkürzt.

Ist dem Kind der Einstieg in die fremde biblische Welt gelungen, hat das einzusetzen, was ich „Vermittlung" nenne und was beim Märchen dem Rückstieg in die Alltagswelt entspricht; sonst bleibt es lediglich bei interessanten Geschichtchen, und der Anspruch der Bibel kommt zu kurz. Was ist zu leisten? Die alternative Erzählwelt der Bibel ist zu „besprechen". Es soll deutlich werden, welche Erfahrungen die Wahrnehmung dieser fremden Welt gebracht hat.

Im großen und ganzen geht es um die Entdeckung von Handlungsmustern. Die biblische Erzählwelt birgt Handlungsmuster (im Sinn der Legende): Negative Vorbilder helfen das eigene mißglückte Menschsein entlarven; positive Vorbilder weisen gangbare Wege für geglücktes Menschsein. Viele biblische Erzählungen sind insofern theologische Erzählungen, als Gott auf irgendeine Weise mitspielt, hineinspielt. Dann weisen die Handlungsmuster auf (un-)gläubiges Menschsein. Theologische Erzählungen im engeren Sinn (Gott spielt die Hauptrolle) bergen Handlungsmuster, durch die man Gott verstehen lernen kann.

Wesentlich scheint mir, daß die biblische Erzählwelt unverändert vermittelt wird, daß man der Struktur einer biblischen Erzählung mehr Vertrauen schenkt als den eigenen Eingebungen. Das schließt nicht aus, daß manches erzählerisch ergänzt werden muß, was damaligen Hörern selbstverständlich war, von heutigen Hörern jedoch nicht gewußt wird.

***Gottfried Vanoni** (Text),*
***Antonella Bolliger-Savelli** (Bilder):*

DANIEL BEI DEN LÖWEN

Marzellus malt eine Geschichte
(o. Pag., Lahr: Kaufmann;
Mödling: St. Gabriel 1987)

Soviel zu meiner Theorie! Ob meine bisherigen Versuche der „Vermittlung" einlösen, was die Theorie verspricht, wage ich selber nicht zu beurteilen. Zur kritischen Lektüre empfehle ich die „Gabrieler Bibel-Geschichten" (in den Verlagen St. Gabriel, Mödling/Wien, und Ernst Kaufmann, Lahr). Sie sind für das erste Lesealter gedacht und vielleicht auch schon zum Vorlesen geeignet. Der illustrierte Hauptteil bringt möglichst „unverändert", jedoch in kindgemäßer Sprache, den Bibeltext, wobei den Bildern eine unterstreichende und ergänzende Funktion zukommt. Der bilderlose Text-Rahmen versucht die „Vermittlung" der biblischen Erzählwelt an das Kind. Der Rahmen von „Ein Vater hat zwei Söhne. Jesus erzählt eine Geschichte" (Lukas 15: „Der verlorene Sohn") setzt beim offenen Schluß des Gleichnisses ein und führt das Kind zum Verständnis für Gottes unbegreifliches Erbarmen. Der Rahmen von „Daniel bei den Löwen. Marzellus malt eine Geschichte" (Daniel 6) versteht die alttestamentliche Legende als Ostergeschichte, die Mut zum Glauben auch in schwierigen Situationen (etwa in der Verfolgung und Anfeindung) machen will. Der Rahmen von „Das große Fest. Jesus erzählt eine Geschichte" (Matthäus 25: „Die törichten und die klugen Jungfrauen") vermittelt den springenden Punkt (im Gleichnis das „Öl") von Jesu froher Botschaft.

Vermittlungsversuche für Zehn- bis Dreizehnjährige finden sich in meinem

Buch „Der Mann, der Taube hieß. Mit Kindern die Bibel lesen. Das Buch Jona", das im Verlag Herder, Wien, erschienen ist. Der erste Untertitel weist auf einen wichtigen Bestandteil meiner „Theorie" hin: Die Bücher können die erwachsenen Vermittler der biblischen Botschaft nicht ersetzen. „Besprechen" ist immer besser als „Beschreiben". (Was man auch von den Märchenschlüssen lernen könnte.) Und so wollen meine Bücher für Kinder auch Hilfen für Erwachsene sein, mit Kindern die Bibel zu lesen.

Schreiben: Warum, wozu und für wen?

Rainer Winkels Brief an den Herausgeber

Sehr geehrter Herr *Gärtner*!

Am 30. November 1987, vorgestern also, erreichte mich Ihr freundlicher Brief vom 16. currentis, der gleich fünf verschiedene Bitten enthält:

– Sie wollen erstens meine Gruselgeschichte „Die Affenpfote" haben – okay, der Erika Klopp Verlag schickt sie ihnen (postwendend) zu.

– Ein Foto von mir „aus letzter Zeit" soll darüber hinaus diesen Beitrag hier gleichsam visualisieren – meine Frau hat mich zum Glück mit einer OLYMPUS AF-1 vorige Woche („klick-klack") überrascht, als ich – erschöpft, aber guter Stimmung – von Berlin nach Dortmund, vom Tusculum ins häusliche Castellum kam.

– Eine „Kurzvita" („wenn möglich mit genauem Geburtstermin und -ort") möchten Sie drittens für den 5. Almanach haben – also gut (und rasch gereimt) – siehe Randspalte!

– Viertens soll ich („auf nicht mehr als 60 MS-Zeilen") aufschreiben, warum, wozu und für wen ich „Die Affenpfote" geschrieben habe – los geht's also:

Wer 60 Zeilen braucht, um anderen deutlich zu machen, warum, wozu und für wen er schreibt, der fange erst gar nicht an zu schreiben – er wird es auch in 600 oder 6000 Zeilen nicht erklären können.

Ich schreibe wissenschaftliche Bücher (und Aufsätze) für *Pädagogen*, damit sie erkennen, *warum* sie das tun und denken, was sie tun und denken, und damit sie ahnen, daß sie auch anderes denken und tun können ...

Ich schreibe Literatur (bzw. Gedichte) für *Erwachsene*, damit sie die Hoffnung auf Liebe (ein großes Wort) nicht verlieren und die Angst zu sterben (solch ein Wörtchen schreibt man klein) ertragen mögen.

Und ich schreibe Geschichten (sowie Verse) für *Kinder* (und solche, die Kinder mögen), damit sie wenigstens einmal lachen, einmal vor Abenteuerlust ins Schwärmen und wenigstens einmal beim Lesen sich wünschen möchten, eine Gummihose oder Windeln anzuhaben, auf daß ihr Gruseln keine schlimmen Folgen habe ...

Deshalb gehe ich zum Beispiel auch gerne in Schulen um auszuprobieren, ob mir das noch gelingt, was der didaktische Großmeister (nicht nur) des 17. Jahrhunderts, was *Johann Amos Comenius* mit der Trias „cito, tuto et iucunde" bezeichnete, nämlich Darsteller, Zeuge, Erzähler (kurz: Lehrer) von etwas zu sein, das die Zuhörer „schnell", „sicher" und „angenehm" zu lernen vermögen – *meine* drei Adverbien freilich lauten: *spannend, klar* und *voller Freude* soll erzählt, gelehrt und gelernt werden ...

– Und schließlich erbitten Sie all diese Unterlagen (sage und schreibe) bis zum 1. Dezember 1987 retour – so macht schnellstens Schluß, gibt seiner tüchtigen Sekretärin dies zum Tippen, flitzt zur Post und schickt Ihnen per Eilboten das erbetene „Statement" sowie einen herzlichen Gruß

Ihr Kollege, Geschichtenerzähler
und Versemacher

gez. *rainer winkel*

Gefragt, wie ich denn heiße
und wer ich denn bin,
geb' ich ein für allemal
zu Protokoll:
Mein Name ist ***Winkel,***
mit Vornamen ***Rainer,***
und nichts als Schreiben
hab' ich im Sinn ...
*
Geboren im Juli,
am 11. genau,
in Dresden neunzehnhundert
dreiundvierzig:
die Haare blond,
die Nase lang,
die Füße klein, die Augen blau ...
*
Meine Brötchen verdien' ich
in Berlin
als Professor für
Erziehungswissenschaft
muß ich lehren,
forschen, prüfen,
und verwalten ...
den Rest der Kraft
geb' ich Kindern,
zwei eigenen
und einer Frau
sowie den Leser/innen
meiner Prosa:
ich seh' die Welt,
ob groß, ob klein –
manchmal schwarz
und manchmal rosa ...

P.S.

Hab'n Sie sich die Vita
so vorgestellt?
(Bedenken Sie: Jede Zeile
kostet Geld –
auch wenn es fällt,
in aller Welt,
das Geld!)

Rainer Winkel:

DIE AFFENPFOTE

Bilder von ***Claudia Hardey***
(119 Seiten, Berlin: Klopp 1987)

Fleißig, fleißig ...!

Ursel Scheffler führt die emsigsten Autoren des Jahres 1987 an

Wenn es Preise für fleißige Publikationsarbeit im Jahr 1987 zu verteilen gäbe, so kämen einige Autorinnen und Autoren in Betracht, die mit mindestens vier Novitäten auf dem '87er KJL-Markt vertreten sind. Die Fleißigsten – das ist eine alte Schulweisheit – sind allemal die Mädchen, und fürwahr, wieder einmal bestätigt sich, daß alte Sprüche eben Sprüche sind – und nicht mehr. Die Stichprobe fällt zugunsten der Herren aus: Von zehn nachweislich enorm emsigen Kinderbuchschaffenden sind tatsächlich acht männlichen Geschlechts: *Max Bolliger, Josef Carl Grund, Klaus Kordon, Rolf Krenzer, Paul Maar, Manfred Mai, Jo Pestum, Tony Ross.* Zusammen bringen diese „Fleißigsten" der Fleißigen immerhin 37 neue Titel auf die '87er Waage. Auf die Goldwaage möchte ich mich mit dieser Zahl nicht legen und damit nicht festlegen lassen, denn wer weiß, ob nicht noch ein paar Bücher mehr herauskämen, hätte ich auch in die Ecken der kleinsten Verlage vordringen können, hätte ich zudem Neuausgaben oder gar Neuauflagen mitrechnen dürfen oder hätte ich mich gar noch in Buchclubs und bei Kassetten- bzw. Schallplattenfirmen umhören können. Meiner (unmaßgeblichen) Recherche zufolge verdiente *Ursel Scheffler* (mit *Annegert Fuchshuber* ist sie die eine der beiden publikationsfreudigsten KJL-Damen des Jahres '87) den Hauptpreis. Sie schreibt seit 1972 drauflos, lobt es sich, bei Franz Schneider eine fähige Lektorin (gehabt) zu haben, möchte mit ihren Büchern dazu beitragen, daß möglichst viele Kinder ebenso viel Spaß am Lesen haben wie ihre eigenen drei es hatten und wie sie selbst es immer noch hat. Was über die wegen ihres Schreibfleißes zu Lobende in der Schülerzeitung „Kommissar Kugelblitz" – dies ist eine von *U.S.* Hauptfiguren – zu lesen steht, sei hier mitgeteilt:

Frau Scheffler ist am 29.7.1938 in Nürnberg geboren. Ihre Eltern waren beide Lehrer. Ursel Scheffler schrieb in der Schule gerne Aufsätze und war eine große Leseratte. Sie las gerne Abenteuerbücher und alle Bände von Karl May. Die Autorin hatte andere Berufswünsche, nämlich: Detektiv, Archäologin oder Diplomat. Als sie mit der Schule fertig war, studierte Ursel Scheffler Sprachen. Sie machte den Abschluß als Magister. Mit 22 Jahren lernte sie ihren Mann Eberhard kennen. Sie haben drei Kinder zusammen: Sabine, Jan und Sibylle. Für diese schrieb Ursel Scheffler „Gute-Nacht-Geschichten". Eines Tages kam eine Freundin und sagte: „Weißt du was, ich finde deine Erzählungen so toll, du solltest sie an einen Verlag schicken." Die beiden verwirklichten ihre Idee. So wurde sie Schriftstellerin. Inzwischen ist Sabine 21, Jan 16 und Sibylle 14 Jahre alt. Ihr Mann

Eberhard ist 49 Jahre alt und arbeitet als Kaufmann. Die ganze Familie wohnt in Hamburg. Die Autorin schreibt am Tag 6 bis 7 Stunden. Ihre Freizeit verbringt sie mit Tennis, Skifahren, Gartenpflege und Hund ausführen. Ursel Scheffler, die bereits mehr als 50 Bücher geschrieben hat, ist von ihrem Beruf begeistert: „Wenn ich noch einmal wählen müßte, ich würde wieder Schriftstellerin."

Allein im Schneider Verlag München gibt es 1987 14 *S.*-Titel. Neu davon 1987 sind „Das ABC-Monster", „Abenteuer mit der Pizza-Bande" und der bisher letzte (8.) „Kommissar-Kugelblitz"-Band „Das rosa Nilpferd". Nicht genug: In der Ravensburger MET-Reihe wuchsen die „Taxi-Opa"-Geschichten um zwei Bändchen an, bei Loewes ging die kesse „Piratenlissy" an Bord, und bei Annette Betz behauptet sie: „Opa ist nicht von gestern" (Bilder von *Silke Brix-Henker*). Dieses Bilderbuch ist besonders gut gelungen. Der kleine Ulli, der seinen Opa auf dem Lande besucht, findet diesen ziemlich unbeholfen und vergeßlich. Einen Computer soll Opa kriegen – da ist ihm in vielem geholfen. Beschließt Ulli. Opa aber wehrt ab. Nicht weil er nichts von Computer hält; im Gegenteil: Er kennt einen Computer, der schon seit Jahrtausenden funktioniert, und er weiht Ulli in dessen Geheimnisse ein. Was ein Sonnenblumenkern alles kann, das vermag selbst der tollste Computer nicht, auf den Ullis Vater schwört ... – Eine fröhliche Enkel-Großvater-Story, die vor dem pädagogischen Zeigefinger, gerichtet auf Mutter Naturs Kunst und Macht, nicht zurückschreckt. Doch, doch: Kinder haben's heut schon nötig, mit der Nase draufgestoßen zu werden!

Annegert Fuchshuber, die sich mit ihren Bilderbüchern (die meisten mit eigenem Text) eine der ersten Illustrator-Positionen im Lande sicherte, will 1987 viermal mit Neuem aus ihrer Augsburger Werkstatt beachtet werden: „Der hungrige Drache" ist ein „Wickel-Bilderbuch" (Sellier), aus dem sich im Fortgang der Erzählung Seite für Seite ein gieriger Drache wälzt, der ganz und gar zeitgerecht funktioniert: Er schluckt nämlich allen Müll. – Ihrer Vorliebe für parabel- und märchenhafte Stoffe verleiht *A.F.* gleich zweimal Ausdruck. In „Der Zwiebelkrieg" (Thienemann) erzählt sie, wie die ehemals süßen Zwiebeln in einem Krieg notgedrungen immer schärfer und bitterer werden und ihre Delikatheit schließlich verlieren. – Verschachtelte Geschichten bringt *A.F.*, mit Anleihen beim Natur- und orientalischen Märchen, bei Schwank und Kasperlespiel, in dem Bilderbuch „Tinka vor der Tür" (Ellermann). – Gerühmt wird *A.F.* ob ihrer wundersamen Bilder aber wohl vor allem für die Illustration des Kunstmärchens „Von der Fee, die Feuer speien konnte" (Ravensburger). Eine kleine Fee lernt in ihrer Not in der Drachenschule Feuer speien, um gegen den Einbruch des Winterkönigs sich selbst, vor allem aber die Tiere zu schützen. Dieses Märchen schrieb kein geringerer als *Franz Fühmann* (1922-1984) für seine Enkelin auf Bestellung. Hätte die kleine Marsha nur erlebt, welch schöne Winter- und Tierbilder und welch verschiedene Baumformen eine *A.F.* zu malen imstande ist ...!

Max Bolliger, der Schweizer Kinderbuchautor mit dem großen Talent, in kindgemäßer Kürze Prägnanz und Einprägsamkeit seiner Fabeln zu erreichen, legte 1987 vier neue Bücher vor. „Der Hase mit den himmelblauen Ohren" (Artemis) ist ein nicht zuletzt durch *Jörg Obrists* Malkunst liebevoll-hintergründiges Bilderbuch um einen Außenseiter-Hasen, der erst lernen muß, sein Anderssein zu akzeptieren. – Schon aus dem vorigen Jahr ist das Häschen Stummel bekannt, dem *Sita Jucker* Bild-Gestalt gab. „Stummel im Winter" (AT) – der Fortsetzungsband der vielgelobten Gute-Nacht-Geschichten (vgl. 4. Almanach, S. 158) – steht Entbehrungen durch, hilft seinem lieben Freund, dem Schneehasen, den er sich, als er ihn verlassen muß, zurückersehnt, dem er vertraut. – Jede der „Weißt-du-warum-Geschichten" (Lehrmittelverlag des Kantons Zürich) endet mit der Frage „Weißt du warum?", wodurch die Erstleser angehalten werden, selbst nach einer Antwort auf Sach-, Problem- oder auch Scherzfragen zu suchen. – Dichterisch frei gestaltet *M.B.* eine Lebensbeschreibung des *Nikolaus von Flüe* (1417-1487) in „Ein Stern am Himmel" (Comenius). Der schön erzählten Vita schließen sich Geschichten um den ehemaligen Bauern und späteren Einsiedler und Mystiker an, die *M.B.* aus verschiedenen (im Anhang genannten) Quellen schöpft. Dies ist eine längst erwartete, durch die verhaltenen Holzschnitte der *Theres Gretler-*

Lustenberger gesteigerte kindgerecht-fromme Einladung zur Beschäftigung mit einem im ursprünglichen Christentum verwurzelten Denker und Wandelnden im Geiste Jesu.

Josef Carl Grund (s. auch S. 22) ist als Stückeschreiber zu entdecken. Zwei Hefte des Deutschen Theaterverlags füllt der Nürnberger Autor mit einer Parodie („Die Super-Oma aus Texas") auf den amerikanischen TV-Kitsch und mit einer dem Märchenschatz aus „1001 Nacht" entlehnten Spielfassung von „Aladin und die Wunderlampe" (beide Hefte in der Reihe „Das Bühnenspiel"). – Bei Boje kam 1987 die sechste Detektivgeschichte mit Herrn Kules („ ...und der dumpfe Knall") – beliebt schon deshalb, weil die beiden zu lösenden Fälle pro Band (welch schier unerschöpflicher Ideenreichtum!) jeweils zum Mitraten anregen. – „Kater Peter" (Herold) gehört in die Kategorie heitere, lehrreiche Tiergeschichte für Kinder ab 8 Jahren, die aufs beste unterhalten, aber auch belehrt werden über korrekte Haustierhaltung. – Mit seinen historischen Jugendbüchern bei Loewes – bis dato immerhin schon sieben Stück – kann *J.C.G.* sich sehen lassen. Hervorragend recherchiert, trifft er sowohl das geschichtliche Ambiente als auch den „Ton", mit dem der junge Leser nicht nur anzusprechen, sondern auch für Geschichten an sich zu begeistern ist. „Reiter aus der Sonne" heißt der Titel des Jahres '87. Hintergrund für die Freundschaftsgeschichte zwischen einem Sklaven Attilas, einem jungen Halbhunnen und dem Mädchen Sabrina, die sich alle drei bis Aquileja durchkämpfen, ist die Zeit nach der Schlacht auf den Katalaunischen Feldern (451 n.Chr.).

Klaus Kordon begeistert mit fast jeder seiner '87er Neuheiten die Kritik. Am wenigsten Furore scheint er mit den „Bitterbösen Stories" in dem Schneider-Bändchen „Kellerleichen" zu machen, obwohl er auf ein wahres Phänomen verweist: Jeder hat etwas vor seinen Mitmenschen zu verbergen. – Aus Liebe zu seiner Heimatstadt Berlin rettet *K.K.* die Sagen, Schwänke und alten Märchen in „Der Ritter im Sack" (Klopp) vor dem Vergessen. Ein sehr schön mit Bildern von *Jindra Capek* ausgestatteter, lustige Begebenheiten enthaltender Geschichtenband! – Heiter geht es auch beim Dorfbriefträger von Tippelrode zu, der sich, als „Der liebe Herr Gott" (Arena), erdreistet, die Postsendungen seiner Adressaten zu öffnen. – Freundschaftsgeschichten mit Pfiff und fröhlich-ernstem Hintergrund schrieb *K.K.* für die Ravensburger Erstleser-Reihe „Der Blaue Rabe" unter dem Titel „Der kleine graue Spatz und seine Freunde". – Ein großer Wurf ist *K.K.* mit dem umfangreichen Indien-Roman „Wie Spucke im Sand" (Beltz & Gelberg) gelungen. Ohne eigene Beobachtungen im 750-Millionen-Staat wäre ihm die Darstellung der Befreiungsversuche eines indischen Mädchens nicht so mitreißend geglückt. Der Bruch der Traditionen, das Suchen nach neuen Wegen gelingt der 13jährigen Munli nur unter großen körperlichen Anstrengungen und inneren Kämpfen. Wer das Indien der Gegenwart mit seinen Spannungen kennenlernen will, lese dieses auch literarisch hervorragende Werk, das wohl zu den herausragendsten (Jugend?-)Romanen dieses Jahres zu zählen ist.

Rolf Krenzer ist nebenher als Schriftsteller – Extraleistung des hauptberuflichen Schulleiters! – viel beschäftigt. Da sitzt er in der Redaktion der Behinderten-Zeitschrift „Der neue Columbus", dort findet er Zeit zum Abfassen von Ratgebern für Erzieher und zum Zusammenstellen von Anthologien im Bereich der KJL. „Vorhang auf zur Zahlenwahl" heißt es auf Kassette mit Spielbuch und der Musik von *Ludger Edelkötter* (Impulse) – da können die Zahlen von 1 bis 10 mit lustigen Liedern gelernt werden. – Bei dtv junior erschienen ungekürzt die Geschichten und Berichte um Geistigbehinderte von 1983 (vgl. 1. Almanach, S. 134f.) „Nur weil ich 5 Minuten zu langsam denke". – Zu *Elisabeth Zink-Pingels* naturnah gemaltem Pappbilderbuch „Eine dicke Raupe" (Patmos) schuf *R.K.* die einfachen Vierzeiler, die *Ludger Edelkötter* vertonte. – „Der kleine David war auch dabei" (Lahn) – dieser Titel faßt 24 Hirtenlegenden zusammen, die sich zum Vorlesen im Advent gut eignen und mit den stilisierten Zeichnungen von *Gabriele Krauß-Otto* an Atmosphäre gewinnen. – Ein „Angebot" stellt die nach eigener Aussage *R.K.s* (ebenfalls bei Lahn 1987 verlegte) Anthologie „Komm, wir gehen Hand in Hand" dar. Das Leitmotiv schlägt der Herausgeber selbst an mit dem Gedicht „Laßt uns eine

Brücke bauen". Dieses Buch (mit Farbfotos) ist zum Beispiel für Familien geeignet, deren Mitglieder sich durch nachdenkliche Texte anregen lassen, um über Friedfertigkeit, Lernen, Lesekultur, über das Leben mit der Natur und auf den Nächsten zu zu sprechen.

Paul Maar (s. auch S. 47 und S. 223f.) tritt 1987 fünfmal als Buch-Illustrator auf, wenn auch nicht ausschließlich als solcher, denn als Ideenzulieferer ist *P.M.* allemal von großem Nutzen. Bevorzugt läßt er das Känguruh auftreten, für Hasen und andere Langohren hegt er eine unheimliche Liebe, bespielsweise in *Jutta Richters* (bei dtv junior) neu gestalteter abenteuerlicher Tiergeschichte, die jetzt den Titel „Was machen wir jetzt?" erhielt. – Mit *Karlhans Frank* als quacksalbernd-wortverspieltem Verseschmied schuf *P.M.* eines der neuen „Schneider Sonntagsbücher", dessen Zehn-Worte-Titel „Vom Dach die Schornsteinfeger grüßen mit Taucherflossen an den Füßen" sich kein Kind merkt, sicher aber das eine oder andere nette *Frank*-Gedicht. – Mit Alliterationen prägt sich ein Buchtitel schon besser ein: „Konrad Knifflichs Knobelkoffer" (Oetinger) enthält eine Sammlung von echten *P.M.*-Rätseln – jung und alt haben daran ihr veritables Vergnügen. – *Knisters* hübsche Gedichte, Lieder und Geschichten zur Vorweihnachtszeit illustrierte sein Freund *P.M.* für Thienemann („Von Weihnachtsmäusen und Nikoläusen"). – Beim Stammverlag Oetinger allerdings erschien der *P.M.*-Knüller des Jahres '87: Eine unglaublich amüsante Kulturgeschichte der „Türme", Sach- und Erzählbuch in einem, in dem sich der Kunsthistoriker, Geschichtenerfinder, Rätseltüftler, Kulturforscher und Grafiker *P.M.* (Federzeichnungen und noch nie gesehene Aquarelle) ernsthaft und intensiv betätigen konnte. Das Buch ist ungemein fleißig erstellt, gefällt wegen seiner systemfernen Ordnung, verführt zum Anschauen und Vergleichen, läßt nirgendwo Langeweile aufkommen und ist überdies treffsicher im Fachurteil. Ein m.E. aussichtsreicher Anwärter auf einen (Jugend?-)Sachbuchpreis.

Manfred Mai (vgl. 4. Almanach, S. 167f.) ist 1987 mit vier schmalen Kinderbüchern wieder mit von der Fleißigen-Partie. Bei Loewes gibt es von ihm „Weihnachtsgedichte" (alles Eigenbau) und von *Ingeborg Haun* mit m.E. allzu lieblichen Englein, Eselein und Mäuslein aufgefüllt. – *Mai*-Verse auch im ersten Bilderbuch mit *Ursula Kirchberg* (Ellermann), in dem „Linda und Hops" – ein kleines Mädchen und ihr Luftballon – agieren. – Die (Real-)Schule ist der Handlungsort der Erzählung „Monis Freund" (Benziger), der Murat heißt und Türke ist. Daß diese Freundschaft nicht leicht durchzustehen ist, versteht sich von selbst. Moni jedenfalls geht auf Murat unbefangen zu, doch Eltern und Klassenkameraden haben wenig Verständnis. – Eines der liebenswertesten Bände der Reihe „Der Blaue Rabe" (Ravensburger) ist *M.M.s* originelle Geschichte vom Rollentausch zwischen Papa und seiner Schulanfänger-Tochter Anna, freilich „Nur für einen Tag". Aber das reicht dem Papa bereits, um zu erfahren, daß Schulkinder es – weiß Gott! – nicht so einfach haben wie bürogeplagte Väter sich das manchmal denken. Und Anna wiederum kann in Erfahrung bringen, wie es Papa so jeden Tag im Betrieb geht ...

Jo Pestum hat 1987 fünf neue Titel in drei Verlagen herausgebracht, das meiste davon schnell sättigendes „Futter" für die jüngsten Leser bis hinauf zu schon anspruchsvolleren. Für diese eignen sich gut die abendfüllenden Abenteuererzählungen des Bändchens der „Edition Pestum" (noch bei Schneider, bald bei Arena) „Wo die Windrose blüht". Da kommt einem das Fürchten an, da läuft es einem kalt über den Rücken – Geschichten mit dem Hauch des Exotisch-Fremden, Rätselhaft-Geheimnisumwitterten – vor dem knisternden Kamin zu lesen. - N & K, die Detektive, fragen (bei Schneider): „Wo treffen sich die Geisterreiter?" (Bd. 7 der beliebten Kinderkrimi-Serie), in dem Geheimschrift-Tüftler angesprochen sind. – „Komm mit auf die Traumreise" (auch bei Schneider) – so fordert *J.P.* die jüngsten Leser auf, drei lustig getauften Buchfiguren zu folgen, um von der Reise zu den Sternen amüsant klingende Wörter mitzubringen. – In dem Kinderbuch „Tante Theas Tiger" (Thienemann) spielt ein Riesenkater die Hauptrolle. Es geht um die Anstrengungen dreier Geschwister, ihre Aufpaß-Tante während elterlicher Urlaubs-Abwesenheit wieder aus dem Haus zu bewegen. Kaum zu glauben, daß Tantchen es schafft, sich dennoch einen Platz in den Herzen der Kinder zu erobern!

Seit *Tony Ross* (s. Titelbild dieses Almanachs) im vorigen Jahr den „Deutschen Bilderbuchpreis" gewann (vgl. 4. Almanach S. 229f.), ist er hierzu-lande als Kinderbuchillustrator begehrt. Seine meist selbstgestrickten Geschichten sind skurril und – ach! – so wahr, obwohl keineswegs bequem. – Gleich zwei *Ross*-Titel reservierte sich Thienemann für 1987: „Oskar ist schuld" (wieder eine tolle Idee von *T.R.*: Keiner der „bescheuerten" Erwachsenen will Oskars Freund, den unsichtbaren, akzeptieren, der für Klein-Oskar aber leibhaftig, für die Großen eben überhaupt nicht da ist – und allen möglichen Wahnsinn im Haus anrichtet) und „Anna und der Sorgenmacher" (mit schwierigerer „Philosophie": Die Menschen sollten lernen, sich und ihre Sorgen nicht allzu wichtig zu nehmen – anderen ergeht's oft noch schlimmer als einem selbst). – In „Dienstag der 13." (Hoch) malt Terry sich aus, was alles an diesem (von Mutter geprägten) „Unglückstag" – bei uns ist es herkömmlicherweise der Freitag – passieren könnte. Herrlich verfremdet und übertreibt *T.R.* hier, bleibt aber stets intelligent und witzig. – Gerade dadurch verhilft er auch mit seinen Tusche-Zeichnungen dem kongenialen *Andrew Davies* mit seinem Roman „Alfonso Bonzo" (s. auch S. 169) zu einem Riesenerfolg. Dieses sich vor Einfällen überschlagende Buch (bei Boje erschienen) ist eine schmissige Satire auf die Sammelei, von *Irmela Brender* gekonnt ins Deutsche übertragen.. – Bei Herder kann *T.R.* in diesem Jahr mit „Die Steinsuppe" glänzen. Anleihen zu dieser turbulenten Fabel machte er bei den *Brüdern Grimm*: Der böse Wolf hat's auf die fette Henne abgesehen, droht ihr, sie zu bestehlen, zu verspeisen ... Doch das Huhn ist listig und schlau und läßt den Wüterich für sich arbeiten, hält ihn, bis sie die Suppe fertig hat, ganz schön lange hin, zwackt und zwickt und ärgert ihn da und dort, bis er die Vorzüge einer „schmackhaften" Steinsuppe kennenlernen kann.

Lesen

Kindgerecht lesen lehren

Die pädagogische Konsequenz einer Grundschullehrerin
aus der Not vieler Schulanfänger (Gerd Bauer)

Sprachspiele – Sprache als Spiegel

Aus einem Referat von Dr. Monika Born

Wie Kinder ihre Bücher sehen

Georg Braun diskutiert seit drei Jahren
mit jungen Lesern über deren Lektüre

Kindgerecht lesen lehren

Die pädagogische Konsequenz einer Grundschullehrerin aus der Not vieler Schulanfänger

*1986 erschien das Büchlein „Eine vergnügte Ballonfahrt ins Leseland", dem seine Verfasserin, die in München tätige Grundschullehrerin **Hiltraud Prem** den Untertitel „Eine kindgerechte Erstleselernmethode, ausgearbeitet als Anleitung für Lehrer und Eltern" gab. (39 S., München: Grafenstein Verlag, Thuillestr. 9, 8000 München 60). – Abb. 1*

Zur Zeit sind in Bayern rund ein Dutzend Erstlesefibeln in Gebrauch. Mitgeliefert werden nicht nur Lehrerhandbücher mit entsprechenden Anleitungen, sondern auch Arbeitshefte für die Schüler.

Die meisten Fibeln kommen aus renommierten Schulbuchverlagen. Zu den Herausgebern zählen Schulpraktiker mit zum Teil höchsten Dienstgraden.

Die Erstlesefibeln sind didaktisch und methodisch auf dem neuesten Stand. Sie sind wissenschaftlich abgesichert, amtlich begutachtet und vom Kultusministerium lernmittelfrei zugelassen.

Und da kommt nun eine „simple" Grundschullehrerin, verfaßt nach 25 Jahren Schulpraxis auf knapp 40 Seiten eine „kindgerechte Erstlesemethode" und präsentiert diese der Schulbehörde mit der kaum faßbaren Geschichte, daß auf diesem einfachen Weg ihre Schulkinder seit 15 Jahren mühelos das Lesen lernen, ja daß bis auf wenige Nachzügler (mit etwa vier Wochen Verspätung) die ganze Klasse spätestens nach zwölf Wochen lesen kann.

Wie kommt diese auf den ersten Blick durchschnittliche Grundschullehrerin dazu, ihr Büchlein „Eine vergnügte Ballonfahrt ins Leseland" (Abb. 1) zu verfassen und damit ihr Leselernkonzept den didaktisch durchprogrammierten Erstlesemethoden der etablierten Schulbuchverlage entgegenzustellen? Um das zu verstehen, muß man sich kurz vergegenwärtigen, wie heute größtenteils der Erstleseunterricht verläuft und welche Nebenwirkungen damit für viele Kinder verbunden sind.

Man stelle sich eine Klasse „normaler" Schulanfänger vor, die im September zunächst neugierig und lernfreudig mit dem Lese- und Schreibunterricht beginnen. Sie erhalten hierzu eine Erstlesefibel und in der Regel noch ein bis zwei Arbeitshefte mit je 50 bis 70 Arbeitsblättern. In diesen Arbeitsheften ist nun der Leselernprozeß in kleine Lernschritte mit entsprechenden Lernzielkontrollen zerlegt. Da sind zum Beispiel in einer „Buchstabensuppe" alle großen und kleinen „O" einzukreisen, dort gilt es, in einem anderen zusammenhanglosen Wörtergemisch bestimmte Buchstaben herauszufinden und mit einem Farbstift nachzuspuren. Bei vielen Arbeitsaufgaben sind in Wörtern verborgene, aber übereinstimmende Wortteile aufzufinden und einzukreisen oder durch einen Strich mit entsprechenden Bildsymbolen zu verbinden. Dann gibt es Aufgaben mit Reimwörtern, mit halb ausgeschriebenen oder fehlenden Wörtern und solche, bei denen für die Kontur eines Wortes zwischen einer Anzahl unterschiedlicher Wortrahmen der passende zu erkennen und zu beschriften ist. Der ausschweifenden Phantasie der „Programmierer" scheinen kaum Grenzen gesetzt. Im Durchschnitt hat ein Schulanfänger pro Seite 40 bis 100 Buchstaben, Wortteile, Wörter, Symbole und deren Relation zu überprüfen und dann die dazu gestellten Aufgaben auszuführen. Hat ein flinker Schüler erst einmal den Schematismus kapiert, so benötigt er etwa 15 Minuten für ein Arbeitsblatt. Aber es gibt ebensoviele, die 30, aber auch bis zu 45 Minuten dazu brauchen. Auch diese letzteren haben dann zwar die Hürde für die Lernzielkontrolle genommen, aber welch unendliche Mühe und Frustration es die Langsameren kostet, die in kleinste und zusammenhanglose Portionen zerlegten Lernschritte auszuführen, das ist aus einem ausgefüllten Arbeitsblatt kaum zu erkennen.

Die gleichen zeitlichen Unterschiede sind in der Regel zwischen den Schülern einer Klasse beim Leselernprozeß zu erkennen. Etwa das erste Drittel hat den Funktionsverlauf des Lesens bis Weihnachten erfaßt (und diese Gruppe ist es auch, mit der die Schulbehörde und die etablierten Schulbuchherausgeber ihre Methode rechtfertigen). Ein weiteres Drittel kann dann zu Ostern lesen und der Rest der Klasse sollte es am Ende des Schuljahres können.

Wer Gelegenheit hat, den Leseunterricht in einer 2. Klasse zu beobachten, der weiß genau, daß noch immer 10 bis 20 Prozent der Schüler große Leseschwierigkeiten haben.*) Ganz zu schweigen von der Dunkelziffer derjenigen, die in vielen, vielen eintönigen „Stunden" das Entziffern und Schreiben sinnentleerter Vokabeln mit ihren Eltern oder sogenannten Legasthenietherapeuten pauken! Das damit verhaftete seelische Leid und die persönlichen Zurücksetzungen eines solchen Kindes können sich Außenstehende kaum vorstellen. Die Experten schätzen, daß 20 Prozent der Schüler mehr oder weniger ausgeprägt zu dieser Gruppe gehören. Nur einmal drang die Not dieser Kinder bei einer Expertenanhörung der Süddeutschen Zeitung (im April 1976) an eine breitere Öffentlichkeit. Aber in der Leselernmethode Bayerns hat sich deshalb nichts geändert.

*) *1985/86 hatte der Verf. im Rahmen seiner Dissertation Gelegenheit zu wissenschaftlicher Beobachtung.*

Abbau-Methode und „Kasperl" als Befreiung vom Schulstreß

Geradezu entgegengesetzt verläuft der Weg oder die „vergnügte Ballonfahrt", mit der die Lehrerin *Hiltraud Prem* die ihr anvertrauten Schüler ins Leseland führt. Erstaunlich ist dabei die geradlinige Direktheit dieses Weges. Das kommt daher, daß sie die Beobachtungsgabe und den Mut hatte, die von der Kultusbehörde amtlich zugelassenen Leselehrgänge, die den Kindern diesen geraden Weg verstellten, zu durchschauen und als „unnützen Ballast aus dem Schulzimmer zu werfen". Sie versichert: „Fröhlich und unbeschwert fühlen sich meine Schulanfänger... Das wenige unentbehrliche Gepäck besteht aus:

einem Lesekasten, 30 bis 40 Bildwortkarten, einer Erstfibel, die in den ersten Wochen nur als Bilderbuch benützt wird, einem Heft, einem Lineal, einem Bleistift und bunten Stiften".

Was macht nun diese Pädagogin damit? Schon in den ersten Unterrichtswochen läßt sich die Geradlinigkeit und intuitive Humanität ihrer Methode erkennen. Zunächst nimmt sie auf die affektiven Bezogenheiten der Kinder Rücksicht. Das heißt, sie verwendet zum Lesenlernen nur Wörter (Begriffe), die für die Schulkinder in ihrer Situation eine tiefere, lebensbezogene Bedeutung besitzen. Noch haben alle Kinder ihre geliebte Schultüte bei sich. Folglich heißt das erste Wort, das *Hiltraud Prem* an den ersten drei Tagen lesen und schreiben läßt: „T ü t e". Hierzu zeigt sie eine große Bildwortkarte (s. Abb. 2). Alle Kinder lesen im Chor „Tüte". Die Lehrerin heftet die Bildwortkarte an die Wand, wo sie wie alle folgenden Bildwortkarten gut sichtbar hängen bleibt. Nun werden an die Kinder kleine Bildwortkarten verteilt, die diese auf die erste Seite ihres Heftes kleben und mit den Farben ihrer eigenen Tüte ausmalen.

40 kleine (für die Kinder) und ebenso viele große (für die Lehrkraft) Bildwortkarten zu ***Hiltraud Prems*** *Leselehrmethode sind beim Bayerischen Schulbuchverlag, Postfach 190253, 8000 München 19 zu beziehen. – Abb. 2*

Am nächsten Tag schreibt die Lehrerin das Wort „Tüte" riesengroß an die Tafel: „Schaut, ob ihr das Wort lesen könnt!" Begeistert schreien alle: „Tüte". Die Kinder schreiben das große T und die anderen Buchstaben mit der Hand ebenso groß in die Luft. Dann erhält jedes Kind ein großes Blatt, und darauf

*Lesenlernen „vor Ort": **Hiltraud Prem** mit Schülern beim Abbau des Wortes „Tüte" ... – Abb. 3*

... und beim Aufbauen des Wortes „Kasperl", das der bayerischen Umgangssprache bzw. Mundart angeglichen wird. – Abb. 4

*„Lesenlernen ist doch einfach" hieß einer der Fortbildungskurse, den **Hiltraud Prem** beim Pädagogischen Institut der Landeshauptstadt München im Herbst 1986 anbot. Zu dieser Veranstaltung notierte die Vorschau (S. 76): „Besonders die Zivilisationskrankheit Legasthenie kann laut der o.g. Erstlesemethode weitgehend vermieden werden, da dabei die altersgemäßen Bedürfnisse der Schulanfänger berücksichtigt werden." (Grafik: Prospekt-Titel des Grafenstein-Verlags) – Abb. 5*

schreibt es möglichst groß: „Tüte". Das gelingt den Kindern besser oder schlechter. Alle werden gelobt. Nun folgt die erste Lesekastenarbeit. Die Lehrerin zeigt den Kindern das große T aus dem Lehrersetzkasten und stellt es in ihre Setzleiste. Die Schüler tun dasselbe mit ihrem Schülersetzkasten. Mit Hilfe der Lehrerin wird das Wort „Tüte" laut mitlesend fertig gesetzt.

Auch der vierte Schultag beginnt wieder mit „Schreiblesen". Zuerst ziehen die Kinder mit dem Lineal drei Linien in ihr Heft und schreiben nochmals das Wort „Tüte" in die Zeilen. Danach wird der Setzkasten geöffnet, wo noch das Wort „Tüte" steht. Auch an der Lehrersetzleiste steht es noch.

Und nun folgt das Entscheidende, ein Vorgang, den man denkpsychologisch als ein Aha-Erlebnis bezeichnet. Denn bei diesem Arbeitsschritt beginnt etwas im Verstand der Kinder zu blitzen. Die Lehrerin nimmt den letzten Buchstaben des Wortes „Tüte", also das „e" hoch, und auch die Schüler nehmen ihr „e" in die Hand und lautieren im Chor: „e". Im Lesekasten steht jetzt noch der Wortrest „Tüt". Ein Kind, das bereits lesen kann oder die Lehrerin selbst liest „Tüt" vor. Alle wiederholen es im Chor. Wiederum nimmt die Lehrerin den letzten Buchstaben „t" hoch, die Kinder auch, und es geht in dieser Art weiter (s. Abb. 3). Wenn alle Buchstaben abgebaut sind, mischt die Lehrerin ihre vier Buchstaben und verteilt sie an vier Kinder mit dem Auftrag: „Jetzt lauft hinaus und setzt das Wort richtig an die große Setzleiste!" Die vier Kinder können es und werden gelobt. Das Spiel wird nun mit den anderen beliebig fortgesetzt, „und dabei merken sie gar nicht, daß sie bereits mitten im Lesenlernen sind".

Am 5. Schultag entdecken die Kinder in einer herumliegenden Schultüte verborgen eine Kasperle-Figur mit einem kleinen Schulranzen. Sie sind erstaunt und fasziniert. Ins Leben gerufen von der Lehrerin, inspiriert fortan die Kasperle-Puppe als kleinster „Schüler" den Unterricht. Der Kasperle ist schüchtern und ungeschickt und macht an der großen Tafel vieles falsch. So wird er nicht nur zum magischen Erlebnismittelpunkt in der Klasse, sondern er dient den Kindern auch zur psychischen Entlastung. Auf ihn können sie ihre Unsicherheiten und Unterlegenheitsgefühle übertragen. Hier ist einer, dem sie überlegen sind, dem sie helfen können, und so wird der Kasperle sofort zum geliebten Partner beim Lesen. Was liegt näher, als nun in gleicher Weise das Wort „Kasperl"*) über Bildwortkarte und Setzkasten lesen zu lernen, zu schreiben, abzubauen und wieder aufzubauen (s.Abb. 4).

Die Kinder sind mit dem Vorgang, ein Wort durch einzelne Buchstaben ab- und wieder aufbauen zu können, schnell vertraut. Sie haben damit einen festen Orientierungsrahmen, in dessen Bereich sie sich geistig geborgen fühlen und befreit weiter lernen können. Es folgen jetzt die Wörter „Schule", „Sonne", „Mond", „Sterne" usw.

Im Schuljahr 1984/85 konnte nach 17 Bildwortkarten die halbe Klasse lesen. Nach 24 Bildwortkarten hatten alle Kinder die Kulturtechnik des Lesens begriffen. Von Weihnachten bis zum Ende des Schuljahres ging es nur noch darum, die Lese- und Schreibfertigkeit an zusammenhängenden Texten zu üben. Und von nun an beginnen auch die eigentlichen Hausaufgaben. Jeden Tag haben die Kinder zu Hause mit oder ohne Hilfe der Eltern mindestens eine Viertelstunde zu lesen.

Es klingt überzeugend, wenn *Hiltraud Prem* hervorhebt, sie habe in mehr als 25 Jahren Schulpraxis viele Linkshänder gehabt, auch viele Kinder mit Lernschwierigkeiten, aber nie einen Legastheniker (s. Abb. 5).

Erstlesen: Geistiges Erlebnis oder Dressur?

Für die zuständigen Angehörigen der Schulbehörde müßten die hier dargestellten Tatsachen eigentlich beschämend sein. Doch das ist kaum der Fall. Denn die von *Hiltraud Prem* mit Erfolg praktizierte Erstlesemethode wird von diesen anscheinend nicht ernst genommen. Erstens ist man nicht gewöhnt, von einer Grundschullehrerin wissenschaftlich abgesicherte Rückmeldungen zu bekommen, und zweitens wäre eine Wendung gegen die gemeinsame Marschrichtung der etablierten Schulbuchverlage wohl nicht durchsetzbar. Wirtschaftliche Interessen und die Normativität des Faktischen sind eben

**) Umgangssprachlich gewählt: „Kasperl"; müßte entsprechend regional abgeändert werden.*

Mächte, gegen die eine Idee, und sei sie noch so kindgerecht, wie eine systemfeindliche Ideologie wirkt.

Dabei ist der methodische Ansatz *Hiltraud Prems* nicht einmal neu. Wir haben nur vergessen, daß die heutigen Erstleselehrgänge noch keine 20 Jahre alt sind. Erinnern wir uns: In der Mitte der 60er Jahre herrschte in der Bundesrepublik Deutschland großer Lehrermangel. Dieser Mißstand erleichterte damals den Siegeszug der *Skinner*'schen Lerntechnologie. Begriffe wie „Operantes Konditionieren", „Lernschrittmacher", „programmiertes Lernen" und „Lernzielkontrolle" gelangten in aller Munde. Der amerikanische Psychologe *Burrhus Frederic Skinner* überzeugte mit seiner aufsehenerregenden Lernmaschine, in der der Lernstoff in kleinste Portionen zerlegt und durch ständige Kontrollfragen gesteuert wurde, weite Kreise der damaligen Erziehungswissenschaft. Einen Lernvorgang absolut sicher dirigieren zu können, hat für die Schulpädagogik sicher etwas sehr Verführerisches. So verwundert es nicht, daß man versuchte, die guten alten Schulbücher mehr und mehr zu Lernmaschinen umzufrisieren. Hatte man beim damaligen Lehrerdefizit nur gute Programmierer, so konnte es schlechte Schüler nicht mehr geben.

Ein wichtiger Aspekt ist aber nicht genügend bewußt: *Skinners* Lerntechnologie orientierte sich am Lernverhalten der Tiere. Das Tier lernt eine komplizierte Handlung am besten in exakt unterteilten kleinen Schritten, die über ebenso exakt gesteuerte Belohnungen allmählich zum Ziel führen („operantes Konditionieren"). Die Exaktheit des Programms kann aber zur Sturheit werden, denn sie zwängt den Schüler in eine Situation, welche einer Dressur entspricht.

Der Lernende ist aber ein Mensch, und als solcher muß er im Gegensatz zum Tier beim Lernen seinen geistigen Spielraum behalten und individuell einsetzen dürfen. Genau das ist bei der Wortabbau-Methode der Fall. Wie schon erwähnt, ist dieser Weg nicht einmal neu. In den bayerischen Lehrplänen von 1971 und in der revidierten Fassung von 1976 wird das Abbauen von Wörtern noch ausdrücklich empfohlen. Erst im Lehrplan von 1981 ist davon nicht mehr die Rede.

Hiltraud Prem hat 1986 dem Bayerischen Staatsministerium für Unterricht und Kultus ihre Unterrichtsweise dargestellt (s. Abb. 6) und einen Modellversuch angeregt. Man hat jedoch höflich abgelehnt. Und so bleibt wahr, was *Heinrich Roth* in seiner Pädagogischen Psychologie schrieb: „Unterricht stützt sich auf eine Rezeptologie, wo längst die Forschung zu eindeutigen Resultaten hätte führen können."

Der Lehrerin *Hiltraud Prem* liegt das Wohl der Kinder vor allem anderen am Herzen. „Ich möchte mithelfen, daß unsere Kinder angstfrei in die Schule gehen und selbstbewußte, gesunde Menschen werden", erklärt sie. So führt sie mit Vorträgen und ihrem kleinen Buch den Kampf für eine kindgerechte Erstlesemethode allein weiter. Sie schätzt, daß inzwischen schon hundert Lehrkräfte auf diese Weise unterrichten, und ihr Ordner füllt sich mit Anerkennungsschreiben aus der Kollegenschaft und von dankbaren Eltern.

Gerd Bauer

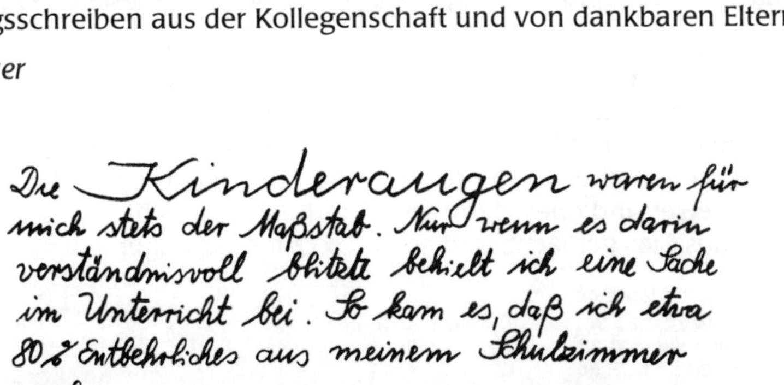
Die Kinderaugen waren für mich stets der Maßstab. Nur wenn es darin verständnisvoll blitzte behielt ich eine Sache im Unterricht bei. So kam es, daß ich etwa 80% Entbehrliches aus meinem Schulzimmer warf.
Dadurch entwickelte ich im Lauf der Zeit eine so einfache Lesemethode, die in dieser Art niemand praktiziert.

*Aus einem handschriftlichen Brief der Grundschullehrerin **Hiltraud Prem** an die Kultusbehörde vom 17.3.1986. – Abb. 6*

Die Lese-Lehrerin Hiltraud Prem über sich und ihre Schulzeit

In der alten Staufenstadt Eger (CSR) wurde ich am 28. Oktober 1926 geboren. Mein Vater unterrichtete am dortigen Gymnasium Mathematik, Physik und Chemie. Er war ein begeisterter Lehrer. Ich hatte zwar nur eine ältere Schwester, spürte aber niemals die Enge einer kleinen Familie. Das verdanke ich meinen Eltern, die sich zwar einerseits uns Kindern liebevoll zuwandten, uns aber auch den Blick für andere Menschen und deren Nöte öffneten. Meine Mutter führte mich nicht nur in die Sonntagsmesse, sie sprang überall dort ein, wo Hilfe gebraucht wurde. Tief beeindruckt hat sie mich, als sie im Krieg einem jüdischen Ehepaar immer wieder heimlich Lebensmittel brachte und sich dabei selbst in Gefahr begab.

Mit dem Abschluß der Mittleren Reife 1942 war zunächst meine Schul- und Berufslaufbahn unterbrochen. Der Krieg forderte auch von uns Mädchen seinen Tribut. Es folgten: Landdienst, Arbeitsdienst, Kriegshilfsdienst als Schulhelferin, später als Lazaretthelferin, Kriegsende, Vertreibung aus dem Sudetenland.

Erst 1947 konnte ich mit meiner Pädagogikausbildung in München beginnen. 1948 legte ich die erste, 1951 die zweite Lehramtsprüfung ab. Von 1948 bis 1960 unterrichtete ich an zwei Münchner Schulen, meistens erste und zweite Klassen. Bei meinem Einstieg in die Schule spürte ich die Spaltung zwischen Theorie und Praxis stark, obwohl ich durch Ferdinand Denzel, den Verfasser der „Hopsi-Fibel", eine ausgezeichnete Einführung in die Didaktik des Erstunterrichts erfahren hatte. Er war mein Dozent und späterer Seminarleiter. Sehr schnell auf die Beine half mir eine Kollegin.

1954 heiratete ich einen Kollegen. 1960 mußte ich meine Berufstätigkeit aufgeben, denn ich hatte drei kleine Söhne, denen 1961 noch ein Töchterlein folgte. Bald lernte ich die Schule aus Elternsicht kennen. Es gab aber keinerlei Probleme. Allerdings durchliefen meine Kinder alle die Schule vor 1968, ich meine, die ersten Klassen. Bei meinen beiden mittleren Söhnen erlebte ich dann das, was viele Eltern immer wieder staunend feststellen, sie konnten eines Tages lesen, noch bevor sie in die Schule kamen. Irgendwie, irgendwann hatten sie sich das Lesen selbst beigebracht. Wie, das wissen sie nicht mehr. Auch im Gespräch mit anderen Eltern in gleicher Lage ergeben sich nur Bruchstücke. Die Kinder fragen zwar hie und da nach einem Wort, einem Buchstaben und schauen älteren Geschwistern bei den Hausaufgaben zu. Aber das Wie dieser „Methode" bleibt verborgen. Fest steht nur, daß sie ganz einfach sein muß.

Im krassen Gegensatz dazu erlebte ich dann 1972 die aufgeblähten Erstlesemethoden und Legasthenie-Kurse.

Ab 1977 begann ich dann meinen „Schulkampf" mit einem Schreiben an den BLLV, auf das ich nie eine Antwort bekam.

Auf meinen Volkshochschulkursen begegnen mir immer wieder verzweifelte Eltern mit der Frage: „Wie kann ich mein Kind noch zum Lesen bringen? Es ist Legastheniker, wehrt sich gegen jede zusätzliche Übung, da es ja schon stundenlang an den Hausaufgaben sitzt." ... Eine zweite Frage kommt ebenfalls oft: „Soll ich mit meinem Kind Lesen lernen, bevor es in die Schule kommt?" Ich zögere dann, denn eigentlich bin ich gegen zu frühes Lernen, sage aber dann meistens: „Wenn das Kind will, ja." Ich habe bereits Rückmeldungen: „Mit den Bildwortkarten aus Ihrer ‚Ballonfahrt' lesen die Kinder begeistert, auch Fünfjährige."

Sprachspiele – Sprache als Spiegel

Aus einem Referat von Dr. Monika Born

Zum Thema „Sprachspiele" hielt auf der 2. Xantener KJL-Tagung die Essener Pädagogin ***Dr. Monika Born*** *ein lebendiges, viel beachtetes Referat. Freundlicherweise hatte die Vortragende nichts dagegen, einen Teil ihrer Darlegungen den Almanach-Lesern schriftlich zu übergeben. Haben Sie Dank, liebe Frau* ***Dr. Born****!*

Was macht eigentlich derjenige, der mit Sprache spielt? Er nimmt dieses mehr oder weniger vertraute Ding „Sprache" in den Mund und in die Hand. Er untersucht es spielerisch auf verborgene Möglichkeiten und entdeckt dabei viele neue. Sprache wird dem spielenden Menschen zum *Zauberstein*, mit dem er zu seinem Vergnügen und zu seiner Belehrung jonglieren kann; Sprache wird ihm zum *Spiegel*, in dem er sich selbst und die Welt erkennt; und Sprache kann zum *Fenster* werden, durch das hindurch der Mensch Wirklichkeiten wahrnimmt, die jenseits alles vor Augen Liegenden und in Sprache Faßlichen Realität sind.

Spielen mit Sprache – Sprachspiele, das ist ein enger Zusammenhang: Aus dem Spiel mit der Sprache – mit Buchstaben, Lauten, Schrifttypen, mit Wörtern und Wortkombinationen, mit Reimen, Rhythmen und Bedeutungen – können geformte Sprachspiel-Texte entstehen, die mündlich weitergegeben oder schriftlich fixiert werden und ihrerseits wieder Ausgangspunkt für eigenes Weiterspielen mit Sprache sein können.

So ist es auch mit der Sprache als Spiegel, wie sie hier thematisiert werden soll:

Wenn Sprache im Spiel zum Spiegel wird, in dem wir uns selbst und unsere Welt erkennen, dann können wir sehr wohl betroffen sein und Anstöße zur Änderung empfangen, aber wir werden kaum so verstört, als wenn wir in aller Direktheit gesagt bekämen, wie falsch wir uns verhalten, wie falsch wir miteinander umgehen und mit unserer Welt. Sprache als Spiegel – das ist behutsamer, leiser und eben darin viel eindringlicher als die Direktheit. Ein Spiegel ist ja aus Glas gemacht. Und er wird so zur rätselhaften Frage an uns. 1):

> *Doris Mühringer*
> ***Frage***
> *Er sieht dich an*
> *und ist nicht du*
> *und ist doch du.*

Ja, was ist die Lösung des Rätsels? Wer bin ich? *Martin Auer* 2) spielt dieses Spiel mit den konjunktivischen Formen unserer selbst noch weiter:

> ***Zufall***
> *Wenn statt mir jemand anderer*
> *auf die Welt gekommen wär'.*
> *Vielleicht meine Schwester*

oder mein Bruder
oder irgendein fremdes blödes Luder –
wie wär' die Welt dann,
ohne mich?
Und wo wäre denn dann ich?
Und würd' mich irgendwer vermissen?
Es tät ja keiner von mir wissen.
Statt mir wäre hier ein ganz anderes Kind,
würde bei meinen Eltern leben
und hätte mein ganzes Spielzeug im Spind.
Ja, sie hätten ihm sogar
meinen Namen gegeben!

Ist es also nur ein Zufall, daß ich „ich" bin? Oder sehe ich in diesem Spiegel der Sprache, daß genau ich gewollt und gemeint bin?!

Und wie ist es mit dem Zusammenleben? Was steht für uns? Das Haus – das Telefon. 3)?

Josef Guggenmos
Verlassenes Haus
In einem Haus schellt
das Telefon, schellt und schellt.
Dann: Totenstille.

Das Telefon im Sprachspiel als Spiegel für Kommunikation: Ich bin nicht erreichbar. Oder aber die Einsamkeitsphantasie trägt mich weg, und plötzlich reißt mich das Telefon zurück in die Wirklichkeit des Miteinander.4):

Frantz Wittkamp
Gestern
Gestern habe ich mir vorgestellt,
ich wär der einzige Mensch auf der Welt.
Ganz einsam war ich und weinte schon,
da klingelte leider das Telefon.

In beiden Texten, sperrig gegeneinandergestellt, ist das Telefon eine Metapher für Leben miteinander: Wie gut, daß es menschliche Verbindungen gibt, wie traurig, wenn es sie nicht gibt! In ganz wenigen Worten und einfachen Bildern wird hier Sprache transparent auf Wirklichkeit hin.

Im unbestechlichen Spiegel der Sprache kann unsere Lebenswirklichkeit auch als hohl und falsch entlarvt werden. Ein Beispiel dafür ist *Hans Adolf Halbeys* 5)

Urlaubsfahrt
koffer koffer kindertragen
flaschen taschen puppenwagen
papa mama koffer kinder
autokarte notlichtblinker

frühgeweckt gefrühstückt raus
winke winke schlüssel haus
autobahnen autoschlange
kinderplappern mama bange

schlange kriechen sonne heiß
stinken staub benzin und schweiß
stockung hunger mama brote
papa skatspiel radio: tote

schlafen schimpfen hupen schwitzen
weiterfahren weitersitzen
müde mitternacht hotel pension
dreißigtausend warten schon

In der Reduzierung der Sprache auf sinntragende Wörter und unter weitgehendem Verzicht auf Strukturwörter, in der konjunktionslosen Aneinanderreihung von Wortmaterial wird Wirklichkeit auf zugleich witzige und bedrückende Weise als schlechte Wirklichkeit erkennbar. Einen solchen Text muß man auf immer andere Weise sprechen, pantomimisch gestalten, probeweise in „normale" Alltagssprache übersetzen, dann wird er erst recht zum Spiegel.

Ein Bild aus Wörtern und zugleich für Bedeutungen, ein Piktogramm wie „Die Wand" macht es mit einem Blick klar, wie gestört menschliche Beziehungen sein können, wie der Sinn von Sprache in sein Gegenteil verkehrt werden kann: Statt menschliche Verständigung zu stiften, stehen Worte zwischen Menschen wie eine Wand. 6) – s. Randspalte! – Ein solches Pikto-

Die Wand

Worte
Worte
Worte
Worte
Worte
Worte
Worte
Worte
Worte
Worte
Worte
Worte
Worte
Worte
Worte
Worte
Worte
Worte
Worte
Worte
Worte
Worte
Worte
Worte
Worte
Worte
ICH Worte DU

gramm will zum Nachdenken anleiten, zum nachdenklichen Spiel mit Möglichkeiten. Welche Bilder können entstehen, wenn Worte zu einer Brücke 7) zwischen Menschen werden?

```
Die Brücke

                    Worte Worte Worte
                 Worte Worte Worte Worte
               Worte                  Worte
             Worte                      Worte
           Worte                          Worte
  ICH    Worte                              Worte   DU
```

Begegnung mit Sprache

1.
ei ei ei ei
oh oh oh oh
eh eh eh eh
ja wo isser denn
du du du du
ja ja ja ja
was macht denn
unse schnutzi
killekillekille
oh

2.
jetzt wolln wir
happa happa machn
nun müssen wir
bäuerchen machn
jetzt wolln wir
a a machn
das is bä bä
nun da da gehn
und nun is nuch

3.
tu dies tu dies
mach das mach dies
laß das laß dies
wie oft soll ich dir
noch sagn
wie oft soll ich dir
noch erklärn
kannst du nich hörn
willst wohl nich
dann wolln wir mal
eine andere sprache
sprechn

„Begegnung mit Sprache" 8) – s. Randspalte – entlarven den Spiegel für die Beziehung vieler Erwachsener zu Kindern. In der lapidaren Auseinandersetzung von Redensarten, im Wandel der Sprechhaltung wird, ohne daß irgendwelche Erklärungen notwendig wären, Einstellungsänderung deutlich. Wird das Kind zunächst als das kleine, süße Ding gesehen, so wird es bald zum Erziehungsobjekt, das man zunächst nicht ernst nimmt, wie die kindertümelnde Sprache zeigt. Schließlich wird das Kind als Störfaktor gesehen, mit dem man „eine andere Sprache sprechen" muß, damit es funktioniert. Was steht alles zwischen den Zeilen! Und wie werden wir zum kritischen Lesen herausgefordert, vielleicht mehr als durch viele theoretische Erörterungen über Erziehung.

Noch einmal Sprachkritik als Spiegel für menschliches Verhalten 9):

Roswitha Fröhlich
Frage
Ich rede
du redest
wir reden
sie reden
Und wer hört zu?

Vier aneinandergereihte „Fallbeispiele" und eine Frage. Wahrheit wird im Dialog erkennbar. Sie wird unkenntlich, wenn jeder nur redet, redet, Monologe hält, ohne zuzuhören. Läßt sich das Dialogische ins Sprachbild bringen? Vielleicht so:

Ich höre
du redest
ich rede
du hörst ...

Sprache kann aber nicht nur Spiegel sein für schlechte Wirklichkeit, sondern auch für das Verbindende zwischen Menschen, wie *Hans Baumann* 10) es am einfachen Bild der Spur im Sand zeigt:

Spur im Sand
Ging da ein Weißer,
ein Schwarzer,
ein Roter?
Der Sand sagt:
Ein Mensch.

An diesen Beispielen können wir eine wichtige Tendenz der Gegenwartslyrik erkennen: einfaches Sagen, was nicht Simplifizierung heißen darf, sondern einfache Worte, einfache Sätze, dichte Bilder, zwischen den Zeilen sprechen, zum nachdenklichen Lesen herausfordern und zum eigenen Spiel mit sprachlichen Möglichkeiten, um dadurch vielleicht auch behutsam zu Seh- und Einstellungsänderungen hinzuführen.

(auf einem bild des fotografen hilmar pabel ist zu sehen:
ein chinesischer vater der auf den schultern eine stange trägt. an das eine ende der stange ist ein korb mit reis gebunden;
in dem korb am andern ende sitzt der kleine sohn.)

Menschliches Leben im Spiegel der Sprache, das ganze menschliche Leben zwischen Freude und Schmerz, mit der Verheißung, daß dieses Leben gelingen kann, dafür steht *Peter Härtlings* „baiabong" 11). Ein Foto von *Hilmar Pabel* (s. Abb.) war ihm Denkanstoß für sein Gedicht.

baiabong –
die wiegenwaage
wiegt den reis und wiegt dich auf
singend wippt die bambustrage
an der seidenschnur der tage
zählt sie dir dein leben auf.

baiabong –
die schüttelstunde
schluckt den schatten wendet ihn
dieses mittags stete runde
reibt die heiße schulter wunde –
baiabong
ich bin ich bin

Ein Spielwort, ein Wiegenwort steht am Anfang beider Strophen. So werden wir zunächst getragen von der älteren Generation, die schon weiß, daß unser aller Tage gezählt sind. Aber noch darf das kleine Kind sich tragen und wiegen lassen, während der Vater unter der Last des Lebensnotwendigen und des Kindes, welches Leben weiterträgt, seine Schulter wundreiben läßt. Zum Schluß noch einmal das Spielwort und der fast jubelnde Ruf „ich bin ich bin". Ist es der Ruf des Vaters oder des Kindes oder beider? Geheimnisvolle Wörter stehen für unsere Lebenswirklichkeit: wiegenwaage, singend, seidenschnur der tage, schüttelstunde, schatten, stete runde, schulterwunde, ich bin. Das ist schon nicht mehr „einfaches Sagen", sondern verschlossener, tiefer ins Geheimnis von Leben und Sprache weisend, Appell nicht so sehr zur direkten Verhaltensänderung als vielmehr zu bewußterem Leben, zum bewußteren Mittragen auch des Lebens der Kinder, auch unter Schmerzen.

Hier wird Sprache zum Spiegel für das ganze Leben. Auch Kinder ahnen das ganz offensichtlich, wenn sie dieses Gedicht in einem wiegenden Rhythmus immer und immer wieder sprechen. Sie ahnen es, auch wenn sie es noch nicht wissen im Sinne leidvoller Erfahrung.

Spiel mit der Sprache kann also Erfahrungsräume, Erkenntnismöglichkeiten eröffnen und kann so zu einem Fenster werden.

Anmerkungen

1) *in: Hans-Joachim Gelberg (Hg.): „Überall und neben dir", Weinheim 1986, S. 216*
2) *wie 1), S. 64*
3) *wie 1), S. 40*
4) *wie 1), S. 45*
5) *in: „Praxis Deutsch", H. 46, S. 19*
6) *in: Hans Domenego u.a.: „Das Sprachbastelbuch", Wien 1977, S. 42*
7) *eben da, S. 43*
8) *in: „Praxis Deutsch", H. 19, S. 69*
9) *wie 1), S. 282*
10) *wie 1), S. 231*
11) *in: „Leseproben" 5/6, Hildesheim 1984, S. 264f.*

In dem Kinderbuch von

Gerhard Mensching:
DIE INSEL DER SPRECHENDEN TIERE.
Eine Ferienabenteuergeschichte
Bilder von ***Nikolaus Heidelbach***
(86 Seiten, Haffmans 1987)

träumt sich Tim auf eine Insel, die vor ihm noch kein Mensch betreten hat. Fünf sprechende Tiere wohnen auf ihr. Sie führen sich so auf, wie Tim sich wohl auch gerne aufführte, wenn er nur dürfte. Vor allem aber spielen sie mit der Sprache, geben sich lustige Namen – der Löwe nennt sich Rhabarber, der Affe Primelchen –, haben unbändiges Vergnügen am Chorgesang und verdrehen, verschnörkeln und verändern Wörter, daß es eine wahre Freude ist – für den Leser, der dazu die frechen, abenteuerlichen Aquarelle genießen kann. – Endlich sind mal Albernheiten und Blödeleien wieder zugelassen, im Kinderbuch.

Wie Kinder ihre Bücher sehen

Georg Braun diskutiert seit drei Jahren mit jungen Lesern über deren Lektüre

Eine aufschlußreiche Studie über das Lese- und Beurteilungsverhalten Heranwachsender bei der Rezeption zeitgenössischer Kinder- und Jugendliteratur legte 1987 ***Georg Braun*** *von der IJB in seiner Broschüre „Lesen und Diskutieren mit Kindern und Jugendlichen" (München: IJB 1987, 24 Seiten) vor. Auszüge daraus (S. 7-12) gab der Verfasser zur Veröffentlichung in diesem Almanach frei, wofür ihm ebenso gedankt sei wie für die Bereitwilligkeit, Illustrationen zur Buchlektüre seiner „Buchdiskussionsgruppen" zur Verfügung zu stellen. Aus dem reichhaltigen Angebot von Kunstwerken der jungen Leserinnen und Leser mußte aus Raumgründen eine Auswahl getroffen und manches verkleinert wiedergegeben werden.*

Seit ca. 3 Jahren greift ***Georg Braun*** *die Anregung* ***Jella Lepmans*** *auf, mit Kindern und Jugendlichen in der IJB über Bücher zu diskutieren und selbst Bücher zu kritisieren. Diese Aufgabe versah an der IJB lange Jahre hindurch die Übersetzerin und KJL-Dozentin* ***Dr. Jessica Schmitz.***

Georg Braun *hat drei Altersgruppen junger Buchdiskutanden: die 8-10jährigen, die 11-13jährigen und die 14-16jährigen. Die Gruppe besteht aus 5 bis 12 Teilnehmern. 14täglich trifft man sich in der IJB (München 60, Schloß Blutenburg) und spricht über gemeinsam gelesene neuere Kinder- und Jugendbücher. Über Nutzen und Methodik kann in der genannten Broschüre nachgelesen werden. Im folgenden werden die beiden zentralen Kapitel (etwas gekürzt und stellenweise leicht überarbeitet) wiedergegeben.*

Literaturrezeption: ein schwieriges Unterfangen

Wie schwierig die Untersuchung der Literaturrezeption bei Kindern und Jugendlichen ist, zeigt die Tatsache, daß es bisher nur sehr wenige empirische Studien gibt, die Leseverhalten und Lesegewohnheiten junger Leser ergründen. Auch meine Erfahrungen können keineswegs repräsentativ sein, denn sie stützen sich lediglich auf die Verhaltensweisen einer relativ kleinen, privilegierten Gruppe von besonders lesefreudigen Kindern aus dem Münchner Westen, die freiwillig die Diskussionsrunden der IJB besuchen.

Dennoch möchte ich einige Beobachtungen darstellen, die Hinweise auf Tendenzen der Lesepraxis heutiger Kinder geben können. Befragt man Kinder nach der Art und Weise, wie sie Bücher lesen, so stellt man fest, daß dabei Alter und persönliche Entwicklung eine wesentliche Rolle spielen. Kinder bis zu etwa 10 Jahren lesen Bücher, die ihnen gut gefallen haben, gerne mehrmals hintereinander. Bücher, mit denen sie wenig anfangen können, werden meist nicht fertiggelesen. Die Lesegeschwindigkeit ist in diesem Alter noch sehr unterschiedlich. Die entweder zu hohe oder zu niedrige geistige Anforderung eines Textes stellt oft ein großes Problem für eine optimale Leseerfahrung dar. Eine Diskussion über Aufbau und Textgestaltung der Lektüre kann in diesem Alter nur in Ansätzen erfolgen. Zu wenig ausgeprägt sind noch die analytische Kritikfähigkeit und ihre Artikulation. Dennoch lassen sich bereits Vorlieben für bestimmte Buchtypen erkennen, die sich im Verlauf eines Jahres beim einzelnen Leser aber auch gewaltig wandeln können (z.B. weg vom märchenhaften und hin zu realistischem Lesestoff.)

In allen Altersgruppen ist zu beobachten, daß interessante Bücher meist in einem Stück (ohne oder mit nur ganz geringen Unterbrechungen) gelesen werden. Pausen, wie sie etwa Kapiteleinteilungen bewirken können, werden kaum in Anspruch genommen.

Für Kinder bis etwa 12 Jahren scheint es äußerst schwierig zu sein, den Inhalt der gelesenen Erzählungen und Romane so zusammenzufassen, daß sich Gleichaltrige (oder auch Erwachsene) ein Bild von der Geschichte machen können. 8-10jährige erzählen meist detailgetreu den gesamten Inhalt und erinnern sich dabei oft an winzigste Einzelheiten, aber auch ältere Kinder bleiben gerne bei unwichtigen Details hängen und verlieren so die entscheidenden Zusammenhänge aus den Augen. Zwar gelingt auch Jugendlichen nicht immer eine zeitlich und inhaltlich angemessene Zusammenfassung eines Romans, doch lassen sich mit zunehmender Praxis in der Regel deutliche Fortschritte erkennen.

Die Teilnehmer sind bei der Bewertung der Bücher meist ganz offen, kennen kaum Vorurteile und sind oft sehr rigoros in ihrem Urteil. Sie lassen sich aber im Verlauf der Diskussion leicht durch andere Meinungen in ihrem Urteil umstimmen oder zumindest zu einer Modifizierung anregen. Jüngere Leser werden sich häufig erst im Verlauf der Diskussion über ihre Einschätzung bewußt. Dies ist, wie ich meine, ein entscheidender Schritt in der Entwicklung des literarischen Verständnisses und der kritischen Urteilsfähigkeit. Dadurch, daß er die Leseerfahrung anderer in sein Urteil einfließen läßt, lernt der junge Leser den Facettenreichtum literarischer Ästhetik kennen und hat so die Chance, ein kritikfähiger und engagierter erwachsener Leser zu werden.

Erfahrungen und Tendenzen

Im folgenden möchte ich auf einige nachdenkenswerte Erfahrungen und Tendenzen der Literaturrezeption in meinen Gruppen aufmerksam machen. Sie gehen von der Leseerwartung besonders lesefreudiger Kinder und Jugendlicher aus, werfen aber gelegentlich auch Schlaglichter auf so manchen alten und neuen Mißstand heutiger Produktion und Vermittlung von KJL:

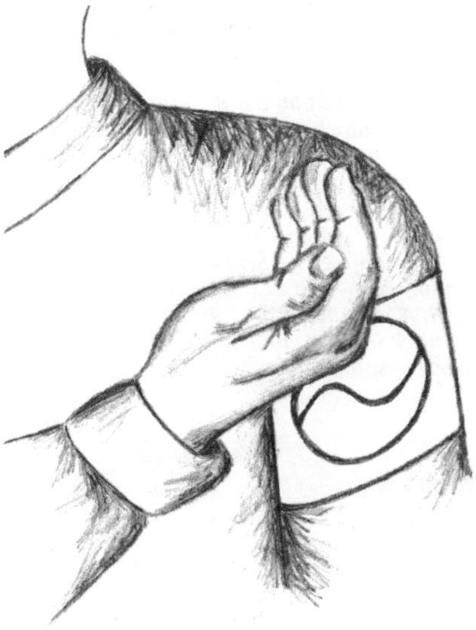

– Kinder und Jugendliche urteilen unverkrampfter als Erwachsene. Die gefühlsmäßige Beurteilung der Qualität eines Buches ist für sie zunächst wichtiger als eine fundiert zu belegende Kritik. Von Erwachsenen vorgenommene Einstufungen von Autoren als „literarisch minderwertig" (etwa *Karl May, Enid Blyton*) beeinflussen die Beliebtheit dieser Bücher kaum.

– Der Name des Autors spielt (insbesondere bei jüngeren Kindern) eine völlig untergeordnete Rolle. Bis auf wenige Ausnahmen (z.B. *Erich Kästner, Astrid Lindgren, Otfried Preußler, Michael Ende*) sind die Namen der Schriftsteller auch bei „Viellesern" meist unbekannt. Man merkt sich den Titel eines interessanten Buches, selten aber den Verfasser.

– Die Aufmachung eines Buches ist sowohl bei der Auswahl als auch bei der Bewertung sehr wichtig. Paßt das Titelbild beispielsweise nicht zum Inhalt des Buches, so wird dies als sehr negativ vermerkt. Bei der künstlerischen Ausführung von Titelbild und Illustration sind die Kinder äußerst kritisch.

– Die entscheidenden Kriterien dafür, ob ein Buch gefällt oder nicht, sind das Genre (je nach persönlicher Vorliebe), die Thematik („Interessiert mich das?") und der Einbau von Spannungselementen. Das Geschlecht der Leser spielt eine gewisse, aber nicht, wie vielleicht früher, eine entscheidende Rolle. Fantasy-Geschichten werden auch von Jungen, Abenteuerbücher auch von Mädchen geschätzt.

Aus dem Malstudio der IJB (Leitung: ***Veronika Zacharias****) stammen die Zeichnungen, die die jungen Leserinnen und Leser zur Lektüre ihrer Diskussions-Bücher fertigten. Einige davon sind in der Broschüre von* ***Georg Braun*** *enthalten. Von einigen war* ***Braun*** *„hinsichtlich ihrer Originalität und ihres Einfallsreichtums sehr angetan". Aufgrund des geringen Platzes können hier nur stellvertretend für die vielen uns zur Verfügung gestellten Zeichnungen zwei abgedruckt werden. Sie wurden von der 14jährigen* ***Sabine Eder*** *zu dem Jugendroman „Die Welle" (****Morton Rhue****) mit Bleistift gefertigt.*

– Die beliebtesten Genres sind Fantasy-Romane, Märchenstoffe und Abenteuergeschichten. Daneben finden auch historische Romane (bei älteren), Umweltgeschichten (bei jüngeren) und Science Fiction ihre Liebhaber. Weniger beliebt scheinen Tierfabeln und Bücher mit Familienproblemen oder gesellschaftspolitischem Inhalt zu sein.

– Tierfabeln und parabelhafte Erzählungen, die in großer Zahl auf dem Kinderbuchmarkt sind, werden von Kindern ab etwa acht Jahren in der Regel unterschätzt. Sie empfinden sie als „zu kindisch" und nehmen sie nicht ernst. Ein satirischer Inhalt wird von Kindern in diesem Alter nur selten verstanden. Für das Umsetzen des „Bildhaften" ins reale Leben fehlen noch die Voraussetzungen. Ein typisches Beispiel dafür sind die großartigen Erzählungen der Brasilianerin *Lygia Bojunga-Nunes*, mit denen die Kinder kaum etwas anfangen konnten. Im Gegensatz dazu gibt es bei Märchen oder Geschichten mit märchenhaften Elementen keine Verständnisprobleme. Sie werden auch von älteren Kindern und Jugendlichen als ernsthafte und interessante Literaturform akzeptiert.

– Lange Einleitungen, ausführliche Naturbeschreibungen sowie ein umständlicher oder komplizierter Aufbau schrecken vom Lesen ab. Wenn nicht

***Georg Braun**, geb. 1951 in München*

1971 Abitur am Karlsgymnasium München
1973 Examen Dipl.Bibliothekar (Wiss. Bibliotheken)
1973/74 Tätigkeit an der Bayerischen Staatsbibliothek München
1974 - 80 Studium der Anglistik und Geschichte in München und London
1980 - 82 Referendariat und Staatsexamen (Lehramt an Gymnasien)
1982/83 Tätigkeit im Schuldienst (Lehramtsassessor)
seit 1984 Mitarbeiter der Internationalen Jugendbibliothek (Katalogabteilung, Leitung der Buchdiskussionsgruppen)

Begleitbrief zur Broschüre „Lesen und Diskutieren mit Kindern und Jugendlichen"

In der Anlage sende ich Ihnen die soeben fertiggestellte Broschüre, die sich auf meine Erfahrungen aus den Buchdiskussionen mit Kindern und Jugendlichen stützt. Wie Sie sehen, ging es mir vor allem darum aufzuzeigen, welche Beurteilungskriterien Kinder und Jugendliche haben. Darüberhinaus zeigt eine Titelliste im Anhang, welche Bücher am besten bei unseren Teilnehmern in den letzten Jahren angekommen sind.
Ich hoffe, Sie interessieren sich für diese Ergebnisse und ich würde mich freuen, wenn Sie andere Interessenten und Fachleute auf meine kleine Broschüre aufmerksam machen könnten. Sie ist gegen einen Unkostenbeitrag von DM 3,-- (+Porto) bei der Internationalen Jugendbibliothek, Schloß Blutenburg, 8000 München 60 zu beziehen.

Mit herzlichen Grüßen

gez. Georg Braun

gleich zu Beginn einer Erzählung etwas Spannendes passiert, legen viele Kinder und Jugendliche das Buch beiseite. Es ist zu vermuten, daß dieses Verhalten eine Folge der veränderten Erwartungshaltung infolge des vermehrten Medienkonsums ist.

– Wichtig scheint es für jugendliche Leser zu sein, sich mit einer Person der Erzählung identifizieren zu können. Gelingt dies, so ist eine positive Beurteilung des Buches fast sicher. Fehlt eine solche Identifikationsmöglichkeit, „ergreift" oder „berührt" das Buch den Leser also nicht, dann mangelt es seiner Meinung nach an wesentlicher Qualität.

– Bei der Bewertung der in Kinder- und Jugendbüchern verwendeten Sprache sind jugendliche Leser meist sehr unsicher. Der Stil interessiert sie nur wenig und ist kaum ein ernsthaftes Beurteilungskriterium. Bücher, die „Jugendjargon" verwenden – ob die Jugendlichen wirklich so sprechen, wie dies in manchen Büchern dargeboten wird, sei dahingestellt – sind keineswegs beliebter als etwa Romane in „klassischem" Erzählstil.

– Ein Manko vieler Kinderbücher ist die mangelnde Kongruenz zwischen literarischer Form und inhaltlichem Anspruch. Die Alltagsprobleme eines Achtjährigen können doch nicht in einer Erzählform dargestellt werden, die vielleicht frühestens für einen Elfjährigen verständlich ist (z.B. wechselnde Erzählperspektiven, Rückblenden, Parabelhaftigkeit). Einem Elfjährigen, der dieses Buch in die Hand bekommt, gefällt es nicht, weil er sich vom Inhalt nicht angesprochen fühlt. Viele erwachsene Rezensenten erkennen diese häufig zu beobachtende Diskrepanz nicht, weshalb es immer wieder zu Divergenzen zwischen „kindlicher" und „erwachsener" Kritik kommt. Viele mit Literaturpreisen ausgezeichnete Jugendbücher kamen deswegen bei den Kindern nicht oder nur wenig an.

–Entgegen einer weitverbreiteten Ansicht ist es für die meisten Kinder und Jugendlichen völlig unwichtig, ob die Geschichte ein Happy-End hat oder nicht. Ältere Kinder und Jugendliche stört oft sogar ein glücklicher Ausgang eines Buches. Bei jüngeren Kindern ist dagegen zu beobachten, daß sie gerne wissen möchten, wie die Geschichte weitergeht. Erzählungen mit einem offenen Schluß werden von ihnen nicht so geschätzt.

–Klappen- oder Umschlagtexte, die den Inhalt des Buches charakterisieren oder zum Lesen animieren sollen, werden äußerst kritisch betrachtet. Kinder beklagen häufig, daß der Inhalt dieser Texte mit dem Buchinhalt nicht übereinstimmt, zu reißerisch oder nichtssagend ist. Ebenso schlimm ist es jedoch für sie, wenn der Klappentext bereits den Clou der Geschichte verrät, was gar nicht selten vorkommt.

– Sehr beliebt sind Jugendbücher, die sowohl eine spannende Handlung als auch authentische und fundierte Sachinformationen bieten. Romane, deren pädagogischer Charakter deutlich wird (z.B. „Problembücher", die Gott sei Dank immer selter werden), stehen dagegen am unteren Ende der Beliebtheitsskala.

– In der Regel lesen Kinder gern Erzählungen, in denen gleichaltrige oder ein paar Jahre ältere Figuren die Hauptrollen spielen, weniger gern Geschichten mit Protagonisten, die jünger als sie selbst sind. Die meisten Jugendlichen sind der Meinung, daß sich gute Jugendbücher auch als Erwachsenenlektüre eignen.

– Die Altersempfehlungen von Erwachsenen (Verlage, Rezensionen) sind oft unzutreffend oder zumindest sehr fragwürdig. Viele Bücher, die für jüngere Leser eingestuft sind, sprechen eigentlich ältere an und umgekehrt. Ebenso problematisch ist die Einteilung von Jugendbüchern in bestimmte Serien oder Kategorien (z.B. „Abenteuer" oder „Fantasy"). Sie hält oft, genauso wie eine aufgedruckte Altersangabe, potentielle Leser unberechtigterweise von der Lektüre ab.

–Beim Vergleich zwischen einem Buch und seiner Verfilmung kommt die literarische Vorlage meist besser weg. Kinder sind oft enttäuscht, daß der Film nicht ihre eigene Phantasie widerspiegelt und vermerken selbst kleinste Abweichungen vom Inhalt des Buches als negativ.

Verlage

Jubel und Trubel bei...

... bohem press, Elefanten Press, Gerstenberg, Hoch, Otto Maier und Rowohlt

Wohldurchdacht und attraktiv

Was KJL-Verlagen '87 zur Leseförderung einfiel

Auch Lektoren haben ihre Freuden

Ursula Heckel, Dr. Rainer Brand und Herbert Günther über Geschafftes, Geplantes...

Jubel und Trubel bei...

... bohem press, Elefanten Press, Gerstenberg, Hoch, Otto Maier und Rowohlt

bohem press – bald 15 Jahre

Für Verleger *Otakar Božejovský v. Rawennoff* von bohem press (Gerechtigkeitsgasse 31, CH-8002 Zürich; Auslieferung in der BR Deutschland: *Dr. Georg Bitter* Verlag, Recklinghausen) ist der bevorstehende 15. Geburtstag seines feinen Unternehmens Anlaß zur Zwischenbilanz:

Angefangen haben wir ganz bescheiden mit einem Buch, das immer noch in unserem Programm steht: „Jakob und Lisa", eines der ersten Bilderbücher über Umweltschutz. Seitdem folgten mehr als 70 Titel und dazu die kleinen „bambino". Bei jedem dieser Bücher haben unser Art Director Stěpán Zavřel und ich jene Maßstäbe, die wir uns von Anfang an gesetzt hatten, befolgt: hohes künstlerisches Niveau, Texte, die dem Kind ethische Werte vermitteln sowie perfekte technische Ausführung.

Wir sind stolz darauf, nicht nur bereits „arrivierte" Künstler und Schriftsteller zu verlegen, wie Max Bolliger, Eveline Hasler, Sita Jucker, Marie-José Sacré, Jaroslav Seifert, Józef Wilkoń und Stěpán Zavřel, sondern auch eine ganze Generation neuer Künstler für den Markt entdeckt zu haben wie Jindra Capek, Ivan Gantschev, Marta Koči, Fiona Moodie und in jüngster Zeit Linda und Gino Alberti oder Arcadio Lobato.

Das haben wir uns auch als Aufgabe gestellt: neue, junge Künstler zu fördern, was bestimmt nicht ohne großes verlegerisches Risiko ist.

Unsere Bücher sind in 25 Sprachen erschienen, mit vielen internationalen Preisen ausgezeichnet, in den führenden Museen rund um die Welt werden die Originale zu unseren Bücheren ausgestellt: dies alles bestätigt uns, daß wir auf dem richtigen Weg sind ...

1987 erhalten die bohem-press-Titel „Der Herr König" von *Hanno Taina* den Grand Prix der BIB und *Max Bolliger/Jan Lenica*: „Der bunte Vogel" (s. Abb.) den Premio Grafico „Fiera di Bologna". In den 80er Jahren kam bisher lückenlos jedes Jahr ein Preis für bohem press in Frage (Frankreich, BR Deutschland, Japan, Italien, Österreich, Südamerika, Tschechoslowakei). Neun neue Titel brachte bohem press 1987 heraus. Besonders liebenswert: *Eugen Sopkos* „Der Nikolaus Niklaus" (Thema: Sankt Nikolaus läßt sich durch Computer nicht rationalisieren, sondern soll seine „persönliche" Rolle im Kinderleben behalten) sowie *Józef Wilkoń/John Wilson*: „Der kleinste Elefant der Welt" (Thema: Alle, ob klein, groß oder mittendrin, haben auf dieser Welt ihre Berechtigung, s. Abb.)

Elefanten Press – ein Dezennium alt

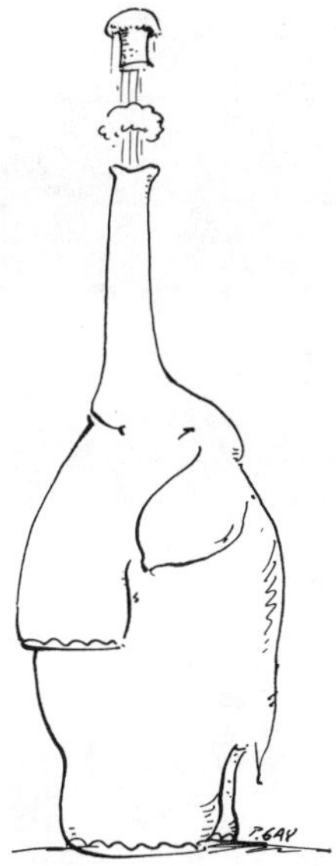

Der Berliner Elefanten Press Verlag macht zwar in seinem Gesamtverzeichnis Herbst '87 mit einem feierfreudigen Elefanten (s. Abb.) auf sein zehnjähriges Firmenjubiläum aufmerksam, verzichtet aber auf eine Selbst- oder Fremddarstellung, die Einblick in den Betrieb gewährte. Im Unterschied zu anderen Verlagen, „die ihre Jubiläen abfeiern", macht Elefanten Press dem Sortiment ein – wie er es nennt – Geschenk: Die Bezugsbedingungen werden ab sofort verbessert: „Die bis dato bestehenden Preisgruppen sind sofort null und nichtig. Die neuen Rabatte gestalten sich wie folgt ..." (auf alle Titel gibt es 40 % Reise- und Messerabatte, und auch bei Nachbezug spart der Buchhändler ein Drittel.

Ein Blick ins super-kritische Jubiläumsprogramm („BilderLeseBücher", Fotobände über Cuba, die 70er Jahre, das Fahrrad, Gewalt-Pornographie-Feminismus u.a., Karikatur- und Kunst-Bücher) läßt bei der KJL stoppen: Es ist wieder ein neuer *Anatol Feid* dabei, diesmal ein Kinderdorfroman („Liebt uns, wie wir sind"), ein Märchensammelband („Kati Knack – die Nuß" – nicht Prinzen, sondern Prinzessinnen, aber auch Zauberinnen und Bettlermädchen sind die Hauptpersonen) und einige Stadtführer für Kinder: vor Frankfurt/Main und Köln (Herbst '87) waren schon welche über Berlin, Hamburg, Hannover und München (s. Abb.) da.

Der Jubel-Band dreht sich – sinnig, sinnig! – um das Firmen-Maskottchen. Na, was kann das sein? Eine Maus bestimmt nicht. Deswegen heißt das mit über 100 Abbildungen gezierte Produkt ohne Autor „Elefantasien" (ohne Zwang eines Betonungs-Akzents wie aus der „Unendlichen Geschichte"), dafür mit Karikaturen, Comics, Zeichnungen, Texten, Fotos und Satiren angereichert. Dem jubilierenden Leser zur Lust. Man hält's mit Herrn Keuner, der den Elefanten geschätzt habe, der gutmütig sei und Spaß verstehe und zudem ein zartes Gemüt habe, ein ausgezeichneter Tänzer und ein Kindernarr obendrein ...

Ganz im Ernst: Der engagierte Klein-Verlag gräbt immer mal eine Cimelie aus, so z.B. 1986 mit dem Buch „Die Insel in der Vogelstraße" von *Uri Orlev* (1981 im Original in Jerusalem erschienen): Der 11jährige Alex ist Jude. Sein Vater, ein Pole, wurde im 2. Weltkrieg von den Deutschen verschleppt, seine Mutter verschwand. Der Junge wartet auf seiner „Insel" im Warschauer Ghetto auf seinen Vater ... Das Buch erhielt hohe Auszeichnungen in Israel, von IBBY, in den USA und wurde von Elefanten Press erstmals in deutscher Ausgabe herausgebracht.

Gerstenberg zeigt Eric Carle seit 20 Jahren

„Der beliebte Kinderbuchautor *Eric Carle* hat in zwanzig schöpferischen Jahren viele originelle Ideen verwirklicht. Seine Bücher sind weltweit millionenfach verbreitet – allen voran die heißgeliebte, vielgerühmte, krabbelfreudige ‚Kleine Raupe Nimmersatt'" ... So steht zu lesen auf einem feschen Plakat, das die Unterschrift trägt, die zu Stolz Anlaß gibt: „Alle *Eric Carle*-Bücher erscheinen im Gerstenberg Verlag (Hildesheim)". Das eigenwillige Selbstporträt (s. Abb.) des 1929 in New York geborenen, in Deutschland großgewordenen und ausgebildeten Deutsch-Amerikaners *Eric Carle* glossiert sein liebstes Märchen, das 1970 zur Welt gebracht wurde und neun Jahre später schon auf mehr als 300 000 verkauften Bilderbuch-Exemplaren prangte. Mäuse, Tauben, Katzen, Bären und viele andere Genossen Noahs sind inzwischen dazugekommen. 1987 prahlt Gerstenberg – nicht zu unrecht – mit einem einfallsreich gemachten und durchaus als originell einzustufenden Bilderbuch mit dem Titel „Papa, bitte hol für mich den Mond vom Himmel" (s. Abb.). Dieses Spielbilderbuch lehrt, künstlerisch hochwertig, das Kleinkind, den zunehmenden und abnehmenden Mond. Papa steigt – auf aufklappbaren Seiten wird es augenfällig – tatsächlich ganz, ganz weit auf einer ganz, ganz langen Leiter hinauf, um den Mond herunterzuholen und damit den Wunsch der kleinen Monika zu erfüllen. Aufwendig, kostspielig, wie sich denken läßt, aber gekonnt und Kinderherzen erfreuend ...

Hoch – vor 100 Jahren gegründet

Das Kinder- und Jugendbuchprogramm des Düsseldorfer Verlagshauses wendet sich dem modernen wie klassischen Genre, dem Bilderbuch (Hoch-Flügge-Programm) wie der Pflege einzelner Autoren zu (*Ursula Wölfel*: deutschsprachige Gesamtauflage von über 3 Millionen, Übersetzungen in 15 Sprachen. Das neueste Buch „Die Glückskarte" ist wieder einmal ein historischer Roman, der im ausgehenden 19. Jahrhundert – Gründerzeit – spielt und den Generationskonflikt thematisiert, s. Abb.! – *Käthe Recheis, Barbara Haupt* u.a.). Im Jubeljahr gibt es neue Klassiker (sehr leserfreundlich: die Neubearbeitung des „Robinson Crusoe" von *Sybil Gräfin Schönfeldt* mit den abenteuerträchtigen Illustrationen des Russen *Igor Alexandrowitsch Iljinski* (geb. 1925) ebenso wie einen neuen „Vater Jakob"–Band der erfolgreichen Düsseldorferin *Barbara Haupt* („Ein Bazillus namens Gregor"), Krimi-Geschichten, die *Käthe Recheis* herausgab sowie den umstrittenen (meist aber positiv bewerteten) Roman „Kinder der Taublume" von *Dieter Schliwka* .

25 Jahre erfolgreiche Zusammenarbeit: Ein Grund, anzustoßen. ***Hilde Heyduck-Huth, Hermann Vogler*** *(Oberbürgermeister von Ravensburg) und* ***Christian Stottele*** *(Ravensburger Buchverlag) während der Ausstellungseröffnung im Ravensburger Kornhaus (von rechts nach links).*

Otto Maier (1): Hilde Heyduck-Huth – 25 Jahre aktiv

25 Jahre Bilderbuchmalerin – 25 Jahre Zusammenarbeit mit dem Otto Maier Verlag, Ravensburg: Dies Doppeljubiläum von *Hilde Heyduck-Huth* wird mit einer Ausstellung („Bilderbücher – Bücherbilder") gefeiert, die in der Ravensburger Stadtbücherei gezeigt wurde: Bilderbuchoriginale und Bilderbücher der Künstlerin aus ihrer 25jährigen Arbeit für die Ravensburger, angefangen von „Die Sonne scheint", ihrem allerersten Bilderbuch bis zu ihrem jüngsten Kinderbuch „Das Jahr beginnt im Januar" (Text: *Barbara Cratzius*).

Die heute in der Nähe von Ravensburg lebende Malerin studierte an der Hochschule für Gestaltung in Kassel. Nach mehrjähriger Lehrtätigkeit in Frankfurt arbeitet sie seit 1958 als freischaffende Malerin und Bilderbuchkünstlerin. 1961 erscheint ihr erstes Bilderbuch „Die Sonne scheint", das sie für ihren Sohn *Nikolaus* malte. Zahlreiche Bücher und Malhefte in in- und ausländischen Verlagen folgen. 1967 erhält sie für das Bilderbuch „Drei Vögel" den begehrten „Premio Grafico"-Preis von Bologna.

Hilde Heyduck-Huths intensive, in harmonischen Farben gemalte Bilderbücher fördern das ruhige und konzentrierte Anschauen. Damit setzt sie den vielen „flüchtigen" Bildern von heute etwas entgegen (vgl. 4. Almanach S. 149 ff.).

Otto Maier (2): Reihe „Die Welt entdecken" 500 000 mal verkauft

Gerade zwei Jahre hat es gedauert, bis im Oktober '87 das 500 000. Buch der Reihe „Die Welt entdecken" verkauft wurde. Schon der Start im August 1985 war erfolgreich, weil das Konzept (Galimard) stimmte: „Schön wie ein Bilderbuch – informativ wie ein Sachbuch" heißt das Motto der Sachbilderbuch-Reihe für Kinder ab acht Jahren. „Die Welt entdecken" hatte nicht den Ehrgeiz, allumfassende Informationen zu bieten, sondern gezielt auf Themen einzugehen, die Kinder im Grundschulalter interessieren. Die einzelnen Titel sprechen für sich: „Woher kommt die Schokolade?", „Kartoffeln wachsen nicht im Keller", „Keine Angst vor Krokodilen" oder „Die Sonne – Quelle unseres Lebens".

Band für Band dieser kleinen Bibliothek nimmt sich jeweils eines Themas an und leuchtet es ganzheitlich unter vielen Aspekten aus. Die Information wird dabei – den Sehgewohnheiten des Kindes entsprechend – über das Auge vermittelt. Alle Bände sind von international anerkannten Bilderbuchillustratoren und Autoren gestaltet und sorgfältig erarbeitet. Die kurzen Texte knüpfen an Erfahrungen der Kinder an und zeigen Zusammenhänge auf, die sie in der Realität nicht oder nur bruchstückhaft selbst erfahren können.

Zu den 26 Bänden gesellen sich Ende '87 vier weitere: „Nach Westen! Cowboys, Trapper, Pioniere", „Indien – Land voller Geheimnisse" und – als Glanzstücke – „Wie leben die Römer" in deutscher und in lateinischer Sprache. Eine besondere Note in die bisherigen Bibel-Sachbücher bringt der Band über das Alte Testament (s. Abb.). Reizvoll bebildert sind Fakten und Hintergrundwissen zur Bibel auf dicht bedruckten 260 postkartengroßen Seiten geliefert. Ein in Aufmachung und Angebot erfreuliches Kindersachbuch!

Rotfuchs – 15 Jahre Fuchs-Jux

Jan P. Schniebel heißt der Erfinder der attraktiven „Rotfuchs"-Comics, auf der Rückseite der Taschenbücher aus Reinbek nun seit geschlagenen 15 Jahren prangend. 1946 in Hamburg geboren, studierte Schniebel hier auch Kunstpädagogik. Seit 1969 zeichnet er Comic strips („turtels", „Prontosaurus") und ist seit 1972 der „Rotfuchs"-Jux-Typ, den Kinder so mögen. *Schniebel* macht in Büchern („Schniebel-Biebel" 1981), (Trick-)Filmen, Medienverbundkursen („Betrifft: Sexualität", 1982 konfisziert) und Trainingsprogrammen. – Zum 15jährigen „Rotfuchs"-Jubiläum kam ein Sammel-TB mit den „schönsten Bildergeschichten", die Autor *Schniebel* (s. Comicstrip aus der eigenen Werkstatt) eigens zusammenstellte, heraus: „eine vergnügliche Parade von Tricks und Schlichen, Jux und Witzen für alle Fuchs-Fans". (Übrigens macht Rowohlt jedes Jahr auch ein nettes, buntes „Schnüffelbuch", das sowohl als TB-Gesamtverzeichnis der Rowohlt-KJL, als auch als Leseproben-Digest praktisch, aufschlußreich und kostenlos ist. An Leseproben und Bildbeispielen war füher mehr „drin" als im Schnüffelbuch 87/88.)

Wohldurchdacht & attraktiv

Was KJL-Verlagen '87 zur Leseförderung einfiel

Hallo Sarah! Hier ist Salah, sagte **Monis Freund** am Telefon. Was ich dir zu erzählen habe, **Das vergißt du nie, und wenn du hundert wirst!** Du weißt doch: **Für Steffi fängt die Schule an**, genauso wie für **Adam und Lisa**. Und jetzt hat doch **Der Grünpfeifer** die **Drei Freunde** und ihren Hund **Fridolin** überredet, die Schule zu schwänzen um mit **Gustav Bär auf Wanderschaft** zu gehen. Ist das nicht die reinste **Vagabundenschule**?

Arena nimmt Benziger auf

Das Kinder- und Jugendbuchprogramm des Benziger Verlags wurde mit Wirkung vom 1.1.87 in den Arena-Verlag überführt. Das bedeutet nicht, daß auf all das verzichtet wird, was der Benziger Verlag seit genau 125 Jahren auf dem Gebiet der KJL an Wert und Gewicht gewonnen hat. Benziger soll als Wertbegriff und Markenzeichen nicht untergehen, sondern mit Liebe und Respekt weitergepflegt werden – und zwar als BENZIGER-Edition im Arena-Verlag Würzburg.
Auf einem heftgroßen Sonderprospekt sitzt vorne drauf der Bär, der sich nach jenem Londoner Bär nennt, wo Herr und Frau Braun das Tier hinter einem Berg von Postsäcken gefunden haben: Paddington (Erfinder: *Michael Bond*). Ihn gibt es weiter bei Benziger/Arena. Und vieles andere für kleinste und größere Leser. Ein Buchtitel-Puzzle wie die beigefügte „Geschichte" (aus zahlreichen Benziger-Titeln bestehend) sollen diese sich einfallen lassen und (bis 30.6.1988) an den Verlag (Benziger Edition, Postfach 5169, D-8700 Würzburg) einsenden. Zur Animation:
„Es kommt nicht darauf an, wie lang Dein Satz oder Deine Geschichte ist, sondern, daß Du überhaupt mitmachst! Denn es hat jeder die gleiche Chance zu gewinnen! Unter allen Einsendern werden nämlich 100 kleine Paddington-Bären, die sich überall festklammern können, verlost."

Breitschopf's sieben Lesephasen

Der Verlag wirbt auf seriöse Art mit einem Farb-Faltblatt, das „7 bunte Bausteine für's Leben" propagiert. Gegen eine Schutzgebühr wird es abgegeben (Industriestr. 15, D-7000 Stuttgart). Zwei renommierte Pädagogen stehen Pate und weisen mit Nachdruck auf den Wert der einprägsamen Leseerziehungs-Hilfe für Eltern, Erzieher und Lehrer hin. So läßt sich *Prof. Dr. Marian Heitger* (Universität Wien) vernehmen:
Eine pädagogisch gemeinte Entwicklungspsychologie sieht die Phasen der Entwicklung in einer sinnvollen Aufeinanderfolge von Aufgabenstellungen. Die sieben Lesephasen, die das Kind auf diesem Wege begleiten, enthalten jene Bausteine, aus denen sich das Erwachsenensein bildet.
Von einem ersten aufmerkenden Erkennen geht es bis zum Erfahren und Bewerten, das schließlich den Gebildeten im selbständigen Urteilen, Entscheiden und Handeln kennzeichnet.

Der IJB-Direktor *Dr.Andreas Bode* würde sich freuen,
wenn dieses neue Konzept dazu beiträgt, von der starren und damit fragwürdigen Einteilung in Altersstufen abzukommen.
Farbliche Kennzeichnung und verbale Erläuterung der Lesephasen geben bei der Kaufentscheidung mehr Freiheit, den Bedürfnissen des einzelnen Kindes Rechnung zu tragen.

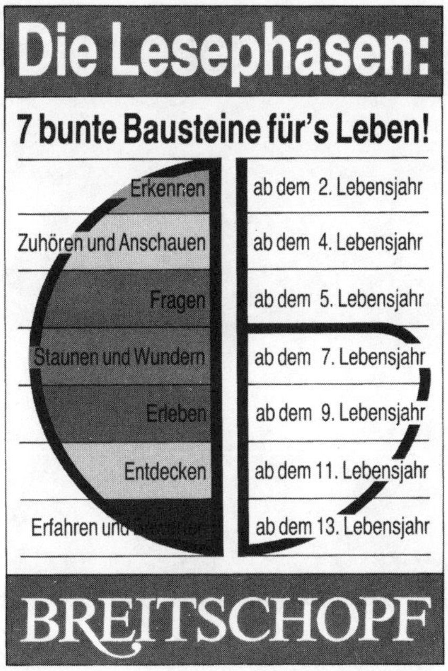

Selbstaussage des Verlags (Frühjahr '87 – Verzeichnis mit Hinweisen auf die Novitäten):

Sieben, dem Alter entsprechende, Lesephasen sollen zu Bausteinen fürs Leben werden. Durch klare Abgrenzungen und fundierte Definitionen haben wir diese lese- und lebensnotwendigen Perioden deutlich gemacht. Kinder brauchen für jedes Alter das richtige Buch – das ist schließlich unser Leitmotiv! Mit neuen Breitschopf-Büchern, versteht sich.
Unsere Idee, eine maßgeschneiderte Struktur für das Verlagsprogramm anzufertigen, hat nach kruzer Zeit voll eingeschlagen. Beginnend mit dem ersten Baustein, dem „Erkennen", begleiten wir bis zur Phase „Erfahren und Bewerten" Schritt für Schritt die Interessen des heranwachsenden Kindes.
Mit diesen Bausteinen schaffen wir die Grundlage für das Erwachsensein.
Darauf sind wir vom Breitschopf-Team mächtig stolz.
Stolz sind wir aber auch auf die Tatsache, daß wir dieses Konzept deutlich machen konnten: Durch die spezifische, farbliche Kennzeichnung der „bunten" Bausteine – mit diesen versehen wir auch die Buchrücken – haben wir einen wertvollen Wegweiser zur richtigen Enscheidung geschaffen. Denn auf diese bunte Markierung können sich alle Mütter und Väter, alle Omas und Opas, alle Tanten und Onkel verlassen, wenn sie Bücher zu allen möglichen Anlässen als Geschenk oder als Erfüllung eines Wunsches mitbringen.
Auch vielen Buchhändlern sind unsere bunten Bausteine bereits eine willkommene Hilfestellung bei der Vielzahl der Kinder- und Jugendbücher. Aber nicht nur das: Richtige Bücher eröffnen dem jungen Menschen das Tor zur Welt.
Und: Dort liegt die Zukunft.

Carlsen mit folgenreichem „Bären-Buch"

Im Hamburger Abendblatt (18.8.87) stand zu lesen:
Die „Fahrt nach der verbotenen Insel" dürfte gesichert sein. Der Carlsen Verlag in Reinbek ist glücklich und gerührt. Mit einem solchen Anstrum von Angeboten, Nachfragen, Anregungen und Dank für die Neu-Auflage des Bären-Buchs von Margarethe Thiele hatte er nicht im Traum gerechnet.
In der Ausgabe vom 31. Juli hatte das Abendblatt berichtet, daß ein Kinderzimmer-Liebling der 20er und 30er Jahre – „Was drei kleine Bären im Wald erlebten" – nach alten Vorlagen in neuem Kleid zu haben ist. Gleichzeitig war gefragt worden, ob vielleicht jemand den Fortsetzungsband besitzt und ihn dem Verlag zur Verfügung stellen würde, um auch diese reizenden Abenteuer wieder zugänglich zu machen.
Das Echo war überwältigend. Mehr als hundert Anrufe allein an einem Tag erreichten den Verlag in Reinbek, etwa ein Dutzend der gesuchten Exemplare von der Insel-Fahrt wurden gemeldet. Viele erzählten von anderen alten, geliebten Kinderbüchern, die sie gerettet haben – vielleicht kommt da noch so manche Wiedersehensfreude auf uns zu? Alle bedankten sich für die Neu-Auflage der Erlebnisse von Putz, Jochen und Wollbäckchen – und der Carlsen Verlag dankt auf diesem Weg noch einmal herzlich allen Abendblatt-Lesern (auch denen, die telefonisch nicht durchgekommen sind) für ihr Interesse und ihre Hilfsbereitschaft.

Na also! Da kann's ja weitergehen mit einer weiteren Neuausgabe (s. auch S. 74)!

Middelhauve verlegt Shel Silverstein

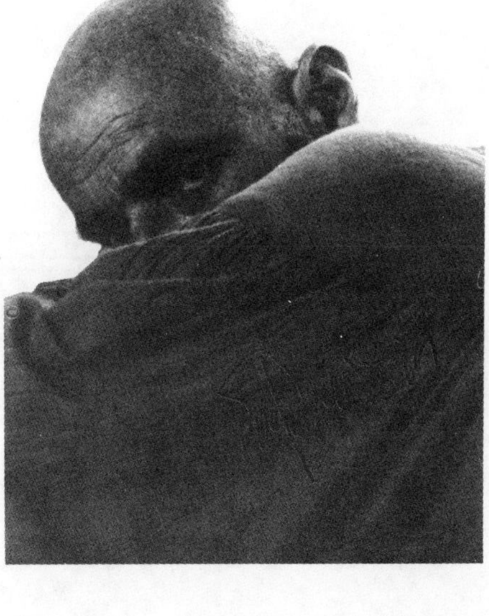

„Shel Silverstein bringt die Fülle der Welt für Kinder und Erwachsene."
(Middelhauve über den alten – genau: 55 Jahre alten – Allround–Könner, der für „Playboy" ständig Cartoons zeichnete, Korrespondent in aller Welt war, von „schier unglaublicher Kreativität getrieben" Schallplatten und Bücher seit 1960 produziert.)

Ein Alleskönner anscheinend: Kinderliedermacher, Liebesliederkomponist, Filmmusikschreiber, Songkomponist ...

„Eine offensichtliche Besonderheit seiner Lieder ist eine Identität, die sowohl Künstler wie Publikum seiner einzigartigen Lyrik abspüren."

(Aus seinem Songbook „Dirty Feed", dem einzigen Buch, das er innerhalb von fast zehn Jahren publiziert.)

Als kleiner Junge freut sich der Mensch am Baum, wird er älter, so nützt er ihn für seine Bedürfnisse – bis zum Ende, nachdem nur noch ein Stumpf übrig bleibt. Auf den kann sich der müde Greis setzen und darauf ausruhen. Und immer ist der Baum der glückliche Gebende – er schenkt dem Menschen, was dieser braucht: Freude, Genuß, Schatten, Schutz, Nahrung, Material. – Die Geschichte hat nicht nur Tiefgang, sondern läßt den Leser über den Sinn von Geben und Nehmen, über das Verhältnis von Mensch und Natur, über das Älterwerden nachdenken. In ihrer einfachen Sprache rührt sie elementar an. Die trefflichen schlichten Zeichnungen drücken den Gehalt auf unnachahmlich überzeugende Weise aus. Selten faszinierte eine Erzählung so sehr und ging beim (Vor-)Lesen zu Herzen. Ein preiswürdiges Buch, das auch Erwachsene – Kinder von 9 Jahren an – lesen müssen.

„Ich hoffe, daß Menschen – egal welchen Alters – etwas finden, um sich mit meinen Büchern zu identifizieren, etwas herausgreifen und die persönliche Bedeutung einer Entdeckung erfahren."

(*Silverstein* über *Silverstein*, den Supermusen, den Bücherschreiber, dem wir, dank *Gertraud Middelhauves* Spürnase, drei Kinder-Neuheiten in Schuber, selbst illustriert, aber von illustren Textern ins Deutsche gebracht, verdanken: „Lafcadio", Übersetzer: *Harry Rowohlt*, „Wo der Gehweg endet", Übersetzer: *Fredrik Vahle* und „Der freigebige Baum", Übersetzer: *Franz Hohler*).

Einem umfangreichen Dossier-Geheft des Middelhauve Verlags ist u.a. zu entnehmen, daß Shel Silverstein „der einzige Autor" sei, den „noch niemand im Verlag zu Gesicht bekommen hat". O, da muß der Leser ja das Schlimmste befürchten. Oder wird er jetzt endlich hellhörig? Ist er jetzt, nach sehr vielen Erklärungen zu Person und Werk und Wirkung in den USA, endlich gespannt auf den Mann, der angeblich 1974 als „jemand, der neue Maßstäbe in der Kinderliteratur setzt", gefeiert wurde? (Wer bringt schon über 6 Millionen Verkaufstitel in Amerika auf den Plan?)

Auf dem rot signierten *Larry-Moyer*-Foto jedenfalls, das Middelhauve in die Presse-Runde gehen läßt, blickt *S.S.* außergewöhnlich geheimnisvoll, wirkt er suggestiv und hintergründig ...

Ueberreuter-Autorenwettbewerb 1987

Der Verlag Carl Ueberreuter, Wien, veranstaltete im Frühjahr 1987 einen Wettbewerb für Kinder- und Jugendbuchautoren. Gesucht wurden bisher unveröffentlichte Prosatexte, die sich mit der realen Erlebniswelt des Kindes auseinandersetzen (beispielsweise Familie, Schule, Freunde). Der Themenkreis war bewußt möglichst weit gehalten. Auszuschließen waren lediglich Märchen und Themen aus dem Bereich Fantasy- und Science-Fiction-Literatur.

Die Texte konnten sich an eine beliebige Altersgruppe zwischen 8 und 12 Jahren wenden, der Umfang konnte (der jeweiligen Altersgruppe entsprechend) zwischen 30 und 300 Manuskriptseiten (à 1.800 Anschläge) betragen.

Einsendeschluß war der 29. Mai 1987.

Der Preis war mit DM 10.000 dotiert und konnte nach Ermessen der Jury auf drei Gewinner des Ueberreuter-Autorenwettbewerbs aufgeteilt werden.

Die Bekanntgabe der Preisträger erfolgte am 15. September 1987.

Soviel bis Redaktionsschluß bekannt wurde, haben die Erlangenerin *Inge Obermayer* und *Renate Spieler* aus Salzburg Auszeichnungen erhalten. Die Manuskripte sollen demnächst als Bücher bei Ueberreuter erscheinen.

Die Jury-Mitglieder des Ueberreuter- Autorenwettbewerbs waren:

***Dr. Lucia Binder**, Wien*
Direktorin des Internationalen Instituts für Jugendliteratur und Leseforschung

***Prof. Dr. Hans E. Giehrl**, Regensburg*
Ordinarius am Institut für Germanistik der Universität Regensburg

***Dr. Marion Pongracz**, Wien*
Cheflektorin des Verlags Carl Ueberreuter

***Dr. Barbara Scharioth**, München*
Vorsitzende des Arbeitskreises für Jugendliteratur

*Ministerialrat **Mag. Heinz Steuer***
Leiter der Abteilung für Kinder- und Jugendliteratur des Bundesministeriums für Unterricht, Kunst und Sport

***Winfried Ziemann**, Buxtehude*
Buchhändler, Initiator des „Buxtehuder Bullen"

Auch Lektoren haben ihre Freuden

Ursula Heckel, Dr. Rainer Brand und Herbert Günther über Geschafftes, Geplantes ...

Lektoren müssen enge Kontakte zu Autoren pflegen ...

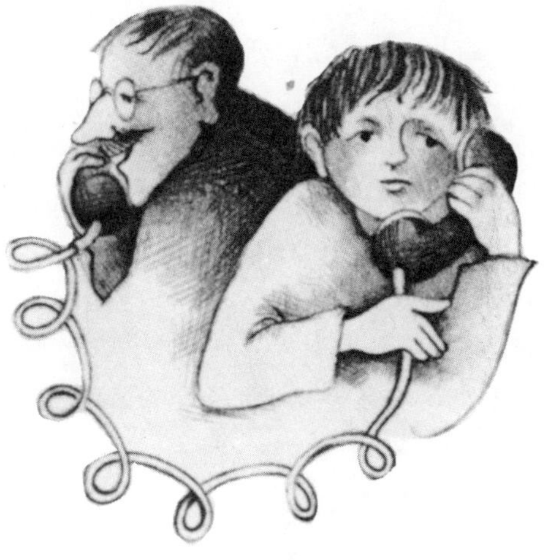

... und sind froh über jede Neuerwerbung, die Erfolg verspricht.

Illustrationen von ***Bettina Wölfel*** *aus:*
Barbara Haupt:
VATER JAKOB oder EIN BAZILLUS NAMENS GREGOR
(S 95 S., mit Abb., Hoch 1987)

Schaut man bei *Wahrig* im „Deutschen Wörterbuch" nach, was ein Lektor ist, so heißt es da: „Hochschullehrer für bestimmte Fächer und Fertigkeiten, bes. für Einführungskurse u. Übungen; Angestellter eines Verlages, der die angebotenen Manuskripte bearbeitet". Ein Lektorat ist demnach „Amt, Stelle des Lektors; Abteilung der Lektoren im Verlag". Und lektorieren bedeutet entsprechend: „ein Manuskript als Lektor begutachten".

Das ist leicht definiert. Aber ein Jugendbuch-Lektor hat darüberhinaus noch andere Aufgaben. Muß er nicht auch etwas vom jungen Leser, seinem „Leseverhalten", seinen Leseerwartungen und -bedürfnissen, ja auch von seinen (entwicklungsaltersabhängigen) Lesefertigkeiten verstehen? Sollte er nicht auch die entsprechende historische, pädagogisch-psychologische, ästhetisch-kommunikative, literaturkundliche (Sekundär-)Literatur kennen? Selbst gerne Kinder- oder/und Jugendbücher lesen? Von Lese-Didaktik ein gutes Quantum mehr verstehen als der Kollege von der Belletristik-Abteilung?

Ich habe mir durchaus überlegt, welche Aufgaben mich als (nebenberuflicher, auswärtiger) Lektor des Verlags Neugebauer Press, wo vor allem Bilderbücher entstehen, erwarten. Da kann aufgelistet werden:

- Lesen der Rohmanuskripte
- Über-, Bearbeiten der Rohmanuskripte
- Satzfertigstellung der Manuskripte
- Kürzen fertiger Texte (z.B. von Märchen)
- Textübertragungen/–übersetzungen
- Erstellen eines Gesamttextes zu bereits fertigen Bildern
- Abfassen von Kurztexten (Gesamtverzeichnis, Werbung)
- Korrektur gesetzter Texte ...

Fest angestellte Lektorinnen und Lektoren sind darüber hinaus für vieles mehr verantwortlich. Sie bestimmen – letztlich – nicht selten das „Gesicht" eines Verlagsprogramms. „Sage mir, wie der Lektor heißt, und ich sage dir, wie die Bücher sind!" – dieses abgewandelte Ondit paßt bestimmt generell auf jedes Lektor-Verlags-Verhältnis. Und im besonderen? Dazu wollte ich im 5. Almanach einmal Damen und Herren aus KJL-Verlags-Lektoraten um eine Äußerung bitten. Daß sie in den meisten Fällen gewährt wurde, die Bitte, ist dankbar anzuerkennen. Doch ich will auch respektieren, was eine Dame eines österreichischen Verlags-Lektorates auf mein Ansinnen hin schrieb: „Grundsätzlich halte ich die Lektoratsarbeit für das top secret der Verlagsarbeit, da es sich hier doch um einen sehr ‚intimen' Gedankenaustausch zwischen Autor und Lektor handelt, den ich nicht unbedingt zur Veröffentlichung für geeignet halte. Ich glaube, die fertigen Bücher sollten letztendlich für sich sprechen. Es ist nicht unbedingt wichtig für andere, zu wissen, wie der Weg bis zu diesem Endprodukt war. Ich halte es hier so wie viele Kollegen in anderen Verlagen und rechne mit Ihrem Verständnis ..." – Sie können, gnädige Frau! Pardon: Intimes hätte ich Ihnen ohnehin nicht abverlangt.

Ursula Heckel (Carlsen):

„GELIEBTES CHAOS – VOM ENTSTEHEN EINES KINDERBUCHPROGRAMMES"

Herbst 1985

Der Schnee kommt früh in Schleswig-Holstein. Friedlich wie die Schneedecke draußen ist auch mein neuer Schreibtisch im Carlsen-Verlag. Zeit zum Einarbeiten, Zeit zum Kennenlernen des vorhandenen Programmes, Zeit für Gespräche. So am Rande wird auch über Kinderbücher geredet, die das Programm des Carlsen-Verlages erweitern sollen, Kinderbücher für das Lesealter zwischen 6 und 10. Nächstes Jahr ...

Dann flattert aber ein liebenswertes Kerlchen auf meinen Schreibtisch: „Hugh Pine" von *Janwillem van de Wetering*. Es flattert beinahe noch ‚privat', denn es ist in ‚Krimi'-Kreisen bekannt, daß ich ein *Wetering*-Fan bin. Die Lektüre des kleinen Bändchens – aber eben doch k e i n Bilderbuch – ist rasch erledigt, das Gespräch mit dem für mich neuen Verlagsleiter dito, Vertrag, Übersetzung beauftragen – alles kein Problem. Ein Grundstein ist gelegt, und ich telefoniere wild in der Gegend herum. 1986 will ich loslegen mit dem neuen Programm ...

Frühjahr 1986

Das neue Jahr beginnt mit einer schrecklichen Nachricht. *Bruno Laudien*, erst 44 Jahre alt, stirbt am 2. Januar, und der Carlsen-Verlag ist ohne Verlagsleiter. Das bedeutet: Keine Zeit für Pläne, Überlegungen, Gespräche. Alles schlägt über mir und allen Kollegen zusammen – Programmangebote, denn die Verlagsarbeit muß erstmal weitergehen, was im Klartext heißt, ein Programm mit ca. 70 Neuerscheinungen zu füllen: die neuen Kollegen, zum Teil viele neue Lizenzpartner im Ausland; natürlich auch neue Wege für mich selbst. (Wohin geht man zum Frisör, wo ist der nächste Schuster?)

Dazu Schnee und Glatteis, v i e l schlimmer als in Bayern! Im Februar ein kleiner Lichtblick: Frau *Artl* schickt die Übersetzung vom „Stachel-Charlie". Und die ist wunderbar geworden! Dann gleich noch einer: Ein alter Freund meldet sich, *Hansjörg Martin*, und will ein Buch für den Carlsen-Verlag schreiben, obwohl er selbst nicht ganz gesund ist. Treffen, Pläne, Träume. Dadurch ermutigt, vertiefe ich doch die Gespräche mit *Katharina Kühl* und *Carola Sixt*, deren Erstlingsromane ich vor kurzem noch in München betreut hatte. Dann Bologna-Messe und wiederum Berge von angebotenen Büchern, der ganze tägliche Kleinkram im Büro, und auch weiterhin unbeirrte Ablehnung von Manuskripten, die mir entweder nicht gut genug geschrieben sind, die ich vom Thema her nicht mag, die mir zu belanglos erscheinen. Ziemlich kühn in meiner Situation, denn ich soll ja einen neuen Programmteil auf die Beine stellen.

Hansjörg Martin schreibt inzwischen fleißig, *Katharina Kühl* schickt mir eine Geschichte, die ich hinreißend finde. Auf mein begeistertes „von diesen Rotoffels möchte ich einfach noch mehr wissen" von ihr nur Schulterzucken. Sie weiß nicht, ob die Rotoffels so viel Eigenleben haben, sie waren für eine einzelne Geschichte gedacht. Sie läßt sich aber anstecken ...

Gleichzeitig kommen ganz, ganz viele Manuskriptseiten von *Carola Sixt*. Irgendwie schaffe ich es, sie zu lesen und auch zum erstenmal zu „schlachten". Dann hole ich mir *Carola Sixt* nach Reinbek, setze sie auf mein Sofa, und bei Kaffee und Kuchen reden wir viele, viele Stunden über ihren Märchenroman, zur großen Verwunderung meines Katers. So etwas hatte er noch nicht erlebt. (Daran wird er sich aber gewöhnen müssen!) Am nächsten Morgen fährt *Carola Sixt* nach Göttingen zurück und verspricht mir, sich alles zu überlegen und, wenn möglich, zu beherzigen.

Sommer 1986

Es zeichnet sich ab, daß der Carlsen-Verlag einen neuen Verlagsleiter bekommt – aber erst im Herbst. Das befreit mich etwas von der Sorge, wie sehr ich sämtliche Autoren noch mehr antreiben muß, von der Sorge, wie die neue Reihe überhaupt aussehen soll – denn jetzt etwas festzulegen, ehe ein neuer Verlagsleiter die Chance hat mitzureden, das wäre voreilig.

Inzwischen geht es bereits ums nächste Programm, die Bücherberge sind noch höher, das Telefon steht nicht mehr still, und meine Korrespondenz wächst schon wieder ins Unermeßliche. Das muß an mir liegen. Ich sichte immer noch neue Manuskripte und neue Graphiker – nichts Rechtes dabei, das heißt, bei den Graphikern hin und wieder Lichtblicke. Eigentlich sollten vier Bücher für einen Start ja auch genügen!

Herbst 1986

Der neue Verlagsleiter (*Viktor Niemann*) ist da, gleichzeitig Messe. Riesenhektik bricht aus, man kommt zu keinem vernünftigen Wort.

Inzwischen habe ich aber alle Manuskripte, bin von allen begeistert. Nun sollen aber auch endlich Bücher erscheinen! Um es ein wenig leichter zu haben (und nicht allzu viel reden zu müssen), setze ich mich hin und schreibe Exposés für alle geplanten Titel sowie für die Zielsetzung der geplanten Reihe, entwerfe Veröffentlichungsmöglichkeiten, Vertriebs- und Werbestrategien etc. Dann endlich wieder regelmäßige Lektoratskonferenzen – aber inzwischen ist es Spätherbst. *Viktor Niemann* hätte das neue Programm am liebsten im Frühjahr '87, das fänd' ich auch gut; doch dann einigen wir uns auf Herbst '87 – zu viele notwendige vorbereitende Arbeiten stehen noch an.

Der nächste Schritt: sich nun um eine Art Gesamtausstattung zu kümmern. Uns schwebt ein einheitliches äußeres Erscheinungsbild vor, das zwar jeden Titel individuell charakterisiert, aber doch dem aufmerksamen Betrachter zeigt, daß alle Bücher aus einer Hand kommen. Namen werden genannt und wieder verworfen, Graphiker-Kataloge geblättert, Konkurrenzliteratur studiert. Schließlich einigen wir uns darauf, einen Versuch mit der jungen *Wiebke Schinköthe* zu machen. Immerhin hat sie beim *Piatti*-Preis von dtv den 2. Preis bekommen, und – nicht zu verachten – sie wohnt in Hamburg!

Wiebke kommt, und wir alle sind uns gleich richtig sympathisch. Ein paar Wochen später legt sie einen Entwurf vor – und was keiner glaubt, geschieht: Der Entwurf wird, mit leichten Korrekturen, angenommen. Die Idee vom Rhombus ist geboren und zeigt ungeahnte Möglichkeiten.

Frühjahr 1987

Über all diesen Arbeiten ist schon wieder einmal Weihnachten vergangen. Die Suche nach der Einzelausstattung der Bücher kann beginnen. Nicht einfach. Alle Graphiker sind zunächst ausgebucht. Ich erfahre extrem viel Erfreuliches („Weil Sie es sind!"). Da drängt sich eine zusätzliche Autorin ins Programm und in mein Leben, anders kann man es nicht sagen. Ich hatte ein paar Geschichten von *Anne Steinwart* bekommen, die ich rundheraus ablehnte. Sie waren einfach nicht ‚mein Fall'; zu sehr waren mir Märchen und Realität vermischt. Meine sehr engagierte Ablehnung (wenn es denn so etwas gibt) hatte den Erfolg, daß Frau *Steinwart* mich nun kennenlernen will. Nur kurze Zeit später sitze ich ihr gegenüber, und zur Einstimmung legt sie mir eine weitere Geschichte auf den Tisch. Ich lese und kann es nicht fassen – der Anfang eines Kinderromans liegt vor mir (obwohl *Anne Steinwart* dachte, es sei eine Kurzgeschichte), wie ich ihn mir besser nicht vorstellen kann.

Nun beginnt eine intensive *Anne-Steinwart*-Zeit. Sie schreibt, schreibt, verbessert, schreibt ...

Dazwischen laufen die Arbeiten an den anderen vier Titeln auf Hochtouren, und ich muß versuchen, *Anne Steinwarts* Roman noch mit hineinzuquetschen. Ich muß dies unter allen Umständen, denn solch ein Buch darf nicht liegenbleiben. Es erscheint mir geradezu als Abrundung und I-Tüpfelchen zu den anderen vier Titeln.

Ein Name für die Reihe ist inzwischen übrigens auch gefunden, nach vielem Hin und Her der einfachste und schlichteste und eben doch der passendste! Wir wollen die neue Reihe NEUE REINBEKER KINDERBÜCHER nennen. Schließlich gibt es bei Carlsen seit vielen Jahren die Reinbeker Kinderbücher, ein Bilderbuchprogramm mit gutem Namen.

Sommer 1987

Jetzt ist das Chaos perfekt. Frau *Steinwart* ist gerade noch fertiggeworden, und nun gehen alle fünf Titel gleichzeitig in Satz. An allen fünf Titeln wird auch am Umschlag herumgebastelt, und es zeigt sich, daß so ein Rhombus seine Tücken hat. Noch nie habe ich zum Beispiel Rückentexte ‚auf Form' dichten müssen, hier muß ich es. Die Presse- und Werbeabteilung drängelt nach Material und Texten. Für die Fahnen- und Umbruchkorrekturen bleiben nur die Wochenend- und Abendstunden, aber was soll's. Inzwischen bin ich so begeistert von „meiner" neuen Reihe, daß ich alles tun würde, um sie so perfekt wie möglich in die Welt zu schicken.

Und dann ist es wirklich soweit: Im Juni 1987 können wir den „Stachel-Charlie" als Leseexemplar verschicken, und im September erscheinen alle fünf Bände auf einmal.

Was nun beginnt, ist das qualvolle Warten, wie sich die Kinder draußen bewähren. ...

P. S.: Daß ich inzwischen auch noch Material für die nächsten Programme der NEUEN REINBEKER KINDERBÜCHER ausgewählt habe, dürfte jedem, der die Branche kennt, klar sein.

***Dr. phil. Rainer Brand**, seit mehreren Jahren dem Hause Arena, Würzburg als Lektor treu, ist Experte für das Jugendsachbuch.*

Rainer Brand (Arena):

„INZWISCHEN WEISS ICH MEHR ..."

Natürlich hat man als Lektor zu jedem Titel seines Programms eine eigene Beziehung. Man erinnert sich an die Arbeit, die man damit gehabt hat, man denkt an die Sorgen und Probleme, die mit diesem Buch verbunden waren, und man weiß noch genau, wie man sich gefreut hat, als man endlich das fertige Buch in der Hand halten konnte. Und doch gibt es in jeden Jahr Titel, mit denen man mehr verbindet, die die Lektoratsarbeit immer wieder besonders spannend und interessant machen.

Was ist typisch keltisch?

Zu solchen Glücksfällen gehört die Entdeckung neuer Autoren, die bereits mit ihrem ersten Buch zeigen, daß sie in einem Programm Akzente setzen können. Ein solcher Glücksfall für das Jahr 1987 war *Gabriele Beyerlein* mit ihrem Buch „Die Keltenkinder". Sicher bekomme ich häufiger Manuskripte auf den Tisch, die sich mit unserer fernen Vergangenheit befassen. Manche von ihnen sind auch sehr spannend geschrieben, aber man hat doch oft das Gefühl, daß hier einfach eine abenteuerliche Handlung in die Vergangenheit versetzt wurde, ohne daß sich der Autor bewußt war, wieviele sachliche Fehler sich in einen solchen Text einschleichen können. Wenn dann ein Fachwissenschaftler bestätigen kann, daß trotz der spannenden Handlung der historische Hintergrund hieb- und stichfest ist, ist ein solches Buch ein wirklicher Leckerbissen. Nicht nur für den Lektor, sondern für jeden, der mehr über die Kelten und ihr Alltagsleben wissen will. Vieles wird dabei überraschen, und auch ich will nicht verschweigen, daß mir gerade die Punkte als besonders fraglich erschienen, die als „typisch" keltisch anzusehen sind. So wußte ich nicht, daß die Erziehung der Kinder vornehmer Familien gemeinsam mit Ziehgeschwistern erfolgte, und die Erfindung einer Erntemaschine hielt ich zuerst für einen

Einfall der Autorin, der die Geschichte beleben sollte. Inzwischen weiß ich mehr über die Kelten, und sicher werde ich mir die keltische Anlage in der Fränkischen Schweiz einmal ansehen, die das Vorbild der Keltenstadt bildete, in der die Isarnogenos-Kinder lebten, bevor sie im Sommer in die Wälder geschickt wurden. Aber da sind wir schon mitten in der Geschichte...

Schön, daß dieses Buch kein Einzelfall bleiben wird! Bereits 1988 erscheinen zwei weitere Titel der Autorin, die in der frühen Eisenzeit und in der Jungsteinzeit spielen.

Wunschtraum eines Lektors

Ein neuer Autor, eine neue Autorin, die nicht nur ein Buch schreiben, sondern auch mit weiteren Titeln erfolgreich sind und sich einen Namen machen, sind der Wunschtraum jedes Lektors. Zu diesen Autoren gehört sicherlich *Sigrid Zeevaert*, deren Buch „Max, mein Bruder" 1986 erschien und jetzt bereits in 2. Auflage vorliegt. Gut, mag man sagen, ein solches Thema (es geht um den Tod eines Kindes) wird immer Aufmerksamkeit finden; daß *Sigrid Zeevaert* aber auch mit ihrem zweiten Buch, „Lu und die Lackschuhlilli", ein ungewöhnliches Werk vorlegen würde, war nicht abzusehen. „Die Lektüre ihrer Bücher ist eine unvergeßliche Erfahrung, kein billiges, sondern ein wirkliches Vergnügen! Den Namen dieser Autorin wird man sich von nun an definitiv merken müssen." Dieses Urteil von *Hans-Heino Ewers* kann eigentlich nur eine mehr freuen als den Lektor: die Autorin selbst.

Und dabei geht es in diesem Buch um eine ganz gewöhnliche Geschichte. Die sieben- bis achtjährige Lu erwartete Ferienbesuch, für ein Einzelkind eine aufregende Sache. Und dann steht Lilli mit ihren Lackschuhen und mit einer Schleife im Haar vor ihr. „Was, bitteschön, sollte sie denn mit dieser Lackschuh-Lilli anfangen?" Mit Lu erleben wir die ganze Geschichte einer Beziehung, die von gegenseitigen Verletzungen und Mißverständnissen getragen wird, in der die kleine „Heldin" so auf sich konzentriert ist, daß sie erst am Ende erkennt: mit der Lackschuh-Lilli könnte sie ganz gut auskommen, am Ende, als diese bereits abreisen muß.

Wie recht *Hans-Heino Ewers* mit seinem Urteil hatte, merke ich zur Zeit fast jeden Tag. Immer häufiger wird *Sigrid Zeevaert* zu Lesungen angefordert, und der Förderungspreis des Landes Nordrhein-Westfalen hat auch über die Grenzen dieses Bundeslandes deutlich gemacht: Den Namen dieser Autorin wird man sich merken müssen.

Unvorstellbar: der enttäuschte Leser

Neben diesen Entdeckungen und der Tatsache, daß sich Entdeckungen des Vorjahres bestätigen, setzte ein Projekt ein Glanzlicht, dessen Bearbeitung sich schon über mehrere Jahre hinzog: Endlich ist *Christa Zeuchs* umfangreiches Buch „Lisa, Lolle, Lachmusik" erschienen! Wenn man dieses Buch aufschlägt, wird klar, warum es Titel gibt, die nicht von heute auf morgen entstehen können, an denen Autoren, Grafiker und Verlagsleute über lange Zeit hinweg arbeiten müssen. Da war schon vor längerer Zeit die Idee, ein Musikbuch für Kinder zu machen, wie es bisher keines gab. Nicht einfach ein Liederbuch mit vielen neuen Liedern zum Nachsingen und Mitspielen, nein, ein Buch, in dem neben den Liedern (mit Noten, versteht sich!) auch Geschichten, Gedichte, Rätsel, Zungenbrecher, Abzählreime und Spiele stehen, die alle mit der Musik zu tun haben, die Kindern einen wirklich spielerischen Zugang zur Musik ermöglichen. Ohne die vielen Illustrationen von *Bettina Wölfel* wäre es nicht das Buch geworden, das jetzt vorliegt. Sie hat die Geschichten, Gedichte und Lieder nicht einfach illustriert, sondern gleichzeitig interpretiert und erläutert. Bei jedem Bild gibt es eine Menge zu entdecken, allein das Blättern macht schon soviel Spaß, daß ich mir kaum jemanden vorstellen kann, der das Buch enttäuscht beiseitelegt. Für Eltern, Lehrer und Erzieher, die mit Kindern und Musik zu tun haben, ist dieses Buch geradezu eine Fundgrube an Ideen und Anregungen.

Gewiß, die Arbeit an diesem Buch hat allen Beteiligten viel Spaß gemacht, aber trotzdem bin ich überzeugt davon, daß nicht nur ich als Lektor erleichtert aufgeatmet habe, als der Titel endlich, endlich fertig war. Allerdings, wenn das Ergebnis so ausfällt, kann man nur sagen: Gut Ding will Weile haben.

Das Jahr 1987 war für mich ein interessantes, ein besonders gutes Bücherjahr, und ich würde mich freuen, wenn ich dies auch am Ende des Jahres 1988 sagen kann; selbst wenn ich mit einigen Titeln viel Arbeit haben sollte: Arbeit, die Spaß macht.

Keine zwei Jahre hielt es ***Herbert Günther****, Buchhändler und (Jugendbuch-)Autor, im Lektorat des Erlanger Boje-Verlags, den er im Frühjahr '88 verlassen will. Das hier leicht gekürzt abgedruckte Referat hielt er bei der Vorstellung des Herbst ('87)-Programms in Erlangen.*

Herbert Günther (Boje):

„KINDER REAGIEREN EHRLICH UND UNVERSTELLT"

Bevor ich über Bücher und über das Büchermachen rede, möchte ich nach den Kindern fragen. Wenn Sie sich einmal umsehen, werden Sie feststellen, daß die, um deren Bücher es hier hauptsächlich geht, hauptsächlich fehlen. Diese Feststellung führt gleich mitten hinein in die Problematik des Kinderbuchmachens und ist nicht nur ein Mangel dieser Veranstaltung. Kinderbücher werden, zum überwiegenden Teil jedenfalls, von Erwachsenen gemacht und vermittelt.

Was sind Kinderbücher?

Woher nehmen die Autorinnen und Autoren, die Illustratorinnen und Illustratoren ihre Berechtigung, für Kinder zu schreiben oder zu malen? Was bildet sich ein Lektor ein, ausgerechnet diese und nicht ganz andere Kinderbücher für ein Verlagsprogramm auszuwählen? Und welche Kriterien haben Buchhändler, Bibliothekare, Journalisten, Lehrer, Eltern, wenn sie Kinderbücher empfehlen? Was sind Kinderbücher, was sollten sie sein? Unterhaltung? Zerstreuung? Zeitvertreib? Oder immer noch pädagogisches Hilfsmittel, Lernstoff oder Mittel zur kindlichen Sozialisation, Lebenshilfe, oder ein Teil der allgemeinen Literatur? Oder einfach nur ein Mittel zum Geldverdienen?

Ich hoffe sehr, daß Sie von mir nicht erwarten, daß ich Ihnen auf all diese Fragen eine letztgültige Antwort gebe. Ich denke, es ist weit fruchtbarer, sich immer wieder ernsthaft diese Frage zu stellen, als so zu tun, als habe man sie für alle Zukunft gelöst.

Vielleicht gibt es auch unter Ihnen einige, die diese Fragen ohnehin schon für reichlich anachronistisch halten. Immerhin gibt es viele ernstzunehmende Stimmen, die die Zukunft der Kinderbücher, die Zukunft des Lesens überhaupt in düsterem Licht erscheinen lassen.

Es hieße die Augen verschließen, wollte man nicht zur Kenntnis nehmen, daß mit dem Ende des Zeitalters des Buchdrucks und mit dem Beginn des elektronischen Zeitalters das Denken der Menschen drauf und dran ist, sich grundlegend zu ändern. Wir haben uns längst an die unverbundenen Bruchstücke von Wirklichkeit gewöhnt, die uns das Fernsehen täglich ins Haus liefert. Kinder reagieren darauf in der Regel ehrlich und unverstellt. In ihrer überwiegenden Mehrheit haben sie sich auf das leicht konsumierbare, aktionsreiche Knall auf Fall eingelassen, haben sich aufgeladen mit Wutsch und Peng, das kein langes Nachdenken fordert, das ihnen so unterhaltsam die Zeit vertreibt. Wen wundert es also, wenn Kinder denen, die immer noch beharrlich nach Hintergründen suchen, die erörtern, vertiefen, Verständnis suchen, Zusammenhänge herstellen wollen, nur noch ein müdes Lächeln schenken, weil ihnen der Moment der Besinnung als etwas sehr Fremdes erscheinen muß?

Hintergründe sichtbar machen, erörtern, bei einer Sache verweilen, vertiefen, Verständnis suchen, Zusammenhänge herstellen, das gehört nun aber zu den vorrangigsten Eigenschaften, die Bücher überhaupt zu bieten haben, jedenfalls die Bücher, von denen ich reden möchte, auch die neuen Bücher des Boje Verlags.

Sophie Brandes sorgt für freudiges Ereignis

Vielleicht haben Sie nun den Eindruck, wir hätten, angesichts solcher Gedanken, mit der Auswahl dieser Bücher alle Anstrengungen darauf verwandt, Kinder so tief wie nur möglich zu langweilen, weil wir das etwa für besonders wichtig hielten. Es wird deshalb höchste Zeit, daß ich auch von der Freude rede, die es macht, Bücher für Kinder auszuwählen und entstehen zu lassen.

Ein freudiges Ereignis war es für mich zum Beispiel, als eines Tages, ziemlich unverhofft, das Manuskript von *Sophie Brandes* auf meinem Schreibtisch landete. Wir kannten uns vorher von kurzen Gesprächen während der Autorentreffen des „Bödecker-Kreises", ich kannte ihre schönen Bilderbücher im Ellermann-Verlag und ihre Romane für Kinder „Hauptsache jemand hat dich lieb" und „Billie aus der Altstadt" im Verlag Beltz & Gelberg. Ich gebe zu, ein bißchen Angst mischte sich auch gleich unter die Freude, Angst davor, vielleicht doch nein sagen zu müssen. Schließlich sollten Kinderbücher nicht deshalb entstehen, weil der Lektor den Autor von seinen früheren Büchern her schätzt oder sich aus irgendeinem anderen Grund verpflichtet fühlt. – Während des Lesens verflüchtigte sich die Angst aber ziemlich schnell, und mit dem Umblättern der letzten Manuskriptseite war ich ganz sicher: das ist es. Warum?

1. Weil es mir schlicht und einfach gefallen hat.
2. Weil ich auch die selbstgestellte Frage: was haben denn die Kinder davon, wenn sie das lesen, nur mit einem „sehr viel" beantworten konnte. – Was sich mit nackten Geschichtsdaten nicht vermitteln läßt, was man in keiner Dokumentation erfahren kann, was die unverbunden aneinandergereihten Fernsehschlagzeilen verschweigen, das ist hier festgehalten, um vom Leser auf seine Weise verglichen, überprüft und erfahren zu werden: die Wünsche und Träume, die Hoffnungen und Ängste des Flüchtlingsmädchens Lene, das in den Fünfzigerjahren mit Mutter und Großmutter nach Bayern kommt, um hier, in einem kleinen Dorf irgendwo zwischen München und den Alpen ein neues Zuhause zu finden. Es riecht und schmeckt in *Sophie Brandes'* Buch, man spürt die grenzenlose Freude des Kindes, das mit seiner Phantasie Berge versetzen kann ebenso wie den leichten Schauder vor der noch unverstandenen Welt der Erwachsenen, auf die es sich widerstrebend, aber doch voller Neugier unabänderlich zubewegt. Es ist ein Buch voller Lebendigkeit, voller intensiver Lebensäußerungen, die der Vorstellungskraft der Leser Nahrung geben können, die zu eigenem Denken, Wünschen, zu eigenem genauerem Empfinden anregen können. Ein Buch, denke ich, das gut und gern auf eine konstruierte äußere Spannung verzichten kann, weil es die Spannung des genauen Beobachtens in sich trägt.

Hinzu kommt, daß es sich bei *Sophie Brandes* um eine der ganz seltenen Doppelbegabungen unter den deutschen Kinderbuchautoren handelt.
Sie malt und schreibt, und ich käme in Verlegenheit, sollte ich sagen, was sie besser kann. *Sophie Brandes* hat es auf kreative Weise geschafft, aus der Wechselbeziehung zwischen bildlicher und verbaler Darstellung eine unverkennbar eigene Handschrift zu entwickeln und die in unserer Medienwelt sich scheinbar unversöhnlich gegenüberstehenden Darstellungsformen Text und Bild sinnvoll zusammenzuführen.

So viel Witz und Komik...!

Einen Spaß wieder anderer Art haben mir *Roswitha Fröhlichs* Gartenzwerge bereitet. Auch *Roswitha Fröhlich* kenne ich von Autorentagungen, und aus der respektabel langen Liste ihrer Bücher waren mir mehr die für Jugendliche und Erwachsene bekannt, z.B. das Tagebuch einer Kriegsgefangenen mit dem Titel „Ich konnte einfach nichts sagen" (Rowohlt), und die beiden Bücher „Ich und meine Mutter" und „Meine Schwestern Angst und Mut" (Maier), mit denen sie sich engagiert für die Belange der Frauen und Mädchen einsetzt. Sie hat aber auch in verschiedenen Verlagen Geschichten für Kinder veröffentlicht, und – was ihr als ernsthafter Autorin gut ansteht – sie kann auch so sein wie ihr Name, nämlich richtig schön fröhlich. Die Geschichte von den Gartenzwergen Kniefke und Ottokar war zunächst nur eine Idee, eine szenische Skizze, die mir *Roswitha Fröhlich* für eine Sammlung mit humorvollen Geschichten geschickt hatte. In diesem kurzen Abriß steckte aber für mein Empfinden so viel Witz und Komik, daß mir die Idee gekommen ist, der Autorin vorzuschlagen, daraus eine Geschichte für die Reihe „Boje-Leseschiff" zu machen. Ich hatte Glück. *Roswitha Fröhlich* fand die Idee nicht allzu abwegig, und dann hat es bei ihr gezündet. Ich fand es eine sehr lustvolle Arbeit, die Bälle hin und her zu spielen, und so ist die Geschichte entstanden: ein bißchen komisch, ein bißchen frech, ein bißchen hintergründig. Kniefke und Ottokar, meine ich, können sich jetzt hören und sehen lassen. Sehen lassen auch deshalb, weil sie von *Willi Meder* mit entsprechend leichtem Strich reichhaltig und witzig illustriert worden sind. *Willi Meder* ist Karikaturist und Cartoon-Zeichner, geboren in Leipzig und wohnt seit drei Jahren mit seiner Familie in Wachendorf bei Fürth. Ich freue mich, daß er und seine Frau heute abend bei uns sind.

Die Illustrationen für die Reihe „Boje-Leseschiff" übrigens sind alle auf nicht ganz gewöhnlichem Weg entstanden. Die drei Illustratorinnen und der Illustrator haben nicht einfach ganzseitige Bilder zu den jeweiligen Geschichten gezeichnet, sondern sie haben anhand des abgesetzten Textes das Layout für ihre Bücher selbst bestimmt, so daß ein, wie ich finde, lebendiges und interessantes Miteinander von Text und Bild in allen vier Büchern entstanden ist.

Mit 12 sich an ein richtig schönes Buch wagen

Die neue Reihe „Boje-Leseschiff" wendet sich zuerst an Kinder etwa im Grundschulalter. In dieser Lebensphase sollte der Übergang vom Bilderbuch zum Selberlesen stattfinden, und natürlich wünschen wir uns, daß möglichst viele Kinder mit diesen Büchern entdecken werden, daß das Lesen eine höchst lustvolle, vergnügliche und spannende Sache sein kann.

Wenn sie dann richtig lesen gelernt haben und sich mit ungefähr zwölf Jahren trotz der Flut der beweglichen Bilder immer noch nicht von ihren eigenen, inneren Bildern haben abbringen lassen, dann könnten sie sich an so ein richtig schön dickes Buch wagen wie es *Benno Pludras* „Insel der Schwäne" ist. Den Büchern von *Benno Pludra* bin ich zum ersten Mal vor 17 Jahren begegnet. Damals war ich Buchhandelslehrling in Göttingen, und *Benno Pludras* Buch „Tambari", erschienen als DDR-Lizenzausgabe im Signal-Verlag in Baden-Baden, war für mich eine wichtige Entdeckung, die mir Lust gemacht hat, mich auf die Kinder- und Jugendliteratur einzulassen. Inzwischen ist *Benno Pludra* der auflagenstärkste Kinderbuchautor der DDR, seine Bücher erschienen auch in verschiedenen bundesdeutschen Verlagen, zuletzt „Das Herz des Piraten" im Verlag Beltz & Gelberg 1985. In der Bundesrepublik ist seinen Büchern bisher hohe Anerkennung gezollt worden, die Verkaufserfolge dagegen waren eher bescheiden. Ich glaube, daß sich in dieser Situation die deutsch-deutsche Problematik deutlich spiegelt. Zwar brauchen wir uns nicht zu übersetzen, was aber offensichtlich nicht heißt, daß wir uns ohne weiteres verstehen. Und die, die heute Kind sind, haben ohnehin eine jeweils ganz andere deutsche Geschichte als Menschen meiner Generation.

„Insel der Schwäne" ist keineswegs eine DDR-spezifische Geschichte. Es geht um einen Jungen, 12 Jahre alt, der seine geliebte Kinderheimat in einem Dorf an der Alten Oder verliert, der mit seinen Eltern umziehen muß in ein Hochhaus am Stadtrand von Berlin, sich in ganz neuen, ganz anderen Verhältnissen zu orientieren hat. Was dem Jungen in dieser Geschichte passiert, kann so ähnlich jedem passieren, ob er in der DDR wohnt oder anderswo, ob er umzieht von Kleinwanzau nach Berlin oder, sagen wir mal, von Schoßaritz nach Erlangen. Das eigentlich Wichtige, der Abschiedsschmerz, über den nicht leicht hinweggetröstet wird, die schwierige Neuorientierung, die nicht hoppla-hopp geht, das wird in intensiver, dichter Sprache erzählt, die viel mit Musik zu tun hat. Nachdem die Entscheidung, die „Insel der Schwäne" zu veröffentlichen, schon relativ früh feststand, war es mir klar, daß nur *Rüdiger Stoye* in Hamburg den Umschlag und die Innenbilder zu diesem Buch machen könnte. Wenn man beide kennt, Autor und Illustrator, stellt man schnell fest, daß beide vom selben Holz geschnitzt sind. Beide sind langsame, genaue, gewissenhafte Menschen, und ich denke, dieses ähnliche Empfinden hängt vielleicht auch damit zusammen, daß sie beide eine starke Beziehung zur selben Landschaft haben, zur Mark Brandenburg, in der *Rüdiger Stoye* aufgewachsen ist, in deren Nähe *Benno Pludra* lebt. Der Reiz der Lektoratsarbeit bestand für mich hier auch sehr stark darin, etwas zusammenzubringen, was von seinem Wesen her zusammen gehört.

Billy Webb muß höllisch aufpassen

Wieder aus ganz anderem Holz geschnitzt ist der englische Autor *Andrew Davies*. Seine mit Doppelbödigkeit und mit viel Witz geschriebene Fabel von der Verführbarkeit trifft meiner Einschätzung nach sehr genau den Nerv unserer Zeit und macht ein abstraktes, aber allgegenwärtiges Problem für Kinder verstehbar. Natürlich ist Alfonso Bonzo, der vorgeblich „italienische Austauschstudent", ein moderner Mephistopheles, und Billy Webb, die Hauptperson dieser Geschichte, muß schon höllisch aufpassen, um ihm nicht auf den Leim zu gehen. Immer erscheint Alfonso Bonzos Tauschangebot, das zunächst nur für einen Tag gelten soll, für Billy äußerst vorteilhaft: sie tauschen Billys Schulranzen gegen Alfonsos geheimnisvolle Tasche, den ängstlichen Haushund Fred gegen Alfonsos italienisches Windspiel, den defekten Fernsehapparat gegen den Mailänder Fernsehkasten mit dem Sonderprogramm 3 D. Der zurückhaltende, unscheinbare Billy blüht plötzlich auf, es macht ihm auf einmal Spaß, sich auch ein bißchen aufzuspielen, im Mittelpunkt zu stehen, er verändert sich fast unmerklich; vor dem letzten, dem entscheidenden Tausch aber schreckt Billy dann doch zurück. Ganz im Sinn von Alfonso Bonzos geschliffener Werbetaktik verrate ich Ihnen jetzt nicht, worin denn dieser letzte, entscheidende Tausch bestehen sollte und hoffe darauf, Sie neugierig genug gemacht zu haben, um mal einen Blick in das vom letztjährigen Kinderbuchliteraturpreisträger *Tony Ross* illustrierte und von *Irmela Brender* hervorragend übersetzte Buch zu werfen.

Warum internationale Verflechtung?

Bei den Bilderbüchern möchte ich Sie wenigstens noch auf die amerikanische Illustratorin *Diane Goode* hinweisen, die es in „Da oben leuchten die Sterne" meiner Meinung nach vorzüglich geschafft hat, in ihren in warmen Farben gehaltenen Bildern sehr verschiedenartige Gesichtsausdrücke darzustellen, was immer eine besondere Schwierigkeit für Illustratoren ist. Ich freue mich, die Bücher von *Diane Goode* vor zwei Jahren während der Kinderbuchmesse in Bologna entdeckt zu haben. Für 1988 planen wir ein weiteres Bilderbuch von ihr, so wie wir auch neue Bücher von *Sophie Brandes* und *Andrew Davies* in Vorbereitung haben. Vielleicht ist es noch ganz interessant zu erfahren, wo die vier Bilderbücher des Boje-Herbstprogramms gedruckt worden sind, nämlich in Hongkong, in London, in Malmö und in Erlangen. Das zeigt ein bißchen die internationale Verflechtung, ohne die ein Kinder- und Jugendbuchverlag gerade im Bereich des Bilderbuchs nicht auskommt. Ich sage das nicht nur mit ungeteilter Freude, obwohl ich sehr für internationale Verständigung bin und auch der Meinung, daß Kinder in aller Welt viel voneinander lernen sollten. Nur genau das passiert in dieser Konstellation nicht, oder viel zu selten, denn wenn wir z.B. mit einem deutschen Graphiker ein Bilderbuch entwerfen würden und uns aus Kostengründen einen Coproduktionspartner in einem anderen Land suchen, stellt sich in der Praxis sehr schnell die Frage nach dem kleinsten noch vertretbaren Nenner, d.h. alle Eigenarten, die in einem anderen Land zu schwer verständlich sein könnten, haben wegzufallen. Hier stoßen wir an die Grenze zwischen industrieller Fertigung und individuellem Anspruch, einer Grenze, an der man sich beim Büchermachen oft genug die Nase stoßen kann.

Ich sagte anfangs, ich wollte auch von der Freude reden, die es macht, Bücher für Kinder auszuwählen. Vielleicht ist manchem eine solche Arbeitsauffassung nicht ernsthaft genug, und in unserer Welt mutet es in der Tat seltsam an, einen Begriff wie Freude in Zusammenhang mit Arbeit zu bringen. Ich halte es aber für eine unverzichtbare Voraussetzung, denn ich will mir nicht vorstellen, daß man in Zukunft Bücher für Kinder macht, ohne zu Büchern und Kindern eine Beziehung zu haben. Dann nämlich wäre es besser, keine Bücher zu machen, denn wirklich gebraucht, da bin ich sicher, werden am Ende nur die Bücher, die durch keine elektronischen Medien ersetzt werden können, die, die unverwechselbaren Eigenschaften des Mediums Buch in sich tragen, die Hintergründe sichtbar machen, erörtern, vertiefen, Verständnis suchen, Zusammenhänge herstellen, die der Sammlung, die dem genauen Hinsehen dienen. Die Bücher eben, die auf rein mechanischem Weg nicht herstellbar sind.

Es ist zu hoffen, daß der häufigere Umgang mit den verschiedenen Medien auch zu der allmählichen Erkenntnis der Eigengesetzlichkeit jedes Mediums führt und daß sich daraus auf lange Sicht ein für den Menschen sinnvoller Gebrauch jedes Mediums entwickelt. Daß das alte Medium Buch in diesem Konzert seinen, wenn auch kleineren Platz behauptet, hoffe ich mit denen, die heute schon wissen, was sie morgen verlieren können.

In der Bundesrepublik wird ihm hohe Anerkennung gezollt, die Verkaufserfolge seiner Bücher aber sind eher bescheiden:
***Benno Pludra** (geb. 1925) – s.S. 168f.!*

Service

Nützlich zum Nachschlagen

Aktuelle Listen, Verzeichnisse, Kataloge, Almanache

Bücher über Kinderbücher

Neue Sekundär- und Fachliteratur in Stichworten

Die Fachzeitschrift des Jahres

„Der Bücherwurm"

Nützlich zum Nachschlagen

Neueste KJL-Verzeichnisse, Empfehlungslisten, Kataloge

Wer?	Wo?	Was?	Wozu?
Arbeitskreis für Jugendliteratur e.V. (Sigrid Banzhaf, Hans Bödecker, Herbert Ossowski, Prof. Dr. Heinrich Pleticha, Barbara Schnabl)	Schlörstraße 10, D-8000 München 19	Das Buch der Jugend '87/88 (52 S.)	„... eine Zusammenstellung von über 700 Büchern für Kinder und Jugendliche..." und „rund 200 Taschenbuchtitel, ebenfalls nach Altersgruppen sortiert..."
(Dr. Bettina Hurrelmann, Heide Peetz)		Deutscher Jugendliteraturpreis '87 (20 S.)	Illustriertes Verzeichnis aller Preis- und Auswahllistentitel des Jahres 1987 mit Jurybegründungen und Annotationen
(Karlhans Frank, Prof. Dr. Peter Scheiner, Hans Weber)		Bücher zum Vorlesen (113 S.)	210 ausführlich vorgestellte Bücher für Kinder bis ca. 12 Jahren. Die Titel sind nach Vorlesesituationen geordnet
Bischöfliche Aktion „Adveniat" (in Zusammenarbeit m.d. Borromäusverein; Prof. Dr. Ottilie Dinges, Gerhard M. Bauer, Hubert Frank, Ursula Michels)	Bernestraße 5, D-4300 Essen 1	Thema: Lateinamerika. Kinder- und Jugendbuchempfehlungen (42 S.)	37 ausgewählte, nach Vorschulalter, Grundschulalter und Sekundarstufe geordnete neuere Kinder- und Jugendbücher, annotiert und mit farbigem Titelbild, die Länder, Menschen und Probleme des Lebens in Lateinamerika darstellen. Mit Katalog-Arbeitshilfe
Börsenverein des Deutschen Buchhandels e.V. (Klaus Kluge, Sabina Berchtold)	Großer Hirschgraben 17-21, D-6000 Frankfurt am Main 1	Das lesende Klassenzimmer geht auf Reisen! (140 S.)	Almanach zum Wettbewerb 1987 (Aktion des Börsenvereins) mit (Kinder- und Jury-) Texten, Bildern und Anschriften

Wer?	Wo?	Was?	Wozu?
(Katrin Boenig-Kluge, Klaus Kluge)		Lesemobil, ...denn ohne Lesen läuft da nichts! (48 S.)	„Ein Lesealmanach... für Lesereisende auf großer Fahrt", Begleitbroschüre zur Börsenverein-Aktion „Lesemobil" (s.S.17)
(Miryam Pelz)		Bücher zum Umweltschutz (28 S.)	Ausstellungs-Katalog, 4. vollständig neu bearb. Aufl., weniger KJL, mehr Sachbücher für Erwachsene und ältere Jugendliche
(Miryam Pelz)		Prämierte Jugendbücher 1980-1987 (27 S.)	„Bilder-, Kinder-, Jugend- und Sachbücher" werden vorgestellt, „die seit 1980 mit dem Deutschen Jugendliteraturpreis ausgezeichnet oder in der Auswahlliste empfohlen worden sind..." (Ausstellungskatalog)
Deutsche Lesegesellschaft e.V. (Bettina Augustin, Birgit Kneip)	Raimundistraße 2, D-6500 Mainz 1	Schenk mir ein Buch, Heft 51: Liebesgeschichten–Berlin–Kochbücher (32 S.)	Zur ZDF-Sendung am 1. Mai 1987 (Redaktion: Heribert Beigel) ergänzende Bücherliste mit den Preistiteln (Frühjahr '87) der „Leseratten"
(Birgit Kneip)		Schenk mir ein Buch, Heft 54: DDR-Autoren – Geschichte – illustrierte Märchen (48 S.)	Zur ZDF-Sendung am 18. November 1987 (Redaktion: Heribert Beigel) ergänzende Bücherliste mit einer Aufstellung der bis Redaktionsschluß bekannten Preis-Bücher des Jahres 1987 (einschließlich der „Preise der Leseratten", Herbst '87)
(Bettina Augustin)		Leselieben (80 S.)	Untertitel: „Leser empfehlen ihre Lieblingsbücher". 36 bekannte Persönlichkeiten verraten ihre bevorzugte Lektüre. Mit Kurzviten
Deutsches Jugendschriftenwerk e.V. (Günter Bergmann)	Raimundistraße 2, D-6500 Mainz 1	von 3-8 (1987/88) Neue Bilderbücher, Spiele, Elternbücher (40 S.)	Ca. 200 Bücher und Lernspiele, Fachliteratur zu Erziehungs- und Bildungsfragen für Eltern, Erzieher, besonders in Kindergarten und Vorschule, auch Grundschullehrer
(Günter Bergmann)		Kinder- und Jugendzeitschriften (18 S.)	Informationen über neue empfehlenswerte Kinder- und Jugendzeitschriften, vorgestellt mit Annotationen und farbigen Bildern

Wer?	Wo?	Was?	Wozu?
International Board on Books for Young People (IBBY)	Leonhardsgraben 38a, CH-4051 Basel	Adress-List 1987 (20 S.)	Anschriften der Mitglieder des Exekutivkomitees von IBBY, der Nationalen Sektionen, der Einzel- und Ehrenmitglieder der Weltorganisation für das Jugendbuch
Internationale Jugendbibliothek München – IJB (Lioba Betten)	Schloß Blutenburg, D-8000 München 60	IJB-Bulletin 1987 Internationale Kinder- und Jugendliteratur in Auswahl (290 S.)	Das IJB-Bulletin in Buchform, über 2.500 Titel aus 47 Ländern (meist 1987, teilweise auch 1986 und frühere Jahre) will auf wichtige Neuerscheinungen in aller Welt hinweisen
Landesarbeitsgemeinschaft Jugend und Literatur Nordrhein-Westfalen e.V. (Brigitte Müller-Beyreiss u. Mitarb.)	Von-Werth-Straße 159, D-5024 Pulheim 2	Was soll ich lesen? (272 S.)	Bd. VI/VII des Bücherverzeichnisses der LAG, Arbeitshilfe für Jugendarbeit: 385 KJL-Titel (meist 1984-1986) sind ausführlich, nach inhaltlichen Gruppen geordnet, besprochen
Landeshauptstadt München (Kulturreferat) (Peter Seitz)	Rindermarkt 3-4, D-8000 München 2	München literarisch (70 S.)	Überblick über Vereine, Gruppierungen und Veranstalter, „die sich der Literatur verschrieben haben". Auflistung der Leseorte und der in München erscheinenden Literaturzeitschriften
Verlag Friedrich Oetinger	Poppenbütteler Chaussee 55, D-2000 Hamburg 65	Oetinger Lesebuch-Almanach 1987/88 (224 S.)	Querschnitt durch die Verlagsproduktion, Texte und Bilder aus den neuesten Büchern, Autoren- und Grafiker-Porträts, Übersicht über das Verlagsprogramm (ca. 50 Seiten über Astrid Lindgren)
Roter Elefant-Arbeitskreis Kinder-Bücher-Medien e.V. (Susanne Martin, Nina Schindler, Geralde Schmidt-Dumont	L. Czyborra, Segeberger Straße 4, D-2072 Bargteheide	Indianer in Nordamerika (18 S.)	Auswahl von KJL zum Titel-Thema – gegen die „üblichen Indianer-und Western-Klischees" und eine Neo-Romantisierung der Indianer, übersichtlich geordnet
(Prof. Dr. Malte Dahrendorf, Susanne Martin, Nina Schindler, Geralde Schmidt-Dumont)		Phantastische Kinder- und Jugendliteratur (20 S.)	„Bewußte Auswahl", die gegen „ein unkritisches Mitsegeln auf der Nostalgiewelle..." gerichtet ist; nur erzählende Literatur, keine Klassiker, Bilderbücher, Sagen, Märchen
Rowohlt Taschenbuch Verlag (Renate Boldt, Gisela Krahl)	Postfach 1349, D-2057 Reinbek	Das Rotfuchs-Schnüffelbuch (96 S.)	„rotfuchs"-Taschenbücher für Kinder und Jugendliche, mit einem Gesamtverzeichnis (illustriert und kommentiert aus Verlagssicht) aller Titel 1987/88

Bücher über Kinderbücher

Neue Sekundär- und Fachliteratur in Stichworten

Lesenlernen

Heiko Balhorn u. a.:
REGENBOGEN-PRESSE.
Unsere Überlegungen zur „Regenbogen-Lesekiste" (16 S., Zeitungsformat, m. Abb.) – Hamburg: Verlag für päd. Medien 1987

Regenbogen-Lesekiste: alternative Materialien in Kiste für Schulanfänger, die lesen lernen (mit den Heften der „Regenbogen-Lesekiste", auf spielerische, neue Weise, wie von den Autorinnen und Autoren um Balhorn, Brügelmann etc. erarbeitet (ausführlich vorgestellt im 4. Almanach S. 170 ff.) und hier für Lehrerinnen und Lehrer in Form einer Zeitung schmackhaft dargestellt). – Für alle lesenswert (vergnüglich!) und äußerst wichtig, die neue Leselernwege suchen.

Heiko Balhorn, Hans Brügelmann (Hg.):
WELTEN DER SCHRIFT IN DER ERFAHRUNG DER KINDER
(300 S., m. Abb.) – Konstanz: Ekkehard Faude Verlag 1987

Die Deutsche Gesellschaft für Lesen und Schreiben macht mit tollem Reader auf sich aufmerksam. Engagierte Autorinnen und Autoren versammelt! Verraten Tips und Anregungen. Erfahrungsbörse des Erstelese-Unterrichts ohne Fibel, aber mit Mut zur kindergerechten Methode. Viele Fallbeispiele. Beispielhaft! Sagenhaft in Aufmachung und Leser-„Führung". Viel Witz und journalistisch geprägte Pädagogik der „new wave"-Bewegung.

Adolf Hofer, Robert Schweitzer:
KINDER LERNEN LESEN: FIBELN AUS ALLER WELT.
Ausstellungskatalog. (120 S., m. Abb) Kreissparkasse Esslingen-Nürtingen o.J.

In aller Welt wird lesen gelernt. Wie? Internationaler Vergleich des Lesenlernens ermöglicht Zugang. Kennenlernen und beurteilen lernen – nicht nur von Fibeln (Leselernbüchern), sondern – mehr noch – anderer (Lese-)Kulturen. Gut thematisch gegliedert, übersichtliche Beispiel-Anordnung. Sehr viele Bilder, zu jeder Themengruppe fachwissenschaftlich einwandfreie Einführungen. Auch kulturgeschichtlich von Interesse.

Ingeborg Waldschmidt:
FIBELN, FIBELN...
Deutsche Fibeln der Vergangenheit. Mit Beitr. v. Theodor Kohlmann und Sabine Schachtner. (107 S., m. Abb.) Berlin: Museum für Deutsche Volkskunde 1987

Ausstellungs-Katalog der im Volkskunde-Museum Berlin 1987 gezeigten Fibel-Schau. 5 Themen sind dokumentiert: Staat, Politik; Erziehung; Schule; Arbeitswelt, Technik, Beruf; Brauchtum, Feste. Ca. 180 Fibeln aus den Jahren 1791 bis 1975 in vergleichender Betrachtung und Kommentierung. Mit Anhang: Berliner Fibeln und Museums-Bestände. – Sehr qualitätvolles Bildmaterial, auch über die Ausstellung hinaus von großem Wert. Dienstbare Register.

Lesekultur

Gunter Affholderbach, Klaudia Strohmann: **VON DICHTERSESSELN, ESELSOHREN, SCHUSTERJUNGEN UND LESERATTEN.** *Ein lesenswertes Lesebuch. (204 S., Ill. v. Michael Krupp) Siegen: Machwerk Verlag 1985*

Absicht: kein übliches, dröges, totlangweiliges Lesebuch zu machen – ist voll eingelöst! Alle Autoren werben für Buch und Lesen auf ihre eigenwillige Art: Erzählungen aus Kindheit und Jugendzeit (besonders trefflich/einprägsam: Ludwig Harig, Hermann Kinder, Urs Widmer). Entdeckung neuer (um Siegen herum lebender?) Autorinnen und Autoren möglich. Originelle Auswahl und „spitze" Vignetten.

Peter Raab (Hg.):
HEILKRAFT DES LESENS.
Erfahrungen mit der Bibliotherapie. (176 S., wenige Abb.) – Freiburg: Herder Taschenbuch Verlag 1988 (1535)

Bücher – nur Bildungs- und Informationsmedien? Nein: Bücher sind auch Medizin. Haben Heilwirkung. Wie wird Bibliotherapie begründet? Wer hat Erfahrungen damit? Wie sehen diese aus? Ist das Wort von der „Heilkraft des Lesens" wahr? – Experten geben Auskunft. Sachlich, doch immer mit Engagement im Glauben daran, daß Lesen und Buch in Zukunft nicht nur nicht wegzudenken, sondern geradezu lebenserhaltend sind.

Elisabeth Weissert:
VOM ABENTEUER DES LESENS.
Gedanken über das Jugendbuch. (147 S.) – Stuttgart: Verlag Freies Geistesleben 1987 (2. Aufl.)

Neuerscheinung nach ca. 30 Jahren, ehemals Aufsätze in der (Waldorf-) Zeitschrift „Erziehungskunst". Einführung in die Jugendschrifttumskunde – altertümlich, jedenfalls das meiste (weil unbearbeitet, nicht aktualisiert). Entwicklung und Anspruch der neuesten KJL nicht einbezogen. Nur auf historische Beispiele bezogen bleibt KJL in Rethrospektive verhaftet. Zu enge anthroposophische Sichtweise versperrt vielleicht Zugang für „offene" Leser. Dennoch (historisch) relevant.

Heinrich Schipperges:
LESEN VERÄNDERT.
Vom Leben des Buches – vom Leben mit Büchern (102 S.) – Frankfurt/M: Verlag Josef Knecht 1987

Geschenkbändchen im Querformat. Arzt äußert sich begeisternd über die Rolle des Lesens und der Bücher im menschlichen Leben. Hymnische Preisungen auf Buchkultur und Lektüre: Buch wird als Kreation gesehen (Zeugung-Geburt-Wachstum-Tod), als Wegbegleiter, der Spuren hinterläßt, zum „Partner" wird, Heilkraft besitzt. Kuriositäten der Geschichte des Lesens werden mitgeteilt. Werbung für den überlegten Umgang mit Büchern. Mit zahlreichen Beispielen.

Didaktik

Peter Conrady (Hg.):
ZUM LESEN VERLOCKEN.
Klassenlektüre (Bd. 1:) für die Klassen 1-4, (Bd. 2:) für die Klassen 5-10. Neuausgabe. (198 bzw. 244 S., m. Abb.) – Würzburg: Arena Verlag 1987

Beide Bände in Neuausgabe – mit z.T. neu hinzugekommenen Unterrichtsbeispielen mit Arena (Taschen)-Büchern. Autoren aus der Schulpraxis zeigen, wie Einsatz von (teilw. didaktisch konzipierten) Taschenbüchern im Unterricht (nicht nur Deutsch) möglich und sinnvoll ist. Kaum vergleichbare Publikation, wenn auch nur auf Produktion eines Verlages konzentriert. Mit Autoren-Anhang. Sehr übersichtlich und praxisnah.

Michael Sahr:
PROBLEMORIENTIERTE KINDERBÜCHER IM UNTERRICHT DER GRUNDSCHULE. *(253 S., m. Abb) Baltmannsweiler: Päd. Verlag Burgbücherei Schneider 1987*

Als Aufgabe der Grundschule skizziert: Kennenlernen problemorientierter Kinderbücher. Von Schulanfang über Soziales Lernen, Freundschaft, Anpassung, Leben auf dem Lande, Friedliches Zusammenleben, Behinderung bis hin zu „Tod und Endlichkeit – ein neuentdecktes Thema in der Kinderliteratur" eine Fundgrube an hervorragend entworfenen Unterrichtsbeispielen. Ein Könner und Kenner ist hier am Werk gewesen. Sehr dezidierte Anleitungen – Lehrer profitieren für ihr (Schulalltags-)Leben – endlich mit Kinderbüchern!

Alfons Schweiggert:
DAS IST DER KNÜLLER.
300 coole Zeitungsstories. Lehrerheft (Best.Nr. 39571,24 S., m. Abb.) Freiburg: Verlag Herder 1987

Zum Jugendbuch „Das ist der Knüller" (vgl. 4. Almanach s. 208) des Münchner Autors mit den umwerfenden Ideen Alfons Schweiggert jetzt das nachgelieferte Lehrerheft. Einführung: Prof. Dr. Sigrid Lichtenberger (trefflich und akzentuierend). Schweiggert zeigt, wie Arbeit mit Zeitung im Unterricht aussehen kann, worauf man als Lehrer erst selbst kommen muß (Berufsbilder, Deutschunterricht, z.B. Leserbrief, Aufsatz: Charakteristik einer Zeitungsträgerin etc.). Nützlich.

Hans-Herbert Wintgens, Karl-Heinz Kreter: **ZUM THEMA: KINDER-UND JUGENDLITERATUR IM 2. - 4. SCHULJAHR.**
(208 S., m. Abb.) – Hildesheim: Bernward Verlag 1984

Aus Reihe „Didaktik und Methodik des Deutschunterrichts" der zweite Band über KJL im Unterricht. Ausführliche Unterrichts-Verläufe, Schema klug erdacht – benötigt den willigen Pädagogen, der sich auf solche ausgefeilte Darstellungen mit Gefahr der Gängelung gern einläßt. Zum Ausprobieren (älterer Kinderbücher wie Bröger: „Pizza und Oskar", Lornsen: „Williwitt und Fischermann", aber auch Kästner: „Gullivers Reisen") sehr einladend. Total auf Taschenbücher beschränkt.

Kostbarkeiten

Heinrich Hoffmann:
HUMORISTISCHE STUDIEN UND SATIREN *(380 S.)*
Frankfurt/M.: Insel Verlag 1986

Heinrich Hoffmann:
GESAMMELTE GEDICHTE, ZEICHNUNGEN UND KARIKATUREN *(498 S., reicher Abb.teil)*
Frankfurt/M.: Insel Verlag 1987

Was H.H. alles noch geschrieben hat – als Arzt ohnehin ein Wunder. Jetzt gute Quellensammlungen vorliegend. Beide Bände eine Trouvaille für H.H.-Liebhaber. Reiche Fülle des Abstrusen, Einfältigen. Manches als Dichtung zu bezeichnen. Wert schon allein wegen der Einmaligkeit der Herausgabe des Lebenswerkes!

DES KNABEN WUNDERHORN. *Alte Deutsche Lieder, gesammelt von Achim von Arnim und Clemens Brentano. Kommentierte Gesamtausgabe (Heinz Rölleke) – 3 Bde. in Schuber; (557, 573, 621 S., m. Abb.) Stuttgart: Ph. Reclam jun. 1987*

Nach den „Kinder- und Hausmärchen" nun auch Röllekes Kerner-Arbeit um „Des Knaben Wunderhorn". Nicht nur die Germanistik schätzt sich glücklich ob dieser famosen Gesamtausgabe – längst fällig gewesen! Endlich ist nachzulesen (mit wissenschaftlichem Apparat und Erschließungsteil), was die Menschen des Vor-Biedermeier an Liedtexten erfreute, begeisterte, was Komponisten des 19. Jahrhundert anregte... – Viele Kinderlieder dabei, die jeder kennen sollte!

Jonathan Swift:
GULLIVERS REISEN. *Neu übersetzt, kommentiert und m.e. Nachw. versehen v. Hermann J. Real u. Heinz J. Vienken. - (488 S., Abb.) – Stuttgart: Ph. Reclam jun. 1987*

Die beiden Marburger Anglisten haben Swift neu gesehen, jetzt für Reclams kleine Handibibliothek herausgebracht (früher schon bei Fink). Vollständiger, völlig neu übertragener Text nach eigenen Quellenforschungen konzipiert. – Kleindruck, der viel Licht bei der Lektüre benötigt. Die Lust kommt von selbst. – Ein umwerfendes Stück Welt - nicht Kinder- bzw. Jugend-Literatur!

ZAUBEREI IM HERBSTE. *Deutsche Kunstmärchen von Wieland bis Hofmannsthal. Hg.: Hans-Heino Ewers (678 S.) – Stuttgart: Ph. Reclam jun. 1987*

Handliche Ausgabe im Universal-Bibliotheks-„Stil" (kleiner Druck, nicht gerade das beste Papier). Märchen von Wieland („Timander und Melissa", „Der Stein der Weisen"), Novalis, Wackenroder, Musäus, Goethe, Brentano, Eichendorff, de la Motte Fouque, Kerner..., über Büchner bis Storm, Wedekind, Huch. Das gelehrte Nachwort erfreut wegen der unerhört dichten, einen nie sonst gelesenen, Kontext vermittelnden literaturwissenschaftlichen Ziselier-Studie.

Illustration

FIRST INTERNATIONAL CHILDREN'S BOOK ILLUSTRATORS' SHOW. *(o.Pag., Großformat, viele Illustrationen u. Fotos) – Hishinomiya City: Otani Memorial Art Museum 1986*

Vorwort zu dem aufwendig edierten broschürten Band von Dr. Andreas Bode, IJB München: „Die hier vorgestellten 27 Künstler gehören zu den besten Bilderbuchillustratoren der Welt." – Zwei Teile: Beispiele – Profile. – Es ist nicht ehrlich, wenn hier von einer „ersten Schau" geredet wird. Bei Neugebauer Press gibt es seit Jahren das „Annual" (s.S.10), das bedeutende Illustratoren der Welt auf ähnliche Weise vorstellt. (In englischer und japanischer Sprache, Vorwort auch in Deutsch)

MÄRCHEN VON LUDWIG BECHSTEIN. *Mit Bildern von Helga Gebert. Nachwort v. Hermann Klippel (256 S., schönste Bilder) – Weinheim: Beltz & Gelberg 1987*

Nicht alle, aber eine hübsche Auswahl von Bechstein-Märchen in einer wunderschönen Ausgabe. Gebert steigert sich von Jahr zu Jahr mit ihren feinziselierten Aquarellen – eine Augenweide! Ganzseitige Szenenbilder werden wieder gepflegt. Viel Witz und Atmosphäre. Das Bändchen im Gebetbuchformat gesellt sich zu seinen ähnlichen Vorgängern. Große Kleinkunst!

Reinbert Tabbert (Hg.):
MAURICE SENDAC – Bilderbuchkünstler. *(144 S., m. Abb.) – Bonn: Bouvier Verlag 1987 (Reihe: Sammlung Profile 26)*

30 „Profil"-Bände sind bisher in dieser netten Reihe erschienen. Tabbert als Kenner von Sendac – schon gut ausgewiesen. Hier glückhaft viele kenntnisreiche Texte zu Werk, Wirkung und Werdegang des bedeutenden amerikanischen Bilderbuchmachers („Die Nachtküche", „Wo die wilden Kerle wohnen") zusammengetragen und in psychologische bzw. ästhetisch-kommunikative Zusammenhänge gebracht. Sehr gut zur Einführung. Lesbar und übersichtlich. Leider keine Farbfotos dabei.

UNDER THE WINDOW. *Pictures and Rhymes for Children by Kate Greenaway. Hg. u. m.e. Nachw. versehen v. Helmut Müller (107 S., viele Bilder) – Dortmund: Harenberg Kommunkation („Die bibliophilen TB") 1987*

Dr. Helmut Müller (Institut für Jugendbuchforschung, Frankfurt) hat Kate Greenaway neu entdeckt und zum Entdecken freigegeben. Moderne englische Kinderbuch-Illustration in exzellenter Manier gezeigt. – Dieses Kinderbuch (verkleinert wiedergegeben) erschien 1879 (ca. 80 Holzschnitte: zart empfunden, dekorativ). Englische Texte sind im Anhang übersetzt. Mit Gewinn lesbares Nachwort.

Studien

Alfred C. Baumgärtner, Karl E. Maier (Hg.): **MYTHEN, MÄRCHEN UND MODERNE ZEIT.** *Beiträge zur KJL. (122 S., m. Abb.) – Würzburg: Verlag Königshausen + Neumann 1987*

Schriftenreihe der Volkacher Akademie – segensreich für alle, die Aufsätze unterzubringen haben, die als Referate gehalten wurden oder auf Seminartagungen im Mittelpunkt standen. Hier: Fragen zum Märchen (aktuelle Grimm-Rezeption), zum Mythos (Antike Mythen), zur Rezeption moderner KJL (Kinderzeitschrift, Kinderspiel, KJL-Theorie, Jan Prochazka als Jugendbuchautor). – Eine geglückte Zusammenstellung unter der alliterativen Titelei.

Heinich Pleticha (Hg.):
DAS BILD DES JUDEN IN DER VOLKS- UND JUGENDLITERATUR VOM 18. JAHRHUNDERT BIS 1945
(240 S., m. Abb.) – Würzburg: Königshausen + Neumann 1985

Preisgekrönte Schrift der Volkacher Akademie (Collodi-Preis, s.S. 239), die ihren Wert über die KJL-Bezüge hinaus besitzt: Erstmals wird „der Jude" in Volks- und KJ-Literatur einer eingehenden Betrachtung und Beleuchtung für wert und würdig befunden! Zahlreiche Fachleute, die sich jahrelang mit dem Thema „Jude in der Volksliteratur" befaßten, stellten Referate zur Verfügung. – Eine einmalige Quellensammlung mit weiterführenden Impulsen.

Horst Schaller (Hg.):
BUCH UND BILDSCHIRM
(77 S.) – Würzburg: Königshausen + Neumann 1986

„Eine Herausforderung" – Untertitel provoziert in der Tat. Neil Postman war wohl Anreger zur Akademie-Tagung (Volkach), bei der sechs Autoren, Wissenschaftler, Medienpraktiker zu Worte kamen. Von Fernsehen (Heribert Beigel) und Hörfunk (Paul Löhr) die alten Weisen: TV als Buchlieferant, Hörfunk als Kinderliteraturheimat. Wenige kritische Töne. Bildschirm-Verhinderungen – hier kein Thema. – Zu solchen Referat-Sammlungen bitte immer auch Bücher aus der Gruppe „Lesekultur" hinzunehmen.

Reiner Wild:
DIE VERNUNFT DER VÄTER.
Zur Psychographie von Bürgerlichkeit und Aufklärung in Deutschland (400 S.) Stuttgart: J.B. Metzler-Verlag 1986

In der Reihe „Germanistische Abhandlungen" (Bd. 62) – Wilds Deutung der KJL aus der Sicht der Zivilisationshistorie. Deutsche Aufklärung kommt als Gegenstand der ausladenden, eigentlich nur Akademikern sich voll erschließenden Groß-Studie ins Blickfeld. Literaturgeschichtlicher Ort der aufgeklärten KJL, Merkmale der vorgestellten Kindheits- und Erziehungsweisen werden deutlich herausgearbeitet. Umfassend „aufklärend".

Märchen

Otto Betz (Hg.):
VOM SCHICKSAL, DAS SICH WENDET. *Märchen von Freiheit und Glück. Illustrationen von Regine Elsner (116 S.) – München: Kösel 1987*

Der Mensch in Verstrickung seines Schicksals, mit den ihn bedrohenden Mächten – wie kann er ihm (ihnen) entraten? Antworten in märchenhaften Geschichten, erzählt von einem Philosophen, der die Sinnfrage mit dem Märchen glücklich vereint. Ein Buch, das erschließen hilft – Erwachsenen zeigt es weite Räume des anthropologischen Hintergrunds. – Wunderschöne, geheimnisvolle Federzeichnungen (Proben davon auf diesen Seiten).

EINE VON TAUSEND NÄCHTEN.
Märchen aus dem Orient. Nachwort von Johannes Merkel. (174 S.) – München: Weismann/Frauenbuch-Verlag 1987

Nach den „Frauenmärchen"-Bändchen (s. vorige Almanache) nun ein der „1001 Nächte" entlehntes Märchenbändchen, das wiederum kenntnisreich ausgeleitet wird. Die Helden werden nicht heroisiert. – Eigentlich keine Märchen, sondern orientalische Volkserzählungen. Hoher Reiz der islamischen Kultur kommt zum Tragen. – Durchgehend anspruchsvolle Lektüre, die einen kritischen, auch märchenkundigen Leser voraussetzt. Für ambitionierte "große Orientalen", die eine literaturwissenschaftlich genaue Edition wünschen.

Volker Klotz:
DAS EUROPÄISCHE KUNSTMÄRCHEN. *25 Kapitel seiner Geschichte von der Renaissance bis zur Moderne. (412 S.) – München: dtv 1987 (4467)*

Stuttgarter Literaturwissenschaftler über das europäische Kunstmärchen mit Akribie und Entdeckerlust. Eigentlich wie Vorlesungen: Kenntnisse werden vermittelt, Zusammenhänge geklärt. Übersichtliche Darstellung. An Personen (Perrault, Hauff, Andersen u.a.) festgemachte Studien. Manchmal sehr tief in die Geistes- und Literaturgeschichte lotend. – Ohne Vorkenntnisse schwierige Lektüre. Akademiker vor!

Heinz Rölleke:
DIE MÄRCHEN DER BRÜDER GRIMM. *(104 S.) – München, Zürich: Artemis 1986 (2. durchges. Aufl.)*

In den „Artemis" Einführungen (Nr. 18) fehlte die Studie zu den Grimm-Märchen von Anfang an nicht, jetzt aber neu durchgesehen. Zum Einstieg in das Volksmärchen wichtig. Klare Forschungsergebnisse, guter, lesbarer (freilich akademisches Level tragender) Stil der gelehrten Studie. Verläßlich – weil von einem der bekanntesten zeitgenössischen Grimm-Forschern. Komprimiertes Wissen. Eine Grund-Vorlesung.

Die Fachzeitschrift des Jahres

„Der Bücherwurm"

Im letzten Jahresviertel 1987 kroch er – gerade noch rechtzeitig, bevor das Inhalts-Konzept dieses Almanachs „stand", mir ins Haus: der „Bücherwurm". Die Nummer 1 der Zeitschrift „Rund ums Kinder- und Jugendbuch" legte sich brettlbreit auf den Schreibtisch und drängte sich geradezu danach, die „Fachzeitschrift des Jahres" zu werden.

Die neue, ungewöhnliche Perspektive

Warum auch nicht? Bei dem stagnierenden Fachzeitschriften-Markt ist der „Bücherwurm" ohnehin eine Seltenheit, eine Rarität allemal. Nicht etwa seines Titels halber – „Bücherwürmer" und „Leseratten" schlängeln sich gewiß durch manche kleinere Bibliothek – als Informationsblättchen für Interna vielleicht, lokalbezogen, orts- oder regionsgebunden. Nein, der „Bücherwurm", der sich mir als veritables 48seitiges DIN-A-4-Heft – zumindest von außen einer Illustrierten nicht unähnlich – zeigt, ist die leibhaftig gewordene Idee, „den vielfältigen Bereich der KJL aus einer neuen, ungewöhnlichen Perspektive transparenter zu machen". So erklärt die Redaktion gleich in den ersten paar Zeilen, mit denen sie die „Liebe(n) Leser" anspricht.

Deshalb gibt es den „Bücherwurm"

Die Begründung, warum es den „Bücherwurm" gibt, liefert die Redaktion (verantwortlich: Maria Jäger; Walter Theil) recht ausführlich mit:
Kinder- und Jugendbücher haben heute an der ohnehin unübersehbaren Fülle der Neuerscheinungen und Neuauflagen einen beachtlichen Anteil – ein riesengroßes Angebot in einem Terrain, in dem es an geeigneten Wegweisern fehlt. Die gelegentlichen Buchtips in Publikumszeitschriften helfen da nicht viel weiter. Und die Fachzeitschriften mit kleinen Auflagen und ihrer spezialisierten Leser- und Mitarbeiterschaft? Wo es doch darum geht, breite Leserschichten zu erreichen.

Die Betroffenen kommen zu Wort

Hier kommen die Betroffenen selbst zu Wort. Kinder- und Jugendliche sehen ihre Lektüre anders als Erwachsene. Und oft stehen Welten zwischen den „Büchermachern" einerseits und ihren jugendlichen Lesern andererseits: erwachsene Autoren, erwachsene Kritiker, erwachsene Juroren bei den zahlreich gewordenen Preisverleihungen gestalten eine ganze Literatur. Aber wo kommen Kinder und Jugendliche selbst zu Wort? Wo kann man deren unmittelbare, unbeeinflußte Meinung hören? Und warum nicht?
Hier erfahren die interessierten Erwachsenen (Autoren, Lektoren, Juroren, Eltern, Pädagogen und überhaupt jeder, der sich für dieses Thema interessiert), was Kinder und Jugendliche zu dem meinen, was für sie „gemacht" wird, mit dem sie sich – als Käufer oder als Beschenkte – auseinandersetzen (sollen).

„Der Bücherwurm"
Rund ums Kinder- und Jugendbuch

Verlag:
VMM-Verlag Mihailescu & Michalke, Hebelstr. 7, 7830 Emmendingen

Redaktion:
Maria Jäger (verantw.)
Walter Theil

Ständige Mitarbeiter:
Prof. Dr. Rudolf Denk,
Doris Ohmberger,
Mario Vigl

Graphik und Gestaltung
Hans-Peter Albert

Anzeigenleitung:
Beate Welsche

Erscheinungsweise:
vierteljährlich

Jahres-Abonnement:
DM 30,-

Druck:
Druckhaus Lindenfels

Fachzeitschriften-Nachrichten

BOOKBIRD (Zeitschrift des IBBY, Abonnements an: Arnis, Bergensvej 5, DK-6230 Rodekro, Denmark) hat einen neuen Herausgeber gefunden. Von 1987 an wird BOOKBIRD herausgegeben und vertrieben von Arnis (s.o.). Die Redaktion haben nach wie vor ***Dr. Lucia Binder****, Wien und* ***Knud-Eigil Hauberg-Tychsen****, Kopenhagen. – Im 25. Jahr seines Bestehens erscheint BOOKBIRD in neuem, größeren Format mit attraktivem Layout (36 Seiten pro Heft, 30 Sfr in Außer-, 25 Sfr in Europa, viermal im Jahr).*

BEITRÄGE ZUR KINDER- UND JUGEND-LITERATUR, in DDR-7010 Leipzig, Schließfach 160 erscheinende literaturtheoretische und -kritische Publikation mit der Aufgabe, die KJL und ihre Probleme bekannt zu machen, kann 1987 ihren 25. Geburtstag begehen. Seit 1962 erscheint die angesehene Zeitschrift jährlich (nach wie vor) viermal (Auslandspreis: DM 5,-). Ständiger Mitarbeiter: ***Heinz Wegehaupt****.*

DIE SCHIEFERTAFEL (gegründet 1978) gibt nach neun Jahren ihr Bestehen auf. Sie macht Platz einem internationalen englischsprachigen Jahrbuch. Von 1988 an werden SCHIEFERTAFEL und PHAEDRUS zu einem Jahrbuch zusammengefaßt werden. Es wird in den USA produziert. Herausgeber sind ***Renate Raecke-Hauswedell*** *und* ***Dr. James H. Fraser****. (Informationen: Verlag Renate Raecke, Amselstieg 31, 2080 Pinneberg)*

BULLETIN JUGEND + LITERATUR (Eulenhof-Verlag Ehrhardt Heinold, D-2351 Hardebek) läßt wissen, daß die Zeitschrift, die monatlich erscheint, von Juli '87 an im modernen Desk-Top-Publishing-Verfahren ediert wird. Damit soll für mehr Übersichtlichkeit, leichtere Lesbarkeit und sogar für 50 Prozent mehr Text gesorgt sein.

Das bietet der „Bücherwurm"

Der „Bücherwurm" ist eine neue Zeitschrift mit einer neuartigen Konzeption: allen Interessierten möglichst alle Aspekte des so weiten Feldes der Kinder- und Jugendliteratur möglichst umfassend und möglichst aktuell transparent zu machen:

Heft für Heft behandelt der „Bücherwurm" Schwerpunkte („Unser Thema heute"), zu denen Fachleute die erforderlichen Hintergrundinformationen liefern. Mit einer speziellen Rubrik, die zu den Besonderheiten dieser Zeitschrift gehört: „Bücher zum Thema", rezensiert von Kindern und Jugendlichen.

„Neues aus der Bücherkiste" – aktuelle Neuerscheinungen werden von Kindern und Jugendlichen besprochen, von erfahrenen Pädagogen ihrer jeweiligen Alterstufe entsprechend sinnvoll angeleitet. Über dieses interessante Arbeitskonzept wird der „Bücherwurm" ausführlich berichten.

„Der Bücherwurm bei...": Interviews mit Autoren, Verlagslektoren, Buchillustratoren; Berichte über Arbeit und Absichten von Verlagen und Verbänden, in diesem Heft z.B. ein Interview mit Michael Ende, das Tim (15) und Mario (17) viereinhalb Stunden lang geführt haben.

„Themen, Tips, Termine" – unter diesem Rubriktitel finden sich Wissenswertes rund ums Kinder- und Jugendbuch, Berichte und Vorausschauen zu Lesewettbewerben, Preisverleihungen, Ausstellungen, „Mitmach-Veranstaltungen"... Kurz: Alles über das „Drumherum" beim Kinder- und Jugendbuch.

Die „Leser-Ecke", eine „Mitmach-Rubrik" als Forum für alle, die das Thema Kinder- und Jugendbuch angeht.

„Neue Bücher auf einen Blick" – die Bibliographie der Neuerscheinungen, aktuell und übersichtlich.

Was Kinder über Bücher denken

Kinder und Jugendliche setzen bei der Beurteilung von Büchern und damit bei der Auswahl ihrer Lektüre ihre eigenen Akzente. Und: Kinder und Jugendliche folgen eher dem Urteil ihrer Altersgenossen, als dem der Erwachsenen. Deshalb haben Buchtips der Betroffenen selbst einen anderen Stellenwert als Empfehlungen von Erwachsenen.

Im „Bücherwurm" lernen Sie nun – erstmalig in dieser Form – die Ansichten von Kindern und Jugendlichen über deren eigene Lektüre kennen; der „Bücherwurm" bringt Informationen und Hintergrundwissen aus dem weiten Bereich des Kinder- und Jugendbuches; lebendige Interviews und Porträts eröffnen ihnen interessante Einblicke aus ungewöhnlicher Perspektive...

Treffsicher will er sein, der „Bücherwurm" und sagen, „wie Bücher bei denen ankommen, für die sie geschrieben werden". Wie oft pro Jahr er das tun möchte, verschweigt er im Impressum nicht: Alle Vierteljahre. Wer das tun möchte, wird auch nicht geheimgehalten: die 15 1/2jährige *Nisika Müller*, die 16jährige *Marion Fehlker* („und viele andere"). Als Interviewer treten (in Nummer 1) auf: *Timmy* (15) und *Mario* (17).

Ein Blick in die Start-Ausgabe:

- *Prof. Dr. Rudolf Denk:*
  „KJL – Reservat oder Eldorado für Bücherwürmer? (Grundsatz-Artikel)
- „,Der Bücherwurm' bei Michael Ende"
  (Interview, Teil 1)
- „Ein breiter Schopf und ein siebenfarbiger Körper"
  (Verlagsporträt Breitschopf, Wien)
- „Neues aus der Bücherkiste"
  (Kinder und Jugendliche besprechen neue KJL)
- „Themen, Tips, Termine"
  (Zusatzinformationen, z.B. eine Kurzbesprechung des 4. Almanachs „lieber lesen")
- „Neue Bücher auf einen Blick"
  (Liste der Neuerscheinungen '87, nach Verlagen geordnet, Teil 1)

Eine Leser-Ecke (vorletzte Seite) ist denen reserviert, die ihre Meinung gern schreiben.

Auswahl

Herausgestellt: „Eine Hand voller Sterne"

Rafik Schami – Multitalent des Multikulturellen

Vorschußlorbeeren eingeheimst

Längst ausgezeichnete Bücher, 1987 erschienen

KJL ′87 – erste Wahl!

Welche Kinder- und Jugendbücher ′87 verdienen Prädikate?

Herausgestellt: „Eine Hand voller Sterne"

Rafik Schami – Multitalent des Multikulturellen

Er lebt erst gut 15 Jahre in der BR Deutschland, ist 41 Jahre alt, Doktor der Chemie, als Zwanzigjähriger Mitherausgeber einer Wandzeitung in seiner Heimatstadt Damaskus, als Neunzehnjähriger Märchenschreiber mit sozialkritischem Engagement und humanitärem Anspruch: *Rafik Schami*. In wenigen Jahren (seit 1982 publiziert er als freier Schriftsteller, wohnhaft bei Mannheim) konnte sich dieser Name im literarischen Betrieb hierzulande Klang verschaffen. *Schamis* Bücher erschienen im Verlag Das Arabische Buch, Berlin („Der Fliegenmelker und andere Erzählungen"), im Neuen Malik Verlag, Kiel („Das letzte Wort der Wanderratte" – bereits als Taschenbuch bei dtv erhältlich –, „Der erste Ritt durchs Nadelöhr", „Das Schaf im Wolfspelz", zuletzt hier 1987 „Märchen und Märchenhaftes aus meinem Dorf" unter dem Haupttitel „Malula"), im Jungbrunnen Verlag München und Wien, das Bilderbuch mit den Illustrationen von *Erika Rapp* „Bobo und Susu", im Verlag Beltz & Gelberg, Weinheim endlich „Eine Hand voller Sterne".

Dieser Titel machte *Rafik Schami* im KJL-Bereich schlagartig bekannt, sicherte ihm nicht nur Beachtung auf Ehren- und Empfehlungslisten (s.S. 208ff.), sondern auch Preise (s.S. 240), möglicherweise folgen da noch nächstes Jahr einige nach – es wäre wünschens- und erstrebenswert.

„Von diesem unbekannten Orient, den ich liebe und hasse..."

Im „Publik-Forum" (Nr. 16 vom 14. August 1987) stellte *Rafik Schami* seinen Entwicklungsroman „Eine Hand voller Sterne" selbst wie folgt vor:

Es fehlt noch, daß Lateinamerikaner eine neue Theologie der Befreiung nach Europa schmuggeln, Afrikaner den Europäern eine praktische Lektion in der Frage der Menschenrechte erteilen und hier lebende Ausländer, denen, die sich für die wahren Verwalter der bürgerlichen Demokratie halten, das Recht auf gleichberechtigte Gegenwart und Zukunft abverlangen! Das fehlt in der Tat. Und weil es an diesen und anderen wichtigen Dingen hier mangelt, schmeckt das Leben nach Betrug.
Die Leserinnen und Leser mögen es für übertrieben halten, wenn ich behaupte, daß sie um vieles betrogen werden. Aber sie sollen sich einmal fragen, was sie vom Orient und seinen Lebensformen wissen – einem Kulturraum, von dem sie drei Religionen, die arabische Null (ohne die der geliebte Computer unvorstellbar wäre) und nicht zuletzt das Erdöl importiert haben. Ich wünschte mir, die Mehrheit würde mich eines Besseren belehren, doch meine Erfahrung in sechzehn Jahren Aufenthalt in diesem Land lassen nicht viel Raum für solche ausgefallenen Wünsche.

Verbittert kann aber nur der sein, der keine Hoffnung mehr hat, und Hoffnung ist die Tochter der Geduld. Geduld haben wir im Orient mit der Muttermilch bekommen, weil unsere Mütter weise waren und wußten, was auf uns zukommt.

Von diesem unbekannten Orient, den ich liebe und hasse, erzählte ich oft, ob in Märchen oder in orientalisch realistischer Form. Mein letztes Buch handelt von einem Bäckerjungen, der in Damaskus lebt – die Stadt, die nicht nur Saulus in Paulus verwandelte, sondern Menschen verschiedener Nationalitäten ein Zuhause gab. Der Junge erzählt in seinem Tagebuch von seinem Freund, dem alten Kutscher Salim, der herrliche Geschichten erzählen kann; von Nadia und seiner Liebe zu ihr; von der Schule und vom Basar, auf dem seine Mutter Meisterin im Handeln ist. Aber es gibt auch Armut, politische Verfolgung und Angst in der Stadt. Den einzigen Ausweg, die Dinge zu verändern und sich selbst und seinen Vorstellungen treu zu bleiben, sieht er in dem Beruf des Journalisten. Er trifft einen erfahrenen und frustrierten Zeitungsredakteur, der viel im Untergrund gelitten hat und verzweifelt versucht, dem Jungen von diesem lebensgefährlichen Weg abzuraten, doch der Junge hat Hoffnung und gibt nicht auf.
Ich möchte eine der vielen Episoden, die das Leben in der Stadt im Orient beschreiben, hier halb erzählen. Ich sage halb, damit niemand sich betrogen fühlt:

Ein armer Mensch wurde arbeitslos. Er war sehr gläubig und ging immer wieder in die Kirche, betete und betete, aber er fand keine Arbeit. Einmal bemerkte er, daß der Kasten unter dem Bild der Heiligen Maria voll mit Münzen und Geldscheinen war, aber der Kasten unter dem Bild von Jesus war fast immer leer.
Eines Tages hatte der Mann die Nase voll vom Betteln. Er ging in die Kirche, stand vor dem Bild der Heiligen Maria und sprach zu ihr. „Heilige Maria. Ich suche den ganzen Tag und finde keine Arbeit. Meine Kinder brauchen ihr Essen und Kleider und ich meinen Schnaps, aber wie du siehst, keine müde Münze besitze ich. Ich bin nicht schlecht. Schau doch den Kasten deines Sohnes an. Nix. Der Wind pfeift darin. Und er ist auch nicht schlecht. Darf ich zwanzig Lira nehmen? Ich teile sie auch mit deinem Sohn, zehn für mich und zehn für ihn. Meine Kinder bekommen das Essen und ich meinen Schnaps. Dein Sohn steht dann nicht schlecht da. Wenn du nicht willst, sage es, dann lasse ich die Finger davon."
Das Bild hat natürlich nicht geantwortet, und der Mann tat, was er gesagt hatte. Am nächsten Tag kam er wieder, nahm und teilte. Er fragte aber immer, ob die Heilige Maria etwas dagegen habe, und sie sagte nie nein.
Der Pfarrer der Kirche rätselte lange über diese plötzliche Veränderung bei den beiden Opferkästen nach. Noch nie in zehn Jahren hatte er solch niedrige Zahlen bei Maria und solch gute bei Jesus gesehen. Um den Grund herauszufinden, versteckte er sich hinter dem Bild Jesu und wartete. Der Mann kam, schaute zu Boden und sprach: „O Heilige Maria, seit zwei Wochen suche ich und finde keine Arbeit. Meinen Kindern und meiner Frau habe ich gesagt, daß sie alles, was ich ihnen gebe, deinem guten Herzen verdanken, und sie beten jeden Tag für dich. Meine Frau hat dich vorher nicht leiden können, aber jetzt kannst du auf sie rechnen, wenn du Schwierigkeiten hast. Naja, ich rede heute so viel, weil die Miete wieder bezahlt werden muß, und ich schäme mich. Aber im Kasten von deinem Sohn erkälten sich die Holzwürmer vom Luftzug. Aber wenn du nicht willst, dann sage es, und ich lasse alles."
Wie die Geschichte weitergeht? Das kann jeder in dem Roman „Eine Hand voller Sterne" nachlesen.

Traum und Wirklichkeit des Menschwerdens

Vierzehn ist der Icherzähler, als er seine Tagebuch-Eintragungen beginnt, siebzehn ist er, als er das Schreiben zu seinem Beruf erwählt und – man mag es als Leser bedauern – das Buch zu Ende gebracht ist. *Rafik Schami*, der Bäckerjunge aus der Altstadt von Damaskus, emanzipiert sich früh. Mit außergewöhnlichem intellektuellen Instinkt ausgestattet, aber auch mit der Hilfe weniger „Begleit"-Figuren auf der Wanderung aus der Kindheit ins Erwachsenenwerden gelingt dem Jungen, was in Künstlerkreisen „Durchbruch" heißt.
Das Buch strotzt vor Geschichten, Anekdoten, Aphorismen. Sie alle sind, eine jede von ihnen, ebenso gut für sich von Reiz und Wert, ergeben aber, zusammengenommen, eine geradezu dramaturgisch kunstreich gewobene Einheit, ein Erzählgeflecht, das vom Leser nie entwirrt zu werden braucht, weil es in einfacher Diktion gehalten ist, mit leuchtenden Farben des Witzes

Die Kritik zeigte sich in längeren Rezensionen höchst interessiert an „Eine Hand voller Sterne". Abgesehen von überschwenglichen Lobeshymnen in Fachorgangen schenkte die Tagespresse dem Buch viel Aufmerksamkeit, das schließlich von nichts anderem als von einem Jungen erzählt, der den Beruf des Zeitungsschreibers anstrebt, der Gedichte verfaßt und im zarten Poeten-Alter von 15 Jahren in einem Poem-Sammelband mit Versen vertreten ist, der Geschichten von seinem Freund Salim einsaugt wie Muttermilch und als Journalisten-Eleve zusammen mit einem Profi Zeitungsbotschaften in Billig-Socken versteckt und verbreitet...

Hans ten Doornkaat im ZÜRCHER TAGES-ANZEIGER vom 27.7.87: *„... Statt sie zu langfädigen Kapiteln auszubauen, verpackt* ***Rafik Schami*** *seine Geschichtenkerne als Tagesnotizen. Dabei ersetzt die Vernetzung der Einzelmomente das reflektierende Beschreiben. Eltern und Nachbarn erklären sich selbst durch ihre Aussagen. Dieses Verfahren zeigt* ***Schamis*** *Nähe zum mündlichen Erzählen, welches seine Intensität aus dem Lebenszusammenhang der Fragemente gewinnt. Dadurch haben die Schnurren aus der Vielvölkerstadt dasselbe Gewicht wie die politischen Früherfahrungen des schreibenden Knaben im Syrien der Nachkriegszeit..."*

Birgit Dankert in DIE ZEIT (16/87): *„...* ***Rafik Schami*** *psychologisiert nicht. Die Erklärungsmuster für das Verhalten seiner Figuren entstehen aus den einfachen Zusammenhängen von Ursache und Wirkung oder offenbaren die Nutzanwendung aufgeschnappter Geschichten, Redensarten und Ratschläge vertrauter Personen. Doch die scheinbare Eindimensionalität der Tagebuch-Eintragungen täuscht. Unnachahmlich verbindet der Autor die beschränkte Weltsicht seiner Protagonisten mit der Botschaft des Erzählers: Ein armer Junge in einem politisch unfreien Land des Orients will Dichter und Journalist werden. Das kann er menschlich integer nur mit liebevoller Unterstützung von Familie und Freunden und auf dem gefährlichen Weg des politischen Abweichlers..."*

„hom" im MANNHEIMER MORGEN (6.11.87): *„...Sich einsetzen für ein freieres menschlicheres Leben – das ist das Ziel des intelligenten Ich-Erzählers, das er als Journalist im Untergrund zu erreichen hofft. Leicht ist das nicht, denn der Vater unterstützt seine Pläne nicht, und nur der 75jährige Onkel Salim, sein Freund, der die* *besten Geschichten von Räubern, Königen und Feen weiß, hilft ihm, weil er an ihn glaubt..."*

Klaus Farin *in DER TAGESSPIEGEL (Nr. 12 728, 9.8.87):*
„...Für ***Rafik Schami*** *ist die literarische Arbeit eine List, um in die Köpfe der Menschen zu gelangen, sie mit Inhalten zu konfrontieren, die sie gerne verdrängen. So verknüpft er in seinen Märchen, die ihn hierzulande bekannt machten, spannende Elemente der orientalischen Erzähltradition mit Erfahrungen, die er hier und heute macht, als Fremder in Deutschland..."*

Anna Katharina Ulrich *in NEUE ZÜRCHER ZEITUNG (Nr. 253/87):*
„...Das Tagebuch ist ‚echt' und auch nicht, d. h. gewiß nicht einfach von einem Kind geschrieben, sondern vom Autor als eine literarische Form gewählt, die es erlaubt, zu zeigen, wie mündliches Erzählen aus je unmittelbarer innerer Notwendigkeit heraus ins Schriftliche kommt. Das Ergebnis ist ein ebenso wahrheitsgetreues wie bilderreiches, ebenso witziges wie ernstes Buch. Ein Buch für wen? Für Erwachsene gewiß; doch auch (obwohl oder gerade weil es von Jugendbuchtraditionen in vielem abweicht) für Kinder ab etwa 12, denen es sprachlich gut zugänglich und inhaltlich so angemessen ist wie die Welt, in der Kinder leben..."

und Humors durchsetzt, weil es dazu angetan ist, daß man sich darin, lesend, verfängt.

Dabei erfährt man von Armut und Fröhlichkeit im Damaskus der Sechzigerjahre, Syriens Vielvölker-Metropole nach der errungenen Unabhängigkeit Syriens von Frankreich. Der Bäckerbub kennt prächtige Weggenossen: das Schreibtalent fördernde Lehrer, eine ihn rückhaltlos stützende und liebende Freundin (Nadia), arbeitsame, für die beruflich abweichenden Ambitionen des Sohnes freilich wenig Verständnis zeigende, allerdings solidarisch-liebevolle christgläubige Eltern, wunderbare Schulfreunde und Nachbars-Kameraden. Aus allen aber ragt eine Gestalt heraus, die von besonders starkem Einfluß auf Geist und Gemüt, auf Entscheidungsfähigkeit und Phantasieentfaltung des Jungen ist: Onkel Salim (schon aus dem „Fliegenmelker" sympathisch bekannt). Der ehemalige Kutscher, 75 Jahre alt, ist ein Lebenskünstler von anarchistischer Aufmüpfigkeit und kindlicher Denkart, besitzt eine Menge Erfahrung (mehr bittere als süße) und einen Schatz von Geschichten. Diese quellen aus dem Herzen des Alten, daß es unzweifelhaft so etwas geben muß wie eine unversiegbare Erzähltradition des Orients. Der Junge lernt aber auf dem Weg zum Menschsein eine Reihe guter Weggenossen kennen, allen voran den Journalisten Habib. Dem bringt der Junge zunächst täglich das rescheste, knusprigste Brot aus Vaters Backstube, bald aber nimmt der Austräger von seinem Kunden, was der ihm zu bieten hat: Einblick in den (Traum-)Beruf des Journalisten, Hinweise und Tips zum Artikelschreiben, nicht zuletzt seine Wohnung als Freiraum für erste Liebesabenteuer mit Nadia. Gemeinsam arbeiten sie an einer Untergrund-Zeitung und bewirken politisch wenigstens dies: die Leute hellhörig und sensibel zu machen gegen eine sie knechtende und sie zu willfährigen Instrumenten degradierenden (Militär-) Regierung. Welches Leid über Damaskus, die Saulus-Paulus-Stadt, herabkommt durch Geheimdienst-Spitzelei, Verhaftungs-Campagnen, Folterungen, politische Verfolgungsjagden und Schikanen – das erfährt der Tagebuchschreiber früh genug – im eigenen engen Lebensbezirk ist die „große" Politik zum Anfassen nah.

Rafik Schami, der Kultur-Vermittler zwischen Ost und West; der köstliche Erzähler; der sich bekennende Christ; der kunstvolle Schriftsteller; der einfühlsame Pädagoge – in „Eine Hand voller Sterne" kann man diesem Multitalent des Multikulturellen begegnen. Der Leser, ob jünger, ob älter, wird beglückt durch so viel Ursprünglichkeit, Lebensweisheit, Poesie. Sie fließen ineins in diesem fiktiven Tagebuch-Band, der auf politische und psychologische Realität verweist wie selten ein Buch, das in einem Jugendbuchverlag (1987) veröffentlicht wurde.

Vorschußlorbeeren eingeheimst

Längst ausgezeichnete Bücher, 1987 erschienen

Was – vor allem im Ausland – längst als preiswürdig „abgezeichnet" wurde, ist mit ein wenig Verspätung auch bei uns zu haben und zu bestaunen. 15 ausgewählte KJL-Neuerscheinungen des Jahres '87 mit Vorschußlorbeeren – bitte notieren!

Christina Björk/Lena Anderson:
LINNEA IM GARTEN DES MALERS
Aus dem Schwedischen von Angelika Kutsch
54 S. *(C. Bertelsmann)*

erhielt den „Premio per la letteratura didatica" im Rahmen des '87er Europäischen Jugendbuchpreises in Padua. Das Original ist 1985 erschienen. So unwahrscheinlich es klingen mag, daß ein 8jähriges Mädchen mit ihrem ältlichen Freund, dem Rentner Blümle, nach Paris fährt, um dort auf den Spuren des Seerosenbilder-Schöpfers Claude Monet zu wandeln – so liebevoll und sachlich exakt ist dieses Kindersachbuch dennoch gestaltet, daß es zu den herausragendsten des Jahres 1987 zu rechnen ist. (Ab 8)

Catherine Dolto:
EIN KIND WIRD ERWARTET
Die neun Monate vor seiner Geburt
Bilder von Volker Theinhardt
Aus dem Französischen von Zoe Herzog
60 S. *(Rex)*

erhielt 1986 den Grand Prix Scientifique pour la Jeunesse de l'Argonaute Fondation Diderot. Die Autorin ist Kinderheilkunde-Spezialistin und Ärztin. Sie kann sich als Kindermedizinerin ausgezeichnet in die Fragehaltung des kleinen Kindes hineindenken und kompetent diese Fragen beantworten, die Kinder an Schwangerschaft und Geburt richten. In kleinen Schritten entfaltet Catherine Dolto das Wissen um die Entstehung des menschlichen Lebens. (Ab 7)

Heike Ellermann:
EIN BRIEF IN DER KAPUZINERKRESSE
o. Pag. *(Beltz & Gelberg)*

erhielt 1986 den Oldenburger Kinder- und Jugendbuchpreis (Manuskript und Bilder); vgl. 4. Almanach S. 249. Die sozialkritisch engagierte Autorin und Malerin erzählt eine reizvolle Kindergeschichte um eine Zetteljagd nach einem geheimnisvollen Schatz. Dieser wird – gemeinsam mit vielen Kinder – gehoben, und zwar in einem Türkenviertel, wo die Schatzsuche zweisprachig weitergeführt werden muß. Der Schreib- und Aktionsphantasie der Kinder sind keine Grenzen gesetzt. Deutsche und Türken können sich so besser verstehen (lernen). (Ab 7)

Mem Fox (Text)/Julie Vivas (Bilder):
OMA POSSUMS ZAUBER-SCHAU
Aus dem Englischen von Doris und Michael Mailänder
o. Pag. *(Franckh/Kosmos)*

erhielt den australischen Bilderbuchpreis und wurde in Australien bereits über 200.000mal verkauft. Das Original erschien 1983. Ein Tausendkünstler, diese Oma Possum; denn sie kann ernste Dingos lachen und Emus klein und putzig machen. Was aber ihr schönster Zauber war, wird in kuschelig-süßen Bildern erzählt: Sie machte Plum-Plum unsichtbar. Als unsichtbares Wesen hat man aber seine liebe Not und seine hellen Freuden zugleich. Letztlich wünscht Plum-Plum wieder „normal" zu werden. (Ab 5)

Donn Kushner:
ONKEL JACOBS GESPENSTER-GESCHICHTE
Deutsch von Wulf Teichmann
195 S. *(Boje)*

erhielt die Auszeichnung „Book of the Year for Children" der Canadian Library Association. Das Original erschien 1984 in Kanada, wo man sich vor Begeisterung in der Presse überschlug: „Eine Geschichte voller Einfallsreichtum und Meisterschaft", „...voller historischer Anspielungen und von einem einzigartigen Gespür für die Geheimnisse des Lebens." Onkel Jacob wandert aus einem polnischen Dorf nach Amerika aus, wird aber hier nie heimisch. – In der Tradition der besten jüdischen Literatur stehend! (Ab 12)

Tormod Haugen:
DER ROMAN ÜBER MERKEL HANSSEN, DONNA WINTER UND DIE GROSSE FLUCHT
Aus dem Norwegischen von Gerda Neumann
273 S. *(Benziger Edition, Arena)*

erhielt einen der beiden Preise für das beste erzählende Buch beim Europäischen Jugendbuchpreis 1987 in Padua. Das Original ist 1986 erschienen. – Dies ist nicht „einfach" die Geschichte von Kindern/Jugendlichen, die Schwierigkeiten mit dem Großwerden, Sichablösen und Selbständigwerden haben (und deshalb von zu Hause abhauen), sondern dies ist ein in der KJL neuer Versuch, das „Werden" einer Erzählung und die Probleme bei ihrer Abfassung dem Leser mitzuteilen. (Ab 14)

Christine Nöstlinger:
DER HUND KOMMT!
Roman für Kinder
Bilder von Jutta Bauer
202 S. *(Beltz & Gelberg)*

erhielt den Österreichischen Staatspreis für Kinder- und Jugendliteratur 1987. Längst hat der Hund es verdient, sich zur Ruhe zu setzen, doch er möchte in der Welt draußen doch noch Neues sehen und erleben und dort mit anpacken, wo man ihn braucht. Doch er eckt da an und dort und muß bald erkennen, daß das selbstlose Helfen gar nicht überall als solches aufgefaßt wird. Man versäumt allerhand, wenn man nie in die weite Welt geht, aber ebensoviel, wenn man nicht daheim ist... (Ab 10)

Susanne Riha:
WIR SCHLAFEN, BIS DER FRÜHLING KOMMT
o. Pag. *(Anette Betz)*

erhielt eine ehrenvolle Nennung für die Illustrationen auf der BIB 1987. – Vom Braunbären bis zum Zitronenfalter wurden große und winzige Tiere aus Wald, Gebirge, Wiesengrund und Teichlandschaft ausgewählt, an denen das Phänomen des Winterschlafes bzw. der Winterruhe aufgezeigt wird. Zu jedem Tier wird auf der linken Seite erzählt, was es vom Frühjahr bis zum Winteranbruch getrieben hat. Dieser Text bezieht sich auf die Bildseite rechts, die aus zehn schmalen Bildchen besteht, die ein großes Bild einrahmen. Da muß man genau hinschauen, was aber viel Vergnügen bereitet. (Ab 6)

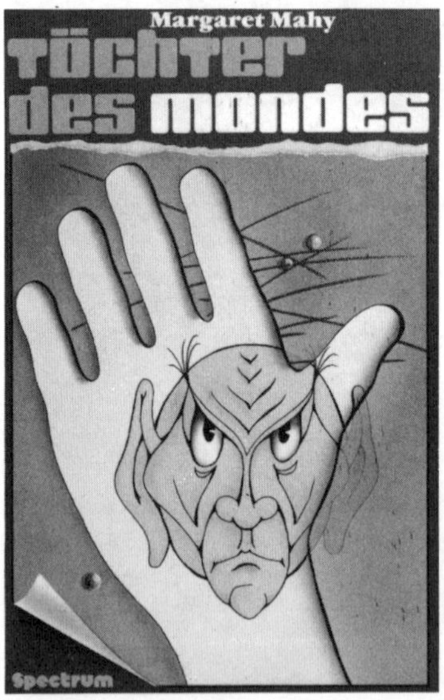

Margaret Mahy:
TÖCHTER DES MONDES
Aus dem Englischen von Cornelia Krutz-Arnold
199 S. *(Spectrum)*

erhielt 1984 für „The Changeover" (deutsch: „Töchter des Mondes") die Carnegie Medaille. Das Original ist 1984 erschienen. – Der 14jährigen Laura glaubt keiner, als sie zu wissen meint, daß der gräßliche Ladenbesitzer schuld ist am rapiden Verlust der Lebenskräfte ihres kleinen Bruders Jacko. Doch die „Töchter des Mondes" glauben Laura, und Laura muß eine schwierige Entscheidung treffen. Keine Fantasy-Story im üblichen Sinn, sondern eine glaubhafte und lebensechte Phantasie-Erzählung vom Hereinbrechen dunkler Mächte. (Ab 14)

Joke van Leeuwen:
DEESJE MACHT DAS SCHON
Geschichte mit Bildern
Aus dem Niederländischen von
Mirjam Pressler
136 S. *(Beltz & Gelberg)*

erhielt bereits in Holland den Goldenen Griffel bzw. den Silbernen Pinsel 1986. Das Original ist 1985 erschienen. – Joke van Leeuwen ist ein Multi-Talent, das es versteht, mit einer tiefgehend-witzigen, humorgeladenen und psychologisch klug ausgeleuchteten Mädchen-Geschichte zu begeistern, die sowohl vom Text her wie von den ihn eng begleitenden Zeichnungen her lebt. Die kleine Deesje, nachdenklich und still, erlebt ungeahnte Abenteuer in der großen Stadt. (Ab 9)

Cynthia Voigt:
WIR TILLERMANS SIND SO
Übersetzt von Matthias Duderstadt
256 S. *(Sauerländer)*

erhielt die Newbery Medal (Originalausgabe von 1982) und ist die in sich geschlossene Fortsetzung von „Heimwärts" (Sauerländer 1986). Darin hatte bekanntlich die depressiv gewordene Mutter ihre vier Kinder verlassen, und die älteste der Geschwister, Dicey, bringt alle zur Großmutter. Fünf Menschen müssen nun ein Leben miteinander versuchen, das Überwindung, Rücksichtnahme, Anpassung und Verantwortung – von allen – abverlangt. Beeindruckende Szenen! Was Kindern in schwierigen Situationen doch zugetraut werden kann! Ein mitreißendes Buch. (Ab 14)

Raija Siekkinen (Text)/Hannu Taina (Bilder):
DER HERR KÖNIG
o. Pag. *(bohem press)*

erhielt den Grand Prix 1987 der BIB. Das Original (deutsche Bearbeitung: Danielle Heufemann) ist 1986 in Finnland erschienen. – Ein einsamer König hat nur eine große Bibliothek und nur einen einzigen Wunsch: zu Freunden und Nachbarn zu kommen, Kontakt zu kriegen, nicht zu herrschen. Der unerwartete Besuch einer schönen Riesenkatze soll bald alles ändern. Die sinnreiche und geradlinige Geschichte ist sinnenfällig und vielfältig in Aquarell-Szenen von zarter Schönheit umgesetzt. Das Auge wird mild auf Antike gestimmt und kostet vom Hauch des Südens. (Ab 4)

Ralph Steadman:
DAS IST PAPA
Aus dem Englischen von G. G. Wienert
o. Pag. *(Este)*

erhielt den „Critici in Erba"-Preis der Kinderbuchmesse Bologna 1987 zugesprochen – von 9 Kindern zwischen 6 und 9 Jahren. Umwerfend aggressiv, ironisch, springen die Bilder den Betrachter an: Groß- und Nahaufnahmen mit bissigem Pinsel, der die Körperausschnitte eines Mannes, von dem der imaginäre Ansprechpartner behauptet, es sei sein Papa, aufs Korn nimmt. Dieser wandelt sich aber rasch in ein skurril aussehendes Lebewesen mit Anleihen von Eichkater, Elefant, Vierfüßler & Co. Gehört ins Kuriositätenkabinett. (Ab 6)

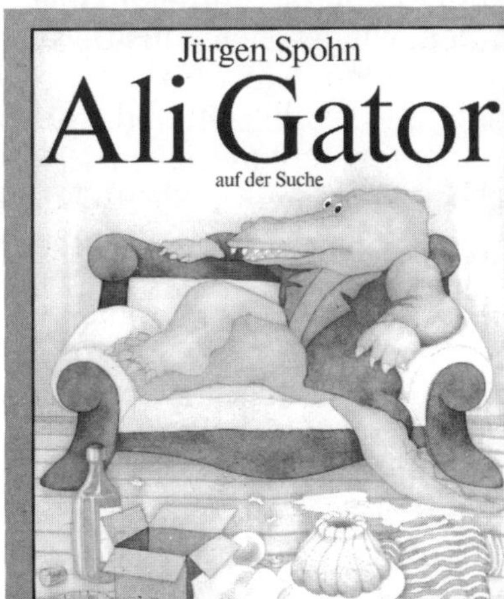

Jürgen Spohn:
ALI GATOR AUF DER SUCHE
o. Pag. *(Thienemann)*

erhielt eine Plakette (neben Janosch für „Der alte Mann und der Bär") auf der BIB '87. Wieder ist Spohn zu feinem Schabernack aufgelegt. Auf den skurrilen Ali Gator werden sich Spohn-Fans gerne einlassen bzw. werden ihm gern auf seiner Reise folgen und sich freuen, wenn er – nach langer Suche – endlich seine Ali-Gate findet. Die Verse sind voller ironischer Anspielungen und (wohl nicht ohne Absicht) teilweise dem Kitschkästlein entlehnt. – Eine Lese-, Hör- und Schaulust besonderer Art – weil stets mit einigen „bösen" Hintergedanken gewürzt... (Ab 7)

Claudia Schnieper (Text)/
Felix Labhardt (Fotos):
BAUMEISTER DACHS
40 S. *(Kinderbuchverlag Luzern)*

gehörte zu den Buchtiteln, die 1987 den Schweizer Jugendbuchpreis erhielten (S. auch S. 57ff.). Aus den Fotobilderbüchern des Schweizer Verlages ragen immer wieder einzelne Titel besonders hervor, so dieser über den Dachs. Auf meisterhaften Farbfotos kann man das Leben des Dachses verfolgen, dessen Erforschung im Vergleich mit anderen Wildtieren hinterher hinkt. Im Mittelpunkt des lehrreichen Sachbuches mit durchgehendem Erzähltext steht Meister Grimbart als Meister der Architektur. Kinder gewinnen den Dachs lieb, indem sie von ihm erfahren. (Ab 9)

KJL '87 – erste Wahl

Welche Kinder- und Jugendbücher verdienen Prädikate?

Folgenden Prädikaten wurden die im folgenden ausgewählten KJL-Neuerscheinungen des Jahres 1987 zugeordnet:

aktuell
anregend
aufschlußreich
familienfreundlich
fesselnd
gehaltvoll
gelungen
geschichtsbildend
kostbar
nützlich
originell
phantastisch
problemgeladen
traumhaft
überzeugend
vergnüglich
vorlesenswert
zauberhaft

In dieser (alphabetischen) Reihenfolge wird die KJL-'87er „erste Wahl" vorgestellt. Zusammen mit den Titeln aus dem vorausgehenden Kapitel wurden also exakt 105 Titel (das entspricht etwa 5 Prozent der Jahresproduktion '87) ausgewählt.

Wer die Wahl hat, hat die Qual, besonders dann, wenn sich viele zur Wahl stellen. Rund 2000 KJL-Neuerscheinungen waren es mit Sicherheit auch 1987 wieder, die der Markt darbot; seit Jahren liegt die Zahl der neu erscheinenden „Jugendschriften" (wie sich der Börsenverein des Deutschen Buchhandels noch immer ausdrückt) in diesem Zahlenbereich. Vieles davon geht – leider oder gottlob – unter, manches dringt gar nicht an das Ohr des Auswählenden, einiges bleibt aus Diskussionen, Fachgesprächen, Unterredungen mit Buchhändlern, Bibliothekaren im Gedächtnis, das eine oder andere gräbt sich sogar ins Bewußtsein durch Rezensionen, Nennungen auf Auswahl-, Ehren- oder Empfehlungslisten. Nicht alles kann ein einziger „Juror" lesen, wenngleich er eine erkleckliche Anzahl von Stunden das ganze liebe lange Berichtsjahr über vor Bücherbergen und -regalen, auf Tagungen, Messen, Ausstellungen Erkundungen einholt, Kundigere (als er selbst es, aus purer Zeitnot, sein kann) befragt und im Lesesessel verbringt.

Diesmal wurden Prädikate vergeben, um der faden Anordnung nach Sparten (Bilderbuch, Erzählendes Kinder- und Jugendbuch, Sachbuch etc.) einmal zu entraten. 18 Prädikate, die üblicherweise Büchern zugesprochen werden, lenken den Blick in bestimmte Richtungen, machen vielleicht auch neugierig oder provozieren zum Widerspruch (s. Randspalte!).

Was nicht in dieser '87er 18x5-Bücher-Selektion „erster Wahl" zu finden ist, aber dennoch empfehlens-, lesens-, anschauens-, besprechens- und vermittelnswert ist, wird auf den übrigen Seiten dieses Jahrbuches vorgestellt, insbesondere in den Kapiteln „Herausgestellt" und „Vorschußlorbeeren eingeheimst". Allen Verlagen (gewiß den darin fungierenden Personen) sei für Unterstützung und Hilfe, Buchzusendungen und Hinweise von Herzen gedankt. Um Nachsicht seien alle gebeten, deren Werke hier nicht genannt sind. Sie sollten wissen, daß Kapazitäten beschränkt sind – die des Rezensenten ebenso wie die der Platzvorgabe in diesem Buch.

Prädikat: aktuell

*Die folgenden Illustrationen dieses Kapitels stammen von **Hanne Türk** und stellen die Maus **Philipp** dar. Die Motive sind dem Philipp Postkartenkalender 1989 entnommen, der im Verlag Neugebauer Press erscheint.*

Hans Frevert (Hg.):
SIGNAL. DAS BUCH FÜR JUNGE MENSCHEN
Neunte Folge. Zwischentexte: Klaus Klöckner, Bilder von Christian Kühnel
320 S. *(Signal)*

Dieses Lesebuch sollte im Regal eines jeden Heranwachsenden (ab 16 J.) Platz erhalten: eine engagiert gemachte Anthologie mit Texten, die Probleme des politischen und gesellschaftlichen Zusammenlebens der Menschen und Völker ansprechen, Probleme, mit denen wir alle fertig werden müssen, die wir aber wohl nie lösen können: Suche nach mehr Frieden und Gerechtigkeit, Gewaltlosigkeit und Verantwortung, Vertrauen. Schriftsteller und Politiker erzählen, mahnen, klagen an. Ihre Appelle sollten uns alle betroffen machen.

Hans-Martin Große-Oetringhaus:
UNTER DEN FÜSSEN DIE GLUT
Kinder auf den Philippinen
152 S. *(Rowohlt-rotfuchs)*

Nicht nur, weil „terre des hommes" 1987 das 20jährige Bestehen feiert, sondern vor allem, weil dies ein wichtiges und gutgeschriebenes Jugendbuch (Leser ab 13 J.) ist, sollen die hier abgedruckten authentischen Reportagen, Fallbeispiele, Erzählungen zum Lesen und Darüberreden nachdrücklich empfohlen werden. Bisher gab es kein eindringlicher wirkendes Buch über die derzeitige Situation der philippinischen Kinder der Nach-Marcos-Aera. Bei „terre des hommes" (Postf. 4126, D-4500 Osnabrück) kann Ausstellungsmaterial zum Buch-Thema angefordert werden.

Karin Gündisch:
IM LAND DER SCHOKOLADE UND BANANEN
Zwei Kinder kommen in ein fremdes Land
Bilder von Peter Knorr
119 S. *(Beltz & Gelberg)*

Das „fremde Land", in das eine rumäniendeutsche Familie mit zwei Kindern kommt, in das sie also „ausgesiedelt" wird, ist die Bundesrepublik Deutschland. Wie die Rumäniendeutschen die erste Zeit im Übergangsheim hierzulande erleben: Entbehrungen, deprimierendes Warten, ungewisse Zukunft – das schildert die Autorin, selbst rumäniendeutsche Aussiedlerin, in kurzen, prägnanten, aussagestarken, dichten Episoden. Ein Nachwort klärt die jungen Leser (ab 9 J.) über Zusammenhänge auf.

Gudrun Pausewang:
DIE WOLKE
Jetzt werden wir nicht mehr sagen können, wir hätten von nichts gewußt
157 S. *(Ravensburger)*

Vorstellbar – nicht nur für die in Sachen Friedensbewegung und Bürgerinitiativen engagierte Autorin – ist dies schon: Auch bei uns könnte sich ein Reaktor(un)fall, dem in Tschernobyl (1986) nicht unähnlich, ereignen. Die politischen „Reden" sind leer genug... Die 14jährige Janna-Berta versucht mit ihrem kleinen Bruder den undenkbaren Gefahren einer Verseuchung zu entrinnen. – Eine eindringliche Atom-Utopie in Romanform. Ob sie die Verantwortlichen aufrütteln, die Jugendlichen (Leser ab 14 J.) wach halten kann?

Barbara Veit/Hans-Otto Wiebus:
ZEIT DES ZORNES
„Warum wir für Greenpeace kämpfen."
12 Antworten
219 S. *(Schneider/Edition Pestum)*

Die Greenpeacer – was sind das eigentlich für Leute? Ein Dutzend von ihnen, die mit ihren Gesinnungsgenossen für die Erhaltung und gegen die Zerstörung der Natur kämpfen, wurden von den beiden Autoren (Journalisten) darüber ausgefragt, was sie über Greenpeace denken (dabei kommt nicht nur Zustimmung zum Vorschein), warum sie sich Greenpeace angeschlossen haben, wie die Arbeit bei Greenpeace aussieht. Menschen werden hier zu Wort gebeten, keine Helden, meist noch jüngere Frauen und Männer mit Ideen und Mut zur Tat. (Ab 14 J.)

Prädikat: anregend

Erich Ballinger:
ABC FÜR MINIDETEKTIVE
Ein Leselexikon
160 S. *(Ueberreuter)*

Ein solches Lexikon fehlte bisher: Ein Schmöker mit Stichwörtern (von „Agenten bis „Zinken") zum Thema „Detektive/Detektivgeschichten". Wie weit gespannt dieses Thema ist, erstaunt. Und wie schmackhaft es – mit Rätseln, Fallbeispielen, Autorenporträts, Stories, Spielen, Denkaufgaben, Informationen – jungen Leser zubereitet werden kann, ist ein zusätzliches Plus. Fast alles über Sherlock Holmes & Co. – bis hin zu Polizeimethoden und Verbrechertricks. Die lässig-lockere Aufmachung mit sw-Zeichnungen verlockt zum Lesen – von 10 Jahren an.

Ina Bimberg (Text), **Thea Ross** (Bilder)
BÄUME
46 S. (Buch) und Pflanzenpresse *(Coppenrath)*

Ein ideales Kombi-Material für den Pflanzenfreund liegt hier vor: ein ansprechendes Sachbuch, das in Bild und kurzem Text zwanzig Baumarten unserer mitteleuropäischen Flora vorstellt (Kinder müssen wieder Bäume kennenlernen) und zum Leser mit einer zusätzlichen Überraschung kommt: einer kleinen, dem Buch beigelegten Pflanzenpresse zum Blätterpressen. Diese können dann ins Buch eingelegt oder -geklebt werden. – Mit Büchern solchen „Verbund"-charakters bringt man selbst den ausgemachtesten Natur-Muffel dazu, sich aktiv mit einem Teil seiner Umwelt zu befassen. (Ab 9)

Sybille und Klaus Kalas:
DAS BIBER-KINDER-BUCH
48 S., mit Fotos *(Neugebauer)*

Auf das „Gänse-Kinder-Buch" (vgl. 4. Almanach S. 221) ließ die Konrad-Lorenz-Schülerin Sybille Kalas das „Biber-Kinder-Buch" folgen. Fotograf ist ihr Mann Klaus. Dem Buch liegen Forschungsarbeiten zugrunde, die am Institut für vergleichende Verhaltensforschung in Grünau im Almtal (Oberösterreich) durchgeführt wurden. Die Kinder (ab 8 Jahren) können lesen und auf Farbbildern erster Güte verfolgen, wie es in einer Biberfamilie zugeht, tief drinnen in einer Biberburg. Die Biber wieder heimisch werden lassen – das heißt zuerst, sich über sie nachhaltig und gründlich zu informieren.

Werner Liebetanz:
KEMBO UND DER COMPUTER
Bilder von Kai Johannsen
36 S. *(Metta Kinau)*

Der Hamburger Kleinverlag Metta Kinau bringt nicht nur ästhetisch, sondern auch inhaltich ansprechende Kinderbücher heraus. Eines davon: das von einem EDV-Spezialisten verfaßte und von Kai Johannsen in kühlrationale Optik übertragene Anleitungs-Buch, einen Computer und seine Funktion zu kapieren. Das Ganze ist in eine spannende Geschichte gekleidet und mit einem Erbsenspiel gewürzt. Ein einigermaßen waches Kind ist nach dem Lesen um einiges schlauer, und bestimmt hat es sich an der geschmackvollen Typografik erfreut. Ein beachtenswerter Wurf. (Ab 10)

George Shannon:
WIE WAR DAS?
Rätselgeschichten aus aller Welt
Bilder von Peter Sis
56 S. *(Sauerländer)*

Warum dieses anregende und originelle Buch ein so tristes Äußeres hat, weiß wohl nur der Verleger. Wer sich in die 14 wunderbaren, rätselhaften „Geschichten" hineinbegibt, erfreut sich dann doch bald an pointilistisch-phantasievollen sw-Zeichnungen orientalischer Couleur. Verzwickte Parabeln und „Aufgabengeschichten" sind das alles, aber die Lösung ist ja (wie auch die Quellenangabe) mitgeliefert. – Ein Büchlein für verwöhnte Rätselfreunde und Rätselbuchsammler. (Ab 10)

Prädikat: aufschlußreich

Christian Bachmann:
KOMM MIT INS REICH DER SINNE
Bilder von John Millns
125 S. *(Aare)*

Die Sinne sind unsere Lehrmeister. „Sie lassen uns die Welt erfahren, in der wir leben. Unsere Welt ist das, was wir von ihr fühlen, schmecken, riechen, hören und sehen. Aber die wahrnehmbare Welt ist nicht die ganze Welt..." – Der Autor führt den jungen Leser (ab ca. 10 Jahren) in die geheimnisvolle, nicht restlos erklärbare Sinnen-Welt, erläutert Zusammenhänge des sinnenhaften Wahrnehmens, zeichnet dazu Schaubilder und würzt alles mit viel Humor. Er lädt ein, die Welt der Sinne (und damit ein Stück Welt an sich) spielerisch zu erobern.

Matthias Duderstadt:
DAS SCHIFF-BUCH
Bilder von Ralf Jurszo
154 S. *(Sauerländer)*

Wie geht es an Bord eines Handelsschiffes zu? Wie lebt man da? Was wird da gearbeitet? Mit welchen technischen Handgriffen muß einer vertraut sein, der ein solches Schiff wie die „Mona Rosa" steuert? – Der Autor dieses ungewöhnlich poetisch und zugleich kenntnisreich gestalteten Sachbuches macht den Leser mit dem Aussteiger Thomas (einer Autobahn-Anhalter-Bekanntschaft) bekannt, der als Hilfskoch auf dem Küstenmotorschiff „Mona Rosa" von Hamburg nach Halden in Norwegen anheuert. Viel Wissenswertes über Schiffsbau und Seefahrt. (Ab 12)

Irmgard Lucht:
DIE WALD-UHR
Das Jahr des Waldes mit seinen Pflanzen und Tieren, gemalt und erzählt von I. L.
Naturkundliche und forstliche Beratung: Dieter Koenig, 38 S. *(Ellermann)*

Das mit einem „Luchs" (s. S. 217) ausgezeichnete Kindersachbuch der bekannten Ellermann-Uhrenreihe besticht durch seinen klaren Aufbau ebenso wie durch seine ruhig-gelassene Art der Bild-Text-Information. Das Kind wird, Monat für Monat, durch den Wald als Lebensraum von Tier und Pflanze geführt – wobei jeweils andere sachkundliche Aspekte dominieren. Die große Kunst einer Grafikerin des liebevollen „Kleinen" ist hier in didaktischen Dienst genommen. (Ab 9)

Rudolf Majonica:
EIN SEEHUND AUS EISEN
Das erste U-Boot und das abenteuerliche Leben des Erfinders Wilhelm Bauer
122 S., mit zahlr. Abb. *(Herder)*

Nur vier Zeilen über den „dt. Ingenieur" W.B. aus Dillingen (1822 bis 1875) im großen Lexikon – und jetzt aber ein ganzes (Jugend?-) Sachbuch über einen Bayern, der zu den ersten Erbauern von Unterseebooten zählt und u. a. Pläne für ein Unterwassergeschütz und ein halbstarkes Luftschiff entwickelte. Das Buch ist nicht nur eine ästhetische Augenweide durch das herausragende Bildmaterial, sondern ein veritables Exemplum eines gekonnt gemachten historischen Sachbuches. (Ab 14)

Nina Rauprich:
DIE SANFTEN RIESEN DER MEERE
Geleitwort: Alberto Joao Jardin
Vorwort: Petra Deimer
Bilder von Irmtraut Teltau, 172 S. *(Klopp)*

An seinem 12. Geburtstag wird der in Seenot geratene Manuel von Delphinen gerettet. Die deutsche Meeresbiologin Petra Deimer, mit der Manuel zusammen ist, setzt sich für das Einstellen des Walfangs ein, und Manuel ist zudem von dem alten Walfänger Luis-Alberto, dem Spinner, beeinflußt. Wie aber soll das Dorf, in dem Manuel – auch vom Walfang – lebt, durchkommen? – Ein aufschlußreiches, in spannende Rahmenerzählung gepacktes Umwelt-Buch für junge Leser ab 9.

Prädikat: familienfreundlich

Eloise Greenfield und **Lessie Jones Little:**
AUS UNSERER KINDHEIT
Erinnerungen aus drei Generationen
Übersetzung: Helga Lüdtke
Zeichnungen: Jerry Pinkney, mit Album-Fotos
144 S. *(Dressler)*

Gemeinsam mit ihrer Mutter schrieb Eloise Greenfield, 1929 geboren, von schwarzer Hautfarbe, dieses Buch, in welchem drei Generationen aus ihrer Kindheit in Amerika erzählen. Unglaublich, wie fern uns Ende der 80er Jahre die noch vor 120 Jahren üblichen Diskriminierungen der Schwarzen in der Nach-Lincoln'schen Aera anmuten! Erst Eloise wächst als freies schwarzes Mädchen auf... – Ein ausgezeichnet bebildertes und zu Generationsgesprächen anregendes Buch (ab 12).

Hanna Johansen:
FELIS FELIS
Eine Katergeschichte
Bilder von Käthi Bhend
144 S. *(Nagel & Kimche)*

Felis, der rotfellige Kater von prächtiger Gestalt, wird zum Katermann. Dieser Weg ist dornenreich, bringt ebensoviel Spaß und Lustmomente wie er notwendiges Durchhalte-und Durchsetzungsvermögen verlangt. Aber Felis hat es gut getroffen, bei liebevoll sorgenden Hausherren, die seine Eskapaden und Stromereien, Abenteuer und Freund-, Feind- und Liebschaften nicht nur ertragen, sondern mögen. Zur Kostbarkeit wird das leise ironische Erzählen durch die zarten, trefflichen Zeichnungen einer bewundernswerten Künstlerin. (Ab 10)

Christiane Kutik:
DAS JAHRESZEITENBUCH
Anregungen zum Spielen, Basteln und Erzählen. Gedichte, Lieder und Rezepte zum Jahreslauf
Bilder von Eva-Maria Ott-Heidmann
320 S. *(Freies Geistesleben)*

Ein einladendes Hausbuch liegt da, mit einer großen Aufforderungsintensität: Nimm mich und benütze, nütze mich! Als Begleitbuch durch das Jahr führt es die kinderreiche wie Klein-Familie zusammen: bei Lesen und Vorlesen, Singen und Musizieren, Gedichte betrachten, bei der Besinnung auf Tradition und Brauchtum. Die ausgewählten Geschichten und Sachtexte fügen sich zu einem anregungsreichen Leseschatz, der in keiner christlichen Familie fehlen sollte.

Marie-Thérèse Schins:
GROSSVATER HAT SCHWARZBROT IM KOFFER
Mit Fotos aus dem Familienalbum
120 S. *(Sauerländer)*

Die Autorin setzt mit diesem Band ihre Kindheitsgeschichte aus den Niederlanden (vgl. 3. Almanach S. 82 ff.) fort und führt den Leser in die Fünfzigerjahre, in die Zeit der ersten Liebe, der Tanzstundenereignisse, des Wiederaufbaus nach dem Krieg. Das Nachbarland, aus dem die Autorin stammt – sie ist das siebte von insgesamt zehn Kindern – unterscheidet sich in vielem gar nicht von der BR Deutschland jener Tage. Die Identifizierung mit der Ich-Erzählerin gelingt allen Mädchen von etwa 12 Jahren fraglos sehr gut. Ein ehrliches, heiteres Buch.

Kristiina Louhi:
EIN BRÜDERCHEN FÜR LENA
Deutsche Textfassung: Brigitte Arz-Jacobshagen
o. Pag. *(Gerstenberg)*

Mitten im Winter kriegen Lena (etwa 3 Jahre) und ihr etwas älterer Bruder Olaf ein Geschwisterchen. Das Baby ist ein Junge, und der neue in der Familie Ohlsen sorgt nicht nur für eitel Sonnenschein. Lena hat schon auch zu dulden und muß auf einiges verzichten. Aber letztlich sind alle liebevoll besorgt um das Brüderchen, ihr Winterbaby. – Die Illustratorin und Erfinderin der (inzwischen vier Bändchen umfassenden) Lena-Geschichten versteht es, ein ungeschminktes Bild einer jungen Familie zu „zeichnen": gekonnt und lebendig. (Ab 5)

Prädikat: fesselnd

Ewan Clarkson:
DURCH DIE SCHNEEWÜSTE
Übersetzung: Lutz-W. Wolff, Elisabeth Epple
172 S. *(Arena)*

Der englische Schriftsteller Ewan Clarksson setzt sich seit langem für die Erhaltung und den Schutz der Natur in seinem Lande ein. Diese Grundhaltung kommt in seinem spannenden Roman immer wieder zum Durchbruch. Zwei Männer unterschiedlicher Herkunft (Nordamerikaner der eine, Innuit der andere) und Profession (Reiseveranstalter-Vorprüfer der eine, Eskimo der andere) werden gezwungen, sich durch die Schnee- und Eiswüste Alaskas durchzukämpfen. Dabei kommen weltanschaulich bedeutsame Dialoge zustande sowie eine besondere Männer-Freundschaft. (Ab 13)

Sigrid Heuck:
SAIDS GESCHICHTE
oder Der Schatz in der Wüste
Illustrationen aus dem Skizzenbuch der Autorin, 303 S. *(Thienemann)*

Eine Geschichte in der Geschichte zu erzählen liebt die begabte Sigrid Heuck, und in diesem wunderschönen Buch – eines der bemerkenswertesten des Jahres – ist von Sulamein, dem Märchenerzähler, dem der 12jährige Abouli auf seinem ersten Wüstenritt begegnet, die Geschichte des Said zu hören, die immer wieder nach den Wünschen der Zuhörer verändert wird: das moderne Märchen des Findelkindes Said, der unter Feenschutz und Hexenbedrohung den sagenhaften Wüstenschatz sucht. (Ab 12)

Guus Kuijer:
DER TURM DER SCHWARZEN STEINE
Übersetzung: Hanni Ehlers, Regine Kämper
Bilder von The Tjong Khing
254 S. *(Ravensburger)*

So gigantisch wie das Bauwerk, das die idealistischen Steinhauer unter Opfern unsäglicher Art zu ihrer einstigen „Erhöhung" errichten und damit dem von ihnen verachteten Händlervolk ein Zeichen des Lebenssinns zu setzen – so gigantisch ist Kuijers Parabel. Im Mittelpunkt stehen Dolon und Omar, die Zwillingsbrüder. Dolon durchschaut die Pläne der Steinhauer, seines eigenen Volkes, bald und macht sich mit dem Mädchen Lotse auf den Weg, die Wahrheit zu finden. Grandiose Lehrdichtung. (Ab 14)

Mildred D. Taylor:
LASST DEN KREIS GESCHLOSSEN
Roman
Übersetzung: Heike Brandt
412 S. *(Beltz & Gelberg)*

Die schwarze Schriftstellerin M. D. Taylor ist für „Donnergrollen, hör mein Schrei'n" 1985 mit dem Buxtehuder Bullen ausgezeichnet worden (vgl. 3. Almanach S. 193 f.). Dieses Buch, fesselnd und personenreich, ist die Fortsetzung: Cassie Logan, inzwischen 12 geworden, schildert eindrucksvoll alles Unrecht, alle Unterdrückung, alle Diskriminierungen, die den Schwarzen im gemischtrassigen Süden Amerikas das Leben zur Hölle machten. Kampf und Gegenwehr kommen jedoch auch zum Tragen. (Ab 14)

Patricia Wrightson:
DAS HAUS AM FLUSS
Übersetzung: Wolf Harranth
144 S. *(Oetinger)*

Ihr ererbtes Haus am Fluß ist Mrs. Tucker als Alterswohnsitz lieber als ein Altersheim. Ohne Wissen ihrer Familie zieht die Dame mit ihrem Hund in das ihr immer bedrohlicher werdende alte, einsame Haus. Nimbim, der Erdgeist, ist an Mrs. Tuckers Irritationen hauptschuldig. Bevor sie das Haus am Fluß verläßt, muß die Alte sich noch an dem Erdgeist rächen. – Die Schilderungen der Menschen, Geisterwesen, Tiere und der Natur gelingen der Meister-Erzählerin (vgl. 4. Almanach S. 66 f.) hervorragend. Leser ab 12 werden begeistert sein.

Prädikat: gehaltvoll

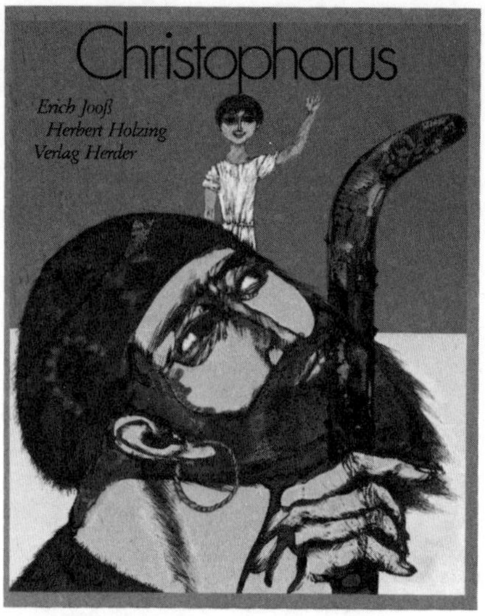

Erich Jooß (Text),
Herbert Holzing (Bilder):
CHRISTOPHORUS
Die Legende des Heiligen neu erzählt
30 S. *(Herder)*

Der bärenstarke Riese Ophorus sucht den „mächtigsten Herrn der Welt". Vom Hof des Kaisers kommt er zum Teufel, bis ihm ein Einsiedler als Fährmann Jesu Christi anstellt. In Gestalt eines Knaben trägt er ihn durch den gefährlich reißenden Fluß... – Die neu erzählte Glaubensgeschichte wirkt durch die grandiose Archaik der Bilder Herbert Holzings stark nach. Das Verdienst des Textautors ist vor allem die Verbindung von Legenden-Tradition mit einer frischen, zeitgemäßen Sprache. (Ab 7)

Marit Kaldhol (Text),
Wenche Oyen (Bilder):
ABSCHIED VON RUNE
Übersetzung: Angelika Kutsch
o. Pag. *(Ellermann)*

Saras Schmerz über den plötzlichen Ertrinkens-Tod ihres sehr geliebten Spielkameraden Rune wird gemildert durch die verständnis-und liebevolle Zuwendung der nahen Verwandten. Das lesende oder auch nur zuhörend-betrachtende Kind erlebt in diesem mit verschwommenen, fließenden Aquarellfarben von zarter Düsterheit durchwirkten Bilderbuch das äußere und innere Geschehen nach dem Hinscheiden eines geliebten Menschen. – Ein bemerkenswerter Titel zum Thema „Tod" im Kinderbuch, von literarischer und ästhetischer Qualität. (Ab 7)

Anneliese Lussert (Text),
Jozef Wilkon (Bilder):
DIE SIEBEN MONDTALER
o. Pag. *(Nord-Süd)*

Ein weißes Pferd wünscht sich Kleinbauer Miro: doch woher das viele Geld nehmen? Ludo, der reiche Nachbar, will verhindern, daß Miro zu Vermögen kommt, knöpft ihm listig die letzten sieben Taler ab und rät ihm, sich Mondtaler zu holen. Und der Mond hilft dem braven Miro, und Geiz, Mißgunst, Spott werden – wieder einmal – bestraft. – Eine feinsinnig erzählte Geschichte mit aussagekräftigen, kompositorisch verdichteten Wachskreidebildern. Impressionistisches mischt sich mit Surrealem. Das Naiv-Narrative aber bleibt dennoch voll erhalten. Ein wertvolles Kinderbuch (ab 5).

Lene Mayer-Skumanz:
MARIA
Bilder von Alfonso Ruano
72 S. *(Patmos)*

Viel wissen wir nicht von Maria, der Mutter Jesu – reicht das denn überhaupt für eine ganze lange Erzählung? Die vielfach ausgezeichnete österreichische Autorin hat ihr Maria-Porträt nah am überlieferten Wort der Hl. Schrift belassen, bringt aber eine moderne Poesie ein, so daß Marias Geschichte die einer von Anfang an leid-tragenden Frau kristallklar erscheint. Wesentlicher Beitrag zu dieser Maria-Interpretation (sie gehört allen Völkern) sind die atmosphärisch und symbolisch dichten Farbbilder. (Ab 12)

Els Pelgrom:
DER ELEFANTENBERG
Übersetzung: Mirjam Pressler
Zeichnungen: The Tjong Khing
166 S. *(Bitter)*

„Marder und die anderen... leben dort, wo einst Hannibal mit seinen Elefanten über die Berge zog, und sorgen sich, daß er wieder ante portas stehen könnte. So ziehen sie aus ihrem sicheren Tal zum ersten Mal auf den Berg und halten Ausschau..." – Sybil Gräfin Schönfeldt lobt dieses neue Buch der preisgekrönten Autorin als „kluge und anmutige Fabel", in der sich „die Gesellschaft der Tiere nicht im zeitlosen Nirgendwo" (SZ 161/87) befindet. (Ab 12)

Prädikat: gelungen

Rudolf Herfurtner:
DAS TAUBENMÄDCHEN
Bilder von Rita Mühlbauer
62 S. *(Schneider)*

Die Liebe zu Tieren ist dem Menschen nicht angeboren, sie wird entfacht durch den Menschen. In dieser meisterhaften Erzählung ist es Mona, die Malte, ihren Freund, die Liebe zu den Tauben „lehrt". Wie schade, als Mona eines Tages aus der Stadt wegziehen und Malte verlassen muß! Der aber hat inzwischen aus dem gemeinsamen „Geheimnis" – sie trafen sich oft beim alten Helmholtz, dem Brieftaubenzüchter – Hoffnung schöpfen können. Seine kleine Taube kehrt aus Griechenland zurück und Mona läßt – endlich – etwas hören. (Ab 8)

Renate Schricker:
LISAS DORF
Bilder von Ursula Kirchberg
48 S., Schreibschrift *(dtv junior)*

Die fünfjährige Lisa zieht mit ihren Eltern nach Thiersdorf, wo es in der Tat viele Tiere zu entdecken gibt. Und Lisa ist begierig darauf. Sie hat so vieles zu fragen und gottlob die geduldigen Eltern und verständigen Nachbarn dazu! Das Dorf erweist sich aber ganz und gar nicht als Rückzugsidylle; denn Lisa erfährt, daß Spinnen töten – trotz des wundervoll gebauten Netzes, daß Füchse erschossen werden müssen und Katzen erfrieren. – Die teils farbigen, teils schwarz-weißen Bilder bereichern die Erzählung. (Ab 6)

Zibby Oneal:
IM SOMMERLICHT
Übersetzung: Irmela Brender
141 S. *(Oetinger)*

Thema: Generationskonflikt – immer wieder taucht es im Jugendbuch auf. Diesmal sind die 17jährige Kate und ihr Vater, der Maler, die Hauptpersonen. Von ihm will sich Kate lösen. Dies gelingt ihr erst, als sie durch eine Krankheit gezwungen wird, die Sommerferien zu Hause zu verbringen. Zu sich selbst aber findet sie durch die Liebe zu einem älteren Mann, der ihr zu eigener künstlerischer Arbeit und zur Annahme ihres Vaters verhilft. – Dicht, einfühlsam, spannend und psychologisch trefflich. (Ab 14)

Regine Stigloher (Hg.):
SO IST ES IM LANDE DER ZWERGE
Bilder von Maria Wissmann
128 S. *(Thienemann)*

Bei dieser gelungenen Zusammenstellung von Geschichten und Gedichten rund um die Wichte, Kobolde, Zwerge und Hutzelmännchen überwiegen, wie nicht anders zu erwarten, die älteren Texte: August Kopisch, Ludwig Bechstein, Uhland, Chamisso, Güll, Julius Sturm, Wilhelm Busch, Heinrich Seidel und nicht zuletzt Johann Wolfgang von Goethe. Der Herausgeberin ist eine glückliche Hand bei der Gruppierung der immer noch und immer wieder reizvollen Zwerglein-Stücke zu bestätigen. Ein kleines Schatzkästlein älteren Erzählgutes. (Ab 8)

Willi Tobler:
TSCHIMI IST UNGLAUBLICH
Bilder von Hans de Beer
62 S. *(Ravensburger)*

Einer der hervorstechendsten Titel der Erstleser-Reihe „Der blaue Rabe" sind die „Tschimi"-Geschichten des Frauenfelder Lehrers Willi Tobler, der sie für seine ABC-Schützen anstelle langweiliger Fibeltexte erfand und aufschrieb. Der im Mittelpunkt stehende Bub ist einer von der Sorte, der seine Wunschträume total zuende erlebt – ganz echt. Und das wirkt auf den Leser (auch auf den erwachsenen) meist umwerfend. Viel Secco-Witz und Charme in den pfiffigen Bildern. Gäb es nur mehr Erstlesertexte von solchem Kaliber!

Prädikat: geschichtsbildend

Elke Hermannsdörfer:
LINA KASUNKE
243 S. *(Union)*

Geschichtsschreibung der kleinen Leute, „von unten" – dies ein neuer Beitrag im Jugendbuch-Bereich, ein sehr geglückter, weil packend dargestellter und (durchaus legitime) Emotionen entfachender. Das Dienstmädchen Lina Kasunke träumt – wie viele seiner Standesgenossinnen und -genossen – vom besseren Leben – kurz vor dem Revolutionsjahr 1848. Doch es wird bei Träumen bleiben, von Büchern und vom fernen England, von besserer Ausbildung und großen Plänen. Die Ereignisse um ihren Verlobten Heinrich, der erschossen wird, sind niederschmetternd... (Ab 15)

Maria Regina Kaiser:
DER HABICHT BLIEB AM HIMMEL STEHN
215 S. *(Arena)*

Bei Maria Regina Kaiser heißt das in den Unruhe-Jahren der „Märzrevolution" lebende Dienstmädchen Anna Heimann, ihr Freund ist Geigenbauerlehrling. Beide werden in die Wirren der Revolution verstrickt. Sie leben im Großherzogtum Hessen-Darmstadt, also in einem jener deutschen Kleinstaaten, in denen der Fürst noch immer an seinen althergebrachten Privilegien festhält. Die beiden Protagonisten engagieren sich für die Sache der Freiheit mit Feuereifer und unbändigem Engagement. Was nützt dies aber am Ende? – Eindringlich und nachhaltig, für 14jährige.

Käthe Recheis:
LENA
Unser Dorf und der Krieg
312 S. *(Herder)*

Gertrud Paukner über dieses wichtige Buch zur Zeitgeschichte: Es ist eines „jener erzählenden Bücher, in denen die Zeit der Nationalsozialistischen Schreckensherrschaft ethisch verarbeitet worden ist. Viel Autobiographisches mag darin eingegangen sein, jedoch ist der Roman mehr: ein Zeitbild aus dem Blickwinkel der kleinen Leute im Dorf und eine psychologische Erzählung über die Entwicklung von Kindern zu Nazis oder zu Widerstandskämpfern, über Motive von Parteigängerschaft und Mitläufertum..."
(1000 und 1 Buch, 6/87, S. 52)

Carlo Ross:
...ABER STEINE REDEN NICHT
208 S. *(Bitter)*

Der heute knapp 60jährige Autor sagt selbst, daß sein eigentliches Leben erst mit dem 8. Mai 1945 begann. Über die Zeit der Hitler'schen Diktatur in Deutschland, die er als verfolgter Jude miterleben mußte, spricht er nicht gern, hält aber seine Erlebnisse und zeitgeschichtliche Ereignisse in diesem bewegenden Buch fest. Schauplatz ist Hagen in Westfalen. – Jungen Lesern dürfte gerade dieses authentische Buch, ohne Haß und Verbitterung geschrieben, zu einem Stück Geschichtsverständnis verhelfen, um das es angesichts aktueller Ereignisse dringend geht. (Ab 12)

Rosemarie Wildermuth (Hg.):
AUS 100 JAHREN
Jugend 1887 – 1987
320 S., illustriert *(Signal)*

Das Phänomen „Jugend" – wie oft es doch in den Blick von Schriftstellern genommen wurde! Und doch: Das historische „Bild" von „Jugend" geht einem erst mit dieser Längsschnitt-Studie anhand zahlreicher trefflich ausgewählter Texte so richtig auf: Vom blinden Gehorsam eines Törless und dessen erstes Aufbegehren Autoritäten gegenüber bis hin zur sog. No-future-Generation der Achtzigerjahre. Rosemarie Wildermuth ist ein großer Wurf gelungen. Dieses Buch ist historisch aufschlußreich wie selten ein ähnliches. (Ab 14)

Prädikat: kostbar

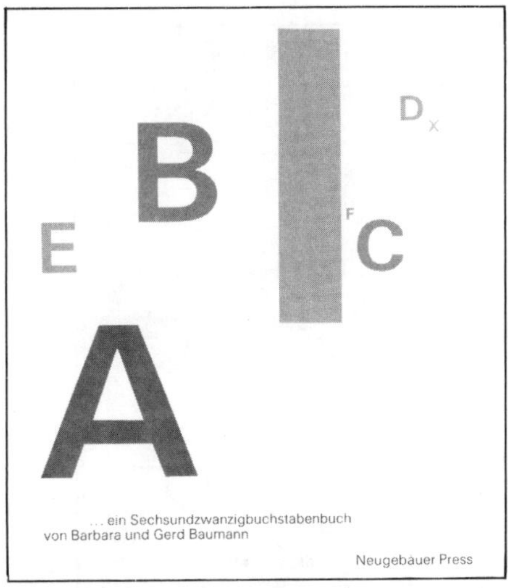

Barbara und Gerd Baumann:
ABC... EIN SECHSUNDZWANZIGBUCH-STABENBUCH
o. Pag. *(Neugebauer)*

Der Anfangsbuchstabe eines Begriffes – Clown, Lupe, Quadrat, Yoyo – inspirierte das Grafikerehepaar Baumann zu Buchstaben-Bild-Kombinationen von frappierender Einprägsamkeit. Jeder Großbuchstabe des Alphabets ist so in ein Bild hineingesetzt, als ob er für den Bildinhalt eine bestimmte zusätzliche Bedeutung hätte oder aus ihm eine neue Bedeutung gewänne. Dieses eigenartige Wechselspiel erfreut den, der sich vorbehaltlos darauf einläßt. – Dieses Buchstabenbilderbuch gehört zu den „Entdeckungen" des Jahres 1987 und ist preisverdächtig. Auch für Erwachsene.

Monika Beisner:
VERKEHRTE WELT
32 S. *(Insel)*

Zuletzt wurde die sensible Grafikerin Monika Beisner im 1. Almanach (S. 28 bzw. 239) vorgestellt, mit ihrem „Buch der hundert Rätsel" (Insel 1983). Vier Jahre später legt die Künstlerin in ähnlicher Gestalt und Aufmachung ein Bilderbuch zur „Verkehrten Welt" vor. Jedes Bild (Deckfarben-Miniaturen) ist eine Kostbarkeit für sich und zeigt eine „verkehrte" Situation: das Kind auf der Puppe Schoß sitzend, die Kinder statt der Drachen in der Luft fliegend, der Fisch, der nach der grauen Katze schnappt oder der sich ein Mädchen angelt. Ein bezauberndes Bilderbuch (ab 7) mit Versen.

Heinrich Euler (Idee, Bilder),
Elke Kahlert (Text):
DAS GEHEIMNIS DER MÄUSE
o. Pag. *(Tomus)*

Wo Mäuse überall leben – und wieviele verschiedene Mäusearten es gibt...! Agathe ist eine Kirchenmaus, die es satt hat, auf die Reparatur der Orgel länger zu warten und einen Rundgang zu ihren Artgenossen unternimmt. Ihre Unterhaltungen sind durchaus menschlicher Natur, heiter, lehrhaft. – Das Erstaunliche an diesem Sachbilderbuch aber sind die detaillierten, künstlerisch hochwertigen, Poesie und Sachlichkeit vereinenden Bildtafeln, die Tiere und Pflanzen in nahezu vollendeter Form darstellen. Mit Beiblatt für Neugierige. Ab 5.

DAS GROSSE MÄRCHENBUCH
Die schönsten Märchen aus ganz Europa.
Hg.: **Christian Strich**
Bilder: **Tatjana Hauptmann**
670 S. *(Diogenes)*

Groß und dick und schwer – im grünlich gehaltenen Schuber liegt das 100 Märchen starke dritte Diogenes-Hausbuch mit einer (Verlagswerbung:) „endgültigen Sammlung der schönsten Märchen aus ganz Europa" da. 150 000 Exemplare Startauflage, über 600 „wundervolle" Bilder der „derzeit genialsten Kinderbuch-Illustratorin, die sich für diese Arbeit 5 Jahre Zeit genommen hat". – Die weltumspannende Märchentruhe schielt nach dem Sammler und potenten Familienbuch-Freund.

Philippe Fix:
KAUM HUNDERT JAHRE IST ES HER
Handwerk und Leben in einer kleinen Stadt
40 S., farbig illustriert *(Ravensburger)*

Man lasse sich nicht täuschen von den aufregend blitzsauber und volkstümlich-bunt wirkenden Bildtafeln: Das (von Frankreich aus gesehene) Leben der kleinen Handwerker, der Häusler und Waschfrauen, der Krämer, Barbiere, Holzschuhmacher, Zigeuner und Heimarbeiter war bitter genug vor etwa 100 Jahren. Jedoch entbehrte es nirgendwo einer gewissen Fröhlichkeit und Zufriedenheit. In diesem erzählbilder-starken Großband wird jene Zeit lebendig, die weder Technisierung noch Hetze kannte. Ein Anschauungsbuch, schon für Kinder ab 8.

Prädikat: nützlich

Mitsumasa Anno:
ANNO'S SONNENUHREN
Die Zeit erleben
Übersetzung: Martina Röthlisberger
28 S., illustriert *(Sauerländer)*

Wer bislang die Zusammenhänge von Erdumdrehung, Achsendrehung, Globuseinteilung in Grade, Entstehung der Tages- und Jahreszeiten nicht kapierte, begebe sich zu Anno in die Lehre und lasse sich getrost auf seine Didaktik ein. Sie besteht u. a. in mehrfacher Ermunterung zum (Schatten-)Versuch mit simplen Mitteln (z. B. Orange) und in den Überraschunggseffekten mit den Aufsteh-Bildern auf groß bedruckten Doppelseiten. – Ein bemerkenswertes Jugendsachbuch mit ernstem Spielcharakter.

Luise Brüggemann u. a.:
VOLLWERT-ABC FÜR LECKERMÄULER & CO.
Bilder: Hannelore Suerbier
136 S. *(Hölker)*

Kinder sind nicht früh genug in die einfach zu handhabende Vollwert-Ernährung einzuführen – ob man sie davon überzeugen kann, steht freilich auf einem andern Blatt. Dieses Büchlein jedenfalls könnte es schaffen, schon im Kind den Vollwert-Liebhaber zu wecken, mit Rezepten und Erläuterungen für den kleinen Vollwert-Koch, wie sie nur von einer erfahrenen Expertin, dann aber auch von Pädagoginnen kommen können, die wissen, worauf es bei den kleinen Lesern und Köchen ankommt. Freundlich-nostalgisch illustriert. Ab 9.

Erhard Dietl (Bilder), **Ute Andresen** (Text):
DIE AMPEL
o. Pag. (Pappbilderbuch zum Ausklappen, *Ravensburger*)

„Mit dieser Ampel zeigst du an, wer warten muß, wer fahren kann." – Vierzeiler (nicht immer sprachlich geglückt) durchziehen dieses Pappbilderbuch, das wieder einmal den jüngsten Verkehrsteilnehmern nützlich sein will. Vom pädagogisch erwarteten Effekt abgesehen, haben die Autoren viel Witz und Komik in die verkehrsreichen Situationsbilder investiert, um dadurch das „Lernen" der von rot auf grün wechselnden Fußgänger-Ampel am Beispiel eines das Elternhaus für einen Tag verlassenden Jungen spielerisch-leicht zu gestalten. Fast „echte" Ampeln sind dabei. (Ab 4)

Wolfgang Endres:
SPASS AN DER RECHTSCHREIBUNG 1
Leselöwen Lerngeschichten
Bilder: Markus Olivieri
62 S. *(Loewes)*

Die Anti-Pauk-Welle feiert auch in der Kinderliteratur fröhliche Urständ. Loewes hat sich einen Fachmann fürs „Lernen lernen" an Land gezogen und macht mit einer neuen Reihe den Versuch, Kinder mit lustigen Geschichten, dem Hund Berni Spürnase und einer (dem Buch beigegebenen) knallroten „Lösungs-Lupe" in die immer wieder problemreiche Orthographie einzuführen. Nützlich für alle Schülerinnen und Schüler im 3. und 4. Schuljahr, die Fröhlichkeit und Lustigkeit beim Lernen brauchen.

Reinhard Michl (Bilder), **Tilde Michels** (Text):
AM FROSCHWEIHER
o. Pag. *(dtv junior)*

„Wenn du Glück hast, kannst du auch heute noch einen Platz in der Natur entdecken, der versteckt und einsam liegt: eine Waldlichtung, ein Moor – oder einen Weiher." – So beginnt das stimmungsvoll und sachlich bestechend illustrierte Taschenbuch. Es grenzt aus der Vielfalt der möglichen Natur-Lebensräume den des – fast noch am häufigsten anzutreffenden – Weihers aus und zeigt und beschreibt, was sich da drinnen und drumherum ein ganzes Jahr hindurch tut. Nicht Einzelheiten, sondern einen biologisch wichtigen Zusammenhang lernt das Kind (ab 8) anhand dieses Buches kennen.

Prädikat: originell

Janet & Allan Ahlberg:
DIE MÄRCHENPOST
Eine erfundene Geschichte mit (fast) echten Briefen, Übersetzung: Ute Eichler
o. Pag. *(Carlsen)*

Einen Briefträger in „Postuniform" gibt es kaum mehr hierzulande, und radelnde Zusteller auch nicht, und Postkarten im Luftpostkuvert sind nie bekannt gewesen – sei's drum: Dieses kleine Querformat muß es einem angetan haben! Denn darin stecken veritable acht besonders originell geschriebene Briefe, die der Briefträger an drei Bären, eine Hexe, einen Riesen, an Cinderella usw. austrägt. Heidenspaß und Witz und Anregungen, solche Brieflein selbst zu verfassen – Familienglück perfekt! (Ab 8)

Aliki (Brandenberg):
GEFÜHLE SIND WIE FARBEN
Übersetzung: Susanne Härtel
32 S., farbig illustriert *(Beltz & Gelberg)*

Bücher über Gefühle gibt's kaum – für Kinder schon gar nicht. Was soll's auch, sagt man sich wohl... Aliki Brandenberg versteht es ausgezeichnet, schon kleine Kinder (ab 7) auf ihre Gefühlswelt hinzuweisen, ihnen Gefühle beim Betrachten von „Gefühle-Situationen" zu entlocken. Ihre handelnden Personen in den liebevoll gemalten Bildergeschichten mit Sprechblasentexten drücken durch Körpersprache aus, welche Gefühle sie gerade hegen – was oft nur mit wenigen Strichen angedeutet wird. Eine geglückte Kinderpsychologie.

Michael Palin, Alan Lee, Richard Seymour:
DER SPIEGELSTEIN
Übersetzung: Rolf Inhauser
o. Pag. *(Sauerländer)*

Die Geschichte von dem Jungen, der sein Gesicht im Spiegel sieht und dann in eine Zauberwelt voller Überraschungen und phantastischer Traumerlebnisse versetzt wird, ist in diesem Buch vielleicht ganz und gar nebensächlich. Originell aber ist der Einbezug von Hologrammen – in dreidimensionaler Struktur entstehende Bilder auf silbernem Grund, die die Magie der Erzählung perfekt machen. So etwas hat es bisher im Kinderbuch noch nicht gegeben. Ein zwar teures, aber in Erstaunen versetzendes Vergnügen!

Niki de Saint Phalle:
AIDS: VOM HÄNDCHENHALTEN KRIEGT MAN'S NICHT
o. Pag., farbig illustriert *(Bucher)*

Anliegen der französischen Malerin ist es, ihrem heranwachsenden Sohn Philip zu zeigen, wie er sich vor Aids schützen kann, welche Gefahren die Immunschwächekrankheit birgt. In kleinen Schritten wird vorgegangen, mit Zeichnungen, bunt, popig, witzig – und mit Beschreibungen. Jedes Kind kapiert, worum es bei Aids geht und wird in seinem Verhalten gegenüber Aids-Erkrankten appellativ beeinflußt. – Ein gelungener, origineller und künstlerisch gestalteter Aufruf zu verantwortlichem menschlichem Umgang mit den Partnern, ohne Penetranz und pädagogischen Zeigefinger. (Ab 10)

Frantz Wittkamp:
ICH GLAUBE, DASS DU EIN VOGEL BIST
Verse und Bilder
96 S., illustriert *(Beltz & Gelberg)*

Frantz Wittkamp kennen alle jungen Leser – zumindest von seinen dtv junior-Zeichnungen her. Daß dieser Maler auch ein Dichter ist, wissen die wenigsten, können dies aber anhand dieses seines ersten Gedichtbändchens kennenlernen. Buchstaben und Ziffern, Wortspielereien und – pardon! – Blödeleien haben es dem Frantz Wittkamp besonders angetan. Man muß schon manchmal ein bißchen um die Ecke (mit-)denken – aber der Spaß, den man – allein oder mit anderen – dabei hat, ist unersetzlich. Neue tolle Kinderlyrik, ab 8.

Prädikat: phantastisch

Jo Althöfer:
TIMURIA
Die Reise ins Land unserer Sehnsucht
Bilder: Frank Bayer, Michael Grunwald
62 S. *(C. Bertelsmann)*

Mit der Dritten Welt und ihren Problemen befaßt sich dieses Kinderbuch – auf sehr phantasievolle, auf nicht alltägliche Weise. Timuria – so soll der erste Weltkinderstaat heißen – eine fünfte Welt soll entstehen. Die Zukunft der Welt haben allein die Kinder in der Hand. Sie haben von Geburt an ein Recht auf Frieden und eine glückliche Zeit auf dieser Erde erworben. Von „Timuria" gibt es eine Bühnen-und TV-Fassung. UNICEF bekommt beim Kauf dieses Buches einen Teil für gute Zwecke ab. (Ab 9)

Helga Gebert:
PHANTASTISCHE MÄRCHEN
von Riesen und Drachen, von Zwergen und Erdleuten, von Meermädchen und Wassermännern und Nixen – mit Märchen-Lexikon von A-Z, 565 S., illustriert *(Beltz & Gelberg)*

Nicht nur ein wunderschönes, langlebiges (Haus-)Buch, sondern auch ein gelehrtes Sachbuch über Märchenwesen! Die Grafikerin erweist sich hier – neben ihrer immer wieder zu bestaunenden Mal- und Zeichenkunst – auch als Volkskundlerin. Ihre aus mehreren europäischen Ländern stammenden, aus dem Englischen übersetzten Märchen sind, zusammen mit unendlich wonnevollen Federzeichnungen, ein Lesevergnügen – selbst für Verwöhnteste. (Ab 8)

Peter Hacks:
LIEBKIND IM VOGELNEST
Bilder: Klaus Ensikat
151 S. *(Arena)*

Vom Verlag Neues Leben, Berlin (1986) übernahm Arena diese religiöse Parabel des DDR-Autors Peter Hacks mit den großartigen Schmuckfederzeichnungen von Klaus Ensikat. In dieser Erzählung tritt Gott selbst als „älterer Herr" („im Grunde muß man zugeben: Er ging im Hemde") auf – Schauplatz: der Garten (Eden), darin der junge Mann Leberecht, dem die Verantwortung für den Garten übertragen ist, der deshalb seine Liebste, Liebkind, verstößt... Eine in philosophisch-ethische Fragen mündende, nachdenklich machende Erzählung! (Ab 12)

Friedl Hofbauer:
DIE INSEL DER WEISSEN MAGIER
Ein Merlin-Roman
Bilder: Haimo O. Lauth
348 S. *(Herder)*

In drei „Büchern" („Caryl", „Meinir" und „Joringel") und 28 Kapiteln breitet die österreichische Autorin den durch die Fantasy-Welle hoch-„geschwemmten" Merlin-Stoff in epischer Breite, kühnen Bildern und schönem Sprachfluß aus. „Parallelen zu unserer Zeit drängten sich mir beim Schreiben immer wieder auf", bekennt sie im Nachwort, das übrigens eine brauchbare Einführung zu dem umfangreichen Epos darstellt. Die Federzeichnungen erreichen nicht das Niveau der Erzählerin.

M. L. Miller (Text), **Danièle Friedrich** (Bilder):
ULMENBAUM BRAUN
Übersetzung: Hans Gärtner
36 S. *(Neugebauer)*

In dieser phantastischen Erzählung aus dem England des großen Charles Dickens steht Theo im Mittelpunkt, ein junger, elternloser Bursche, der zum Räuber und deshalb eingekerkert wird. Gerissen wie er ist, entkommt er aus dem Gefängnis – in einen Ulmenwald. Sein ulmenbaum-braunes Gewand schützt ihn vor den unbarmherzigen Nachstellungen der Reiter des Herzogs. Der Wald ist es, der dem Jungen immer wieder das Leben rettet. – Für ihren Erstling hat Danièle Friedrich respektable Bilder gemalt.

Prädikat: problemgeladen

Klas E. Everwyn:
DER KLEINE TAMBOUR UND DER GROSSE KRIEG
224 S., illustriert *(Union)*

In diesem historischen Roman aus der Napoleonischen Zeit steht der sechzehnjährige Fritz Wolkenhauer aus Wesel am Rhein im Mittelpunkt. Er läßt nicht locker, bis er Trommler bei den Franzosen wird. Das Schicksal eines jungen begeisterten Soldaten wird zu einem glücklos-kurzen Abenteuer – der kleine Kerl mit seinen menschlichen Problemen und soldatischen Ambitionen wird zum Spielball der „großen" Mächte. – Everwyn versteht es, den Leser in ein farbig-schillerndes Stück deutsch-französischer Geschichte am Beginn des 19. Jahrhunderts hineinzuziehen. (Ab 14)

Wolfgang Klein (Hg.):
DER FRIEDEN IN DEINER HAND
Christsein heute
Bilder von Ernst Alt
231 S., *(Signal)*

Verschiedene Beiträge sammelte der Herausgeber, auch solche von Jugendlichen selbst, um ein facettenreiches Bündel von Themen anzubieten, die junge Leute auf dem Weg zum Christsein angehen: Partnerschaft und Liebe, Selbstfindung und Dialog, Auseinandersetzung mit Glaubensfragen, Kampf um den Glauben u. a. Es ist in diesem Band gelungen, ein Bild des werdenden Christen in unserer Zeit zu entwerfen und jungen Menschen (Konfirmationsalter) den Weg in christliches Leben zu öffnen.

Myron Levoy:
ADAM UND LISA
Übersetzung: Günter Ohnemus
197 S. *(Benziger)*

Ein „verdrehter Typ" ist Adam, der neue Schüler in der Klasse Lisas. Sie nimmt den Jungen als einzige wahr, und eine Liebesgeschichte zwischen zwei ungleich-„schichtigen" jungen Amerikanern aus New Jersey beginnt. Thema: Das Anderssein zweier junger Menschen, andere Herkunft, andere Hobbys, andere Ziele. Lisa ist imstande, Adam – nicht nur für sich – aufzuschließen. Die Entwicklung einer ungewöhnlichen Freundschaft wird sensibel und aus der Erfahrung mit jungen Heranwachsenden dargestellt. (Ab 14)

Margaret Mahy:
DAS GESAMMELTE UNIVERSUM
Übersetzung: Cornelia Krutz-Arnold
199 S. *(Union)*

Was in diesem Roman einer intensiven Erzählerin aus Neuseeland passiert, ist schnell mitgeteilt: Ein schönes 18jähriges Mädchen, das jahrelang mit seiner tüchtigen Mutter zusammenlebt, will endlich wissen, wer ihr Vater ist, und sie findet diesen (miesen) Vater, spricht mit ihm... Mehr aber als diese Auseinandersetzung gewinnt Angela durch die Begegnung mit dem kleinen, nicht eben hübschen Tycho, der die Natur erforscht und den Vorsokratikern zugetan ist, am Schluß noch zum Helden des Tages – und zu Angelas geliebtem Freund – wird. (Ab 15)

Wolfgang Wegner, Evamaria Steinke:
FLUCHT ÜBER DEN KHAIBER-PASS
Hangur Shah flieht vor dem Krieg in Afghanistan, 128 S., mit Fotos *(Arena)*

Hangur Shah ist erst 9, viel zu jung, um sich am russisch-afghanischen Krieg beteiligen zu können, dem seine Familie, bis auf den Vater, zum Opfer fällt. Hangur flieht mit einer Gruppe etwa Gleichaltriger über den Khaiber-Paß nach Pakistan. – Die erste Darstellung der kriegerischen Auseinandersetzungen im heutigen Afghanistan im Jugendbuch ist einem Journalistenpaar zu verdanken, dem die appellative Geschichte des kleinen Hangur mehr bedeutet als eine literarische Fassung ihrer persönlichen Eindrücke. (Ab 12)

Prädikat: traumhaft

Susi Bodahl:
DER HONIGSCHATZ
Eine Traumgeschichte
o. Pag. *(Nord-Süd)*

Eine Katze spielt, natürlich, bei Susi Bodahl eine Hauptrolle – in ihrer phantasiereichen Traumerzählung vom Honigschatz. Der kleine Julian erfährt von ihm anläßlich eines Fiebertraumes, und er wird zum Retter der wundersamen Kräfte, die in dem Honigschatz stecken. – Orientalische Sinnen- und Schaulust hat die Künstlerin in dieses Buch hineingesteckt, und sie lädt Kinder und große Leute ein, sie sich „herauszulesen". Ein liebenswertes Bilderbuch, dessen detailreiche Bildtafeln zum Schönsten gehört, was das Bilderbuchjahr '87 zu bieten hatte.

Eveline Hasler (Text), **Stepan Zavrel** (Bilder):
DIE BLUMENSTADT
o. Pag. *(bohem press)*

Befiehlt da doch eines Tages der Bürgermeister, es müsse Schluß sein mit Blumen, Schmetterlingen und Träumen, und die Bewohner seiner Kommune müßten sich der ernsthaften Arbeit zuwenden. Als dann aber alles in der einst blühenden Stadt in eintöniges Grau verfällt, sind es die Kinder, die ihrer Umgebung wieder zu Schönheit, Glanz und Farbe verhelfen. – Die einfache Erzählung rührt bereits das Herz und den Sinn für eine angenehme Umgebung bei den Vierjährigen. Stepan Zavrels zauberhafte Aquarelle prägen sich unvergeßlich ein, ebenso sein kindlicher Witz.

Richard Kennedy:
DIE PHANTASTISCHE REISE VON ANNIS AUGEN, DEN STOFFPUPPEN UND DEM KAPITÄN
Übersetzung: Sybil Gräfin Schönfeldt
371 S. *(Ueberreuter)*

Bei „Mother Goose" und allen Märchenvorbildern hat Kennedy sich umgesehen, um einen der schönsten, zum Lesen verlockenden Kinderromane des Jahres zu schreiben, den Sybil Gräfin Schönfeldt unnachahmlich ins Deutsche übertrug. Die Geschichte der kleinen Waise Anni, ihrer Puppe, den lebendig werdenden Stofftieren und dem Zweispitz-Kapitän steckt voller Geschichten, Abenteuer und Weisheit, die zu entdecken durch Verwandlungen und Verzauberungen hindurch – die reinste Lust ist. (Ab 10)

Franz Hohler (Text), **Werner Maurer** (Bilder):
DER RÄUBER BUM
32 S. *(Sauerländer)*

Kein richtiger Räuber ist „Bum", sondern ein Bergbauernbub, der mit seiner Flinte gern die Touristen beim Picknick im Wald erschrickt und – „Bum!" – ihnen ihre Mahlzeit stibizt. Anita ist ein furchtloses Geschöpf, das von dem Räuber seinen roten Rucksack zurückfordert. Zusammen trampen sie bis Basel, als Begleiter die Krähe Anton auf dem Räuberbuckel... – Die Story ist höchst amüsant und witzig erzählt, und kein Kind nimmt sie wohl ernst. Doch, Hand aufs Herz, wer möchte nicht auch einmal den Räuber Bum spielen – wenigstens im Traum? Sehr schöne Bilder! (Ab 5)

Sue Scullard:
MISS HARRIETS REISE MIT DEM DRACHEN
Übersetzung: Hildegard Krahé
o. Pag. *(Lappan)*

In den Fernen Bergen entdeckt die fesselballonreisende Naturforscherin Miss Harriet einen Drachen mit einem schönen Ei. Sie bringt beides in die Nähe des Londoner Towers, wo die Leute nun eine Schau-Sensation haben. Doch ein böser Vogel stiehlt das Ei, Harriet hinterher im Ballon! In phantastischen, höllenfeuerdurchwaberten Felshöhlen und Erdschluchten beginnt eine gefährlich-abenteuerliche Verfolgungstour in ungeahnt kunstvolle, prächtige Reiche und Städte des Erdinnern. Dünne Fabel, toller Bilderbuch-(Loch)Effekt! (Ab 6)

Prädikat: überzeugend

Achim Bröger:
GESCHWISTER... NEIN DANKE!
Bilder: Gisela Kalow
103 S. *(Arena)*

So ernst ist der Titel natürlich nicht gemeint: Achim Bröger lebt (als Schriftsteller) ja geradezu von den Spannungen und Widrigkeiten des Familien- und besonders des Geschwister-Alltags, aber auch von den gemeinsamen Freuden und Entdeckungen, die Geschwister miteinander – nicht immer freilich im besten Einvernehmen – erleben. Jede der hier gesammelten zehn Geschwister-Geschichten ist eine kleine literarische Miniatur: exakte Beobachtung, Witz, gekonntes Einfangen von Empfindungen... – Bravo! (Ab 8)

Babette Cole:
PRINZESSIN PFIFFIGUNDE
Übersetzung: Ute Eichler
o. Pag., illustriert *(Carlsen)*

1987 – das Jahr der Bilderbuchprinzessinnen, die keinen Prinzen heiraten mögen, weil... Ja, die Gründe unterscheiden sich, aber ähnliche Stories kommen dabei doch heraus, z. B. bei Robert Munsch und Helge Nyncke („Die Tütenprinzessin", bei Lappan) oder hier, bei der zu entdeckenden frech-fröhlichen Zeichnerin, der eine umwerfend-schwarzhumorige Geschichte einfiel – von der häßlichen, ihre Freier schreckenden Prinzessin Pfiffigunde, der siegreichen Nachfolgerin ihrer Zwillingsschwester Turandot... Eine pfiffige Provokation! (Ab 7)

Eva Eriksson:
STEFANS NEUE JACKE
Übersetzung: Angelika Kutsch
Reihe: Sonne, Mond und Sterne
63 S., illustriert von der Autorin *(Oetinger)*

Die Erstleser-Geschichte im Großdruck ist von Eva Eriksson sowohl erdacht als auch geschrieben und mit Zeichnungen – sehr lustiglässigen – aufgelockert. Es geht um eine Mädchenjacke, die Stefan nach Ansicht seiner Schulkameraden trägt. Das kann Stefan nicht ertragen, er denkt sich Tricks aus, diese „Mädchenjacke" loszuwerden – bis sein Freund Egon dieselbe schöne, haltbare Jacke trägt – und schließlich die ganze Klasse. Haben Eltern also doch nicht ganz unrecht?

Jutta Richter:
PRINZ NEUMANN
oder Andere Kinder heißen wie ihr Vater
Roman für Kinder – Bilder: Ute Krause
170 S. *(Beltz & Gelberg)*

Eine Weglauf-Geschichte: Der Junge Prinz Neumann fühlt sich einsam, ist mutterlos, hat zwar seine liebe Oma Trese, aber einen an ihm herummeckernden Vater. Auf nach Bremen! Hier wohnt er vornehm im Hochhaus bei Viktoria Neumann (zufällig?), die ihm anbietet, seine Ersatzmutti zu werden. Offen bleibt, ob sie's wird. – Kindliches Denken und Fühlen fängt Jutta Richter gekonnt in diesem mit viel Humor und vielen Unwahrscheinlichkeiten gewürzten Roman ein. Großdruck, nette Bilder, ab 8.

Hans Wilhelm:
ICH HAB DICH SO LIEB!
Übersetzung: Ursula Heckel
o. Pag., illustriert *(Carlsen)*

Ein Junge hat seinen Hund Elfie sehr lieb, er wächst mit ihm auf und wird mit ihm groß, alt. Das Altern geht bei dem Haustier etwas schneller, und eines Tages ist Elfie – zu dick geworden – tot. Nein, kein Ersatz für Elfie jetzt, später vielleicht einmal. Einen Trost hat der Junge: Er hat Elfie immer lieb gehabt. – Eine anrührende, kindliches Denken genau integrierende Erzählung, die mit wenig Text auskommt, in den Bildern aber stets fortsetzbar ist – in Aquarellen, die sparsam und daher ausdrucksstark sind. (Ab 4)

Prädikat: vergnüglich

Merce Company (Text),
Augusti Asensio Sauri (Bilder):
ANGELA MAUS
Übersetzung: Käthe und Günter Leupold
o. Pag. *(Peters)*

Angela Maus, Urenkelin von Mäuserich Pedro und dem Engel Isabella, setzt eine Tradition fort: Milchzähnchen einsammeln, sie Jüngelchen und Mädelchen unters Kopfkissen legen, damit nachts sie Engelchen holen können. Und dabei erlebt nun Angela, zum Beispiel mit einem Riesenkater, allerhand umwerfend Abenteuerliches. – Spritzig-witzig erzählter Text, gut übersetzt, ungemein amüsant, sehr komische, cartoon-nahe Aquarelle mit einem kräftigen Schuß Phantastik. (Ab 7)

Ingrid Kötter:
FÜR ZWANZIG PFENNIG BILDSALAT
Bilder: Ursula Kirchberg
183 S. *(Arena)*

Für Moni (Ich-Erzählerin) ist fernsehen wichtig, sehr sogar. Für Fritz Butenschön z. B., den Tante-Emma-Laden-Besitzer, sind Geschichten bedeutungsvoller. Er verkauft sogar welche in seinem Laden. Moni und Matz, ihr Freund, halten zusammen, sorgen für Butenschöns Ladenfortbestand („Quasselbude" für Geschichtenfans) und sind am Schluß von der Bildsalat-Fabrik geheilt. – Trefflich charakterisierte Kinderfiguren, eine vergnügliche, nie langweilig werdende Anti-Fernseh-Geschichte mit spannend formulierten Kapitel-Überschriften. (Ab 8)

Hans-Eric Hellberg:
DER JUNGE, DER IMMER GLÜCK HATTE
Bilder: Tord Nygren
Übersetzung: Ingun Spiecker-Verscharen
60 S. *(Bitter)*

Unwahrscheinlich, welch ein Glück Jakob in seinem Leben – von Anbeginn an – hatte! Man glaubt es nicht, aber dann wird's sonnenklar: Sein Schutzengel war es gewesen, der Jakob vor so manchem Unheil bewahrte. Und jetzt verlangt der Schutzengel, der bisher alle Verantwortung auf sich und dem Knaben abgenommen hatte, in Urlaub gehen zu dürfen. Nach „schmerzlichen" Erfahrungen findet Jakob dann noch eine gute Lösung – nicht ohne seine blinde Freundin Susanne. – Vergnüglich ab 7.

Lene Mayer-Skumanz (Text und Idee),
Winfried Opgenoorth (Bilder):
HERR MARKUS
Schmunzelgeschichten für alle Tage
o. Pag. *(St. Gabriel)*

Dieses großformatige Bilderbuch ist „für Markus, der über die Zärtlichkeit nachdenkt, und seine Eltern" geschrieben und (sehr lustig) gemalt. Es besteht aus zwölf Bildergeschichten (alle sechsteilig, sehr gut überschaubar und anregend, schon für Kinder ab 5) und – dazwischengestreut – sechs kurzen Erzählungen. In allen Situationen erweist sich der schnauzbärtige Jeansträger, Herr Markus, als Mensch mit weitem Herzen und Sinn für alles Praktische. Liebenswürdig von A bis Z.

Viveca Sundvall:
MEINE FREUNDIN ROBERTA UND DER KÖNIG
Bilder: Eva Eriksson
Übersetzung: Angelika Kutsch
144 S. *(Oetinger)*

Mimi aus Göteborg schreibt gern Tagebuch und ist begeistert, erstmals in Norrland mitten in der Natur Sommerferien zu machen. Hier erlebt sie zusammen mit Lasse, einem echten Norrländer, allerhand Lustiges, Absonderliches, besonders aber „Freundschaftliches". Mimi notiert alles. Ihre Freundin Roberta erwartet derweil den König von Schweden zum Hausbesuch. – Fröhliche, kindgerecht empfundene Feriengeschichten voller bravouröser Komik – bitter nötig für schlecht gelaunte Kinder ab 9.

Prädikat: vorlesenswert

Rudyard Kipling:
GESCHICHTEN FÜR DEN ALLERLIEBSTEN LIEBLING
Übersetzung: Irmela Brender
Bilder: Erhard Dietl
156 S *(Dressler)*

„Just so Stories" – wie soll man das übersetzen, was der Nobelpreisträger Kipling (vgl. 4. Almanach S. 198) von seiner indischen Amme erzählt bekam und was er an seinen „allerliebsten Liebling", Töchterchen Josephine, weitergab? Zwölf Vorlese-Geschichten von naivem Warum-ist-das-so- und Wie-kam-es-denn, daß-Genre, jedoch auch von tiefsinnig-philosophierender Qualität. Schön, daß es diese Erzählungen wieder neu übersetzt (mit den witzigen Zeichnungen Erhard Dietls) gibt! (Ab 9)

Rosemarie Künzler-Behncke (Text),
Jule Ehlers-Juhle (Bilder):
JAKOB UND DER STRICHMANN
44 S. *(Gerstenberg)*

Gut, daß Jakob (5 Jahre) seinem Strichmann, den er sich an die Zimmerwand malte, eine Strickleiter beigab; die ermöglicht einen nächtlichen Ausflug. Und so allerhand andere waghalsige, tollkühne, lustige und aufregende gemeinsame Spiele und Unternehmungen sind für den Kleinen jetzt an der Tagesordnung. So ist es, wenn man sich sein zweites Ich einfach – malt! – Die Autorin hat den Ton und die Denkart Fünfjähriger genau getroffen. Eine hübsche Vorlese- und Anschau-Geschichte (ab 5).

Otfried Preußler:
HERR KLINGSOR KONNTE EIN BISSCHEN ZAUBERN
Bilder: Dietrich Lange
119 S. *(Thienemann)*

Selbst einmal Volksschullehrer – allerdings vor vielen Jahren schon – hat der Meistererzähler so manches in Herz und Hirn aufbewahrt, was einen guten Lehrer ausmacht. Auf alle Fälle müsse dieser – wenigstens ein klein bißchen – zaubern können...! Lehrer wie Herr Klingsor einer ist, gibt es immer wieder mal – und doch viel zu selten. Denn woran sich Kinder ihr Lebtag erinnern, das sind nicht die großen Wissensvermittlungs-, sondern die „Zauber"-Augenblicke, die den Schulalltag erträglich machen. (Ab 8)

Rolf Rettich:
GROSSELTERNKIND
Bilder vom Autor
112 S. *(Oetinger)*

„Wie dieses Buch beweist, hat der große Robert, Rolf Rettich, schon als kleiner Robert gern gezeichnet. Nicht nur Geburtagsbilder für seine Freundinnen, sondern lieber noch Kinogeschichten. Die spielten dann im Urwald, auf einsamen Inseln oder in verfallenen Schlössern. Und der kleine Robert war Autor, Zeichner, Produzent, Regisseur, Hauptdarsteller und Platzanweiser in einer Person..."– Das erste, reizend illustrierte und lustig erzählte Kindheitserinnerungs-Buch des bedeutenden Grafikers, der bei seinen Großeltern aufwuchs. (Ab 7)

Hilary Ruben:
WAS UNS DER MASSAI ERZÄHLT
Übersetzung: Hertha Kratzer
Bilder: Irene Bordoy
128 S. *(Jungbrunnen)*

Erfundene Abenteuer in einer realistisch geschilderten Umwelt der Massai, einem Nomadenvolk in Ostafrika. Im Mittelpunkt: Konyek, dem aus der väterlichen Rinderherde das Lieblingskälbchen gestohlen wurde. Er findet es nach langem Suchen und vielen Abenteuern. – Vielleicht ist nicht einmal diese spannende Handlung wichtig, vielmehr die Atmosphäre, die durch die ruhig-gelassene Erzählweise auf den Leser übergeht, der zudem viel Wissenswertes über Leben und Mythen der Massai erfährt.

Prädikat: zauberhaft

Mario Grasso & Marbeth Reif:
DAS WAR SCHWEIN
Faltgeschichte aus der Wundertüte, Erzählheft, Faltanleitung, z.T. farbige Falzblätter in bunter Mappe
(Beltz & Gelberg)

Mario Grasso steht allemal für tolle Einfälle mit Spielcharakter. Hier zeigt er das Neueste aus seiner Wunderkiste der Ideen für alle Kinder, die gerne basteln. Aber nicht nur igendwas wird hier gefaltet und angemalt, sondern Spielfigürchen, die zu einer Schweine-Geschichte passen. Sie ist auf dem beigegebenen Erzählheft abgedruckt und kann am besten in fröhlicher Runde zu einem Lese- und Spielspaß werden. (Ab 9)

André Dahan:
MEIN FREUND DER MOND
Eine Bildergeschichte ohne Worte ...
o. Pag. *(bohem press)*

... zum Erzählen oder Selberschreiben – so geht der Untertitel dieses ungewöhnlichen Bilderbuches weiter. In zauberhaften Deckfarbenbildern wird – ganz ohne Text – die Geschichte einer Freundschaft zwischen einem Kahnfahrer (alterslos) und einem vom nächtlichen Himmel herabbaumelnden, ins dunkle, blau-tintige Wasser plumpsenden Mondes erzählt, der – gottlob – bei seinem Freund und Retter zuhause landet. – Ein Bilderbuch voller Charme und Phantasie. Grandios. (Ab 4)

Friedl Hofbauer (Text),
Winfried Opgenoorth (Bilder):
DAS BETT IST GEMACHT
o. Pag. *(Jugend und Volk)*

Dies ist eine reizende Gute-Nacht-Geschichte, die sich Friedl Hofbauer ausgedacht und in den Wachsmalkreide-Bildern von Winfried Opgenoorth phantasievoll daherkommt. Wenn das Bett für die Nacht gerichtet ist, schläft der kleine Matz noch lange nicht. Denn da gilt es noch, Abschied zu nehmen von all den geliebten Sachen und Bildern und Tieren: „Gute Nacht, großer Tisch. Gute Nacht, großes Zimmer – hallo, Fisch! Du schwimmst ja noch immer!" – Die Verse sind gekonnt: eine anheimelnd-musikalische Sprache. (Ab 3)

Sabine Jörg:
ZWEI SCHWEINCHEN SEHEN FERN
Bilder von Daniele Winterhager
o.Pag. *(Schneider)*

Die kleinen gelben Schneider-Bücher für die jüngsten Leser haben sich längst zu Erfolgen gemausert. Dafür steht ein zielsicheres Lektorat ebenso wie Autoren und Autorinnen von der Qualität einer Dr. Sabine Jörg. Sie hat eine kleine Erzählung, die auf liebenswürdige Weise dem vielen Fernsehen der Kinder entgegentritt, erfunden, zumindest macht sie kritisch-hellhörig und läßt die Kinder darüber nachdenken, daß Spielen und Miteinanderreden über den Bildschirm-„Genuß" nicht vergessen werden dürfen. (Ab 7)

Brigitte Schär:
DAS SCHUBLADENKIND
Gute-Nacht-Geschichten für wache und verträumte Kinder
Bilder von Inge Steineke
117 S. *(Nagel & Kimche)*

Die Debütantin dieser wunderschönen, einfallsreichen Kurzerzählungen ist im Hauptberuf Deutschlehrerin, war Schauspielerin und gibt noch heute gern Konzerte. Ein musisches Talent. Das spürt man durch alle die überraschenden Geschichten hindurch; den sie sprechen eine musikalische Sprache: kurz, prägnant, wohltönend jedes Wort. Wer das Besondere sucht und nicht auf Vordergründiges allein abhebt, der ist mit diesem Band gut dran. (Ab 8)

Preise

Auf den Empfehlungslisten '87

Eulen, Luchse und Bücher des Monats

Preisgekrönt in diesem Jahr

Vom Deutschen Jugendliteraturpreis bis Troisdorf

Ausgezeichnete Personen

Wer alles sonst noch zu welchen hohen Ehren kam

Auf den Empfehlungslisten '87

Eulen, Luchse und Bücher des Monats

Buch des Monats der Volkacher Akademie

Die „Deutsche Akademie für Kinder- und Jugendliteratur e.V., Volkach" nominiert allmonatlich drei Neuerscheinungen zu „Büchern des Monats": ein Jugendbuch, ein Kinderbuch und ein Taschenbuch. Die Auswahl der Titel trifft die Jury der Akademie. Für die Vorauswahl der Titel haben alle Mitglieder Vorschlagsrecht. Die Bücher sollen in ihrer Gestaltung dem Kind und dem Jugendlichen angemessen sein. Dem Heranwachsenden muß der Buchinhalt etwas zu bieten vermögen, das Buch soll seine gegenwärtigen Bedürfnisse treffen und soll auch einen Beitrag für seine weitere Entwicklung leisten. „Immer ist jedoch auch der Gesichtspunkt der literarischen und – im Bereich der Illustration – der bildnerischen Qualität entscheidend gewesen."

Sybille Kalas, *Autorin des GÄNSE-KINDER-BUCHES, mit ihrem Lehrer, dem Nobelpreisträger* **Prof. Dr. Konrad Lorenz**, *der das fertige Kindersachbuch betrachtet, zu dem er ein bemerkenswertes Vorwort schrieb (vgl. 4. Almanach S. 221).*

Januar '87

Jugendbuch:
Eloise Greenfield/Lessie Jones Little:
AUS UNSERER KINDHEIT
(Dressler)

Kinderbuch:
Sybille Kalas:
DAS GÄNSE-KINDER-BUCH
(Neugebauer)

Taschenbuch:
Hanna Bautze (Hg.):
DIE SCHÖNSTEN TIERGESCHICHTEN
(Ravensburger)

Februar '87

Jugendbuch:
Kurt Lütgen: MEINE INSEL
(Bitter)

Kinderbuch:
Magdalena Rüetschi:
DIE LANGE REISE NACH AMERIKA
(Atlantis)

Taschenbuch:
Herbert Ossowski (Hg.):
LIES MIR DOCH WAS VOR!
(dtv junior)

*Zur Februar-Auswahl
s. 4. Almanach S. 122f., 221, 227.*

März '87

Jugendbuch:
Achim Bröger: ICH MAG DICH
(Thienemann)

Kinderbuch:
Beverly Clearly: RUF DOCH AN, PAPA!
(Ueberreuter)

Taschenbuch:
Mira Lobe: DIE ZAUBERSCHLEIFE
(Arena)

April '87

Jugendbuch:
Jean Michel Defromont:
EIN HERZ VOLL HOFFNUNG
(Herder)

Kinderbuch:
Maria Puncel/Theo Puebla:
WAS WIRD AUS ONKEL PEDROS WEIDE?
(Neuer Finken)

Taschenbuch:
Manfred Mai: 1000 WÜNSCHE
(Ravensburger)

Zur April-Auswahl
s. 4. Almanach S. 218, 130, 167 f.

Mai '87

Jugendbuch:
Arnulf Zitelmann: BIS ZUM 13. MOND
(Beltz & Gelberg)

Kinderbuch:
Erich Jooß/Herbert Holzing:
CHRISTOPHORUS
(Herder)

Taschenbuch:
Angela Sommer-Bodenburg:
KÜCÜK VAMPIR – DER KLEINE VAMPIR (Ausg. in Türkisch/Deutsch)
(Rowohlt-rotfuchs)

Das Bilderbuch mit der Legende des heiligen Christophorus fand u. a. auch große Beachtung bei der Jury zum diesjährigen „Europäischen Jugendbuchpreis": s.S. 14 und S. 194

Juni '87

Jugendbuch:
Norma Mazer:
SOMMERZEIT – LIEBEZEIT
(Sauerländer)

Kinderbuch:
Eva Eriksson: STEFANS NEUE JACKE
(Oetinger)

Taschenbuch:
Anatol Feid: IM NAMEN DES VOLKES
(Patmos)

Juli '87

Jugendbuch:
Rosemarie Wildermuth (Hg.):
AUS 100 JAHREN
(Signal)

Kinderbuch:
Richard Kennedy:
DIE PHANTASTISCHE REISE VON ANNIS AUGEN, DEN STOFFPUPPEN UND DEM KAPITÄN (Ueberreuter)

Taschenbuch:
Hans Gärtner (Hg.):
DIE VERRÜCKTE KINDERSTADT
(Gütersloher Verlagshaus)

August '87

Jugendbuch:
Dieter Schliwka:
KINDER DER TAUBLUME
(Hoch)

Kinderbuch:
Wenche Oyen/Marit Kaldhol:
ABSCHIED VON RUNE
(Ellermann)

Taschenbuch:
Ingrid Kötter:
MANCHMAL BIN ICH NACHTS EIN RIESE (Arena)

SEPTEMBER '87

Jugendbuch:
Alfred Clemens Baumgärtner:
MILANS ENTSCHEIDUNG
(Arena)

Kinderbuch:
Gottfried Vanoni:
DANIEL BEI DEN LÖWEN
(St. Gabriel/Kaufmann)

Taschenbuch:
Ute Eltner/Uwe Wandrey (Hg.):
HUNDERT JAHRE LIEBE
(Rowohlt-rotfuchs)

Auf S. 133 ff. dieses Almanachs schreibt der Hochschullehrer ***Prof. Dr. Gottfried Vanoni*** *über die Entstehung der Reihe „Gabrieler Bibelgeschichten".*

Oktober '87

Jugendbuch:
Josef Carl Grund:
REITER AUS DER SONNE
(Loewes)

Kinderbuch:
Aliane Brodmann/Hans Poppel:
DIE GESCHICHTE VON DEN FEIGEN
(Ellermann)

Taschenbuch:
Rudolf Otto Wiemer:
JESUSGESCHICHTEN – KINDERN ERZÄHLT (Gütersloher Verlagshaus)

November '87

Jugendbuch:
Evelyn Hilary:
GEFANGEN IN SIBIRIEN
(Bitter)

Kinderbuch:
Frantz Wittkamp:
ICH GLAUBE, DASS DU EIN VOGEL BIST (Beltz & Gelberg)

Taschenbuch:
Reinhard Michl/Tilde Michels:
AM FROSCHWEIHER
(dtv junior)

Dezember '87

Jugendbuch:
Sigrid Heuck:
SAIDS GESCHICHTE
(Thienemann)

Kinderbuch:
Anneliese Lussert/Jožef Wilkoň:
DIE SIEBEN MONDTALER
(Nord-Süd)

Taschenbuch:
Elisabeth Borchers (Hg.):
LESEBUCH FÜR KINDER
(Insel)

Wer als Fisch auf die Welt kommt, braucht nie mehr zu baden. – G. B. Fuchs
(aus: Lesebuch für Kinder)

Buch des Monats der Jubu-Crew Göttingen

Die „Jubu-Crew" Göttingen (Kontaktperson z. Zt.: Ansgar Behnen, Göttingen) ist eine Arbeitsgemeinschaft von etwa zehn Mädchen und Jungen im Alter von ca. 10 bis 17 Jahren, die Jugendbücher lesen und beurteilen. Jeden Monat wählen sie einen ihnen empfehlenswert erscheinenden Titel zum „Buch des Monats". Die Begründung ihrer Wahl wird an die Presse, an private Interessenten und Schulen versandt. Mit ihrer Alternativ-Auswahl möchten die Jugendlichen auf Neuerscheinungen aufmerksam machen, die sie als jugendliche Leser besonders angehen. – Die Jubu-Crew Göttingen wurde von Hans-Georg Noack und dem Gymnasiasten Jan Schünemann 1972 gegründet. Sie arbeitet unparteiisch und ist auf Spenden angewiesen.

Die JUBU-CREW, Arbeitsgemeinschaft Jugendbuch Göttingen, urteilte über ihr Buch des Monats Mai 1987 wie folgt:

Der neunjährige Tobias lebt mit seinen Eltern in Ost-Berlin. Sein Vater ist Schriftsteller und schreibt über diesen Teil Berlins. Seine Bücher werden jedoch nicht mehr gedruckt, weil er über Dinge schreibt, die man dort nicht offen sagen darf. Die Mutter ist seit einem Jahr arbeitslos.
Die Familie will nun nach West-Berlin ziehen, weil der Vater sich dort bessere Arbeitsmöglichkeiten erhofft.
Sie stellen zunächst einen Ausreiseantrag und bekommen auch relativ bald die Ausreisegenehmigung. Tobias darf seinen Freunden nichts darüber erzählen. Seine Eltern können sich kaum noch um ihn kümmern, weil sie mit dem „Papierkrieg" beschäftigt sind.
Nach dem Umzug wohnt die Familie zunächst in einem kleinen, häßlichen Zimmer in einem Durchgangslager.
Über den ersten Schreck hilft Tobias seine Tante Elvira aus Bayern hinweg.
Nach vier Monaten zieht die Familie endlich in eine eigene Wohnung und Tobias gewöhnt sich langsam an die neuen Lebensumstände.

Das Buch führt Kinder ab ca. zehn Jahren auf leichtverständliche und unterhaltsame Weise in die ebenso schwierige, wie auch für die weitaus meisten Kinder bisher weitgehend unbekannte Problematik der Teilung Deutschlands ein. Da es die Geschichte eines Kinder erzählt, bleibt es nachvollziehbar und interessant.

Januar '87

Sigrid Zeevaert:
MAX, MEIN BRUDER
(Arena)

Feburar '87

Jeanne Willis/Susan Varley:
DENNIS, DAS KLEINE MONSTER
(Hoch)

März '87

Ursel Scheffler/Erhard Dietl:
ÄTZE, DAS TINTENMONSTER
(Ravensburger)

April '87

Annelies Schwarz:
HAMIDE SPIELT HAMIDE
(dtv junior)

Mai '87

Gylfe Schollak-Rittweger:
NA TSCHÜSS DENN
(Klopp)

Juni '87

Isolde Heyne:
FUNNY FANNY
(Klopp)

Juli '87

Rolf Krenzer:
SOLLTE DER FUCHS EINMAL WIEDERKOMMEN *(Spectrum)*

August '87

Posy Simmonds:
FRED
(Wunderlich)

September '87

Anatol Feid:
IM NAMEN DES VOLKES
(Patmos)

Oktober '87

Sigbert E. Kluwe:
REISE NACH JERUSALEM
(Signal)

November '87

Cordula Zickgraf:
MIT EINEM BEIN IM LEBEN
(Bitter)

Dezember '87

Elke Hermannsdörfer:
LINA KASUNKE
(Union)

Empfehlungsliste „Der Bunte Hund"

Seit Mai 1983 ermittelt die Redaktionsstube Schmitt's Töchter in Darmstadt durch Umfrage die „Bunte Hund"-Empfehlungsliste. Die Zielgruppen wechselten zunächst: Buchhändler, Bibliothekare, Schüler, Verleger, Lehrer, Kritiker, Autoren und Illustratoren zählten zu ihnen. Im Februar '87 waren es 50 Sortimentsbuchhandlungen. Vom März '87 an gilt ein neuer Umfrage-Modus. Eine neu etablierte Jury – jeweils 13 Buchhändler, Bibliothekare und Kritiker – konnte bis zu 7 Titeln aus der aktuellen Produktion favorisieren. Pro Monat (ausgenommen Januar und Dezember '87) wurden diejenigen Buchtitel publiziert, die bei diesem Verfahren die meisten Nennungen hatten. Ein monatlicher „Eltern-Tip" schließt die Empfehlungsliste ab. Die Jahresempfehlungsliste basiert auf der Addition aller Voten des zurückliegenden Jahres. Die 7 aufgeführten Titel waren danach 1987 jene Bücher, die in der KJL-Branche für den meisten Gesprächsstoff sorgten.

Februar '87

Helme Heine:
SIEBEN WILDE SCHWEINE
(Middelhauve)

Esther Hautzig:
DIE ENDLOSE STEPPE
(Beltz & Gelberg)

Cynthia Voigt:
HEIMWÄRTS
(Sauerländer)

Joan Lingard:
ÜBER DIE BARRIKADEN
(Ravensburger)

Wolfgang Hohlbein:
HAGEN VON TRONJE
(Ueberreuter)

Scott O'Dell:
DAS FEUER VON ASSISI
(Benziger)

Kathryn Lasky:
JENSEITS DER WASSERSCHEIDE
(Oetinger)

Elterntip:
Roald Dahl:
SOPHIECHEN UND DER RIESE
(Rowohlt)

März '87

Cynthia Voigt:
HEIMWÄRTS
(Sauerländer)

Kathryn Lasky:
JENSEITS DER WASSERSCHEIDE
(Oetinger)

Peter Härtling:
KRÜCKE
(Beltz & Gelberg)

Dusan Kállay/Mischa Damjan:
DEZEMBER UND SEINE FREUNDE
(Ravensburger)

Hadley Irwin:
LIEBSTE ABBY!
(Beltz & Gelberg)

Achim Bröger:
OMA UND ICH
(Nagel & Kimche)

Paul Küstermans:
DER LÄNGSTE WEG
(Anrich)

Elterntip:
Gudrun Mebs:
SONNTAGSKIND
(Sauerländer)

April '87

Peter Härtling:
KRÜCKE
(Beltz & Gelberg)

Cynthia Voigt:
HEIMWÄRTS
(Sauerländer)

Helme Heine:
SIEBEN WILDE SCHWEINE
(Middelhauve)

Esther Hautzig:
DIE ENDLOSE STEPPE
(Beltz & Gelberg)

Whitley Strieber:
IM SCHATTEN DES GROSSEN WOLFES
(Ueberreuter)

Joan Lingard:
ÜBER DIE BARRIKADEN
(Ravensburger)

Achim Bröger:
OMA UND ICH
(Nagel & Kimche)

Elterntip:
Gudrun Pausewang:
FRIEDEN KOMMT NICHT VON ALLEIN
(Ravensburger)

***Joan Lingard** erhält für ihr Buch ÜBER DIE BARRIKADEN (April-Liste) den „Buxtehuder Bullen" 1986 (vgl. S. 223!).*

1987 erschien sie Fortsetzung von **Bjarne Reuters** *„So einen wie mich kann man nicht von den Bäumen pflücken": „Küß die Sterne!" heißt dieser Nachfolge-Roman über Buster Oregon Mortensen, dessen Großvater der berühmte Kanonenkönig Osman war. Das zweite Buch über Buster, über den sogar eine preisgekrönte Fernsehserie gedreht wurde, verspricht ebenso witzig und zugleich etwas traurig zusein wie der Vorgänger.*

Mai '87

Peter Härtling:
KRÜCKE
(Beltz & Gelberg)

Gudrun Pausewang:
DIE WOLKE
(Ravensburger)

Cynthia Voigt:
HEIMWÄRTS
(Sauerländer)

Bjarne Reuter:
SO EINEN WIE MICH KANN MAN NICHT VON DEN BÄUMEN PFLÜCKEN (Sauerländer)

Erich Jooß/Herbert Holzing:
CHRISTOPHORUS
(Herder)

Achim Bröger:
OMA UND ICH
(Nagel & Kimche)

Uri Orlev:
DIE INSEL DER VOGELSTRASSE
(Elefanten Press)

Elterntip:
Jean-Jacques Sempé/René Goscinny:
DER KLEINE NICK
(Diogenes)

Juni '87

Gudrun Pausewang:
DIE WOLKE
(Ravensburger)

Christine Nöstlinger:
DER HUND KOMMT!
(Beltz & Gelberg)

Myron Levoy:
ADAM UND LISA
(Benziger)

Richard Kennedy:
DIE PHANTASTISCHE REISE VON ANNIS AUGEN, DEN STOFFPUPPEN UND DEM KAPITÄN (Ueberreuter)

Annegert Fuchshuber/Franz Fühmann:
VON DER FEE, DIE FEUER SPEIEN KONNTE (Ravensburger)

Isolde Heyne:
FUNNY FANNY
(Klopp)

Beat Brechbühl:
DSCHINGIS, BOMMEL UND TOBIAS
(Nagel & Kimche)

Elterntip:
Esther Hautzig:
DIE ENDLOSE STEPPE
(Beltz & Gelberg)

Juli '87

Gudrun Pausewang:
DIE WOLKE
(Ravensburger)

Peter Härtling:
KRÜCKE
(Beltz & Gelberg)

Rafik Schami:
EINE HAND VOLLER STERNE
(Beltz & Gelberg)

Myron Levoy:
ADAM UND LISA
(Benziger)

Onelio Jorge Cardoso:
NEGRITA
(Anrich)

Wenche Oyen/Marit Kaldhol:
ABSCHIED VON RUNE
(Ellermann)

Richard Kennedy:
DIE PHANTASTISCHE REISE VON ANNIS AUGEN, DEN STOFFPUPPEN UND DEM KAPITÄN (Ueberreuter)

Elterntip:
Helme Heine:
FREUNDE
(Middelhauve)

August '87

Gudrun Pausewang:
DIE WOLKE
(Ravensburger)

Myron Levoy:
ADAM UND LISA
(Benziger)

Richard Kennedy:
DIE PHANTASTISCHE REISE VON ANNIS AUGEN, DEN STOFFPUPPEN UND DEM KAPITÄN (Ueberreuter)

Reinhold Ziegler:
GROSS AM HIMMEL
(Beltz & Gelberg)

Wenche Oyen/Marit Kaldhol:
ABSCHIED VON RUNE
(Ellermann)

Cynthia Voigt:
HEIMWÄRTS
(Sauerländer)

Christine Nöstlinger:
DER HUND KOMMT!
(Beltz & Gelberg)

Elterntip:
Sven Nordqvist:
EINE GEBURTSTAGSTORTE FÜR DIE KATZE (Oetinger)

September '87

Myron Levoy:
ADAM UND LISA
(Benziger)

Gudrun Pausewang:
DIE WOLKE
(Ravensburger)

Rafik Schami:
EINE HAND VOLLER STERNE
(Beltz & Gelberg)

Peter Härtling:
KRÜCKE
(Beltz & Gelberg)

Onelio Jorge Cardoso:
NEGRITA
(Anrich)

Anita Desai:
DAS DORF AM MEER
(Dressler)

Richard Kennedy:
DIE PHANTASTISCHE REISE VON ANNIS AUGEN, DEN STOFFPUPPEN UND DEM KAPITÄN (Ueberreuter)

Elterntip:
Cord Torau/Jiri Bernard:
DAS KLEINE, GRÜNE KÖNIGREICH
(Sellier)

Oktober '87

Myron Levoy:
ADAM UND LISA
(Benziger)

Richard Kennedy:
DIE PHANTASTISCHE REISE VON ANNIS AUGEN, DEN STOFFPUPPEN UND DEM KAPITÄN (Ueberreuter)

Gudrun Pausewang:
DIE WOLKE
(Ravensburger)

Ida Vos:
ANNA GIBT ES NOCH
(Sauerländer)

Elke Hermannsdörfer:
LINA KASUNKE
(Union)

Gudrun Mebs:
ICH WEISS JA, WO DER SCHLÜSSEL HÄNGT (Sauerländer)

Rafik Schami:
EINE HAND VOLLER STERNE
(Beltz & Gelberg)

Elterntip:
Astrid Lindgren:
DIE KINDER AUS DER KRACHMACHERSTRASSE (Oetinger)

November '87

Myron Levoy:
ADAM UND LISA
(Benziger)

Wenche Oyen/Marit Kaldhol:
ABSCHIED VON RUNE
(Ellermann)

Gudrun Pausewang:
DIE WOLKE
(Ravensburger)

Klaus Kordon:
WIE SPUCKE IM SAND
(Beltz & Gelberg)

Rafik Schami:
EINE HAND VOLLER STERNE
(Beltz & Gelberg)

Sigrid Heuck:
SAIDS GESCHICHTE
(Thienemann)

Anton Tellegen:
ICH WAR FÜNFZEHN UND ZUM GLÜCK GROSS FÜR MEIN ALTER
(Dressler)

Elterntip:
Peter Härtling:
BEN LIEBT ANNA
(Beltz & Gelberg)

Jahres-Empfehlungsliste '87

Gudrun Pausewang:
DIE WOLKE
(Ravensburger)

Myron Levoy:
ADAM UND LISA
(Benziger)

Peter Härtling:
KRÜCKE
(Beltz & Gelberg)

Rafik Schami:
EINE HAND VOLLER STERNE
(Beltz & Gelberg)

Cynthia Voigt:
HEIMWÄRTS
(Sauerländer)

Richard Kennedy:
DIE PHANTASTISCHE REISE VON ANNIS AUGEN, DEN STOFFPUPPEN UND DEM KAPITÄN (Ueberreuter)

Wenche Oyen/Marit Kaldhol:
ABSCHIED VON RUNE
(Ellermann)

Elterntip:
Janet & Allan Ahlberg:
DIE MÄRCHEN-POST
(Carlsen)

Die Eule des Monats

Die Redaktion der „Kritischen Monatszeitschrift der Kinder- und Jugendkultur" (Horst Künnemann, Ehrhardt F. Heinold und Mitarbeiter) aus dem Eulenhof-Verlag Ehrhardt Heinold in Hardebek, „Bulletin Jugend + Literatur" hebt Bemerkenswertes im Bereich der Kinder- und Jugendmedien durch die Vergabe einer „Eule des Monats" hervor. Keineswegs werden nur Bücher hervorgehoben, sondern absichtlich auch Produkte des breitgefächerten Medienmarktes (Film, Funk, Fernsehen, Theater), insbesondee auch Autoren und Aktionen. Die Auszeichnung ist mit keinerlei Preisdotierung verbunden. Die Begründungen werden im „Bulletin Jugend + Literatur" abgedruckt.

Januar '87

Reihe „spectrum spontan"
des Spectrum Verlags, Fellbach

„...Es gehört... schon ein erheblicher verlegerischer Mut dazu, eine Buchreihe, die sich vorwiegend, wenn auch nicht nur, an Jugendliche wendet, mit so betont aktuellen und anspruchsvollen Themen zu gründen..."

Februar '87

Jürgen Spohn: CIRCUS QUATSCH
(Neuer Finken)

„...seine jüngste Kreation, in der Spohn mit wandlungsfähiger Sprachlichkeit höchst ungewöhnliche Zirkus-Szenen (‚Roncalli' läßt schön grüßen) in Mini-Szenen, Winz-Dramen mit akrobatischer Leichtigkeit hinsetzt..."

März '87

Günter Zint: LEICHTE SCHLÄGE
Mit Texten von *Jörg Boström* u. a.
(Verlag am Galgenberg)

„...Zints Bilder vermitteln Einblicke und Einsichten, die auf anderen Wegen mit anderen Mitteln kaum geschaffen werden könnten..."

April '87

Elke Hermannsdorfer:
LINA KASUNKE (Union)

„...insgesamt ein grundsolider, sachlicher und zugleich sehr menschlicher Roman, der ein Stück deutscher Geschichte wieder lebendig werden läßt..."

Mai '87

Cordula Zickgraf:
MIT EINEM BEIN IM LEBEN (Bitter)

„...Ohne Beschönigung, in ihrer Sachlichkeit Emotionen wachrufend, schildert die Autorin sehr überzeugend die quälenden Gedanken der plötzlich Behinderten..."

Juni '87

Wolfgang Bünder u. a.:
JUGENDLEXIKON TECHNIK
(Rowohlt Taschenbuch)

„...bietet eine fundierte Fülle von Informationen zu alternativen oder auch ‚sanften' Technologien, von denen die Autoren glauben, daß mit ihnen unsere Zukunft ökologisch und sozial sinnvoller gestaltet werden kann..."

Juli '87

Anatol Feid:
IM NAMEN DAS VOLKES – DAS URTEIL STEHT NOCH AUS (Patmos)

„...*Anatol Feid* nimmt Stellung, ohne ausdrücklich warnend Stellung zu nehmen. Er schildert ganz sachlich eine typische Gerichtsverhandlung. Und sehr schnell spürt man: Es geht um viel mehr!"

August '87

Harry Mazer: WENN KEVIN BLEIBT
Übersetzung: *Sigrid Angelika Eisold*
(Anrich)

„...Was mich besonders begeistert, sind die hervorragenden Dialoge, die er *(Mazer)* die Geschwister führen läßt. Jedes einzelne Wort wirkt glaubhaft..."

September '87

Karolin Nedelmann (stellvertretend) als eine der Autor(inn)en in dem Buch
PAMPIG.
TREFFEN JUNGER AUTOREN '86
Hg.: Berliner Festspiele
Redaktion: *Peter Grosz*
(Anrich)

„...vereinigt die verschiedenste Literatur, und zwar Literatur pur! Die 56 Texte sind ohne Ausnahme absolut lesenswert..."

Oktober '87

Jan de Zanger:
DANN EBEN MIT GEWALT
Übersetzung: *Siegfried Mrotzek*
(Anrich)

„...beschreibt die Erlebnisse von Lex und seiner farbigen Freundin Sandra. Allein aufgrund ihrer dunklen Hautfarbe wird Sandra in der Schule und außerhalb verfolgt..."

November '87

Nikolaus Heidelbach:
VORSICHT KINDER (Beltz & Gelberg)

„...Kein anderer Bilderbuchmacher bietet eine so homogene Verbindung aus knallharter Realität und skurriler Phantastik..."

Dezember '87

Kinderbuchreihe
WIR ERLEBEN DIE NATUR
im Verlag Dr. Hans Peters, Hanau

„...Nur selten gelingt es, Bücher zu gestalten, die für Neun- bis Zehnjährige noch ebenso interessant sind wie für Drei- bis Vierjährige, die darüberhinaus auch in sprachlicher Hinsicht beiden Altersstufen gerecht werden..."

SR-Kinder- und Jugendbuchliste

In Zusammenarbeit mit dem SR-Kinderfunk begann der Saarländische Rundfunk im Dezember 1985 mit der Erstellung seiner „Kinder- und Jugendbuchliste". Eine Fachjury – ihr gehören Journalisten, Wissenschaftler, Pädagogen, Bibliothekare, Buchhändler, Lektoren und Autoren an – ermittelt in unregelmäßigen Abständen eine Empfehlungsliste neuer Kinder-und Jugendliteratur „unter Berücksichtigung der Kriterien Lesbarkeit, Einfallsreichtum und Gestaltung" (Empfehlungsliste 2, I/ 1986). Die Liste wird von Radio Bremen weiterempfohlen.

Liste 9

Eveline Hasler:
DER LÖCHERSAMMLER
(Benziger)

Frederik Hetmann:
MADRU ODER DER GROSSE WALD
(Diederichs)

Joachim Kahlert:
WAS UNS DEN ATEM VERSCHLÄGT
(Betz)

Hiawyn Oram (Text)
Satoshi Kitamura (Bilder):
MEIN FREUND, DER TIGER (Betz)

So ist das mit Julius, dem einzigen, verwöhnten Sohn seiner wie Urahnen wirkenden Eltern: immer, wenn's was Leckeres zum Essen gibt und Julius zu Tisch gebeten wird, befindet sich der Bengel bei irgendeinem abenteuerlichen Unternehmen. Was tun da die koch- und eßbesessenen Alten? Tragen sie doch die Mahlzeiten ihrem Bübchen auf Tabletten nach: an den Nil ebenso wie auf den Gipfel des Changa-Benang in Tibet, wo er gerade den Sonnenaufgang betrachtet. – In den penetranten Wiederholungen ihrer erzieherischen Unfähigkeit wirkt die Geschichte wohl eher bei Erwachsenen als bei Kindern als Beispiel „unmöglicher" Erziehungspraktiken. B. übersieht die noch geringe Fähigkeit des Kindes, Ironie einzuordnen. Vom Ästhetischen her: „Brüche" zwischen dem fortlaufenden und dem eingesetzten phantastischen Geschehen.

*DIE FRECHE KRÄHE von **Ulf Nilsson** mit den umwerfenden Illustrationen von **Eva Eriksson** erhielt 1987 zweimal eine nennenswerte Auszeichnung: Das Original (im schwedischen Verlag Bonniers Junior, Stockholm 1985 erschienen) wurde im Rahmen des XI. Premio Europeo Letteratura Giovanile, Padua mit dem Bilderbuchpreis ausgezeichnet. (Die Abbildung zeigt das Original-Titelbild.) Die Jury des Deutschen Jugendliteraturpreises 1987 hievte das Bilderbuch mit folgender Begründung auf die Bilderbuch-Auswahliste (vgl. S. 222):*
Zwei Kinder lassen sich in den Kampf mit einer Krähe ein, die ihnen „ihre" Kirschen vom Baum wegfrißt. Erst als sie die Krähe endlich überwältigt haben, sind die Kinder bereit zu teilen und heilfroh, daß sie den Vogel nicht getötet haben. Bei aller Dramatik der Geschichte, die den Lesern Spaß machen wird, vermitteln Text und Illustrationen auch eine symbolische Aussage: Der Kirschbaum ist ein reicher Kosmos, der niemandem allein gehört, die Krähe ein Zeichen für fremdes, unverfügbares Leben, das es zu achten gilt (Ab 5)

Claudia Schnieper (Text)
Max Maier (Fotos):
SPINNEN (Kinderbuchverlag Luzern)

Theodor Storm:
VON KINDERN UND KATZEN
(Union)

Liste 10

Lygia Bojunga-Nunes:
MEIN FREUND, DER MALER
(Dressler)

Veronica Hazelhoff:
SO EIN LUDER! (Weismann)

Kathryn Lasky:
JENSEITS DER WASSERSCHEIDE
(Oetinger)

Siegfried Lenz (Text),
Klaus Warwas (Bilder):
SO WAR DAS MIT DEM ZIRKUS
(dtv junior)

Gudrun Pausewang (Text),
Inge Steineke (Bilder):
GUTEN TAG, LIEBER FEIND!
(Middelhauve)

Otti Pfeiffer:
ZWISCHEN HIMMEL UND HÖLLE
(Dressler)

Liste 11

John Burningham:
WO IST DENN JULIUS?
(Parabel)

Denise Burt (Text),
Neil McLeod (Fotos):
SO LEBT DER KOALA
(Kinderbuchverlag Luzern)

James Houston:
ELFENBEINJÄGER IM EWIGEN EIS
(Bertelsmann)

Jackie Niebisch:
RUDI WÖPPERS KLEINE SCHWESTER
(Rowohlt)

Alexander Potyka (Text),
Max Seeböck (Bilder):
WEIT IST DER WEG ZUM AMAZONAS
(Picus)

Jutta Radel (Hg.),
Cornelia von Seidlein (Bilder):
MEIN ERSTES VORLESEBUCH VOM FRÜHLING (Maier)

Liste 12

Ulf Nilsson (Text),
Eva Eriksson (Bilder):
DIE FRECHE KRÄHE (Oetinger)

Edgar Allan Poe:
DER GOLDKÄFER UND ANDERE PHANTASTISCHE GESCHICHTEN
(Union)

Mirjam Pressler:
GOETHE IN DER KISTE
(Loewes)

Simon und Desi Ruge:
LELEWAN
Ein Elefant auf Reisen
(Maier)

Rafik Schami:
EINE HAND VOLLER STERNE
(Beltz & Gelberg)

Heinz-Dieter Schilling (Hg.):
RAUS IN DIE STADT!
(Elefanten Press)

Liste 13

Christina Björk, Lena Anderson:
LINNEA IM GARTEN DES MALERS
(C. Bertelsmann)

Onelio Jorge Cardoso:
NEGRITA
(Anrich)

Eva Eriksson:
STEFANS NEUE JACKE
(Oetinger)

Peter Härtling:
KRÜCKE
(Beltz & Gelberg)

Shel Silverstein:
LAFCADIO. EIN LÖWE SCHIESST ZURÜCK
(Middelhauve)

Anton Tellegen:
ICH WAR FÜNFZEHN UND ZUM GLÜCK GROSS FÜR MEIN ALTER
(Dressler)

Liste 14

Ludwig Bechstein,
Helga Gebert (Bilder):
MÄRCHEN
(Beltz & Gelberg)

Malcolm J. Bosse:
EIN GARTEN SO GROSS WIE DIE WELT (dtv junior)

Antoni Cuadrench (Text), Montserrat Ginesta (Bilder):
TONI UND DIE MONDSPINNE (Herold)

Peter Hacks:
GESCHICHTEN VON HENRIETTE UND ONKEL TITUS (Lentz)

Veronika Hazelhoff:
FENNA (Weismann)

Dorothée Kreusch-Jacob (Hg.), Hans Poppel (Bilder):
DA HÜPFT DER FROSCH DEN BERG HINAUF (Ellermann)

Liste 15

Isolde Heyne:
FUNNY FANNY (Klopp)

Richard Kennedy:
DIE PHANTASTISCHE REISE VON ANNIS AUGEN, DEN STOFFPUPPEN UND DEM KAPITÄN (Ueberreuter)

Klaus Kordon:
WIE SPUCKE IM SAND (Beltz & Gelberg)

Irmgard Lucht:
DIE WALD-UHR (Ellermann)

Paul Maar:
TÜRME (Oetinger)

Richard Wagner (Text), Cornelia König (Bilder):
ANNA UND DIE UHREN (Luchterhand)

DA HÜPFT DER FROSCH DEN BERG HINAUF – dieses neue Handbuch aus dem Ellermann Verlag bringt „Krabbelverse und Handspielereien zum Kitzeln und Lachen, Streicheln und Trösten, Nacherzählen und Theaterspielen, Horchen, Raten und Singen. Gesammelt von ***Dorothée Kreusch-Jacob*** *mit Bildern von* ***Hans Poppel*** *" (127 Seiten, zahlreiche, teils farbige Abbildungen und Notenbeispiele). Diese Sammlung alter und neuer Kribbel-krabbelverse entzückt alt und jung gleichermaßen. Sie lädt dazu ein, die Verse zu sprechen, zu singen, sie rhythmisch mit Kleinkindern auszugestalten, sie sprachmelodisch auszukosten. Bewundernswert: der Fundus, auf den die „fündige" Herausgeberin mit künstlerisch-musischer Hand zurückgreifen kann. Typographie und Illustration verdienen hohe Anerkennung. – Zu dem Turm mit dem Wetterfähnchen (S. 81) paßt der Vers*
Wie das Fähnchen auf dem Turm
sich kann drehn bei Wind und Sturm,
so soll sich mein Händchen drehen,
daß es schön ist anzusehen. (Abb. s. S. 116)

Luchse

Die Wochenzeitung „Die Zeit" und Radio Bremen stellen (seit Oktober 1986) alle vier Wochen ein Buch vor, „das aus dem Gros der Neuerscheinungen herausfällt. Geschrieben gegen schicke Trends, Booms, Klischees, gegen Bestsellerspekulationen und die Konformität des nur unverbindlich ‚Netten'. Keine Allzweckliteratur, kein Gefühlsschrott, keine bequeme Konsumiervorlage zum Weiterdösen". Auf der Suche nach „Anstiftungen zum Denken": Birgit Dankert, Jo Pestum, Jürgen Spohn, Rudolf Wenzel und Ute Blaich. „Jeweils ein Jurymitglied macht drei bis sechs Vorschläge in einer Kategorie. Die Juroren geben zu jedem dieser Titel einen ausführlichen Kommentar und einen Plazierungsvorschlag" (Die Zeit 41/86), wobei die einfache Mehrheit entscheidet.

Luchs 4 (Januar '87)

Jin Xuqi/Markus Kappeler:
DER GROSSE PANDA (Kinderbuchverlag Luzern)

Luchs 5 (Februar '87)

Horst Heidtmann/Christoph Plate (Hg.):
ROTE ERDE – SCHWARZER ZORN (Signal)

Luchs 6 (März '87)

Juan Wijngaard/Selina Hastings:
SIR GAWAIN UND DIE HÄSSLICHE ALTE (Sauerländer)

Luchs 7 (April '87)

Klaus Richarz:
WIR INFORMIEREN UNS: NATURSCHUTZ VERKEHRT (Schneider)

Luchs 8 (Mai '87)

Myron Levoy:
ADAM UND LISA
Übersetzung: Günther Ohnemus
(Benziger)

Luchs 9 (Juni '87)

Peter Hacks:
LIEBKIND IM VOGELNEST
Bilder von Klaus Ensikat
(Arena)

Luchs 10 (Juli '87)

Farley Mowat:
DER UNTERGANG DER ARCHE NOAH
Übersetzung: *Jochen Frei*
(Rowohlt)

Luchs 11 (August '87)

Jörg Müller/Jörg Steiner:
DER MANN VOM BÄRENGRABEN (Sauerländer)

Luchs 12 (September '87)

Irmgard Lucht:
DIE WALD-UHR (Ellermann)

Luchs 13 (Oktober '87)

Benno Pludra:
INSEL DER SCHWÄNE (Boje)

Luchs 14 (November '87)

Joke van Leeuwen:
DEESJE MACHT DAS SCHON
Übersetzung: *Mirjam Pressler*
(Beltz & Gelberg)

Luchs 15 (Dezember '87)

Jaime Robotham/Alfons Federspiel:
HINSEHEN VERBOTEN! – UNFEINE BILDER AUS CHILE. Mit Texten von *Ilse Brusis* u. a. (Beltz)

Preisgekrönt in diesem Jahr

Vom Deutschen Jugendliteraturpreis bis Troisdorf

Die Jury zum Deutschen Jugendliteraturpreis 1987

Vorsitz:

Dr. Bettina Hurrelmann
Privatdozentin, Bielefeld

Juroren:

Roswitha Barden
Buchhändlerin, Braunschweig

Dr. Roswitha Budeus-Budde
Dozentin für Jugendliteratur, Feldkirchen-Westerham

Prof. Dr. Ottilie Dinges, *Essen*

Dr. Hans-Heino Ewers
Privatdozent, Rösrath

Prof. Dr. Dietrich Grünewald
Kunstdidaktiker, Reiskirchen

Nina Haverkamp
jugendliche Jurorin, Bonn

Prof. Dorothea Kretschmer
Hochschullehrerin, Berlin

Christoph Mecke
jugendlicher Juror, Gummersbach

Susanne Müller-Martin
Diplom-Bibliothekarin, Norderstadt

Stefan Wilfert
Journalist, München

Zum „Deutschen Jugendliteraturpreis" 1987 waren insgesamt 478 Bücher aus Verlagen der Bundesrepublik Deutschland mit Berlin (West), Österreichs und der Schweiz eingereicht worden, davon waren 326 deutsche Originaltitel und 152 Übersetzungen. Auf die einzelnen Sparten entfielen 122 (Bilderbuch), 136 (erzählendes Kinderbuch), 125 (erzählendes Jugendbuch) und 95 (Kinder- und Jugendsachbuch) Titel. Den Ausschreibungsbestimmungen zufolge konnten Bücher aus dem Produktionsjahr 1986 eingereicht werden.

Deutscher Jugendliteraturpreis

Der „Deutsche Jugendliteraturpreis" wird vom Bundesminister für Jugend, Familie, Frauen und Gesundheit gestiftet zur Auszeichnung deutschsprachiger Werke. Mit der Organisation der Juryarbeit und der Durchführung der Preisverleihung ist der „Arbeitskreis für Jugendliteratur e.V.", München, beauftragt. Die Preise sind mit 40.000 DM dotiert. Die Jury kann Preise teilen, um den Anteil von Übersetzern, Illustratoren u.a. angemessen zu berücksichtigen. Sie können in den Sparten „Bilderbuch", „Kinderbuch", „Jugendbuch" und „Kinder- oder Jugendsachbuch" vergeben werden. Die Jury kann außerdem jeweils bis zu fünf Bücher aus den genannten Sparten für die Auswahlliste zum „Deutschen Jugendliteraturpreis" auswählen.

Den Deutschen Bilderbuchpreis 1987 erhielt

David McKee
DU HAST ANGEFANGEN! NEIN, DU!
Aus dem Englischen von *Rolf Inhauser*
Verlag Sauerländer, Aarau, Frankfurt am Main, Salzburg 1986

Begründung der Jury

„Es war einmal ein blauer Kerl, der lebte friedlich an der Westseite eines Berges, wo die Sonne untergeht. Und an der Ostseite, wo die Sonne aufgeht, da lebte ein roter Kerl." Mit diesen beiden Sätzen ist die Exposition für eine Bildergeschichte gegeben, die sich auf ebenso einprägsame wie vergnügliche Weise zu einer Parabel über Frieden und Verständigung entfaltet. Die beiden ersten Bildtafeln präsentieren das Ausgangsproblem in aller Sinnfälligkeit und Prägnanz: Jedem der Kerle ist der Ausblick auf die Sicht, die der andere Kerl hat, durch den Berg versperrt, der sich zwischen ihnen auftürmt. Beide sitzen in ihrem eigenen, umgrenzten Bildfeld, haben den Berg im Rücken und haben jeweils ein eigenes Blickfeld, das ihnen die gleichen Phänomene unterschiedlich, ja entgegengesetzt zur Ansicht bringt. Ist es nicht konsequent, daß der eine sagt: „Der Tag geht", wenn der andere behauptet: „Die Nacht kommt"? Immerhin gibt es in ihrem Berg ein Loch, durch das sie

miteinander reden. Und so entwickelt sich aus ihren grundsätzlich verschiedenen Ansichten über die elementarsten Dinge ein erbitterter Streit: Zuerst sind es Schimpf-Kanonaden, die sie sich entgegenschleudern, dann werden die Kerle handgreiflich. Und die glückliche Wendung der Geschichte vollzieht sich witzigerweise dadurch, daß sie voller Wut gegeneinander den Berg zertrümmern, der ihnen den Ausblick auf den Horizont des Partners verstellt hat.

Die Geschichte präsentiert sich dem Betrachter wie ein Schauspiel auf einer Doppelbühne: Er hat den Vorteil, zu sehen, wie die Aussage des einen Bildes durch die auf der gegenüberliegenden Seite relativiert und gewertet wird. Die Sparsamkeit der Farbauswahl und des Kartoonstriches läßt an Ausdruckskraft und Lebendigkeit nichts zu wünschen übrig.

Kleine wie erwachsene Leser werden sich in den beiden Kerlen wiedererkennen, die sich bei allem Kontrast des Aussehens und der Standpunkte so auffällig gleichen. Im Bildzusammenhang wird die Logik wie auch die Absurdität ihres Streits ineins nachvollziehbar, ohne daß der Autor den Zeigefinger ein einziges Mal erheben muß. Am Ende sitzen die Kerle auf einer Bildseite vereint, jeder nun erstmals in der Position und Blickrichtung, die vorher der andere innehatte. (Ab 4)

***David McKee** wurde 1935 in Devon, England, geboren. Nach dem Studium an der Kunstgewerbeschule in Plymouth fing er an, Bilderbücher zu publizieren. Außerdem hat er für das Fernsehen einen Trickfilm produziert. Er lebt und arbeitet heute in London.*

Den Deutschen Kinderbuchpreis 1987 erhielt

Achim Bröger
OMA UND ICH. Eine Kindergeschichte
Bilder von *Nell Graber*
Verlag Nagel & Kimche, Zürich 1986

Begründung der Jury

Der Autor erzählt eine realistische Kindergeschichte von großer Eindrücklichkeit. Es geht um die Beziehung eines Mädchens zu seiner Großmutter, vor allem um die Angst des Kindes, die Großmutter könne gestorben sein. Es geht aber zugleich um eine Beziehung unter Kindern. Ihre Entwicklung bringt das Hauptmotiv der Erzählung erst zur Entfaltung: Das Geschehen zwischen Kindern macht die Oma-Geschichte für sie selbst wie auch für die Leser erst eigentlich faßbar und begreiflich.

Oberflächlich gesehen geschieht nicht viel in diesem Buch: Als Jutta von der Schule nach Hause kommt, ist Oma nicht wie sonst immer am Küchenfenster. Sie ist auch nicht in der Küche, sondern Jutta findet sie in ihrem Schlafzimmer. Sie liegt ganz still da, sieht fremd und bleich aus, hat die Augen geschlossen. Jutta ist tief erschrocken, läuft aus dem Haus, versucht, vor ihren Ängsten zu fliehen. Den ganzen Nachmittag über traut sie sich nicht zurück. Aber sie trifft Dirk, einen Jungen, den unter Kindern niemand recht mag, ohne daß man ihn eigentlich näher kennt. Auch für Jutta zählt er nicht. Nur weil sie mit ihrer Angst nicht allein sein will, wehrt sie seine Gesellschaft nicht ab.

Im Laufe der Geschichte lernt Jutta Dirk kennen, er wird an diesem Nachmittag ihr Freund. Dirk ist mehr als ein gewöhnlicher Freund. Er hat die Fähigkeit zuzuhören und zu fragen. Und so erfährt er von Juttas Angst, aber auch, wie sehr sie ihre Großmutter liebt, was für ein Mensch diese Oma ist – alles, was Jutta nach und nach von sich und der Großmutter erzählt. Am Ende dieses Nachmittags wagt sich Jutta wieder nach Hause. Dirk ist dabei, und die Kinder sehen, daß die Oma lebt.

Der Autor erzählt also von einem einzigen Nachmittag, er beschränkt sich auf zwei Kinder als handelnde Figuren, er läßt die Kinder vor allem miteinander sprechen, sich erzählen, sich erinnern. So entfaltet sich nach und nach ein lebendiges Portrait der Großmutter, ohne daß der Erzähler die Kinderperspektive durch eigene Zutat überschreiten müßte. Figurensprache und Erzählersprache sind in diesem Buch ebenso einfach und ebenso klar wie die Handlungsentwicklung. Dadurch erreicht der Autor für sein Buch eine innere Geschlossenheit, Konzentration und ästhetische Spannkraft. Die fotorealistischen Zeichnungen von Nell Graber bilden mit der Erzählung eine stilistische Einheit.

Das Buch wird seine Leser fesseln, weil es Ruhe ausstrahlt, Kindererfahrungen aufnimmt und konzentriert zurückspiegelt und eben dadurch auch neue Wahrnehmungen ermöglicht. Spannung, das kann man hier lernen, hat etwas mit der Erzählweise zu tun und wenig mit der Dramatik äußerer Ereignisse. (Ab 9)

***Achim Bröger** wurde 1944 geboren und ist seit 1980 freiberuflich als Schriftsteller tätig. Das Spektrum seines Schaffens reicht vom Bilderbuch bis zum Jugendroman. Weitere Arbeitsgebiete: Funkerzählungen, Hörspiele, Fernsehfilme und Theaterstücke für Kinder. Außerdem viele Beiträge in Anthologien und Lesebüchern. Achim Bröger lebt mit seiner Frau und seinen drei Töchtern in Braunschweig.*

Inger Edelfeldt *wurde 1956 geboren. Schon als kleines Kind erzählte sie Geschichten und zeichnete Bilder dazu. Das setzte sie dann während ihrer gesamten Schulzeit fort und illustrierte auch bereits für einen Verlag. Ihr „Hobby" oder eher ihre Leidenschaft machte sie dann zum Beruf. Ihr Buch „Jim im Spiegel" wurde bereits 1986 in die Auswahlliste des Deutschen Jugendliteraturpreises aufgenommen.*

Den Deutschen Jugendbuchpreis 1987 erhielt

Inger Edelfeldt
BRIEFE AN DIE KÖNIGIN DER NACHT
Aus dem Schwedischen von *Birgitta Kicherer*
Spectrum Verlag, Stuttgart 1986

Begründung der Jury

In diesem Brief– und Tagebuch–Roman entwirft Inger Edelfeldt das beeindruckende Portrait eines jugendlichen Außenseiters. Es handelt sich zugleich um das Protokoll einer schweren Lebenskrise. Der Tagebuch– und Briefschreiber ist Georg Daniel Bratt, ein Gymnasiast, hochempfindlich und überintellektuell. Er ist zugleich schüchtern und stolz, gehemmt und anmaßend. In ihm wechseln hochtrabende Selbsteinschätzungen mit maßlosen Versagensängsten. Er ist unfähig, beides im Umgang mit anderen Menschen zu relativieren — ein Egozentriker, der unter seiner Eingeschlossenheit leidet, ohne sie durchbrechen zu können.

Die Autorin hat sich in der Darstellung ihrer Figur streng an die Ich–Form gebunden. Sie verlangt einen selbständigen Leser, denn sie unterläßt jegliche Kommentierungen der dargestellten Erfahrungen, Urteile und Stimmungen, sie versagt sich jegliche Einmischung. Dadurch erreicht sie eine Unmittelbarkeit, eine Dichte in der Konfrontation mit dem Helden, die Mitleid und Faszination, Kritik und Abstoßung gleichermaßen erzwingt. Denn um eine landläufige Identifikationsfigur handelt es sich bei Georg Daniel Bratt wahrlich nicht! Zu deutlich sind die Selbstwidersprüche, die Phraseologien und Verbohrtheiten. Dann aber gibt es in seinen Aufzeichnungen verblüffende Einsichten und schonungslose Selbstdiagnosen, die dem Tagebuchschreiber das Mitgefühl des Lesers sichern, die den Leser erkennen lassen, wie viel von all den Brüchen und Verkehrtheiten auch in ihm selbst steckt.

Inger Edelfeldt hat mit ihrem Roman für die Jugendliteratur Neuland erobert. Literarische Verwandtschaften entdeckt man am ehesten zu den Jugend-romanen der Jahrhundertwende. Die Autorin nimmt die Lebenskrise ihres Helden vergleichbar ernst, sie zeigt seine Verstrickung vergleichbar radikal, sie spricht seine Sprache in einer verblüffenden Authentizität. Sie mutet dem jugendlichen Leser eine Lektüre zu, die zwischen Identifikation und Distanz wechselt und die genau genug ist, bei aller Gefühlsintensität Beobachtungs-punkte festzuhalten. Damit traut sie ihm auch einiges zu, und wenn er sich darauf einläßt, wird ihn das Buch nicht nur in seiner Entwicklung als Leser ein Stück weiterbringen.

Das Verdienst von Birgitta Kicherer ist es, das schwedische Original ins Deutsche übertragen zu haben. Die Übersetzung ist ihr vorzüglich gelungen. (Ab 15)

Huynh Quang Nhuong *wurde 1946 in Mytho, Süd–Vietnam, geboren und studierte an den Universitäten von Saigon, Long Island und Missouri, USA. Seine Liebe galt dem Leben in der Natur, und er wollte nach abgeschlossenem Studium im Zoo von Saigon arbeiten, doch der Krieg brachte eine Wende in seinem Leben.*

Den Deutschen Kindersachbuchpreis 1987 erhielt

Huynh Quang Nhuong
MEIN VERLORENES LAND. Erlebnisse eines Jungen aus Vietnam
Aus dem Amerikanischen von *Helga Pfetsch*
Bilder von *Jub Mönster*
Verlag Sauerländer, Aarau, Frankfurt am Main, Salzburg 1986

Begründung der Jury

Ein vietnamesischer Autor erzählt in diesem Buch vom Land seiner Kindheit. Er ist im zentralen Hochland von Vietnam aufgewachsen, „in einem kleinen Dorf ... am Rande eines Flusses zwischen tiefem Dschungel und einer hohen Bergkette" (S.7). Diese Kindheit liegt kaum 40 Jahre zurück, aber die Erzählung vergegenwärtigt die Erinnerung an eine endgültig verlorene Welt. Der Autor hat sein Land verlassen müssen, durch den Krieg wurde es zerstört. Und obwohl die Kriegsereignisse im Buch selbst nicht thematisiert werden – nur in der letzten Geschichte kündigen sie sich an – gelingt es dem Autor, seine Leser an der Trauerarbeit teilnehmen zu lassen, die das Erzählen für ihn bedeutet.

Die Lebenswelt, die hier in einer losen Abfolge einzelner Geschichten vor uns entfaltet wird, ist die einer fremden bäuerlichen Kultur. Es geht nicht so sehr um eine individuelle Kindheit und Jugend, vielmehr um den Bestand an Traditionen,

Geschichten, Deutungen, die immer im Zusammenhang mit den konkreten Lebensbedingungen der Menschen gezeigt werden und ihren Lebensformen einen eigentümlichen Sinn einprägen. Im Mittelpunkt der Geschichten steht die dörfliche Lebensgemeinschaft, in der der Verfaser aufwächst. Die Gefährdungen durch wilde Tiere schließen die Menschen eng zusammen. Aber nicht nur als Widersacher werden die Tiere begriffen, sondern als eigenständiges, unverfügbares, teilweise dämonisches Leben. Ihnen werden Absichten, psychische Fähigkeiten, moralische Eigenschaften zugeschrieben, die sie ganz nahe an die Menschen heranrücken. Dies gilt nicht nur für die gezähmten Tiere wie den großartigen Wasserbüffel Tank, sondern gerade auch für die wilden Tiere wie den Tiger, das wildwütende, einzelgängerische Wildschwein, das Krokodil, die gefährlichste aller Schlangen, die Pferdeschlange. Diese fast noch mythische Einheit zwischen Tieren und Menschen spricht ganz andere Erfahrungsdimensionen an als die Anthropomorphisierung von Tieren, die Kindern in Geschichten so häufig angedient wird. – Kinder können an diesem Buch erfahren, daß die eigene Kindheit nur eine unter vielen ganz anderen darstellt, und sie können erfahren, welcher kulturelle Reichtum in einem scheinbar unterentwickelten Land durch einen Krieg zerstört wurde. (Ab 10)

Den Deutschen Jugendsachbuchpreis 1987 erhielt

Charlotte Kerner
LISE, ATOMPHYSIKERIN. Die Lebensgeschichte der *Lise Meitner*
Mit Schwarz-weiß-Fotos
Verlag Beltz & Gelberg, Weinheim 1986

***Charlotte Kerner** wurde 1950 in Speyer geboren und studierte Volkswirtschaft und Soziologie in Mannheim. Daran schlossen sich jeweils einjährige Studienaufenthalte in Kanada und China an. Nach Deutschland zurückgekehrt, schrieb sie zusammen mit einer Sinologin ein Buch über ihre Erfahrungen in China. Heute arbeitet sie als freie Journalistin.*

Begründung der Jury

Unter den biographischen Darstellungen in der Jugendliteratur, insbesondere unter den Frauen–Biographien, stellt das vorliegende Buch eine Entdeckung dar. Das liegt zum einen an seinem Stoff: Lise Meitner ist eine Persönlichkeit, in deren Lebensgeschichte sich historische Ereignisse mit Problemen verbinden, die uns noch heute bedrängen. In ihrem Lebensweg erkennt man nicht nur exemplarisch das Unrecht der Judenverfolgung, die Katastrophe der militärischen Verwendung der Kernenergie, die Benachteiligung und die Einsamkeit einer großen Wissenschaftlerin als Frau. Man erkennt auch, daß alle diese Probleme noch heute für uns zur Bearbeitung anstehen und wie zäh die Kontinuität dieser Probleme ist.

Aber das Buch ist nicht nur glücklich in der Wahl eines bedeutenden Stoffes. Die schwierige Aufgabe, diesen Stoff für Jugendliche lesbar und ansprechbar aufzubereiten, ist hier in vorzüglicher Weise gelungen.

Die Lebensgeschichte, die Charlotte Kerner vorlegt, vermittelt durch geschickte Verbindung von Quellenmaterial und Erzählung ein lebendiges Portrait dieser außergewöhnlichen Frau. Sie ist Österreicherin, stammt aus einer großbürgerlichen jüdischen Familie. Die Eltern legen ihrem naturwissenschaftlichen Studium keine Hindernisse in den Weg. Nach ersten Forschungsarbeiten in Wien geht sie nach Berlin. Zunächst als Studentin der Physik, später wird sie als Assistentin akzeptiert. Sie arbeitet bei Max Planck, und bald darauf beginnt ihre langjährige Zusammenarbeit mit dem Chemiker Otto Hahn, die nach gut drei Jahrzehnten zur Entdeckung der Kernspaltung führt. Dies geschieht 1938 – aber kurz vorher muß Lise Meitner das berühmte Kaiser-Wilhelm-Institut verlassen, ihr Forschungslabor, ihren Arbeitsplatz. Es gibt auch unter den Wissenschaftlern genügend Nazis, die ihr das Leben schwer gemacht haben, schon 1933 wurde ihr die Lehrbefugnis entzogen, aber sie will es bis zum letzten Augenblick nicht sehen, daß ihr Verbleiben in Deutschland lebensgefährlich ist. Gerade noch rechtzeitig flieht sie nach Stockholm, hier steht sie zunächst ohne Arbeitsmöglichkeit da.

Lise Meitner ist Mitentdeckerin der Kernspaltung, wesentliche Experimente und Berechnungen hat sie noch in Berlin geleistet, und sie liefert die Deutung für die überraschenden Versuchsergebnisse, die Hahn ihr nach Stockholm berichtet. Dennoch gilt sie bis heute als „Hahns Mitarbeiterin", wenn ihr Name neben ihm überhaupt genannt wird. Otto Hahn erhält 1945 allein den Chemie–Nobelpreis für die Uran–Spaltung.

Nach der Katastrophe von Hiroshima und Nagasaki setzt sich Lise Meitner für die friedliche Nutzung der Kernenergie ein. Vor allem in Amerika wird sie nach Kriegsende gefeiert. Offenbar glaubt aber auch sie zunächst, die Atombombe habe den Krieg beenden helfen.

Gerade in der Aufbereitung der späten Lebensdokumente wird deutlich, daβ die Biographin die historische Distanz zu ihrer Gestalt bei aller Aktualität der Lebensgeschichte nicht unterschlägt. Das macht die Lektüre für jugendliche Leser lehrreich – weit über die Vemittlung wichtiger Fakten hinaus. (Ab 14)

Die Auswahlliste zum Deutschen Jugendliteraturpreis 1987

Auswahl „Bilderbuch"

Eva Eriksson (Bilder), *Ulf Nilsson* (Text):
DIE FRECHE KRÄHE
Aus dem Schwedischen von
Angelika Kutsch (Oetinger)

Annegert Fuchshuber (Bilder),
Gertrud Fussenegger (Text):
JONA (Betz)

Nikolaus Heidelbach:
DER BALL oder
EIN NACHMITTAG MIT BERTI
(Beltz & Gelberg)

Dušan Kállay (Bilder),
Mischa Damjan (Text):
DEZEMBER UND SEINE FREUNDE
(Maier)

Květa Pacovská:
RUMPELSTILZCHEN ERZÄHLT
Aus dem Tschechischen von
Ivanka Beil; Deutsche Bearbeitung:
Borka Manon Illgner
(Edition Illgner)

Auswahl „Kinderbuch"

Lygia Bojunga–Nunes:
MEIN FREUND, DER MALER
Aus dem Portugiesischen von
Karin Schreiner (Dressler)

Hans-Joachim Gelberg (Hrsg.):
ÜBERALL UND NEBEN DIR
Gedichte für Kinder in sieben
Abteilungen. Mit Bildern von
Künstlern. (Beltz & Gelberg)

Uri Orlev:
DIE INSEL IN DER VOGELSTRASSE
Aus dem Hebräischen von
Beate Esther von Schwarze.
(Elefanten Press)

Mirjam Pressler:
NICKEL VOGELPFEIFER. Erzählung
Bilder von *Detlef Kersten*
(Beltz & Gelberg)

Bjarne Reuter:
„SO EINEN WIE MICH KANN MAN NICHT VON DEN BÄUMEN PFLÜCKEN", SAGT BUSTER
Bilder von *Gilles Scheid.* Aus dem
Dänischen von *Sigrid Daub*
(Sauerländer)

Auswahl „Jugendbuch"

Kirsten Boie:
MIT JAKOB WURDE ALLES ANDERS
(Oetinger)

Esther Hautzig:
DIE ENDLOSE STEPPE. Roman
Aus dem Englischen von
Ulrike A. Pollay (Beltz & Gelberg)

Hadley Irwin:
LIEBSTE ABBY. Erzählung
Aus dem Amerikanischen von
Fred Schmitz (Beltz & Gelberg)

Hanna Lehnert:
WIE EIN ROSTIGER NAGEL IM BRETT
oder: DIE ZWEITE FLUCHT
(Anrich)

Cynthia Voigt:
HEIMWÄRTS
Aus dem Amerikanischen von
Matthias Duderstadt (Sauerländer)

Auswahl „Kindersachbuch"

Jane Bendix:
MI'CA BÜFFELJÄGER
Bilder von der Autorin
Aus dem Amerikanischen von
Reinhard und Regina Bendix
(Anrich)

Mies Bouhuys:
ANNE, KITTY UND DIE BEIDEN PAULAS
Aus dem Niederländischen von
Maria Csollány (Persona)

Richard Podloucky:
WIR TUN WAS FÜR FRÖSCHE UND KRÖTEN
Ein Buch der Aktion Ameise,
hrsg. von *Gunter Steinbach*
illustriert (Schneider)

Claudia Schnieper:
DAS CHAMAELEON
Meisterschütze und
Verwandlungskünstler
Bilder von *Max Meier*
(Kinderbuchverlag Luzern)

Auswahl „Jugendsachbuch"

Lothar Drude:
DER AUFGESCHOBENE TOD DES GERHARD F. Ein Bericht nach Originaldokumenten aus den Jahren 1943 – 1945. (Weltkreis)

Joachim Kahlert:
WAS UNS DEN ATEM VERSCHLÄGT
Luftverschmutzung und ihre Folgen, illustriert (Beltz)

Helmut Koch:
NO PASARAN
Nicaraguas Weg in die Zukunft, Illustriert (Signal)

Volker Lange:
DER GEWALTLOSE REBELL
Mahatma Gandhi in Südafrika (Signal)

Buxtehuder Bulle

Der „Buxtehuder Bulle" wurde 1971 von dem Buxtehuder Buchhändler Winfried Ziemann als Preis für das beste Jugendbuch des Jahres gestiftet. Seit 1981 ist die Stadt Buxtehude Trägerin des Preises. Er ist mit einer Stahlplastik des Bildhauers Reinhard Güthling und 8.000 DM dotiert. Für den Namen des Preises hat der friedfertige Stier Ferdinand (Munro Leaf: „The Story of Ferdinand", 1936) Pate gestanden. Am Wettbewerb beteiligt sind die erzählenden Jugendbücher, die in dem betreffenden Jahr in deutscher Sprache veröffentlicht wurden. Über den Preisträger entscheidet eine Jury aus elf jugendlichen (14 bis 17 Jahre) und elf erwachsenen Lesern. Die Jury wird alljährlich neu gebildet.

Der „Buxtehuder Bulle" 1986 (verliehen am 16.10.1987) geht an

Joan Lingard:
ÜBER DIE BARRIKADEN Eine Geschichte aus Nordirland
Übersetzung: *Cornelia Krutz-Arnold* (Ravensburg: O. Maier 1986)

Die Westdeutsche Allgemeine Zeitung (22.12.86) schrieb über das Buch:

Politische Konflikte bleiben Kindern und Jugendlichen nicht verborgen. Oft genug werden sie selbst Opfer dieser Auseinandersetzungen. So wissen Sadie und Kevin, ein protestantisches Mädchen und ein katholischer Junge in Nordirland, sehr wohl um die Gefühle und Abneigungen ihrer Eltern und Nachbarn im eigenen Viertel in Belfast. Die trennenden Antipathien aber mögen die beiden für sich nicht akzeptieren. So geraten sie mit ihrer Zuneigung zwischen die traditionellen und oftmals lebensbedrohlichen Fronten.
Joan Lingard aus Edinburgh schrieb diese Geschichte unter dem Titel „Über die Barrikaden" als Folgeband einer ersten erfolgreichen Erzählung „Der zwölfte Juli", um bereits Kindern ab zwölf Jahren die komplizierte Welt der Nordiren nahezubringen. Ihr gelingt es, die Zerrissenheit der Gefühlswelt dieser beiden jungen Leute so zu schildern, daß nicht nur eine spannende Geschichte erzählt, sondern zugleich auch das Verständnis für die tiefwurzelnde Spaltung der Nordiren in Protestanten und Katholiken geweckt wird. Ein kurzer historischer Abriß erläutert im Anhang die wichtigsten Daten.

Platzränge beim „Buxtehuder Bullen" 1986:

Lingard: *ÜBER DIE BARRIKADEN*
Smith: *SCHWARZ FEHLT IM REGENBOGEN*
Lasky: *JENSEITS DER WASSERSCHEIDE*
Krenzer: *SOLLTE DER FUCHS EINMAL WIEDERKOMMEN*
Shirazi: *DIE GASSE OHNE NAMEN*
Bintig: *LIEBER HANNO*
Strieber: *IM SCHATTEN DES GROSSEN WOLFES*
Hadley/Irwin: *LIEBSTE ABBY!*
Lehnert: *WIE EIN ROSTIGER NAGEL IM BRETT oder DIE ZWEITE FLUCHT*
Groen: *DIE ANDERE SEITE DER STRASSE*
Wrightson: *WIRRUN UND DAS SINGENDE WASSER*
Feid: *GEKAUFTES GLÜCK*
Lange: *DER GEWALTLOSE REBELL*
Reiche: *DER EINZIGE*

Großer Preis der Volkacher Akademie

Durch die jährliche Verleihung ihres „Großen Preises" für herausragende Leistungen auf dem Gebiet der Kinder- und Jugendliteratur (aber auch durch die Vergabe von Förder- oder Sonderpreisen u. ä.) will die Deutsche Akademie für Kinder- und Jugendliteratur (seit 1976) mit Sitz in Volkach Maßstäbe und Akzente für die Weiterentwicklung der Kinder- und Jugendliteratur setzen. Der Große Preis ist mit 6.000 DM dotiert. Daneben wird jeweils auch der „Volkacher Taler" für besondere Verdienste um die Kinder- und Jugendliteratur verliehen.

Der Große Preis geht 1987 an

Paul Maar
für das Gesamtwerk.

Prof. Dr. Karl Ernst Maier würdigt den 50jährigen Autor wie folgt:

Unser diesjähriger Preisträger bekennt sich zur Tätigkeit als Schriftsteller für Kinder, fühlt sich keineswegs von der „großen" Literatur ins Abseits gedrängt und ist glücklich, sagen zu können, für sich „den richtigen, den idealen Beruf gefunden zu haben."
Maars erstes Buch „Der tätowierte Hund" (1968) zeigt bereits deutlich seine Qualität als Geschichtenerzähler, der spürt oder weiß, was Kinder lesen wollen und was sie lesen können. Sein individuell ausgeprägtes Verhältnis zur Sprache meidet Gemeinplätze und starre Formen, schafft neue Sprachstrukturen und zeigt Spaß am Spiel mit der Sprache. Wer seinen Witz, auch den gelegentlich hintergründigen Humor bis hin zur Lust am bloßen Spaßmachen kennenlernen will, der greife zu „Onkel Florians fliegendem Flohmarkt" (1977/1985) oder zu seinen Kindertheaterstücken. An diesen Erzähl- und Spieltexten wird auch deutlich, wie Maar es versteht, den jungen Leser anzusprechen, einzubeziehen, zu aktivieren und mitwirken zu lassen. Nun ist „der heitere, gelassene, sehr vergnügliche Macher", wie ihn das „Bulletin" (4/85) charakterisiert, bei weitem nicht der ganze Paul Maar. Bei aller naiven Lust am Erzählen und Spielen weiß er sehr wohl, daß bei der Rezeption literarischer Inhalte ein Wirkungsvorgang in Bewegung gesetzt wird. Er nimmt diese Tatsache für sein jugendliches Publikum, das er sich ja bewußt als Zielgruppe gewählt hat und das er nach Alters- und Reifegruppen unterscheidet, aktiv wahr und weiß sich als Schreiber nicht nur der Literatur verpflichtet, sondern auch seinem Leser und stellt sich ihm gegenüber bewußt in die Verantwortung. Die Absicht, Orientierungshilfen zu geben und Signale zu setzen, ist für den Rezensenten in vielen seiner Texte unverkennbar, sie steht aber wenig im Vordergrund, geht so sehr in die anschauliche und lebendige Handlung ein, daß den Leser keineswegs das peinliche Gefühl überkommt, er werde pädagogisch angesprochen oder gar mit Verhaltensregeln traktiert. Sein Orientierungsangebot ist ohne Aufdringlichkeit, seine „Botschaften" sind frei von manipulatorischen Absichten, wenngleich in manchen Texten die Nähe zur Doktrin der anti-autoritären Bewegung nicht zu übersehen ist.
Paul Maars Geschichten stehen in Verbindung mit der Wirklichkeit, die sinnlich Wahrnehmbares ebenso wie Phantastisches und Traumhaftes einschließt: es ist eine Wirklichkeit, in der Konflikte und Schwieirgkeiten zu bestehen sind, es ist immer eine ganz subjektbezogene Realität, ans handelnde Individuum gebunden ohne den Versuch des Autors, grundsätzliche oder gesellschaftliche Schlüsse zu ziehen.
Manchen Kritikern gefällt solche Zurückhaltung nicht, ihnen erscheint die Konfliktdarstellung zu wenig kritisch akzentuiert: sie vermissen Aggressivität und Agitation. Wen wundert es, daß der „Rote Elefant" angebllich Schwierigkeiten hatte, Maars Titel in seine „Liste Soziales Lernen" aufzunehmen. Nun will ich Paul Maar gewiß nicht der einen oder anderen Richtung zuordnen. Ich glaube aber, daß er sich nicht zum Tranporteur einer Weltanschauung oder Politik abstempeln lassen will, sondern eben für Kinder- und Jugendliche schreibt und – wenn schon Konflikte und Probleme – es die Konflikte und Probleme der jungen Leute sein sollen. Wenn er als Autor beitragen kann, daß sie sich mit ihrer sozialen Nahwelt und mit sich selbst zurechtfinden, liefert er einen Beitrag zur Verbesserung der gesamtgesellschaftlichen Verhältnisse.

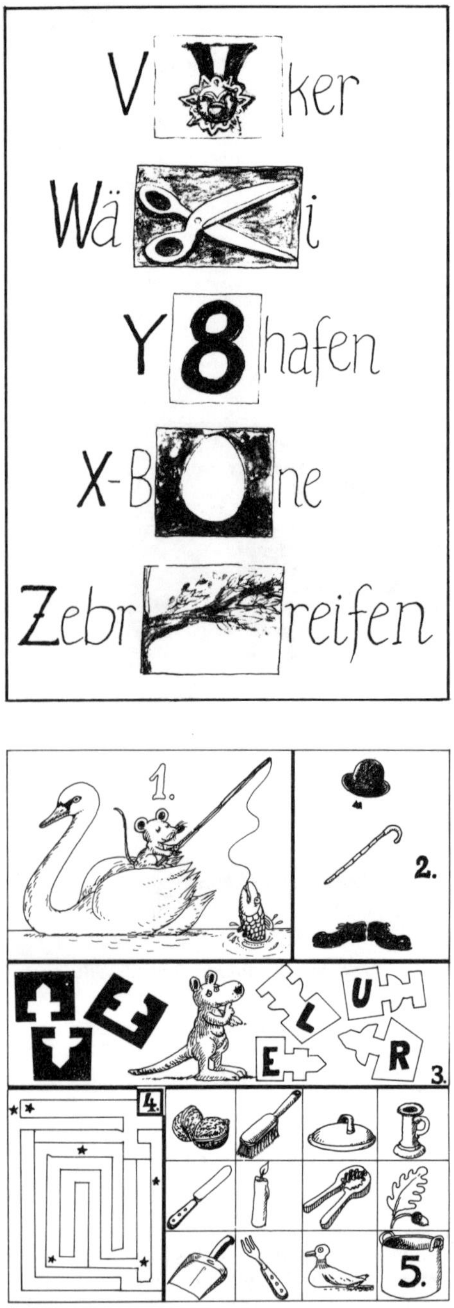

*Illustrationen aus **Paul Maar**: „Konrad Knifflichs Knobelkoffer" (Oetinger 1987)*

Der Volkacher Taler 1987 wird verliehen an

Prof. Dr. Theodor Brüggemann (Universität zu Köln)

In der **Laudatio** heißt es über den Preisträger:

Er studierte an den Universitäten Münster und Göttingen Philologie, absolvierte die Ausbildung als Lehrer und promovierte 1954 in Münster. Nach mehrjährigem Schuldienst wirkte er als wissenschaftlicher Assistent in Weilburg und Köln, übernahm 1962 eine Professur an der Pädagogischen Hochschule und wurde schließlich auf den Lehrstuhl für Deutsche Sprache und Literatur sowie deren Didaktik an der Universität Köln berufen.

Seine Forschungsaktivitäten sind erheblich. Er ist Initiator und Leiter der Arbeitsstelle für KJL-Forschung der Universität Köln, Mitbegründer der Rheinischen

Kinderbuchgesellschaft und Gründungsmitglied der Deutschen Akademie für Kinder- und Jugendliteratur.
Der Inhalt seiner Lehr- und Forschungstätigkeit seit rund 30 Jahren bezieht sich – wenn man seine zahlreichen Veröffentlichungen überblickt – neben der allgemeinen literaturtheoretischen Thematik vor allem auf Literaturdidaktik und Literaturgeschichte. In dem Aufsatz „Literaturtheoretische Grundlagen des Kinder- und Jugendschrifttums (1966/1977) äußert er sich umfassend, in dem Lexikon-Artikel „Jugendbuch" (1970) komprimiert, aber in beachtlicher Exaktheit über Forschungsgrundlagen und Aspekte der Jugendliteraturtheorie. – Ein Großteil seiner Veröffentlichungen nimmt Stellung zur Leseerziehung und zu schuldidaktischen Fragen. In diesem Zusammenhang spricht er die verschiedenen Gattungen der KJL an, setzt sich nicht nur mit den klassischen Textsorten, sondern beispielsweise auch mit Comics, Jugendzeitschriften und Sachschrift auseinander, liefert Textanalysen und legt Unterrichtsbeispiele vor. – Brüggemanns Schwerpunkt liegt ohne Zweifel in der literaturhistorischen Forschung. Abgesehen von den Bänden des großen „Handbuchs zur KJL" (1982 ff.), die Brüggemann als Gemeinschaftsleistung der von ihm geleiteten Kölner Arbeitsstelle bezeichnet wissen möchte, findet seine literaturhistorische Forschung in der wissenschaftlichen Kommentierung „Sammlung Brüggemann" (1986) einen glänzenden Höhepunkt. Die Fachwelt nimmt den 320seitigen Band mit 171 Abbildungen und 933 ausführlich kommentierten Titeln mit Hochachtung zur Kenntnis. Er dokumentiert den Fortschritt, den die Historie der KJL in Deutschland genommen hat, er ruft Bewunderung für eine Leistung hervor, die in jahrzehntelanger unermüdlicher und gewissenhafter Sammel- und Interpretationsarbeit erbracht worden ist.

Peter-Härtling-Preis für Kinderliteratur

Der „Peter-Härtling-Preis für Kinderliteratur" wurde aus Anlaß des 50. Geburtstags des Schriftstellers Peter Härtling am 13. November initiiert. Erstmals wurde er 1984 ausgeschrieben und soll alle zwei Jahre vergeben werden. Der mit 10 000 DM dotierte Manuskript-Preis wurde vom Verlag Beltz & Gelberg, Weinheim und Basel, gestiftet. Teilnahmeberechtigt sind Autor(inn)en mit einem bisher noch unveröffentlichten Manuskript für ein Kinderbuch.

Träger des 1987 verliehenen Peter-Härtling-Preises für Kinderliteratur 1986 sind

Cordula Tollmien für die Erzählung **LA GATTA HEISST KATZE** und

Reinhold Ziegler für den Roman **GROSS AM HIMMEL**

(Beide Titel sind 1987 bei Beltz & Gelberg als Buch erschienen.)

Aus den Jury-Begründungen:

„La gatta heißt Katze" von *Cordula Tollmien* ist die Geschichte einer Freundschaft zwischen einem deutschen und einem italienischen Mädchen. Die Jury findet diese Erzählung preiswürdig, weil die Autorin eindringlich Gefühle und Ereignisse beschreibt, wie sie Kinder zum erstenmal erleben. Der Erzählerin ist es gelungen, realistisches Geschehen mit erlebter Gefühlswelt glaubhaft zu verbinden und bewegend zu schildern.

Reinhold Ziegler erzählt in seinem Roman „Groß am Himmel" vom 14jährigen Daniel, der trotz großer Widerstände eine Erfindung realisiert: er baut einen Drachen, der alle bisherigen Drachen übertreffen soll. Doch zum Schluß muß Daniel eine große Enttäuschung überwinden. Die Jury findet diese Geschichte preiswürdig, weil der Autor in klarer Form, kundig und spannend, Daniels Entwicklung und seine Auseinandersetzung mit Eltern, Schule und Lehrern schildert.

Hans-im-Glück-Preis

Der „Hans-im-Glück-Preis der Kreisstadt Limburg an der Lahn für Kinder- und Jugendliteratur" ist ein Förderpreis. Ausgezeichnet werden sprachlich und formal anspruchsvolle Romane oder Erzählungen aus dem deutschen Sprachraum für jugendliche Leser. Dabei sind „neue Themen und Erzählweisen" gefragt. Die Jury ermuntert die Einsender zu Experimenten und Wagnissen. Es können sowohl unveröffentlichte Manuskripte als auch Bücher eingereicht werden. Übersetzungen ins Deutsche sind ausgeschlossen. Der Preis ist mit 3.000 DM dotiert. Er besteht ferner aus einem Westerwälder Krug sowie, falls erwünscht, aus einem einwöchigen Aufenthalt bei den Initiatoren Hans-Christian Kirsch und Elinor Kirsch, Nomborn („Schreibklausur oder lektorale Betreuung"), die den Preis bereits 1977 ins Leben gerufen haben.

Der „Hans-im-Glück-Preis" 1987 wurde verliehen an

Ilse Behl:
DER SPÄTZÜNDER oder **PAPPKAMERADEN**
112 Seiten, Kevelaer: Anrich 1987

Aus der Laudatio auf *Ilse Behls* ausgezeichnete Erzählung von *Prof. Dr. Peter Scheiner* (Vorsitzender der Jury):

Ilse Behl erzählt in ihrem Buch „Der Spätzünder oder Pappkameraden" aus der Perspektive eines Achtzehnjährigen. Ein Schüler steht vor Entscheidungen, wie sie sich für die meisten seiner Altersgenossen ergeben. Es sind Entscheidungen, die seine Einstellung zur Familie betreffen, sein Verhältnis zu Frauen und Mädchen, die Berufswahl, den anstehenden Wehrdienst. Die Frage des Wehrdienstes wird zum Ausgangspunkt der Erzählung. Ein Brief von der Erfassungsstelle der Bundeswehr ist angekommen. „Du wirst gemustert", sagt der Vater zu Felix. Und Felix hat das Gefühl, als habe diese Nachricht für den Vater noch eine andere Bedeutung. Er spürt seine Ohnmacht und Unzulänglichkeit gegenüber dem selbstsicheren und erfolgreichen Vater, er fühlt sich ausgemustert wie ein „Muster ohne Wert" – als Spätzünder eingeschätzt, der bei der Bundeswehr vielleicht endlich zum Mann werden kann. Diesen Weg zum Mann wird Felix auch finden, wenn auch auf andere Weise, als sein Vater denkt.

„Der Spätzünder" ist die Geschichte der Selbstfindung eines jungen Menschen. Das Thema ist nicht neu in der Jugendliteratur heute. Aufmerksam aber macht die Art, wie die Geschichte auf einen zukommt: die diskrete Sprache, die ohne viele Worte Worte findet für die Gefühle und Affekte eines jungen Menschen, der mitten in einer spätpubertären Entwicklungskrise steckt; die konzentrierte Erzählweise, die vielfältige Erlebnisfelder und Reflexionen zu eindrucksvollen Bildern verdichtet, die dem Leser immer neue, überraschende Auslegungsspielräume der Geschichte eröffnen; das stringente, fast an ein lyrisches Kompositionsprinzip erinnernde Geflecht der Motive, die immer wieder aufs neue durchgespielt werden, so immer wieder neue Bedeutungsfacetten gewinnen und aus entsprechenden familiären Konflikten heraus Perspektiven eröffnen auf öffentliche Verhältnisse von Macht und Ohnmacht, Gewalt und Aggression, Ordnungsdenken und Auflösungstendenzen der gewohnten Ordnung. „Dies Kopfgeistern", sagt Felix. „Wortfetzen schieben sich ein, gewaltsam: Zahl der Asylbewerber mehr als verdoppelt... Ich – Asylsucher."

In sehr intimen, mitunter an Tagebuchnotizen erinnernden Aufzeichnungen sucht sich Felix über sein Verhältnis zu sich selbst und zu seiner Umwelt klar zu werden. Verschlossenheit und Unselbständigkeit sind Eigenschaften, die er sich selbst zuschreiben muß, wenn er sich mit den Augen seines Vaters oder seiner Freunde sieht. Andere Jungen seines Alters haben schon weit mehr erlebt als er – vor allem mit Mädchen. Doch Felix fragt sich auch: „Ein verschlossener Junge, bin ich das?" Und er sagt sich: „Bei mir müßte alles erst anfangen." Der Musterungsbefehl gibt ihm den Anstoß, allmählich von dem selbstgrüblerischen Nachdenken über die eigene Person zu einer aktiven Auseinandersetzung mit den Menschen seiner Umgebung zu gelangen. Dabei enthüllt sich ihm die ganze Brüchigkeit der anscheinend so sicher gefügten familiären Verhältnisse, in denen er aufgewachsen ist. Der unwürdige, einsame Tod des Großvaters in einer Klinik, die Klebstoff-Schnüffelei des jüngeren, von den Eltern vernachlässigten Bruders, die Ehekrise seiner Eltern; all das sind Entdeckungen, durch die er den Boden unter den Füßen zu verlieren droht. Ein Motiv, das sich in einem konkreten Erlebnis spiegelt, als Felix eines Morgens entdeckt, daß sich im Garten des elterlichen Hauses ein tiefes Loch aufgetan hat. Ursache ist eine Kaverne, eine Luftblase, die durch eine Bombe im letzten Krieg entstand. Dieses Loch im Gartenboden wird für Felix aber zum Zeichen für sein neu erwachtes Selbstbewußtsein gegenüber seinen Eltern. „Bei uns muß erst der Boden unter den Füßen weg sein, dann gibt's Luft", sagt er. Felix gewinnt Distanz zu seiner Umwelt. Er macht sich innerlich frei von den Verhältnissen, in die er hineingeboren wurde. Der Prozeß seines Selbständigwerdens beginnt tatsächlich bei ihm selbst. In dieses Bewußtsein von Unabhängigkeit mischt sich allerdings auch das bedrängende Gefühl, allein zu sein in dieser Welt, in der es keine Sicherheiten gibt, in der man ganz auf sich gestellt ist. Dieses Gefühl verstärkt sich noch, da er ahnt, daß seine schwärmerische Beziehung zu einer älteren Frau, einer Freundin seiner Mutter, zu Ende geht. Daß er in dieser Situation in der Schwester eines Freundes eine Partnerin findet, die ihm zur Seite stehen will, mag eine Konzession sein an auf typische, optimistische Ausblicke weisende Tendenzen der Jugendliteratur. Folgerichtig in der Linie der Erzählung liegt aber das zweite Schlußmotiv: Felix wird nicht zur Bundeswehr gehen. Die Entscheidung hat nichts mit ideologischen Vormeinungen zu tun. Sie entspricht ganz der eigenständigen Position, die Felix in der Gestaltung seines Lebens gewonnen hat. Er will sich nicht mehr von anderen beurteilen, mustern oder ausmustern lassen; er will lieber selbst seiner Umwelt prüfend und beurteilend gegenüberstehen.

Auswahlliste:

Sigrid Zeevaert: **MAX, MEIN BRUDER** (Arena)

Frauke Kühn: **„...TRÄGT JEANS UND TENNISSCHUHE"** (Rotfuchs)

Gustav-Heinemann-Friedenspreis für Kinder- und Jugendbücher

Mit dem ursprünglich von der „Deutschen Gesellschaft für Friedens- und Konfliktforschung" zur Erinnerung an den ehemaligen Bundespräsidenten Gustav Heinemann (1899-1974) gestifteten Friedenspreis wird alljährlich ein in deutscher Sprache geschriebenes Kinder- oder Jugendbuch ausgezeichnet, das zur Verbreitung des Friedensgedankens beiträgt und der Friedenserziehung dient. Nach Auflösung der DGFK übernahm Ende 1983 das Land Nordrhein-Westfalen, vertreten durch die Landeszentrale für politische Bildung, die Verleihung des Preises. Er ist mit insgesamt 10.000 DM dotiert. Eine vom Land NRW berufene unabhängige Jury entscheidet über die Preisvergabe.

Der „Gustav-Heinemann-Friedenspreis für Kinder- und Jugendbücher" 1987 wurde verliehen an

Roberto Innocenti für sein Bilderbuch **ROSA WEISS**
Den französischen Text von *Christophe Gallaz* übersetzte *Abraham Teuter* ins Deutsche. Frankfurt am Main: Alibaba Verlag 1986

Begründung der Jury

Die Auseinandersetzung mit der Zeit des Faschismus in Deutschland hat nach einer langen Phase der Abstinenz in jüngster Zeit auch Eingang in das Kinder- und Jugendbuch gefunden. Für das Bilderbuch blieb dieser Stoff jedoch weiterhin tabu. Mit „Rosa Weiss" hat Roberto Innocenti einen überaus eindrucksvollen Beitrag zu dieser Thematik in der Gattung Bilderbuch vorgestellt. Er ist geeignet, entgegen aktuellen Verdrängungsversuchen das Bewußtsein von den Zuständen und Ereignissen wachzuhalten, die nicht verharmlost und vergessen werden dürfen.

In bedrückenden, atmosphärisch dichten Bildern, unterlegt mit knappen Textpassagen, gestaltet Innocenti Ansichten einer deutschen Kleinstadt während des Zweiten Weltkrieges. Die im fotorealistischen Stil gehaltenen Illustrationen, die in Farbe, Komposition und bedeutungsvollen Details erzählen, sind für Kinder und Jugendliche ebensosehr wie für erwachsene Leser und Betrachter interessant. Über die herkömmlichen Lesealtersgrenzen hinaus vermögen sie Betroffenheit zu vermitteln, Fragen und Denkanstöße aufzuwerfen.

Mit seinem Bilderbuch ROSA WEISS (vgl. 4. Almanach S. 207) löste ***Roberto Innocenti*** *(Foto) Kontroversen in der KJL-Szene 1987 aus. Insbesondere der Verleger* ***Abraham Teuter*** *(zugleich Übersetzer des „Rosa Weiss"-Textes) setzte sich mit Gegnern des Buches mündlich und schriftlich auseinander. Kein Verständnis hatte* ***Teuter*** *für die Entscheidung der Jury des „Deutschen Jugendliteraturpreises" 1987, die ROSA WEISS nicht einmal in die Auswahlliste aufnahm. Jury-Mitglied* ***Prof. Dr. Dietrich Grünewald*** *begründete seine eigene Einstellung zu dem Bilderbuch ROSA WEISS (s. Kapitel „Meinung"!).*

Die Jury des „Gustav-Heinemann-Friedenspreises für Kinder- und Jugendbücher" 1987:

Vorsitzender:
***Karlheinz Koppe**, Arbeitsstelle Friedensforschung; Außenstelle der Hessischen Gesellschaft für Friedens- und Konfliktforschung, Bonn; Leiter der Arbeitsstelle und früherer Vorstand der Deutschen Gesellschaft für Friedens- und Konfliktforschung*

Beisitzer:
***Prof. Dr. Paul Ackermann**, Pädagogische Hochschule Reutlingen; Politikwissenschaftler, Friedensforscher, Friedenspädagoge*

***Dr. Bernd Dolle-Weinkauff**, Universität Frankfurt – Institut für Jugendbuchforschung, Literaturwissenschaftler, Jugendbuchforscher*

***Prof. Christiane Rajewsky**, Fachhochschule Düsseldorf; Politikwissenschaftlerin, Friedensforscherin, Friedenspädagogin*

***Tilman Röhrig**, Jugendbuchautor; Träger des Deutschen Jugendliteraturpreises 1984, Vorsitzender der Landesarbeitsgemeinschaft „Jugend und Literatur" Nordrhein-Westfalen*

***Wolfgang Schmitz-Müller**, Westdeutscher Rundfunk Köln; Redakteur*

***Hille Störr**, Verein zur Förderung guter Jugendliteratur, Bonn; Lehrerin; 1. Vorsitzende des Vereins als Träger einer Buchhandlung*

Die klug und detailreich konzipierten Alltagsszenerien enthüllen bei näherem Hinsehen wesentliche Ereignisse und Verhältnisse der Zeit: Kriegsausbruch, Unterdrückung und Verfolgung, Konzentrationslager, Zusammenbruch und Befreiung – wahrgenommen mit den Augen eines kleinen Mädchens, Rosa Weiss. Ihre Geschichte, die Innocenti in diesem Buch berichtet, ist ebenso symbolisch angelegt wie ihr Name, der auf den Widerstand verweist.

Rosa nimmt am Geschehen um sie herum vorwiegend beobachtend teil, bis sie Zeugin eines merkwürdigen Vorfalls wird: ein kleiner Junge versucht, einem SS-Transport zu entfliehen, wird jedoch von den Soldaten wieder eingefangen. Auf den Spuren der Lastwagenkolonne gelangt Rosa unbemerkt in ein Sperrgebiet außerhalb der Stadt, wo sich ein Konzentrationslager befindet. Hinter dem Stacheldraht stehen Kinder, die frieren und Hunger haben – alle in gestreiften Kleidern mit einem gelben Stern darauf. So oft als möglich begibt sich Rosa in der Folgezeit dorthin, um den verschleppten Kindern Lebensmittel zu bringen. Als der Krieg zu Ende geht, wird sie selbst das letzte Opfer des Konzentrationslagers. Bei der Suche nach ihren Schützlingen auf dem Gelände des nunmehr geräumten Lagers wird sie von Soldaten erschossen. Das Schlußbild bietet eine – nach alledem – irritierende Idylle: Frisches Gras und Frühlingsblumen überwuchern Stacheldraht und Panzersperren. Deutet sich hier ein trügerischer oder der wirkliche Friede an? Realistisch wie in den vorausgegangenen Darstellungen mahnt Innocenti, die Schrecken der Nazizeit nicht zu verdrängen, nicht zu beschönigen und nicht zu vergessen.

Neben dem Preisbuch **empfiehlt** die Jury drei weitere Titel als besonders geeignet für die Vermittlung bedeutsamer Aspekte der Friedensproblematik:

Monika Hartig: **WANN BLÜHT DER ZUCKERTÜTENBAUM?** (Arena 1986)

Rukshana Smith: **SCHWARZ FEHLT IM REGENBOGEN**
Übersetzung: *Heike Brandt* (Ravensburger 1986)

Andreas Titzrath: **HELFEN SIE DENN GLEICH, MIR'N KAFFEE ZU MACHEN?**
Aus dem Tagebuch eines Zivildienstleistenden (Rasch und Röhrig 1985)

Erich Kästner Kinder- und Jugendbuchpreis

Der Atrium Verlag, Zürich, stiftete den „Erich Kästner Kinder- und Jugendbuchpreis" aus Anlaß des 50jährigen Bestehens des Verlags. (Im Atrium Verlag erscheint das Gesamtwerk Erich Kästners.) Ausgezeichnet und mit 20.000 DM dotiert wird das beste bisher unveröffentlichte Kinder- und Jugendbuchmanuskript. Dieser Preis ist der höchstdotierte für ein Einzelwerk in deutscher Sprache. Die Verleihung des Preises, der in Zukunft alle fünf Jahre ausgeschrieben werden soll, erfolgt auf der Frankfurter Buchmesse.

Der Erich Kästner Kinder- und Jugendbuchpreis 1987 wird verliehen an

Franziska Groszer für ihr Buchmanuskript **ROTZ UND WASSER**
(als Buch 1987 bei Dressler, Hamburg, 144 Seiten)

***Franziska Groszer** wurde 1945 geboren und lebte bis 1977 in der DDR, wo sie zu Hause war. Sie war wissenschaftliche Mitarbeitern des Zentrums für Kinderliteratur, gründete ein Kindertheater und einen Wochenend-Kinderladen und bekam nach allen Aktionen regelmäßig Sprech-, Auftritts- und Veröffentlichungsverbot. Schließlich war sie Fabrikarbeiterin und erledigte Schreibarbeiten für ornithologische Zeitschriften. Nach ihrem Wechsel in die Bundesrepublik war sie u. a. Mitarbeiterin bei Zeitschriften und arbeitete als Setzerin und Korrektorin. Sie erhielt verschiedene Literatur-Stipendien und veröffentlichte Kurztexte in der von **Heinrich Böll, Heinrich Vormweg** und **Carola Stern** herausgegebenen „L 76" und eine Erzählung im Knaus Verlag unter dem Titel „Herbstzeitlose Ziele", 1985 wurde sie von **Helga M. Novak** in der Schreibwerkstatt Kreienhopp im Fernsehen vorgestellt. Heute ist sie Mitarbeitern eines Literaturbüros in Unna, wo sie mit ihren drei Kindern lebt.*

Begründung der Jury:

Aus der Sicht eines heranwachsenden Jungen schildert die Autorin den Alltag in Ostberlin, dort, wo die Erwachsenen die Politik des SED-Staates kritisch verfolgen. Mit Trauer und Wehmut arbeitet das Buch Erinnerungen auf, an deren Ende die Ausbürgerung aus der DDR steht: Verlust der trotz aller quälenden Erfahrungen schmerzlich geliebten Heimat. Das Buch führt Kinder und Jugendliche in eine Welt, die nur wenige Eisenbahnstunden entfernt liegt, die den meisten aber bestenfalls aus Nachrichten bekannt ist. Zum erstenmal begegnet ihnen das Lebensgefühl kritischer DDR-Jugend auch in einem literarisch anspruchsvollen Jugendbuch.

Das Buch

Olis Welt ist in Ordnung. Er lebt zusammen mit Mutter Hanna und Suse, seiner kleinen Schwester. Ziemlich komfortabel sogar, mit Innenklo. Das hat nicht jeder. Zu seiner Welt gehören Freund Thomas, genannt Keule, neuerdings auch Nana, die Neue aus Rostock, und die vielen Freunde von Hanna, die immer da sind, wenn man sie braucht, zum Beispiel, wenn Hanna wieder mal vom Staatsicherheitsdienst zum Verhör abgeholt wird. Der Westen interessiert Oli nicht. Der Westen ist nur das andere Ufer, zu dem immer mehr Freunde überwechseln. Die Welt, von der er träumt, ist das, was noch kommen wird, und hat etwas mit Erwachsenwerden zu tun. Doch eines Tages ist auch Nana verschwunden. Und Hanna muß eine Hausdurchsuchung über sich ergehen lassen. Und sie, die sich um keinen Preis vertreiben lassen wollte, obwohl man ihr längst die Ausbürgerung angeboten hat, sie stellt einen Ausreiseantrag. Es wird ein langer schmerzhafter Weg von der ersten gepackten Kiste über die vielen Abschiede bis zum Grenzübertritt. „Alles wird gut", sagt Hanna und heult Rotz und Wasser. Olis Welt ist nicht mehr in Ordnung, denn der Westen ist nicht die Welt.

Katholischer Kinderbuchpreis

Die Deutsche Bischofskonferenz stiftete den Preis erstmals 1979 und schreibt ihn seither alle zwei Jahre aus. Ausgezeichnet werden deutschsprachige Bücher aus der Produktion der beiden letzten Jahre, Übersetzungen oder noch unveröffentlichte Manuskripte, die beispielhaft und altersgemäß religiöse Erfahrungen vermitteln, Glaubenswissen erschließen und christliche Lebenshaltung verdeutlichen. Der Preis ist mit 10.000 DM dotiert. Er kann aufgeteilt werden. Eine Jury ermittelt die Preisträger und legt eine Empfehlungsliste vor.

Der Katholische Kinderbuchpreis 1987 wird verliehen an

Anatol Feid: **KEINE ANGST, MARIA**
(Berlin: Elefanten Press Verlag 1985) und an

Otfried Preußler:
DER ENGEL MIT DER PUDELMÜTZE Sechs Weihnachtsgeschichten
Bilder von *Herbert Holzing* (Stuttgart: Thienemanns Verlag 1985)

***Anatol Feid**, Jahrgang 1942, ist Ostpreuße, floh 1945 nach Leipzig, übersiedelte 1956 in die BR Deutschland, trat nach dem Abitur 1963 in den Dominikanerorden ein, studierte in Walberberg/Bonn Philosophie und Theologie, 1969 wurde er zum Priester geweiht, war Religionslehrer und Mitglied des Leitungsteams der außerschulischen Bildungsstätte „Jugendakademie Walberberg", arbeitet seit mehr als zehn Jahren mit der Menschenrechtsorganisation des Erzbistums Santiago de Chile „Vicaria de la Solidaridad" zusammen und ist u.a. Kontaktperson für Drogenabhängige im Frankfurter Bahnhofsviertel. Seit 1978 publiziert er (Kinder-, Jugend-) Romane. „Im Namen des Volkes" (Patmos 1987) kam in diesem Jahr auf mehrere Auswahllisten und wurde mit der „Silbernen Feder" 1987 ausgezeichnet.*

Begründung der Jury

Im Mittelpunkt der Erzählung Anatol Feids steht die zehnjährige Maria, die mit ihrer Familie in der Elendssiedlung San Gabriel am Rande von Santiago de Chile lebt. Vor allem der ältere Bruder Juan, den Maria liebt und dem sie vertraut, sorgt für den Unterhalt der Familie. Maria weiß, daß er dafür oft stehlen und andere erpressen muß; aber sie weiß auch, daß es kaum eine andere Möglichkeit gibt, in den Slums zu überleben. Juan wird von der Polizei bei einer Razzia heimtückisch erschossen. Als der Alkalde von den Slumbewohnern verlangt, an einem staatlich verordneten Jubelfest vor Fernsehkameras teilzunehmen und dabei den Tod Juans gutzuheißen, lassen sie sich trotz ihrer anfänglichen Empörung über dieses Ansinnen umstimmen. Maria setzt sich verzweifelt für den Ruf ihres ermordeten Bruders ein; aber schließlich stehen nur noch ein paar Kinder, die Lehrerin Marta, der alte Regimegegner Enrique Molina und Padre Andres, der Seelsorger von San Gabriel, auf ihrer Seite.

Wie es Maria und ihren Freunden doch noch gelingt, den Plan des Polizeichefs zu vereiteln und die Bewohner zur Besinnung zu bringen, gibt der Geschichte einen fast heiteren und versöhnlichen Schluß.
Dieser Schluß täuscht jedoch nicht über den bitteren Ernst der Elendssituation der Slumbewohner und ihre bleibende Gefährdung durch das Regime hinweg.

Anatol Feid ist mit den Verhältnissen in Chile gut vertraut. Er hat in seiner Erzählung nichts beschönigt; im Nachwort erfährt man, daß der Geschichte eine tatsächliche Begebenheit zugrundeliegt. Bei allem Engagement für die Armen und Entrechteten hütet sich der Autor jedoch vor einseitigen Urteilen.

In der Gestalt des Padre Andres wird das Bild einer Kirche gezeichnet, die sich der Ärmsten der Armen annimmt, für ihre Rechte eintritt und ihnen zu helfen versucht.

Anatol Feid hat eine sprachlich dichte Erzählung gestaltet, die ein Stück sozialer und kirchlicher Wirklichkeit unserer Zeit für junge Leser von etwa 12 Jahren an transparent macht und sie tief beeindruckt.

Padre Andres, so sagt das Nachwort, ist inzwischen einem Mordanschlag zum Opfer gefallen.

***Otfried Preußler**, Jahrgang 1923, hat sich vor allem als Verfasser weltweit bekanntgewordener Kinderbücher einen Namen gemacht, die bisher allein in deutscher Sprache eine Gesamtauflage von mehr als 8 Millionen Exemplaren erreicht haben und in rund 180 fremdsprachigen Übersetzungen vorliegen.*

Seine Geschichten, darunter „Der Räuber Hotzenplotz", „Die kleine Hexe" und „Der kleine Wassermann", haben in Japan ebenso begeisterte Leser gefunden wie etwa in Rußland, in den angelsächsischen Ländern, in Spanien oder China.

Empfehlungsliste

Michael Albus:
PAULO EVARISTO ARNS
(Patmos 1985)

Max Bolliger:
STUMMEL
Bilder: ***Sita Jucker***
(AT 1986)

Hannelore Bürstmayr (Hg.):
GRÜN WIE DIE REGENZEIT
Bilder: ***Sieglinde Button***
(St. Gabriel 1986)

Jean Michel Defromont:
EIN HERZ VOLLER HOFFNUNG
Übersetzung: ***Michaela Leuprecht, Christa L. Cordes***
(Herder 1986)

Willi Fährmann:
ZEIT ZU HASSEN, ZEIT ZU LIEBEN
Bilder: ***Herbert Holzing***
(Arena 1985)

Gertrud Fussenegger:
JONA
Bilder: ***Annegert Fuchshuber***
(Annette Betz 1986)

Esther Hautzig:
DIE ENDLOSE STEPPE
Übersetzung: ***Ulrike A. Pollay***
(Beltz & Gelberg 1986)

Helme Heine:
SAMSTAG IM PARADIES
(Middelhauve 1985)

Erich Jooß (Hg.):
DAS BROTWUNDER
Bilder: ***Herbert Holzing***
(Herder 1986)

Hermine König (Hg.):
GESCHICHTENBUCH ERSTKOMMUNION
Bilder: ***Astrid Hoepfner-Jacobs***
(Kösel 1986)

Anneliese Pokrandt:
ELEMENTARBIBEL. Teil 7:
Jesu Reden und Taten...
Bilder: ***Reinhard Herrmann***
(Kaufmann, Kösel 1985)

Renate Schupp (Hg.):
MEIN BÜCHLEIN VOM TEILEN
(Kaufmann 1985)

Tilman Röhrig:
NEUSCHNEE
(Arena 1986)

Gottfried Vanoni:
EIN VATER HAT ZWEI SÖHNE...
Bilder: ***Christina Oppermann-Dimow***
(St. Gabriel 1986)

Rudolf Otto Wiemer:
JESUSGESCHICHTEN
Bilder: ***Barbara Tkotz***
(Gütersloher 1985)

Otfried Preußlers Geschichtenband „Der Engel mit der Pudelmütze" beschwört die versunkene Welt der Donaumonarchie. Die Phantasie des Autors schafft das längst Verlorene wieder neu, gibt ihm Anschaulichkeit und unmittelbares Leben zurück. Schon einmal hat Preußler geschildert, wie die „bethlehemitischen Wandersleute" durch Böhmen ziehen. Seine große Erzählung „Die Flucht nach Ägypten" knüpfte an die volkstümliche Tradition der Krippenspiele an. Auch die neuen Geschichten sind „lokalisierte Legenden", die den heimatlichen Raum als Hintergrund für das biblische Geschehen verwenden. Ähnliches hat in unserem Jahrhundert Felix Timmermans versucht, dessen „Jesuskind in Flandern" noch heute gelesen wird. Aber auch Ludwig Thoma und besonders Carl Orff sind hier zu nennen.

Die Fabulierkunst von Otfried Preußler spricht Kinder wie Erwachsene an. Seine phantasievollen, durch Herbert Holzing kongenial illustrierten Geschichten dürften schon Sechsjährigen verständlich sein. Sie sind darüber hinaus Lektürestoff für die ganze Familie und eignen sich gut zum Vorlesen.
Der Autor entwickelt das Handlungsgefüge sehr sorgfältig und lädt die Leser immer wieder zum betrachtenden Verweilen ein. Seine Sprachschöpfungen sind vordergründig behaglich, ja nostalgisch, aber sie stecken voller Hintersinnigkeiten und origineller Bilder. Dabei überwiegen die hellen Töne, ohne daß die dunklen fehlen.

Das Buch „Der Engel mit der Pudelmütze" enthält sechs Advents- und Weihnachtsgeschichten. In diesen Geschichten ist Weihnachten ein Fest der Freude und Verheißung, das verwandelnde Kraft hat. Die Personen sind einfache, oft arme, vom Leben ins Unrecht gesetzte Menschen, denen an der Krippe Versöhnung widerfährt. Dabei spielt das Wunderbare, das von der zeitgenössischen Literatur so gering veranschlagt wird, eine wichtige Rolle. Wer freilich Zeuge des Krippenwunders sein will, muß Jesus entgegenkommen, muß sich auf den Weg machen. Dann kann er, wie der slowakische Rastlbinder, vor dem himmlischen Kind seine Krücken niederlegen, oder wird, wie Marschners Felix aus Wurzelsdorf, sogar den Bürgermeistern und Ortsvorstehern der Bezirke Reichenberg, Gablonz an der Neiße und Turnau vorgezogen. Das wahre, wirkliche Bethlehem – dies ist die Botschaft des Buches – liegt „in der nächsten Nähe". Wir dürfen dem Engel vertrauen, der an unser Fenster klopft und uns zur Krippe führen möchte.

Nürnberger Trichter
Buchpreis „Lesen für den Beruf"

Mit dem Buchpreis Nürnberger Trichter (Bundesanstalt für Arbeit, Nürnberg) sollen jährlich Autorinnen und Autoren gewürdigt werden, deren deutschsprachige Werke hervorragend dazu beitragen, Leserinnen und Leser zu bewegen, einen Beruf erlernen zu wollen, zu befähigen, sich besser in der sich wandelnden Berufswelt zurechtfinden zu können und zu überzeugen, sich ständig im Beruf weiterbilden zu müssen. Der Preis ist mit insgesamt 15.000 DM dotiert. Er kann auf bis zu drei Bücher verteilt werden. Der Präsident der Bundesanstalt für Arbeit beruft die Jury für die Dauer von drei Jahren.

Den „Nürnberger Trichter"-Buchpreis „Lesen für den Beruf" erhalten 1987 die folgenden drei Bücher zugesprochen:

Kurt Weichler:
ARBEITSFELD COMPUTER
einschließlich der in dieser Serie erschienenen Titel
ARBEITSFELD UMWELT und ARBEITSFELD GESUNDHEIT
(Rowohlt TaschenbuchVerlag, Reinbek 1987)

Christa Lippmann (Hg.):
TECHNIK IST AUCH FRAUENSACHE (VSA Verlag, Hamburg 1986)

Hans Friedrich:
DIE ERSTEN TAGE AM NEUEN ARBEITSPLATZ
(Falken-Verlag, Niedernhausen 1987)

Begründungen der Jury

„ARBEITSFELD COMPUTER" ist ein überraschend leicht lesbares Buch. Es ist für

seine Art und sein Thema wohltuend einfach geschrieben und lädt fast unterhaltsam zum Lesen ein. Es ist ein sorgfältig kritisches Buch. Es zeigt neben den Lichtseiten auch die Schattenseiten an Computerberufen und bietet dem Berufswähler einen sachlich ausgewogenen Überblick seiner vielfältigen Wahlmöglichkeiten. Es ist ein lebensnah praktisches Buch, das die Darstellung wirklicher Berufswege mit der Vorstellung möglicher Berufswege verbindet und so überschaubar aufzeigt, „wie man was wird." Es ist ein beruflich umsichtiges Buch, das die Computerberufe nicht isoliert begreift. Es ist der erste Band einer bereits zum Teil erschienenen zehnbändigen Reihe von „Arbeitsfeldern" und verdeutlicht, wie der Computer in sie hineinwirkt, „wie Chips die Arbeit ändern".

„TECHNIK IST AUCH FRAUENSACHE" ist ein vielseitig begründetes Buch, das zehn Autorinnen und ein Autor aus Praxis, Theorie und Politik verfaßt haben. Es ist ein motivierendes Buch, das Frauen ermutigt, „sich an die Technik heranzuwagen" und Männer anspricht, dies zuzulassen. Es ist ein aufbauendes Buch, das sich „an Frauen wie auch an Männer richtet", beider „gesellschaftliche Versöhnung" als „politisches Ziel im Auge" hat und die schon mögliche Toleranz zu einer „Frauenförderung im Industriebetrieb" aufzeigt. Es ist ein notwendiges Buch, das an eine Selbstverständlichkeit erinnert, die zu oft noch immer nicht selbstverständlich ist.

„DIE ERSTEN TAGE AM NEUEN ARBEITSPLATZ" ist ein überfälliges Buch, das ein bisher vernachlässigtes Thema allgemeinverständlich aufbereitet. Es ist ein nützliches Buch, das für die Probezeit unentbehrliche Ratschläge bereithält und die meist schwierigen ersten Wochen am neuen Arbeitsplatz meistern hilft. Es ist ein übersichtliches Buch, dessen kruzgefaßte Ratschläge sich mit einem sprechenden Inhaltsverzeichnis leicht finden lassen. Es ist ein fundiertes Buch, das, von langjähriger Erfahrung im Personalwesen getragen, brauchbare Hilfen für „einen guten Start im neuen Wirkungskreis" bereithält. Es ergänzt die Ratgeber, die der Autor schon für Arbeitnehmer geschrieben hat.

Preis der Leseratten

Die Redaktion „Schüler-Express" im Zweiten Deutschen Fernsehen (ZDF) zeichnet jährlich im Frühjahr und im Herbst bis zu fünf Bücher mit dem „Preis der Leseratten" aus. In einer Vorjury sichten und beurteilen jugendliche und erwachsene Juroren die eingereichten Bücher. Die Entscheidungen werden in einer Hauptjury getroffen, der ausschließlich Jugendliche im Alter von 10 bis 16 Jahren angehören. Die Juroren haben sich folgende Kriterien gestellt: a) ob die Bücher fesseln und/ oder Vergnügen bereiten, b) ob in den Büchern die Inhalte klar und anschaulich vermittelt werden, c) ob die Bücher sprachlich und graphisch ansprechen und überzeugen. Der Preis besteht seit 1980.

Frühjahr '87

Peter Härtling:
KRÜCKE
(Beltz & Gelberg)

Wolfgang Wegner/Evamaria Steinke:
FLUCHT ÜBER DEN KHAIBER-PASS (Arena)

Urs M. Fiechtner:
MARIO ROSAS (Signal)

Jan de Zanger:
ICH GEH NACH WLADIWOSTOK
Übersetzung: *Martje Postma u. Marie-Thérèse Schins-Machleidt*
(Rowohlt-rotfuchs)

Thea Beckman:
KAREN SIMONSTOCHTER
Übersetzung: *Siegfried Mrotzek*
(Urachhaus)

Herbst '87

Gudrun Pausewang:
DIE WOLKE
(Ravensburger)

Rafik Schami:
EINE HAND VOLLER STERNE
(Beltz & Gelberg)

Gina Basso:
DER MUT ZUM REDEN
Übersetzung: *R. M. Gschwend*
(Schneider)

Eva Rechlin:
TOBINOS INSEL
Bilder von *Ysabelle Saaliste*
(Patmos)

Martina Steinkühler:
VORSICHT, GLAS!
(Ensslin & Laiblin)

Aus der Begründung der Juroren zum letztgenannten Buch: „...mir gefiel das Buch aus zwei Gründen: erstens, die Autorin behandelt ein aktuelles Thema, ein geschiedener Partner will wieder heiraten gegen den Willen der eigenen Kinder. Das Buch vermittelt Lösungswege und macht Mut; zweitens, die Autorin zeigt ein großes Einfühlungsvermögen in die Welt eines sensiblen, verschlossenen und verängstigten Kindes und macht deutlich, worauf es gerade hier ankommt: nicht Kritik, Zurechtweisung und Drohung, sondern Respekt, Verständnis und Geduld. Ein lesenswertes Buch!..."

Oldenburger Kinder- und Jugendbuchpreis

Die Stadt Oldenburg stiftete 1977 diesen jährlich und in der Regel an zwei Preisträger zu vergebenden Preis (Dotierung: 10.000 DM). An ihm können sich deutschsprachige Verlage, Autoren und Illustratoren beteiligen, die mit ihren Arbeiten erstmals an die Öffentlichkeit treten. Manuskripte und Grafiker von bislang unveröffentlichten oder von im Druck befindlichen Kinder- und Jugendbüchern konnten eingereicht werden, sowie aus dem Verlagsbereich Bücher, die ausdrücklich erst nach dem 15. Juni 1987 auf dem Markt erschienen sind. Dem Preisgericht gehörten neben Fachleuten jeweils auch eine Schülerin bzw. ein Schüler an.

Die Jury zur Verleihung des Oldenburger Kinder- und Jugendbuchpreises 1987 beschließt die Vergabe des Preises zur einen Hälfte an die Autorin

Regula Venske für ihr Manuskript **ACH FANNY!**

und zur anderen Hälfte an

Gert Loschütz für sein Buch **DAS PFENNIG-MAL.**
Die Geschichte von Tom Courteys Ehre und Benjamin Walz' Schande.
(Darmstadt, Neuwied: Luchterhand Verlag 1986)

Aus den Preisbegründungen

Zu *Regula Venske:* ACH FANNY! schreibt die Jurorin *Nina Schindler* u. a.:

Es ist das Verdienst der Autorin Regula Venske, daß die literarische Begegnung mit der Gestalt Fanny Lewalds auch im 20. Jahrhundert heftige Reaktionen auslöst: Zuneigung, Bewunderung, Mitleid, Tadel und – Widerspruch. Denn gerade weil Fanny Lewald nicht eindimensional als Vorkämpferin der Frauenemanzipation dargestellt wird, die ihre Überzeugung konsequent und gegen alle Hindernisse lebt, sondern als Frau, die sehr wohl immer wieder zwei Seelen in ihrer Brust entdecken und sich mit widerstreitenden Gefühlen und Wünschen auseinandersetzen mußte, zwischen deren Erfahrungen und Einsichten immer wieder Lücken klafften, gerade deshalb wirkt sie so nah, so wirklich und lebendig.

Das erreicht Regula Venske durch ein ungewöhnliches Vorgehen: Sie montiert Zitate Fanny Lewalds (die meisten sind der sechsbändigen „Meine Lebensgeschichte" entnommen) in fiktive Gespräche, meist Streitgespräche, ein, in denen sie sich mit Fanny Lewalds Ansichten und Überzeugungen auseinandersetzt. So holt sie sich die Verfasserin dieser Aussprüche und Einsichten in gedachte Diskussionen in unserer Zeit und spielt sehr gekonnt mit der Vermischung der realen mit der imaginären Ebene, sitzt mit ihr auf dem Sofa, läßt sich von ihr wecken oder sich beim Schreiben über die Schulter gucken und nimmt sie sogar auf Spaziergänge mit, teilt mit ihr neue Erfahrungen und setzt sich streitend mit ihr auseinander.

Zu *Gert Loschütz:* DAS PFENNIG-MAL schreibt das Jurymitglied *Prof. Dr. Dietrich Grünewald* u.a.:

Gert Loschütz erzählt eine Zirkusgeschichte, angesiedelt zwischen Traum und Wirklichkeit, in deren Mittelpunkt Tom Courtey, der Zirkusdirektor, und Benjamin Walz, sein Zirkustischler, stehen. Einst hatte Tom Courtey den größten Zirkus. Die berühmtesten Artisten traten bei ihm auf, doch kam ihm, ihrem Lehrmeister, keiner gleich, von Erfolg zu Erfolg zog Tom Courtey, bis man eines Tages an ihm, dem Makellosen, ein Mal entdeckte, einen pfenniggroßen Fleck auf der Stirn. Da wandten sich verschreckt seine Gönner und Bewunderer von ihm ab, und die Artisten verweigerten ihm die Gefolgschaft. So zieht er, dessen Ruhm bald verweht war, alleine durch die Welt, bittet die Zuschauer um den Eintritt eines Pfennigs sein bescheidenes Zirkuszelt durch ein großes hölzernes Tor zu betreten und seiner Kunst und Ehre die Reverenz zu erweisen. Das Tor hatte ihm Benjamin Walz geschnitzt, der Tischler seines einstigen Groß-Zirkusses, der, ohne die Folgen zu ahnen, einst das Mal auf Courteys Stirn entdeckt und dies unbedacht hinausposaunt hatte. Als sein widerwilliger Nachfolger gescheitert, zieht Benjamin Walz ruhelos durch die Welt, auf der Suche nach Tom Courtey. Zwei Kinder helfen ihm die rechte Spur zu finden, und im gemeinsamen Zirkusauftritt mit Tom Courtey scheint seine Schuld vergeben.

Empfehlungsliste:

Gabriele Beyerlein:
DIE KELTENKINDER
(Arena)

Franziska Groszer:
ROTZ UND WASSER
(Dressler/Atrium)

Regina Rusch:
MITTEN IM FRÜHLING
(Anrich)

Kathrin Scheerer:
ZOPFKOPF
(Rowohlt TB)

Annette Weber:
MAN MÜSSTE MITEINANDER REDEN
(Schneider)

Loschütz erzählt uns die Geschichte dieser beiden Charaktere in einer meisterlich ebenso einfachen wie dichten Sprache. Er erzählt aus der Sicht der beiden Kinder. „Wir erzählen eine wahre Geschichte. Wir haben sie selbst geträumt..." beginnt die Erzählung. Angeregt durch ein Zirkusplakat, das sie entdecken, und enttäuscht darüber, daß sie die Zirkusvorstellung versäumten, begegnen die Kinder in ihrem gemeinsamen Traum Tom Courtey. Als Ausrufer, der die Zuschauer durch das hölzerne Tor bittet, erleben sie ihn; doch gerade durch diese Bitte aufmerksam gemacht, finden sie es abenteuerlicher, heimlich unter der Plane hindurchzuschlüpfen. Im Zelt aber bleibt es für sie dunkel, und statt der erwarteten Zirkusvorstellung finden sie sich eingewickelt in der Zeltplane in einem Pferdewagen unterwegs. Dann sitzen sie zusammen mit dem Ausrufer am Feuer und erleben auf ihre Bitte hin die Vorstellung der Artisten, die der Ausrufer angekündigt hatte, erstaunt und verwundert, denn da ist nur ein Wagen und nur einer, der alle Artisten verkörpert: der Ausrufer, Tom Courtey. In der Rolle des Ausrufers erzählt er den Kindern, erzählt er uns seine Geschichte(...)

Jugendmedienpreis „Das Rote Tuch"

Der Preis wurde 1978 von der SPD Charlottenburg gestiftet, um auf eine Literatur hinzuweisen, die antifaschistisch aufklärend wirkt. Mit dem Preis, der mit 3.000,- DM dotiert ist, werden Werke ausgezeichnet, in denen Faschismus, antidemokratische oder neofaschistische Tendenzen in unserer heutigen Gesellschaft kritisch dargestellt, demokratisches Handeln der jungen Generation, insbesondere auch gegenüber Minderheiten, gefördert und zur Immunisierung der Jugend gegen antidemokratische Tendenzen in unserer Republik beigetragen wird. Die vorgeschlagenen Werke sollen sich an Kinder, aber vor allem auch an Jugendliche wenden und für sie zugänglich sein. Ein bestimmtes Medium ist nicht vorgesehen. Buch, Film, Fernsehen, Hörfunk, Tonband, Tonkassette, Schallplatte, Ausstellungen etc. können Träger der argumentativen Auseinandersetzung sein.

Den Jugendmedienpreis „Das Rote Tuch" 1986 (verliehen am 1. Februar 1987) erhält der Schriftsteller

Gert Hofmann für seine Erzählung **VEILCHENFELD**
(Darmstadt, Neuwied: Luchterhand 1986)

Aus der Laudatio:

In dieser Erzählung geht es um Denunziation und Vertreibung im Dritten Reich, dargestellt am Schicksal des jüdischen Philosophen Veilchenfeld. Nicht um die Wahrheit zu benennen, er weiß, daß dieses nicht möglich ist, sondern um sich der Wahrheit zu nähern, hat Gert Hofmann eine besondere Erzählperspektive gewählt. Er schildert das Geschehen aus der Sicht eines Jungen, der als Sohn des Stadtarztes Zeuge von Veilchenfelds Ankunft und Tod wird. Der kindliche Erzähler, der von eigenen Erlebnissen berichtet, vor allem aber die Gespräche und Standpunkte der Erwachsenen nachzeichnet, kann mit strenger Naivität das Unglaubliche festhalten, ohne es zu bewerten. Er überspringt die Tabus und spricht sie aus. „Nicht, daß ich ihre Sätze nicht höre, ich begreife sie bloß nicht„ heißt es an einer Stelle über die Gespräche der Erwachsenen. Und weiter: „Fest steht, daß es nun schon viele Tage bei uns nicht geregnet hat, obwohl etwas am Himmel hängt, das aufgeschlitzt gehört, sagt der Vater. Bei diesem Wetter geschah es. Der Vater sagt: der Übergriff, die Mutter: die Schandtat, Herr Laube: ein Akt des Zorns, den er schon lang hat kommen sehen."

Gemeint ist die erste Mißhandlung Veilchenfelds, der, von seinem Leipziger Lehrstuhl für Philosophie vertrieben, 1935 in die sächsische Kleinstadt übersiedelt, weil er glaubt, wenigstens dort in Ruhe arbeiten und leben zu können. Doch der jüdische Professor wird bald zum Exoten, mit dem man meint, seinen Schabernack treiben zu müssen, bis man zur brutalen Gewalt überschreitet. Man lauert ihm auf, dem über Sechzigjährigen, treibt ihn durch die Stadt, schlägt ihn nieder, demütigt ihn, indem man ihn kahlschert und mit Zigarettenasche vermischtes Bier trinken läßt.

All dies erfährt der Erzähler aus den Gesprächen seiner Eltern und Nachbarn, die sich außerstande fühlen, dem fürchterlichen Treiben Einhalt zu gebieten. Von der Großstadt in die Kleinstadt, von der Straße in sein Haus, von der Wohnung in sein

Gert Hofmann

winziges, mit Büchern überfülltes Kabinett treibt es Veilchenfeld, von dem man bald nicht einmal mehr die Shilouette hinter den verschmutzten Fensterscheiben wahrnehmen kann, weil er, um nächtlichen Steinwürfen vorzubeugen, alle Hausöffnungen mit Brettern vernagelt hat. Die Hoffnung, weiterleben zu können, schwindet. Veilchenfeld bemüht sich um ein Visum in die Schweiz, täglich wartet er in den Vorzimmern des Rathauses – vergeblich. Vor seinen Augen zerreißt man seinen Paß, und nun weiß er, daß es keinen Ausweg mehr gibt. Auch häufen sich die Übergriffe, sein Haus bietet keinen Schutz mehr. In dieser aussichtslosen Situation – inzwischen schreibt man das Jahr 1938 – bittet Veilchenfeld den Erzähler um einen Gefallen. „Da, nimm das, sagt Herr Veilchenfeld und gibt mir die Münzen, zwei Fünfmarkstücke sehe ich. Und geh damit zur Apotheke (...). Sag aber nicht, daß es für mich ist, sag, ihr braucht es selber. Gegen Ungeziefer, etwas Starkes, das nicht bloß betäubt, sondern gleich totmacht". Und der Junge, der glaubt, ein Mittel gegen Käfer und Schnecken zu erwerben, besorgt dem Professor das Gift, mit dem dieser sich umbringt, bevor ihn die Limousine abholt, weil er, wie es in der Stadt heißt, verlegt werden soll.

„Unser Philosoph ist plötzlich gestorben, unser Leichenwagen hat ihn abgeholt" – so beginnt die Erzählung „Veilchenfeld", im Tonfall der Unschuld, als habe es sich um ein natürliches Verscheiden gehandelt. Daß Veilchenfeld in den Tod getrieben wurde, kann der kindliche Erzähler nicht begreifen, er ist ein nüchterner Chronist seiner Wirklichkeit, der nicht einmal ahnt, daß er es war, der Veilchenfeld das Gift besorgte.

Erzählkonstruktionen dieser Art sind für die Arbeitsweise des Autors Gert Hofmann charakteristisch. Immer wieder stellt man beim Lesen seiner Erzählungen, Novellen und Romane fest, daß er sich in eine ungewohnte Distanz zum Stoff stellt, um eine neue Perspektive und neue Einsichten zu gewinnen. Während es sich in „Veilchenfeld" um einen kindlichen Individual-Erzähler handelt, ist es in seinem Roman „Unsere Eroberung" ein Wir-Erzähler, der aus kindlicher Sicht die Ereignisse schildert, die am 8. Mai 1945 in einer sächsischen Kleinstadt stattfinden, in der Erzählung „Der Blindensturz" ist es gar ein Kollektiv-Ich.

Diese Spielarten der Vortragsweise ermöglichen eine Form des Understatesments und der Ironie, die in der Gegenwartsliteratur heute ihres gleichen sucht, indem uns Gert Hofmann mit den Augen von Kindern in eines der dunklen Kapitel der Geschichte blicken läßt und das Außergewöhnliche als etwas Gewöhnliches schildert, schärft er unseren Blick auf indirekte Weise: Wir, die Leser, sind es, die die Lücken füllen müssen, auch jene, in denen das Grauen unausgesprochen haust. Wir, die wir mehr wissen über die Zusammenhänge und Verfolgungen im Dritten Reich, sind angehalten, den kindlichen Impressionen einen Rahmen zu geben. Gert Hofmanns Texte fordern einen aktiven Leser, denn dieser Autor kaut nichts vor, im Gegenteil, er rückt weg, vermeidet eindeutige Zuweisungen. Das macht ihn nicht gerade einfach. Seine Texte sind nicht zu konsumieren, in dem man sie herunterliest. Sie ziehen Fragen nach sich (...)

Jugendbuchpreis „Die Silberne Feder"

Der „Deutsche Ärztinnenbund e.V." stiftete den Jugendbuchpreis „Die Silberne Feder". Er wird seit 1976 alle zwei Jahre vergeben und soll Bücher auszeichnen, die sich – erschienen in den jeweils letzten beiden Jahren des Ausschreibungsjahres – mit den Themen Gesundheit und Krankheit beschäftigen. Damit soll ansprechende und unterhaltende Literatur (Bilderbuch, erzählendes Buch, Sachbuch) gefördert werden, die aufklärend wirkt und zur Gesundheitserziehung beiträgt. Der Preis besteht aus einer silbernen Feder. Er ist nicht mit einem Geldpreis verbunden. Besonders empfehlenswerte Titel werden in eine Empfehlungsliste aufgenommen. Die Jury besteht in der Regel aus acht Mitgliedern, darunter sind Ärzte, Literaturfachleute und Jugendliche.

Mit dem Jugendbuchpreis „Die Silberne Feder" 1987 wurde ausgezeichnet

Anatol Feid:
IM NAMEN DES VOLKES – DAS URTEIL STEHT NOCH AUS
110 Seiten, Düsseldorf: Patmos 1987 (Reihe „Brennpunkte", Bd. 1)

Empfehlungsliste

Die Jury hielt folgende vier Titel thematisch für wichtig:

Peter Jaeggi:
SCHRITTE IM KOPF
(Aare)

Norbert Kiechler:
EXPEDITION GIFT
(Aare)

Friedrich Kohlsaat/Walter Hohenester:
DIE APOTHEKE AM MARKT
(Ellermann)

Dieter Schliwka:
SALTO ABWÄRTS
(Hoch)

Begründung der Jury

Zwei junge Männer, 17 und 18 Jahre alt, stehen vor dem Jugendrichter. Beide sind straffällig geworden: Prostitution, schwerer Diebstahl, Körperverletzung und fahrlässige Tötung, Drogenhandel und -konsum.

In der Verhandlung entrollt sich unter den Zeugenaussagen das zweifache Bild einer glücklosen Jugend, die jeweils durch den Alkoholismus der Eltern bestimmt ist: einerseits, indem bereits das Kleinkind von der Mutter, die der Prostitution nachgeht, mit Alkohol beruhigt und im Verlauf der nächsten Lebensjahre süchtig wird; andererseits, indem der Sohn eines „aus Geschäftsgründen trinkenden" Gastwirts selbst haltlos und zum Drogenkonsumenten wird und sich leichtes Geld mit Prostitution und Drogenhandel beschafft. Anatol Feid, Dominikanerpater und engagiert in der Jugendarbeit, macht in seinem Bericht den Zusammenhang zwischen Alkohol, Sucht und Kriminalität deutlich und zeigt, wie Jugendliche Opfer des Verhaltens der vom Alkohol geprägten Erwachsenen werden. Das Buch ist in klarer, sorgfältiger und unsentimentaler Sprache geschrieben, die die Dinge beim Namen nennt, ohne je ins Vulgäre zu verfallen. Das Ende ist offen, die Hoffnung auf Gesundung und Re-Integration in die Gesellschaft hängt davon ab, ob sich Erwachsene finden, die den Rehabilitationsprozeß mittragen.

Die Auswahlliste

John Burningham/Irina Korschunow:
MEIN OPA UND ICH
(Parabel)

Joy Cowley:
JONASI UND DIE WEISSE SCHILDKRÖTE Übersetzung: *Hans-Georg Noack*
(Arena)

Inger Edelfeldt:
JIM IM SPIEGEL
Übersetzung: *Birgitta Kicherer*
(Spectrum)

Janosch:
ICH MACH DICH GESUND, SAGTE DER BÄR
(Diogenes)

Rolf Krenzer:
EINE SCHWESTER SO WIE DANNY
Bilder von *Barbara Darling*
(Arena)

Helen Oxenbury:
BEIM DOKTOR
Übersetzung: *Rolf Inhauser*
(Sauerländer)

Els Pelgrom/The Tjong Khing:
DIE WUNDERSAME REISE DER KLEINEN SOFIE
Übersetzung: *Mirjam Pressler*
(Betz)

Tony Ross:
ICH KOMM DICH HOLEN!
Übersetzung: *Eva Riekert*
(Thienemann)

Niki de Saint Phalle:
AIDS – VOM HÄNDCHENHALTEN KRIEGT MAN'S NICHT
(Bucher)

Susan Varley:
LEB WOHL, LIEBER DACHS
Übersetzung: *Ingrid Weixelbaumer*
(Betz)

Jane Yolen:
DIE WOLFSKINDER VON MIDNAPUR
Übersetzung: *Wolf Harranth*
(Oetinger)

Die Wahl des Buches von ***Joy Cowley*** *„Jonasi und die weiße Schildkröte" in die Liste begründete die 7köpfige Jury wie folgt:*

Jonasi ist taubstumm. Im Kreis der Gleichaltrigen hat er nur einen Freund, der ihm, den „Lautlosen", Zuneigung entgegenbringt. Doch seine Behinderung hat Jonasi den Zugang zu einer anderen, ebenfalls schweigenden Welt, dem Meer, geöffnet. Er, der beste Schwimmer und Fischer des neuseeländischen Eingeborenendorfes, gewinnt die Freundschaft eines Meerestieres, der geheimnisvollen weißen Schildkröte – stumm gleich ihm.

Die dichterisch erzählte Geschichte zeigt das Außenseitertum des Andersartigen, das Fremdbleiben des Gehörlosen in der Gemeinschaft und die tödliche Bedrohung des Behinderten durch die Verständnislosigkeit der Normalen. (Ab.8)

Troisdorfer Bilderbuch-Preis

Seit 1982 schreibt das Museum der Stadt Troisdorf, Burg Wissem (Stiftung Wilhelm Alsleben), jährlich den „Troisdorfer Bilderbuch-Preis" aus. Er ist mit insgesamt 10.000 DM dotiert und kann geteilt werden. Die unabhängige Jury besteht aus Fachleuten, die Original-Illustrationen zu neuerschienen Kinder- und Jugendbüchern auszeichnet. Das wertvolle Bilderbuch soll als schöpferische Eigenleistung herausgestellt und gegen kunstgewerbliche Pflichtübungen abgehoben werden. Die sieben Kriterien zur Preisvergabe sind: künstlerische Idee, Stilsicherheit, handwerkliches Können, Maß der Innovation, Relation zwischen Text und Bild, adäquate Thema-Umsetzung und zielgruppengerechte Gestaltung.

*Ausschnitt aus der ARD-Sendung „Nix Kuckuck" (Zeichnungen: **Norman Junge**, Regie: **K. F. Baumgärtel**). Onkel Willy aus Brasilien kommt zu Besuch bei Pilli und ihren Eltern. Er hat eine alte Kuckucksuhr mitgebracht, die er bei seiner Abreise zurückläßt, denn – sie „kuckuckt" nicht mehr! Pilli untersucht die Uhr und findet im Inneren anstelle eines Kuckucks dort einen bunten Papagei sitzen. Der ist sehr verstört, weil er nicht „Kuckuck", sondern nur „Cha-Cha-Cha" rufen kann. Es bedarf viel Zuredens, bis der Papagei die Stelle des Kuckucks einnehmen kann.*

Aus der Laudatio des Jurymitgliedes *Ute Blaich* gehen die Preisträger 1987 und ihre ausgezeichneten Werke hervor:

Der 1. Preis geht an Norman Junge.
Aufmerksame Bilderbuchfreunde kennen ihn bereits durch sein Bilderbuch „Lehn dich an und träume".
Norman Junge lebt in Köln. Sein Verhältnis zu Büchern ist zwiefach genäht: Er hat nämlich nicht nur das Bildermachen gelernt, sondern auch das Schriftsetzen. Sein Witz, die Kürze und die Volltreffer beim Zeichnen sind sturmerprobt im Satirischen. Er hat nämlich für „Pardon" und „Konkret" gearbeitet. Junges zeichnerisches Temperament verlangt nach Bewegung. Starre ist ihm zuwider. Er hat den Rahmen des Buches gesprengt. Und deshalb liegen hier nicht nur drei Dutzend witzige Blätter, sondern ein ganzer Film vor. Junges Strich ist frech und provokativ, seine Kompositionen sind kühn und gegen den Strich gebürstet. Mit Lust konterkariert Junge glatte, geschleckte, geschönte Figürlichkeit.

Das kleine Mädchen seiner Geschichte ist eher häßlich, hat zwirnsdünne Beinchen, kuhmäßig ausgestellt. Die Eltern sind gurkennasige Gruftis, der dicke Onkel mit seiner kaputten Kuckucksuhr ist ein schwitzender Fettsack, und Tantchen, die sich auf dem Spießersofa ausruht, sieht auch nicht aus wie Marilyn Monroe. Kurzum: eine stinknormale Verwandtschaft. Nicht normal ist dagegen die Kuckucksuhr. Und der Held dieser Zeichenstory ist ein exotischer Bursche aus den Wäldern des Amazonas. Die Pointe wird nicht verraten; denn ich hoffe, Sie sehen sich diesen Film hier an.

Sie allen kennen bis zum Überdruß die erbitterte Konkurrenz zwischen Buch und Fernsehen, das Gejaule vom Zustöpseln der Hirne durch Zelloloid, vom Untergang der Kultur durch die Glotze. Wir wollten uns an dieser törichten Desavouierung nicht beteiligen, denn nicht das Medium ist blöd, sondern 98 Prozent der darin vorkommenden Bilder. Daß elektronisch übermittelte Bilder Originalität, Witz und Biß haben können, hat Junge uns mit Charme vorgemacht. Seine Bildsequenzen machen das Geschrei vieler Kulturapostel überflüssig, die behaupten, Stumpfsinn sei ein Monopol des Fernsehens. Diese Bilder jedenfalls stöpseln Hirne nicht zu, sondern stiften an.

Der 2. Preis geht an Andreas Röckener aus Hamburg.
Röckeners Gestalten aus „Schnüffelratz und Feuerkäse" sind skurrile Abkömmlinge wundersamer Kreuzungen zwischen Mensch und Viech. Maulfried zum Beispiel hat Kopf und Visage eines freundlichen Insektenfressers. Ein Rüsselwesen, dessen menschlicher Körper mit gepunktelten Hosen und Pullover verkleidet ist.

Um Schmäh und hochgestochene Diskussion um Existenzberechtigung anthropomorpher Geschöpfe im Bilderbuch hat Röckener sich gottseidank genauso wenig geschert wie Kenneth Grahame, Carroll oder Potter.

Auch Zorro, der Igel, der ganz sheriffmäßig und gekonnt aus der Hüfte schießen kann, mit – ausgerechnet – Bananen ist so ein komischer Zwitter: Igelschnauze und dazu knallharte Westernmontur. Die Kröte läßt Röckener Kröte bleiben, verpaßt ihr allerdings ein dynosaurisches Outfit. Auch Lampengeister, Meerbodenmonster und ein Elefant in blauen Tankwarthosen kommen vor. Amüsantes Bilderbuch-Personal, das Kindern vitales Vergnügen macht.

Der 3. Preis geht an Anne Heseler („Der blaue Hund", Insel), eine versierte Bilderbuchkünstlerin, die von Hans Christian Andersen bis hin zu alten Kinderversen so ziemlich alles illustriert hat, was den nostalgischen Zauber intakter Welten hat. Genau dieses haben manche Kritiker ihr manchmal übelgenommen.

Ich finde: zu Unrecht.
Ihre Bildsprache ist heitere, plakative Graphik in kräftigen Farben mit starken Konturen. Während ihre vorangegangenen Bücher, darunter ein so wunderschönes wie „Fliedermütterchen" noch sichtbar der Sprache einer Gertrud Caspari verpflichtet waren, ist der blaue Hund eine überraschende, sehr geglückte Paarung aus Elementen von Jugendstil, Pop Art und Reminiszenzen eben jener Caspari, der Anne Heseler zwar Hommage erweist, sie aber keineswegs imitiert.
Auch wohlmeinende Kritik hat Heselers künstlerischen Ansatz oft mißverstanden, ihre Malerei mit „wunderlieb" charakterisiert und behauptet, sie sei die Caspari unserer Tage...

Ausgezeichnete Personen

Wer sonst noch zu welchen hohen Ehren kam

Hans Baumann

erhielt aus den Händen des Leiters der Taschenbuchredaktion bei Otto Maier, Ravensburg, *Michael Kohlhammer,* das „Goldene Taschenbuch" mit der blauen Ecke aus Lapislazuli. (Mit dem „Goldenen Taschenbuch" ehrt der Ravensburger Verlag seine Autoren für 1 Million verkaufter Taschenbücher).

Hans Bemmann

der am 30. Juni 1987 aus dem Leiter-Dienst an der Zentralstelle des Borromäusvereins, Bonn, ausschied, nahm 4 Wochen vorher den Literaturpreis des Deutschen Verbandes Evangelischer Büchereien für seinen Roman „Stein und Flöte und das ist noch nicht alles" (Stuttgart: Edition Weitbrecht 1983) entgegen.

Heinz Dörr

60 Jahre alt wurde der 1. Vorsitzende der AG „Jugendliteratur und Medien", *Heinz Dörr* aus Überlingen. Am 30.9.1987 erhielt er das Bundesverdienstkreuz. Er wurde auch für sein Engagement in der GEW allgemein, in der Jugendarbeit und in der SPD, als Mitglied der evangelischen Bezirkssynode ebenso wie für seine Tätigkeit im Rundfunkrat des SWF und im Überlinger Stadtrat ausgezeichnet. Die AG „Jugendliteratur und Medien" verdankt seiner energischen und konsequenten Führung wesentliche Impulse.

Michael Ende

ist zum „Pfeifenraucher des Jahres 1986" gekürt worden. Der Titel wird jährlich vom Tabak Forum, einem von der Pfeifentabakindustrie unterstützten Verein, an eine prominente Persönlichkeit aus Kultur und Politik verliehen. Mit der Gestalt des Pfeife rauchenden Lokomotivführers Lukas aus „Jim Knopf" brachte Ende seine Leidenschaft – er besitzt nach eigenen Angaben rund 50 Pfeifen – auch in seine Arbeit ein. (NB: Anfang Oktober liegt im dtv Endes „Unendliche Geschichte" acht Jahre nach Erscheinen bei Thienemann als Taschenbuch vor.)

***Hans Weber**, Stellv. Vorsitzender der AG „Jugendliteratur und Medien" in der GEW, versuchte, **Heinz Dörr** im Sinne des NOMEN EST OMEN anhand der Anfangsbuchstaben seines Vor- und Nachnamens zu charakterisieren:*

*H steht für Hilfsbereitschaft, wie sie **Heinz Dörr** täglich und immer wieder neu praktiziert;*
E steht für Energie, mit der seine Arbeit um die Jugendliteratur geladen ist;
I steht für Ideenreichtum, wie sie für eine solche, organisatorische Aufgabe unerläßlich ist;
*N steht – bei **Heinz Dörr** – für Niedergeschlagenheit, die ihn sehr heftig befallen kann, wenn einmal etwas nicht gelingt;*
Z steht für Zuverlässigkeit, absolut und uneingeschränkt beim Namensträger;
D steht für Durchsetzungsvermögen, ohne das ein so umfangreiches Arbeitspensum nicht zu leisten wäre;
Ö steht für Ökonomie, weil vielfältige Aufgabenstellungen ökonomische Arbeitsweise erfordern;
*R steht für Redlichkeit, eine besondere Tugend von **Heinz Dörr**;*
*R steht für Rentner (einerseits) und Ratlosigkeit (andererseits). Zwei Faktoren, die **Hans Weber** im Hinblick auf bevorstehenden Ruhestand und die Erwartungen der Arbeitsgemeinschaft für die Zukunft miteinander verbunden sehen möchte.*

Im Auftrag des Deutschen Taschenbuch Verlags, München, hat der Nürnberger Maler ***Michael Mathias Prechtl*** *die Ingredienzien des von* ***Heinz Friedrich*** *ausgefüllten FAZ-Fragebogens zu diesem Porträt vereinigt, das der dtv ihm zum 65. Geburtstag als Geschenk überreichte.*

Heinz Friedrich

Zu seinem 65. Geburtstag am 14. Februar 1987 erhielt dtv-Chef *Heinz Friedrich* aus der Hand des Münchner Bürgermeisters *Klaus Hahnzog* die Plakette „München leuchtet" in Gold. Bundespräsident *Richard von Weizsäcker* schrieb an den Jubilar u. a.: „Die Erkenntnis, das ein Taschenbuch mehr sein kann als die atemlose Lektüre für unterwegs, verdanken wir vornehmlich Ihnen." – Am 22. Juli 1987 erhielt *Heinz Friedrich* die Ehrendoktorwürde der Fakultät für Sprach- und Literaturwissenschaften der Universität Regensburg für seine essayistische, kulturkritische und verlegerische Leistung.

Maria Friedrich

leitet seit fünfzehn Jahren die Verlagsgruppe dtv junior im Deutschen Taschenbuch Verlag. Sie erhielt einen Lehrauftrag „Bild und Buch" an der Bayerischen Akademie der Bildenden Künste in München. Im Rahmen dieses Lehrauftrages bemüht sie sich, die Aufgabe eines Illustrators, Zeichners und Malers im Hinblick auf das Bilder-, Kinder- und Jugendbuch darzustellen und in Übungen Lösungen zu erarbeiten. *Maria Friedrich* wurde für ihr verdienstvolles Wirken als Verlegerin mit dem Verdienstkreuz am Bande des Verdienstordens der Bundesrepublik Deutschland ausgezeichnet.

Gabriele M. Göbel

nahm für ihr Hörspiel „Albatros" den Journalistenpreis der Ausländerbeauftragten des Berliner Senats entgegen.

Dietmar Grieser

Der Autor der berühmt gewordenen und mehrfach variierten „Schauplätze der Weltliteratur" erhielt die Ehrenmedaille der Bundeshauptstadt Wien in Silber. In diesem Jahr legte *Grieser* ein Buch vor, in dem er sich erstmals der Kinder- und Jugendliteratur zuwendet: „Die kleinen Helden" (München: Langen Müller 1987, 232 Seiten m. Abb.).

Wo kommen die geliebten Helden unserer Schülerjahre her? Kaum einer der populären Kinderbuchcharaktere ist fiktiv, fast alle haben sie ihr Schicksal, die meisten ein lebendes Vorbild. ***Dietmar Grieser*** *hat zu diesem Thema auf siebzehn Reisen Erstaunliches zutage gefördert. „Die kleinen Helden" ist eine vielschichtige Auseinandersetzung mit der eigenen Kindheit. Nicht, um denen, die an die Omnipotenz der schriftstellerischen Erfindungsgabe glauben, ihre Illusion vom alltagsentrückten Schöpfungsprozeß zu zerstören, hat* ***Grieser*** *dieses Buch geschrieben, sondern um jenen anderen, die gern einen Blick hinter die Kulissen tun, den geliebten Gegenstand noch näherzubringen. In feuilletonistischer Manier hat er Erheiterndes und Kurioses, Faszinierendes und Erschütterndes aufgezeichnet über Kinderbuchfiguren, ihre Vorbilder und ihre Autoren: Peter Pan, Heidi, Alice im Wunderland, Emil und die Detektive, Der kleine Prinz, Paulinchen, Pinocchio, Winnetou, Tom Sawyer und Huckleberry Finn, Nils Holgersson, Pumuckl u. v. a.*

Peter Härtling

habe „die Sache der Literatur wie kaum ein anderer Zeitgenosse zur eigenen gemacht" – so die Jury des Friedrich-Hölderlin-Preises der Stadt Bad Homburg, die *Härtling* am Todestag des Dichters, 7. Juni 1987, den nach ihm benannten Preis (Dotierung: 15.000 DM) verlieh.

Hans A. Halbey

Nach zehn Jahren „atemberaubend locker geführten Amtes" (d. i. der Direktion des Mainzer Gutenberg-Museums) wird *Prof. Dr. Hans A. Halbey* mit der Gutenberg-Plakette der Stadt Mainz geziert. *Halbey* wurde in einem großen Festakt verabschiedet.

Reinhard Jung

wurde zum neuen Schriftsteller im „Bücherturm" der Stadt Offenbach am Main gewählt. *Jung* ist Hörspiel- und Kinderbuchautor.

Irina Korschunow

Bad Gandersheim verlieh der Autorin die „Roswitha-Gedenkmedaille", den städtischen Literaturpreis, der nach *Roswitha von Gandersheim* benannt ist. *Irina Korschunow* ist die 15. Trägerin dieses Preises.

Siegfried Lenz

Für seinen 1985 erschienenen Roman „Exerzierplatz", aber auch als Würdigung für sein bisheriges Gesamtwerk erhält der Schriftsteller *Siegfried Lenz* in diesem Jahr den 10.000 Mark dotierten „Wilhelm-Raabe-Preis" der Stadt Braunschweig.

Astrid Lindgren

ist erste Trägerin eines neuen Leo-Tolstoi-Preises. Die Auszeichnung wird von einer Vereinigung der Freunde der Literatur und Kunst für Kinder und Jugendliche für außergewöhnliche Beiträge zur Verteidigung der Kindheit vergeben. Zum Tag des Kinderschutzes, dem 1. Juni, wurde ihr der Preis gemeinsam mit dem amerikanischen Studenten *Albert Sabin* und einer sowjetischen Kinderheimdirektorin zuerkannt.

Jürgen Lodemann

Dem in Essen geborenen Südwestfunk-Redakteur und Schriftsteller (s. 4. Almanach S. 44, 209 u. a.) wurde der „Literaturpreis Ruhrgebiet" verliehen. Über ein Jahrzehnt habe *Lodemann* dazu beigetragen, „die Bedeutung des Ruhrgebietes auch überregional aufzuwerten".

Volker Ludwig

Die Jury der „Mülheimer Theatertage" verlieh *Volker Ludwig* den mit 20.000 DM dotierten „Mülheimer Dramatikerpreis" 1987 für das Jugendtheaterstück „Linie 1". Es wurde im Grips-Theater Berlin inszeniert.

Erwin Moser

Sein Bilderbuch „Der Rabe im Schnee" (s. 4. Almanach S. 215) gefiel den Besuchern der 22. Ausstellung internationaler Bilderbuchillustratoren in Japan so gut, daß sie dem Wiener unter 34 Illustratoren aus 15 Ländern den Owl Prize 1987 zuerkannten.

Heinrich Pleticha

Der „Premio Collodi" der Fondazione Nazionale „Carlo Collodi", Pescia (Italien), erstmals und weltweit ausgeschrieben für wissenschaftliche Studien zur Kinder- und Jugendliteratur, geht zu gleichen Teilen an *Franco Cambi* (Universität Bologna), *Vladimir Nezkusil* (CSSR) und *Heinrich Pleticha* (Universität Würzburg). *Pleticha* erhält den Preis für das von ihm herausgegebene Buch „Das Bild des Juden in der Volks- und Jugendliteratur vom 18. Jahrhundert bis 1945", erschienen 1985 als Band 7 der Schriftenreihe der Deutschen Akademie für Kinder- und Jugendliteratur, Volkach e. V.

Aus der Preisbegründung:

Der Band mit ***Heinrich Pleticha*** *als Inspirator und Herausgeber ist vor allem ein ausgezeichnetes Beispiel für fächerübergreifende Forschung; eine Gruppe deutscher Wissenschaftler hat es mit präziser Arbeit und aktuellsten Informationen geschafft, in den Materialien der Volks- und Jugendliteratur von 1750 bis 1945 die Umstände herauszufinden, die zur Entstehung, Verbreitung und zum Fortleben des Vorurteils gegen Juden beitrugen. Diese kühne Monographie dringt tief in jenes äußerst heikle und bislang sehr wenig erforschte Thema ein über den Einfluß der Literatur, besonders der Volks- und Jugendliteratur, auf die Entstehung und Mehrung dieses Vorurteils. Es lassen sich daher enge Bindungen zwischen Erziehung (und Bildung) und Literatur und deren gegenseitige Verflechtung bei der Ausbildung der Denkweise feststellen. (Wörtl. Übersetzung aus dem Italienischen)*

Otfried Preußler

Nicht nur den Katholischen Kinderbuchpreis (s. S.229ff.), nicht nur den Poetentaler der Münchner Turmschreiber, sondern auch – aller guten Dinge sind drei – den angesehenen Andreas-Gryphius-Preis – vom Bundesminister des Inneren der Bundesrepublik Deutschland gemeinsam mit den Ministerpräsidenten der Länder als Ostdeutscher Kulturpreis gestiftet – erhielt der 64jährige Kinderbuchautor aus Reichenberg in Nordböhmen 1987. Ehre haufenweise, wem sie gebührt!

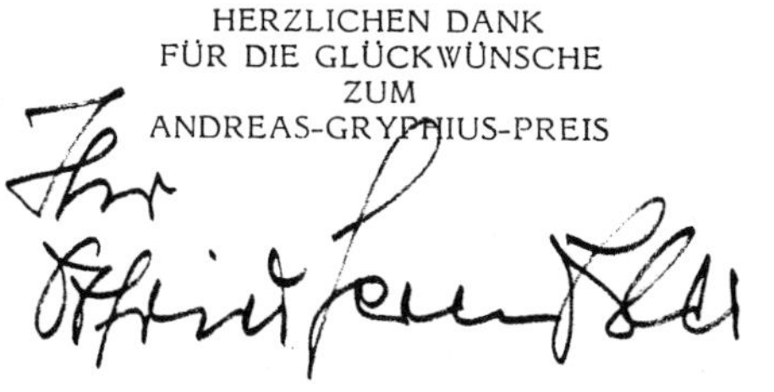

Der „Andreas-Gryphius-Preis", nach einem der führenden Barockdichter Schlesiens benannt, wurde vor 30 Jahren vom Bundesministerium des Innern gemeinsam mit den Bundesländern als Ostdeutscher Literaturpreis gestiftet und ist mit 10.000 DM dotiert. Er wird von der Künstlergilde Esslingen verliehen. ***Preußlers*** *gesamtes Schaffen ist der ostdeutschen Sprach- und Kulturwelt und der ihrer slawischen Nachbarn auf vielfache Weise verbunden.*

Luise Rinser

erhält als erste den „Elisabeth-Langgässer-Preis" der Stadt Alzey (Geburtsstadt der *Langgässer*, in der Nähe von Mainz). Damit soll das Gesamtwerk der Autorin gewürdigt werden. Ihre besondere Beziehung zum Werk von

Elisabeth Langgässer (1899 bis 1950) gab zusätzlich den Ausschlag bei der Wahl der ersten Preisträgerin. – Die Akademie der Künste der DDR verlieh *Luise Rinser* den „Heinrich-Mann-Preis" 1987.

Rafik Schami

Der bei Mannheim lebende, deutsch schreibende Syrer (s. S.   ) wurde für sein Buch „Eine Hand voller Sterne" (Beltz & Gelberg 1987) 1987 gleich zweimal in der Schweiz vom Kinderbuchfond Dritte Welt mit dem Preis der „Blauen Brillenschlange" und mit dem Zürcher Kinderbuchpreis „La vache qui lit" ausgezeichnet. Das Deutsch, das Schami schreibt, wird als überaus farbig, bildhaft und temperamentvoll (Neue Zürcher Zeitung vom 15.11.1987) bezeichnet.

Wolfgang Würfel

erhielt im Rahmen der 25. „Tage der Kinder- und Jugendliteratur" 1987 den „Hans-Baltzer-Preis". Dieser Preis wird seit 1975 vom Berliner Kinderbuchverlag an herausragende Künstler als Anerkennung für ihre Leistungen im Bereich der Kinderliteratur vergeben.

*Den „Brillenschlangen"-Preis des Kinderbuchfonds Dritte Welt (Basel) bekamen neben **Rafik Schami** („Eine Hand voller Sterne") **Jane Bendix** für „Mi'ca Büffeljäger" (Anrich 1986) und der 1986 verstorbene kubanische Schriftsteller **Onelio Jorge Cardoso** für das Buch „Negrita" (ebenfalls bei Anrich erschienen, 1987) zugesprochen. Dieses Buch sei, wie **Anna Katharina Ulrich** in der NZZ vom 25.11.87 schreibt, bereits 9- bis 10jährigen Kindern zugänglich. „Die Geschichte spielt im vorrevolutionären Kuba. Sie erzählt von einer besitzlosen Bauernfamilie, die für einen Grundbesitzer ein Stück verwildertes Land rodet und sich damit das kümmerliche Recht erwirbt, auch für sich selbst eine Heimstätte aufzubauen. Die Titelfigur Negrita ist eine kleine Hündin, die dem Bauern bei der Arbeit hilft und dessen Kindern eine wunderbare Spielgefährtin ist. Neben dem von Armut und Gutsherrenwillkür bedrängten, zugleich aber sehr naturverbundenen Leben der Familie spielen die Auseinandersetzungen zwischen Negrita und einem tierpsychologisch fesselnd gezeichneten Rudel verwilderter Hunde eine große Rolle. Das Buch ist von der Spannung, der einfachen Sprache (Übersetzung: **Kerstin Vinz**) und dem lesefreundlichen Druck her auch für wenig geübte Leser geeignet. Dank den überaus liebenswürdig gezeichneten Hauptfiguren – den Eltern, den Kindern und der eigenwilligen Negrita – ist die klar ausgesprochene und an einigen Stellen dramatisch gezeigte Härte der Auseinandersetzungen (zwischen Menschen wie zwischen Hunden) zumutbar..."*

Wer weiß: Vielleicht steht im nächsten Almanach auf diesen Seiten ein Name, der hier zu stehen es verdiente: *Barrie Watts.* Dieser Name steht für eine Kinderbuchreihe, die große Beachtung verdient. Deshalb erhielt sie zu Recht eine „Eule des Monats" (s.S. 215). Im Verlag Dr. Hans Peters erscheinen die schmalen Bändchen, die schon durch ihre hervorragenden Farbfotos, mehr aber noch durch ihre ausgezeichnete didaktische Anlage überzeugen. Schon 1986 erschienen: „Der Apfelbaum" und „Das Vogelnest". In diesem Jahr (1987) kamen weitere Titel dazu, so zum Beispiel „Der Marienkäfer", über den die Fachzeitschrift „buchprofile" (H. 1/88, S.165) begeistert urteilt: „Dieses Buch bietet ein besonders eindruchsvolles Naturerlebnis. Zum einen Schildert es die Entwicklung des Marienkäfers vom Ei über das Larven- und Puppenstadium bis hin zum fertigen Käfer mit elf prachtvollen, ganzseitigen Farbaufnahmen, zum anderen mit sachkundigen, sich präzise am Bild orientierenden, verständlichen Erläuterungen und einfachen Skizzen. Dadurch erreicht die Darstellung eine Intensität, die bereits Kindern von 5 Jahren an das Wissen um den Marienkäfer einprägsam nahebringt." – Nicht anders könnte über den Titel „Die Kastanie" aus der Reihe „Wir erleben die Natur" geurteilt werden. Am Beispiel der Roßkastanie verfolgen die Kinder den Jahreslauf der Laubbäume exemplarisch: das Schwellen der Knospen im Frühjahr, das Wachsen der bestäubten Fruchtknoten, das Heranreifen der Früchte und das Herabfallen der Samen, der Kastanien, im Herbst.

Auskunft

Der 4. Almanach „lieber lesen" – kritisch gesehen

Lob und Anerkennung sollen Ansporn sein

Namen- und Sachregister

– zum Nachschlagen unentbehrlich

Für den, der's genau wissen will

Quellennachweis, Abkürzungsverzeichnis, Anmerkungen des Herausgebers

Der 4. Almanach – kritisch gesehen

Lob und Anerkennung sollen Ansporn sein

Der „Almanach der Kinder- und Jugendliteratur" erschien 1987 zum 4. Mal. Die drei ersten Bände kamen im Domino Verlag, München, heraus, wo auch die Idee zu einem solchen Jahrbuch der KJL für den deutschsprachigen Raum (im Mittelpunkt: die Bundesrepublik Deutschland, immer auch dabei: die DDR, Österreich, die Schweiz) geboren wurde. 1987 konnte der „Almanach" erstmals im Buchhandel auftauchen und hatte sich – unter dem neuen Titel „lieber lesen" – hier zu bewähren. *Michael Neugebauers* großzügiger Initiative, das begonnene Werk weiterzuführen und in seinen Verlag aufzunehmen (wo der KJL-Almanach in guter Gesellschaft zum Bologna-„Annual" steht), ist der Fortbestand des inzwischen beliebten Handbuches der zeitgenössischen aktuellen Kinderliteratur zu danken. Seine Risikobereitschaft ist – wenigstens teilweise – belohnt worden durch nahezu einhelliges Lob der Kritik in Fach- und Tagespresse. Der Herausgeber, der in der Tat einen nicht unerheblichen Teil des Arbeitsjahres mit der Erstellung des „Almanachs" verbringt, freut sich über die Anerkennung genauso wie über Anregungen zur Verbesserung. Wer den „Almanach" von Anfang an in seinem Konzept und in seiner Präsentation vergleichend ansieht, wird das stetige Bemühen um Optimierung – sowohl inhaltlich als auch formal und funktionell – nicht leugnen können.

Aus den recht zahlreichen kritischen Stimmen – seien sie öffentlich laut geworden oder in der Privatpost des Herausgebers erklungen – mögen ein paar für viele stehen:

„... Ich werde nicht versäumen, auf Ihren Almanach als den Leselotsen hinzuweisen ..."

Helmut Benze, Pressesprecher des Verlages
Bibliographisches Institut F.A. Brockhaus AG, Mannheim
(Schreiben v. 2.2.1988)

„... so hinreißend geschrieben! Mein Germanistenmann ist ebenfalls hell begeistert, er hat heut nacht bis 0.30 Uhr drin gelesen! Man mag gar nicht aufhören ...!"

Barbara Cratzius, Autorin

„Der Almanach ist in der Tat eine unerschöpfliche Fundgrube und kann gerade Bibliothekaren wichtige Hilfen an die Hand geben ..."

„Bücherei aktuell" 3/87

„Das dickste Fachmagazin, so ziemlich im Alleingang ausgedacht und zum vierten Mal ausgeführt von *Hans Gärtner*. Doch diese schon beinahe-Institution ist keineswegs eigenbrötlerisch. Vielmehr bestimmt die kontaktfreudige Art ... Ton und Inhaltsfülle dieses Jahresrückblickes ..."

Hans ten Doornkaat
„Jugendliteratur" 3/87

„... und vor allem Bücher, immer wieder Bücher, eine solche Fülle, die den Almanach ... zum systematischen und zeitlosen Nachschlagewerk für jeden Lehrer macht ..."

„Bayerische Schule" 17/87

„... Ich habe ihn (den Almanach) mit großem Gewinn (Sach- wie Lust-) ‚rezipiert'! Herzliche Gratulation also! Mein Respekt besteht nicht zuletzt auch vor dem Arbeitsaufwand, der da dahintersteckt ..."

Ministerialrat Mag. Heinz Steuer
Bundesministerium für Unterricht, Kunst und Sport, Wien

„Ein anregendes und unterhaltsames, augenfreundliches und reich illustriertes Handbuch ... Es sollte in allen Kinder- und Jugendbibliotheken, die den Namen verdienen, zugänglich sein ..."

„Buch und Bibliothek" 39/87/9

„... ein höchst vergnüglicher Spaziergang, sozusagen eine Buchmesse en miniature, die sogar Leuten Spaß machen dürfte, die sich sonst gar nicht um Kinderbücher kümmern ..."

Prof. Dr. Heinrich Pleticha,
SZ v. 7.10.87

„... ist wirklich umfassend und informierend. Ich gratuliere herzlich dazu ..."

Maria Friedrich,
Verlegerin (dtv junior)

„... sehr gut, großzügig gestaltet, interessant und sehr informativ. Es macht Spaß, darin zu blättern und zu lesen und auf Bücher zu stoßen, die man noch nicht kennt ..."

Claudia Riethmüller,
Osiander'sche Buchhandlung, Tübingen

„Ich sitze dick in der Arbeit, aber ... er hat es mal wieder fertiggebracht, mich 1 1/2 Stunden vom Schreibtisch wegzulocken ..."

Willi Fährmann,
Autor und Schulrat

Wenn auch, wie das „Bulletin Jugend & Literatur" schrieb, der Almanach keine tiefschürfende Situationsanalyse der gegenwärtigen KJL bringt (wie könnte sich ein „Jahr-Buch" dazu überhaupt imstande fühlen!), wenn auch der Almanach eher ein Buch zum Drin-rumblättern als zum Nachschlagen sein mag – wie das Börsenblatt des Deutschen Buchhandels befand (*Klaus Kluge* schrieb persönlich, daß er sich über den „umfassenden Überblick" gefreut hätte) – so ist doch der 4. Almanach zum „Buch des Tages" der Tageszeitung „Die Welt" erkoren worden (22. 9. 1987; *Peter Jovishoff* schrieb u.a.:

„Mit dieser Vielfalt erweist sich der Almanach als gute Orientierungshilfe für den, der nicht das Glück hat, in einer Buchhandlung kaufen zu können, in der sich jemand in der Fülle des Angebotes so gut auskennt, daß er zwischen dem Guten und dem Besseren zu unterscheiden vermag.") – Rundherum also: erfreulich.

Namenregister

Sachregister

Für den, der's genau wissen will

Quellennachweis

Die meisten Quellen sind an Ort und Stelle der Übernahme von Texten bzw. Textauszügen genannt. Für die freundliche Überlassung von Presseunterlagen, Reden, Ansprachen, Besprechungen u.ä. (auch Fotos) sei an dieser Stelle allen Partnern von Herzen gedankt.

Großjohann, Andreas: „Kritisch und der Gesellschaft verpflichtet".
Aus: Eselsohr, H. 11/87, S. 10
Eberts, Erich: „Wer war Kurt Kläber?"
Aus: Fundevogel, H. 44/Nov. 87, S. 6 f.
Munzel, Friedhelm: „Ich will für die Seele schreiben!"
Aus: Evang. Buchberater, Göttingen, H. 2/87, S. 179 f.
Teutsch, Barbara: „Carroll zu wörtlich genommen".
Aus: *Lewis Carrolls* „Alice" in aller Welt. Katalog zur Ausstellung der IJB, München 1987, S. 9 ff.
Grünewald, Dietrich: „Ein gutes Buch, trotz der Probleme ..." (Titel gändert dch. den Herausgeber).
Aus: BB H. 90, 10.11.1987, S. 3136 ff.
Pressler, Mirjam: „Was heißt da zumuten? Soziale Wirklichkeit in Kinderbüchern".
Aus: Welt des Kindes, H. Nov./Dez.'87, S. 444 ff.
Schaufelberger, Hildegard: „Laßt das Mädchenbuch leben!"
Aus: Kindergarten heute, H. 4/87, s. 168 ff.

Die „Geburtagskinder" des Jahres (S. 35) auf den Fotos sind (von oben links): *Astrid Lindgren, John Christopher, Celestino Piatti, Jaap ter Haar, Maria Friedrich, Renate Welsh, Marie Marcks, Paul Maar und Josef Guggenmos*

Soweit nicht anders vermerkt, wurden die Begründungen der Jurys zu preisgekrönten bzw. empfohlenen KJL-Titeln den Original-Publikationen der jeweiligen Stifter entnommen.

Die Illustrationen des Kapitels „KJL '87 – erste Wahl" (S. 189 ff.) stammen von *Hanne Türk* (Neugebauer Press) und stellen die Maus „Philipp" in verschiedenen Posen dar. Die Motive sind dem neuesten Philipp-Postkarten-Kalender entnommen, der im Handel zu erwerben ist.

Die Illustration S.58 entstammt dem Buch „Der Windadler und andere Erzählungen der Abenaki" von Joseph Bruchac (Herder 1987).

Die Abbildungen S.146 und 147 zeigen Vorder- und Rückseite eines Lesezeichens des Börsenvereins („Lesen macht Spaß!").

Die Abbildung S.157 unten ist o.g. „Schnüffelbuch" entnommen.

Auf Ladenpreisangaben der besprochenen Fach- und KJL-Titel wurde in der Regel bewußt verzichtet. Der Buchhandel gibt Auskunft über den neuesten Stand.

Bei aus Quellen übernommenen Beiträgen wurden darin enthaltene Satz-und Sachfehler, soweit sie als solche ausgemacht werden konnten, vom Herausgeber berichtigt.

Redaktionsschluß dieses Almanachs: 15. Februar 1988

Anschrift des Herausgebers, der für Anregungen und Kritik offen und dankbar ist:

Univ.-Prof. Dr. *Hans Gärtner*, Brüder-Grimm-Str. 14, D-8261 Polling

Abkürzungsverzeichnis und Anmerkungen des Herausgebers

Folgende Abkürzungen werden verwendet:

AKJ	Arbeitskreis für Jugendliteratur e.V., München
AvJ	Arbeitsgemeinschaft von Jugendbuchverlegern
BB	Börsenblatt des Deutschen Buchhandels
BIB	Biennale der Illustration, Bratislava (CSSR)
Hg	Herausgeber
IBBY	International Board on Books for Young People (= Internationales Kuratorium für das Jugendbuch), Basel
IJB	Internationale Jugendbibliothek, München
KJL	Kinder- und Jugendliteratur
SZ	Süddeutsche Zeitung
TB	Taschenbuch

Auf den folgenden Seiten finden Sie Inserate von den Verlagen, die durch ihre entgeltlichen Einschaltungen das Erscheinen des 5. Almanachs der Kinder- und Jugendliteratur unterstützt haben.

Prämierte Titel im dtv junior-Programm

1982–1987

7983 / DM 9,80

7979 / DM 9,80 Ab 3

70098 / DM 6,80

7556 / DM 7,80 Ab 6

7570 / DM 6,80 Ab 6

7948 / DM 12,80

70080 / DM 7,80

7950 / DM 12,80

7951 / DM 12,80

79021 / DM 12,80

7820 / DM 5,80

7846 / DM 6,80

7864 / DM 5,80

79000 / DM 9,80

NORD-SÜD VERLAG
25 Jahre Nord-Süd Verlag
FÜR KINDER UND POETEN